Politische Vierteljahresschrift Sonderheft 10/1979

Deutsche Vereinigung für Politische Wissenschaft

Raumordnung und staatliche Steuerungsfähigkeit

Herausgegeben von Wolfgang Bruder und Thomas Ellwein

Westdeutscher Verlag

CIP-Kurztitelaufnahme der Deutschen Bibliothek

Raumordnung und staatliche Steuerungsfähigkeit/
Dt. Vereinigung für Polit. Wiss. Hrsg. von Wolfgang Bruder u. Thomas Ellwein. –
Opladen: Westdeutscher Verlag, 1980.
(Politische Vierteljahresschrift: Sonderh. 10)
ISBN 3-531-11510-3

NE: Bruder, Wolfgang [Hrsg.]; Deutsche Vereinigung für Politische Wissenschaft.

Druck und buchbinderische Verarbeitung: Lengericher Handelsdruckerei, Lengerich

Printed in Germany

ISBN 3-531-11510-3

Inhalt

I. Vorwort 7

II. Ausgewählte Probleme der Raumordnungs- und Regionalpolitik

Fritz W. Scharpf / Fritz Schnabel
Steuerungsprobleme der Raumplanung 12

Werner Väth
Ökonomische Stagnation und Raumordnungspolitik 58

Carl Böhret / Werner Jann / Eva Kronenwett
Handlungsspielräume und Steuerungspotential der regionalen
Wirtschaftsförderung 76

Heik Afheldt
Entwicklungsperspektiven der Wirtschaft in der Bundesrepublik –
Konsequenzen für die Regionalpolitik 111

Karl Ganser
Struktur regionaler Arbeitsmärkte – zur Notwendigkeit spezifischer
regionaler Förderprogramme 130

III. Reformmöglichkeiten und -perspektiven

Thomas Ellwein
Strukturwandel und Raumordnung 152

Dietrich Fürst / Joachim Jens Hesse
Dezentralisierung der Raumordnungspolitik 177

Folkwin Wolf
Möglichkeiten einer wirksameren Raumordnungs- und Regionalpolitik 195

Dieter Bullinger
Die Raumordnungs- und Regionalpolitik der Zukuft – Unsicherheit
über Ziele, Mittel und Wirkungen 216

IV. Regionalisierung von Fachpolitiken als räumliche Lösungsstrategie

Wolfgang Bruder
Innovationsorientierte Regionalpolitik und räumliche Entwicklungspotentiale – zur Raumbedeutsamkeit der Forschungs- und Technologiepolitik des Bundes 235

Reinhart W. Wettmann / Hans-Jürgen Ewers
Funktionale Disparitäten der regionalen Wirtschaftsstruktur als regionalpolitisches Problem 254

Wolfgang Bruder / Thomas Ellwein
Zur Bedeutung von kleinen und mittleren Unternehmen als Adressaten einer Forschungs- und Technologiepolitik für strukturschwache und periphere Räume 276

V. Autorenverzeichnis 297

I. Vorwort

Die Bundesrepublik Deutschland muß sich wie vergleichbar exportabhängige Industrieländer seit Ende der 60er Jahre mit qualitativ veränderten sozialen und ökonomischen Entwicklungstrends auseinandersetzen. Global veränderte weltwirtschaftliche Rahmenbedingungen, neue Formen einer internationalen Arbeitsteilung und wachsende Ansprüche (bisher) nicht-industrialisierter Länder an die weltweiten Produktions- und Verteilungsmechanismen wirken sich auf die jeweilige binnenstrukturelle Branchen- und Produktionsstruktur aus und damit auch auf die qualitative und quantitative Entwicklung der regionalen Arbeitsmärkte.

Im Gegensatz zu dem ökonomischen Strukturwandel in den 50er und 60er Jahren, der weniger gravierende raumordnungspolitische Folgekosten hatte, weil das Wachstumspotential genügend groß war, dürften die gegenwärtigen Entwicklungsbedingungen eher eine verstärkt negative Raumbedeutsamkeit haben. Das gilt um so mehr, als sich die Rahmenbedingungen der Raumordnungspolitik ohnehin verändern – vor allem in Zusammenhang mit dem Bevölkerungsrückgang. Der neue ökonomische Strukturwandel, in dem die Bundesrepublik geringere Wettbewerbsvorteile einsetzen kann, bringt gesamtwirtschaftlich erhebliche Folgekosten mit sich. Sie führen auch zu neuen räumlichen Entwicklungskonstellationen. Das stellt insgesamt das Erreichen der bisherigen raumordnungspolitischen Ziele des Bundes – vor allem den Abbau von großräumigen Disparitäten – grundsätzlich in Frage.

Die ‚raumordnungspolitische Tendenzwende' (Treuner) läßt sich in folgenden Zusammenhängen festmachen:

- Zum ersten vermindern sich seit längerem die räumlich mobilen Ressourcen. Als Folge verringerter Wachstumsraten und eines qualitativ veränderten Standortverhaltens von Unternehmen ergibt sich eine zunehmende Wirkungslosigkeit der traditionellen, mobilitätsorientierten Regionalpolitik.
- Zum zweiten verringert sich als Folge des unverminderten wirtschaftlichen Konzentrationsprozesses in den vergangenen Jahren die Neigung zur Gründung von Zweigbetrieben vor allem in peripher-ländlichen Gebieten. Parallel hierzu zeigt sich eine Tendenz zur neuerdings verstärkten Ansiedlung von betrieblichen ‚headquarter-Funktionen' (Forschung, Entwicklung, Marketing etc.) in Verdichtungsgebieten. Auch dadurch vermehren sich die räumlichen Disparitäten wieder.
- Zum dritten bringen die intersektoralen Strukturveränderungen zwischen industriellem und Dienstleistungsbereich zwangsläufig neue Verdichtungsimpulse mit sich, so daß sich auch auf diesem Wege die bestehenden Verdichtungsgebiete zu Lasten ohnehin benachteiligter Regionen verstärken.

Vor diesem Hintergrund leiten wir aus der Analyse der bisherigen Raumordnungspolitik die These ab, daß sich angesichts der qualitativ neuen Problemkonstellationen in Zukunft die schon jetzt beschränkte Wirksamkeit des raumordnungspolitischen Steuerungspotentials weiter vermindern wird. Ausgehend von dieser These soll das vorliegende PVS-Sonderheft versuchen, einige zentrale Aspekte der Raumordnungs- und Regionalpolitik näher zu analysieren, um im Anschluß daran fragen zu können, ob sich trotz der veränderten politischen und ökonomischen Rahmenbedingungen die Wirksamkeit der Raumordnungspolitik erreichen läßt.

Im einführenden Beitrag geben *Scharpf/Schnabel* einen Überblick über konkrete Steuerungsschwierigkeiten heutiger Raumordnungspolitik. Einer Wirkungsanalyse des raumordnungspolitischen Instrumentariums folgt dazu im Mittelpunkt des Aufsatzes die Frage nach den Durchsetzungsproblemen im Politikfeld. In diesen Zusammenhang gehören horizontale und vertikale Koordinationsprobleme, die Konkurrenz zwischen territorialer und sektoraler Perspektive, die vertikalen Verflechtungsmuster im kooperativen Föderalismus und Koordinationsdefizite der Raumordnung mit Fach- und Haushaltsplanung. Aus ihrer Defizitanalyse entwickeln die Autoren strategische Alternativen, welche zu einer höheren Durchsetzungsfähigkeit raumordnungspolitischer Zielvorstellungen führen könnten.

Im Anschluß an diese Analyse genereller Struktur- und Funktionsdefizite von Raumordnungspolitik trägt *Väth* einen Überblick über aktuelle Tendenzen der Raumentwicklung vor. Ausgangspunkt seiner Überlegungen ist die Hypothese, daß sich unter der vordergründigen raumordnungspolitischen Stabilität (gekennzeichnet durch eine starke Nivellierung von Zustands- und Ausstattungsindikatoren) aufgrund der veränderten Rahmenbedingungen strukturelle Verschiebungen anhäufen, die den regionalen Verteilungskonflikt um knappe Zuwächse an räumlichen Ressourcen zukünftig erheblich verschärfen. Erwartbare Folge hiervon seien neue räumliche Polarisierungstendenzen zwischen expansiven Verdichtungsräumen, alten Industrieregionen und peripher-ländlichen Gebieten in der Auseinandersetzung um die knapper werdenden Entwicklungspotentiale. Eine Analyse der jeweiligen Reaktions- und Bewältigungsmuster dieser unterschiedlichen Raumtypen hinsichtlich des ökonomischen Strukturwandels zeigt dabei, daß peripher-ländliche Gebiete besonders betroffen sind. Raumordnungspolitik, so die zentrale Überlegung, kann angesichts der realen Entwicklung des Ressourcen- und damit räumlichen Machtgefälles immer weniger eine integrierende Steuerungsleistung erbringen.

Wichtigstes Instrument der Raumordnungspolitik ist die Regionale Wirtschaftsförderung. Ausgehend von einer Analyse der verschiedenen, dabei verfügbaren Handlungsmodelle, untersuchen *Böhret/Jann/Kronenwett* am Beispiel von Baden-Württemberg und Hessen die konkrete Ausgestaltung der Förderungspolitik unter der Fragestellung, inwieweit unter den gegebenen Bedingungen ‚systemgerecht' gehandelt wird; d.h. wie das im Handlungsmodell Regionale Wirtschaftsförderung vermutete Steuerungspotential überhaupt aktualisiert wird. Dabei kommen die Autoren zu dem Ergebnis, daß man die im Handlungsmodell Regionale Wirtschaftsförderung enthaltenen Outputziele überwiegend nicht erreicht. Jedenfalls werden sowohl auf der Ebene der Programmkonkretisierung durch die Ausweitung der Förderungsziele und der damit verbundenen Vernachlässigung des Diskriminierungspostulats, als auch im Bereich der Programmimplementation durch massive Vollzugsdefizite gegenüber den ursprünglich intendierten Programm- und Zielstrukturen nach Ansicht der Autoren bestehende politisch-administrative Handlungsspielräume verschenkt.

Afheldt beschäftigt sich einleitend in seinem Beitrag mit den Merkmalen des Steuerungssystems Regionalpolitik und mit den Möglichkeiten und Grenzen des zu steuernden Objektsystems. Anhand neueren empirischen Materials versucht er, am Beispiel ausgewählter Indikatoren, erkennbare Entwicklungsperspektiven der Wirtschaft in der Bundesrepublik aufzuzeigen. Vor dem Hintergrund dieser Aussagen werden mögliche Reaktionen der Regionalpolitik auf veränderte Rahmenbedingungen diskutiert und untersucht, welche Merkmalsdimensionen vorhandene alternative Konzepte von regionaler Politik aufweisen.

Ausgehend von einem Rückblick auf die Leitzielkontroverse in der Raumordnungspolitik analysiert *Ganser* in seinem Beitrag anhand neueren Zahlenmaterials die regionale Struktur der Benachteiligungen, wobei er die politische Auseinandersetzung um grundlegende Revisionsbemühungen in der Abgrenzung bestehender Fördergebiete in ihren einzelnen Dimensionen problematisiert. Aus der vergleichenden Analyse von Montanrevieren und peripher-ländlichen Gebieten ergibt sich für ihn die Notwendigkeit, für solch unterschiedlich strukturierte Räume differenzierte Förderungsstrategien zu entwickeln.

Am Beispiel ausgewählter strukturschwacher, peripherer Gebiete diskutiert *Ellwein* die Notwendigkeit, bei einer Analyse regionaler Benachteiligungen stärker als bisher teil- und kleinräumliche Realitäten zu berücksichtigen. Ausgehend von einer Problematisierung des Gebietsbegriffs von strukturschwachen Regionen versucht der Beitrag zu klären, welche Faktoren die spezifische Strukturschwäche peripher-ländlicher Gebiete bewirken. Dabei zeigt die Mikroanalyse, daß es in den Regionen oft zu einem stark unterschiedlich verlaufenden Entwicklungsprozeß kommt und es in der Realität oft ein massives Strukturgefälle innerhalb der peripher-ländlichen Gebiete gibt, an dem großräumlich orientierte staatliche Maßnahmen ggf. vorbeigehen. Ellwein leitet hiervon die Notwendigkeit stärker dezentralisierter, gebietsbezogener Politikreformen ab und diskutiert veränderte Organisations- und Implementationspraktiken räumlich wirkender Politiken.

Im Anschluß an diesen empirisch ausgerichteten Beitrag setzen sich *Fürst/Hesse* mit verwaltungswissenschaftlichen, politikwissenschaftlichen und ökonomischen Untersuchungsansätzen und ihrer Reichweite im Blick auf eine Erhöhung der Steuerungskapazität von Raumordnungspolitik auseinander. Diesen partialanalytischen Ansätzen stellen sie ein eigenes Modell gegenüber, welches die relative Isolierung einzelner Analyseansätze durch die Verbindung politischer, administrativer und konzeptionell-instrumenteller Problemebenen zu umgehen versucht. Ergebnis ihrer Überlegungen ist ein Dezentralisierungskonzept, das durch eine Regionalisierung der politischen Willensbildung und eine Territorialisierung der Sektorpolitiken gekennzeichnet ist. Mögliche Vollzugsprobleme solcher stärker dezentralisierter raumordnungspolitischer Initiativen werden abschließend problematisiert.

Wolf behandelt in seinem Beitrag einleitend die Ursachen für das instrumentelle Defizit und die mangelnde Durchsetzbarkeit raumordnungspolitischer Ziele und Grundsätze. Hierauf aufbauend entwickelt er Vorstellungen darüber, welche Bedingungen für eine wirksamere Raumordnungspolitik gegeben sein müßten, wobei er eine massive Diskrepanz zwischen dem politischen Bedingungsrahmen und der faktischen planungs- und raumordnungspolitischen Praxis diagnostiziert. Den Mittelpunkt seiner Überlegungen bildet die detaillierte Entwicklung von praxisnahen und -relevanten Vorstellungen einer raumordnungspolitischen Maßnahmen- und Wirkungsverbesserung. Dabei zeigt sich, daß die oft ungenügende Verwirklichung raumordnungspolitischer Zielsetzungen nicht so sehr an der mangelhaften instrumentellen Ausstattung des Politikfeldes liegt, sondern in der fehlenden politischen Bereitschaft und der mangelnden Fähigkeit, vorhandene Instrumente gebündelt und stringent anzuwenden.

Bullinger beschreibt schließlich noch einmal zusammenfassend die bisherigen Strategien, Wirkungen und Defizite von Raumordnungs- und Regionalpolitik. Auf der Basis bestehender veränderter Rahmenbedingungen diskutiert er die Reichweite unterschiedlicher Vorstellungen für eine Regionalpolitik der Zukunft. Die Entwicklung von Konzeptionen einer dezentralen Steuerung räumlicher Einrichtungen, so z.B. Formen einer innovationsorientierten Regionalpolitik werden in diesem Zusammenhang als mögliche erfolgsversprechende Strategien behandelt.

Als eine zentrale Voraussetzung für eine wirksamere Raumordnungspolitik stellt sich nach allem deren stärkere Regionalisierung dar. Das wirft Probleme der politischen Willensbildung und der Administration auf, führt aber auch zu der Frage der Regionalisierbarkeit von sektoralen oder Fachpolitiken. Die Forschungspolitik wird als Beispiel dafür in den folgenden Beiträgen angesprochen:

Bruder analysiert in seinem einleitenden Beitrag die Ziel-, Instrumenten- und Implementationsstrukturen der FuT-Politik des Bundes. Im Mittelpunkt der Überlegungen stehen die bisherigen räumlichen Wirkungen des Politikfeldes. Es zeigt sich, daß FuT-Politik – durch eine politikfeldimmanent durchaus rationale Schwerpunktbildung – ohnehin ablaufende wirtschaftliche Konzentrations- und räumliche Entwicklungsprozesse unterstützt und verstärkt. Zwangsläufig verhält sie sich damit gegenüber den raumordnungspolitischen Zielen dysfunktional. Zu fragen ist nun, ob eine ‚andere' Forschungspolitik mit positiven Wirkungen in strukturschwachen Gebieten überhaupt möglich wäre. Ihre potentiellen Adressaten müßten in den peripheren Regionen überwiegend mittelständische Unternehmen sein, weil es Großindustrie dort kaum gibt.

An diese Überlegungen knüpfen *Wettmann/Ewers* an. Sie analysieren Reaktionsmöglichkeiten strukturschwacher Räume auf die veränderten ökonomischen Rahmenbedingungen. Dabei äußern sie die Überzeugung, daß in zunehmendem Maße eine räumliche Strategie erfolgversprechend scheint, welche versucht, regionale Problemgebiete durch die Entwicklung ihres endogenen Potentials stärker auf den technologischen Wandel und die neue, weltwirtschaftlich induzierte Qualitätskonkurrenz hin zu rüsten. Die Verminderung des Defizits an Innovations- und Anpassungspotential in regionalen Problemgebieten wird damit zum zentralen Ansatzpunkt dieser Konzeption, aus der sich auch Anforderungen an die staatliche Innovations- und Technologiepolitik ergeben.

Der abschließende Beitrag von *Bruder/Ellwein* dient der empirischen Klärung eines in diesem Zusammenhang wichtigen Teilthemas. Vorgestellt wird das Ergebnis eines Vergleichs mittelgroßer Betriebe in peripheren und in begünstigten Regionen, durch den regionale wie betriebsgrößentypische Innovationsprobleme identifiziert werden sollten. Läßt sich vermuten, wie es das Ergebnis des Vergleichs nahelegt, daß die betriebsgrößenspezifische Innovationsproblematik kleinerer und mittlerer Unternehmen gegenüber traditioneller Forschung (und ihrer Förderung) eine Barriere bildet, ergeben sich daraus Konsequenzen auch für die Förderungspolitik.

II. Ausgewählte Probleme der Raumordnungs- und Regionalpolitik

Steuerungsprobleme der Raumplanung*

Von Fritz W. Scharpf/Fritz Schnabel

1. *Gesellschaft und Raum: Zur Notwendigkeit einer politischen Steuerung der Raumentwicklung*

1.1 Raumentwicklung als Ergebnis von Politik

Raumplanung als öffentliche Aufgabe hat in der Bundesrepublik (im Gegensatz zu ihrer ideologisch übersteigerten Einschätzung in der Zeit des Nationalsozialismus) nie einen hohen politischen Stellenwert erreicht. Die dringenden Notwendigkeiten des wirtschaftlichen und gesellschaftlichen Wiederaufbaus (der als „Restauration" älterer Strukturen keiner planenden Gestaltung zu bedürfen schien), aber auch der dogmatisierte Glaube an die Selbststeuerung der Marktwirtschaft[1] und die außerordentliche Stärkung des Föderalismusprinzips im neuen Grundgesetz ließen die Forderung nach einer aktiven, staatlichen Steuerung der Raumentwicklung zugleich weniger dringlich und weniger legitim erscheinen. Aus dieser bei uns immer noch verbreiteten skeptischen Einschätzung der Raumplanung folgt jedoch keineswegs auch die Bedeutungslosigkeit der staatlichen Politik als Bestimmungsfaktor der Raumentwicklung. Im Gegenteil: die räumliche Verteilung von Wirtschaftsbetrieben und Wohnsiedlungen, von kulturellen Einrichtungen und Freizeitmöglichkeiten, von Verkehrsströmen und Umweltschäden sind zumindest in Mitteleuropa seit dem frühen Mittelalter das Ergebnis einer intensiven Wechselwirkung von natürlichen, technologischen, ökonomischen, demographischen und politischen Einflußfaktoren, unter denen der staatlichen Politik fast immer eine hervorragende Bedeutung zukam.

Gewiß war die räumliche Entwicklung im frühen Mittelalter weitgehend durch natürliche Einflußfaktoren bestimmt, die mit Hilfe der damaligen Technologie genutzt werden konnten: so etwa die Fruchtbarkeit des Bodens, oder Alpenpässe, Flußabläufe, Furten und Seehäfen als natürliche Handelswege. Aber diese natürliche Grundlage wurde schon bald überformt durch die politische Struktur der Stadtstaaten und der sich aus dem Feudalismus entwickelnden Territorialstaaten. Die Ausbildung einer stabilen Territorialherrschaft veränderte die bloße Nutzung des Landes zur „politischen Akkumulation", die in der Sicherheit der Hauptstädte Handel und Gewerbe, Wissenschaft und Künste gedeihen ließ, und damit erst eine zwischen dem flachen

* Zuerst erschienen in den „Veröffentlichungen der Akademie für Raumforschung und Landesplanung: Beiträge, Band 27", Hannover 1979; wir danken der Akademie für die Nachdruckererlaubnis.

Land und den städtischen Zentren stark differenzierte Raumstruktur hervorbrachte. Wenn ein einziger Bestimmungsfaktor die derzeitigen Unterschiede der großräumigen Siedlungs- und Wirtschaftsstruktur in Großbritannien und Frankreich einerseits und in den Niederlanden Westdeutschlands, Süddeutschland und Oberitalien andererseits erklären sollte, dann wäre dies wohl immer noch der Unterschied zwischen einer monozentrischen und einer polyzentrischen politischen Struktur in der Periode vom Ausgang des Mittelalters bis zur beginnenden Industrialisierung[2].

Gewiß hat dann die beginnende Industrialisierung die „politisch gewachsene" Raumstruktur Europas massiv verändert. Die Verfügbarkeit von Rohstoffen und Primärenergie bestimmte den Standort der großen Zentren der Schwerindustrie und der energieabhängigen Leichtindustrie. Aber schon in der unmittelbar folgenden Phase der technologischen Entwicklung gewann die Politik ihren Einfluß zurück. Der Ausbau von Wasserstraßen, Schienenwegen, Elektrizitätsnetzen und Telekommunikationssystemen verminderte die Bedeutung der primären Standortvorteile, so daß die Wachstumsindustrie des ausgehenden 19. Jahrhunderts – Maschinenbau, Elektoindustrie, Chemie und Pharmazeutik – sich in ihrer Standortwahl wieder eher an den Agglomerationsvorteilen der alten Metropolen und der (durch staatliche Infrastrukturpolitik begünstigten) neuen Zentren orientieren konnten, als am Vorhandensein von Rohstofflagern und natürlichen Energiequellen[3].

Seitdem ist der Prozeß der politischen Neutralisierung natürlicher Standortvorteile weitergegangen. Im Vergleich zur Gesamtheit öffentlich beeinflußter Standortfaktoren – Verkehrswesen, Telekommunikation, Energie, Versorgung und Entsorgung, Bildungswesen, Gesundheitswesen, kulturelle Einrichtungen, etc. – sind die natürlichen Standortvoraussetzungen – Bodenqualität, Rohstoffvorkommen. Energiequellen, natürliche Wasserstraßen, Landschaftsstruktur, etc. – nur noch von geringer Bedeutung für die Standort- und Mobilitätsentscheidungen von Unternehmen und privaten Haushalten. Öffentliche Leistungen und insbesondere die öffentliche Infrastruktur erscheinen gegenüber den natürlichen Standortvoraussetzungen als die ausschlaggebenden Bestimmungsfaktoren der raumstrukturellen Entwicklung.

1.2 Raumentwicklung als Ergebnis planvoller politischer Steuerung?

Auch wenn die vorrangige Bedeutung politisch beeinflußter Standortfaktoren akzeptiert wird, so läßt sich aus ihr doch noch nicht die Folgerung ableiten, daß deshalb auch die tatsächliche Raumstruktur das Ergebnis einer planvollen staatlichen Raumordnungspolitik sein müsse oder sein könne. Eine derartige Schlußfolgerung könnte schon auf logisch-abstrakter Ebene durch drei Einwände infrage gestellt werden:

– Es könnte sein, daß die staatliche Politik die Raumentwicklung zwar steuert, aber nicht in planmäßiger und planbarer Weise, oder
– es könnte sein, daß die staatliche Politik durch die tatsächliche Raumentwicklung gesteuert wird, statt diese zu steuern; und
– es könnte schließlich trotz wechselseitiger Abhängigkeit zwischen Raumentwicklung und staatlicher Politik eine Steuerungsbeziehung überhaupt nicht (mehr) bestehen.

Für alle drei Einwände lassen sich auch plausible Argumente anführen:

(a) Für den ersten Einwand spricht, daß die raumwirksame staatliche Tätigkeit von der (gegenüber raumordnerischen Zielsetzungen zufälligen) territorialen Gliederung der staatlichen und kommunalen Organisation in hohem Maße abhängig ist. Die Selbstverwaltung der Gemeinden und Kreise und die starke Stellung der Bundesländer mit ihrer Mitwirkung an der Bundespolitik über den Bundesrat haben in der Bundesrepublik die Bedeutung von Territorialeinheiten als Bezugspunkt der politischen Diskussion und der politischen Konkurrenz in stärkerem Maße erhalten als in Großbritannien, Frankreich oder Italien. Der Ausbau der kommunalen Selbstverwaltung im 19. und 20. Jahrhundert hat den Selbstbehauptungswillen auch kleiner politischer Gemeinwesen gestärkt und den politischen Erfolg ihrer Verwaltungsspitze eng mit erfolgreichen Bemühungen um Wirtschafts- und Bevölkerungswachstum verknüpft. Der bürgerschaftliche Widerstand gegen die kommunalen Gebietsreformen des letzten Jahrzehnts hat noch einmal die politische Vitalität gerade der kleinen Gemeinden und Landkreise demonstriert; es wäre eine raumordnungspolitisch schmerzliche Einsicht, wenn mit ihrer Zerschlagung auch die Barrieren gegen eine Erosion des „flachen Landes" beseitigt worden wären.

In noch stärkerem Maße lenkt die Parteienkonkurrenz in den Ländern und die Vertretung der Länder im Bundesrat die politische Aufmerksamkeit auf die Probleme und Entwicklungsmöglichkeiten der territorialen Einheiten und verleiht der Verfassungsmaxime „einheitlicher Lebensverhältnisse" eine politische Durchschlagskraft, die sie im Einheitsstaat nie erreichen könnte. Verstärkt wird dieser Effekt noch dadurch, daß die politisch einflußreichen ökonomisch-gesellschaftlichen Vereinigungen zumeist ihre eigene territoriale Gliederung der politisch-administrativen angepaßt haben. Deshalb denken und agieren Industrie- und Handelskammer, berufsständische Vereinigungen, Arbeitgeberverbände und Gewerkschaften, aber auch Sparkassen und Privatbanken überwiegend in den gleichen räumlichen Bezügen wie die politischen Parteien und die öffentlichen Verwaltungen [4]. Auch ihr Einfluß auf die Politik weist also in die Richtung einer möglichst gleichmäßigen Berücksichtigung aller Gebietseinheiten bei öffentlichen Leistungen und bei der Erstellung öffentlicher Infrastruktur[5]. Die daraus resultierende „Generaltendenz" raumwirksamer Politiken muß jedoch keineswegs im Sinne einer funktional differenzierenden, planmäßigen Raumordnungspolitik wünschenswert sein.

Wenn die Verteilung öffentlicher Leistungen und öffentlicher Infrastruktur im wesentlichen durch die territoriale Gliederung der staatlich-administrativen Organisation und die darauf bezogene Parteienkonkurrenz und Verbandseinflüsse bestimmt wird, dann steuern diese öffentlichen Leistungen zwar möglicherweise die tatsächliche räumliche Verteilung wirtschaftlicher und gesellschaftlicher Aktivitäten, aber die Steuerungsentscheidungen selbst sind unter solchen Annahmen nicht Ergebnis einer planenden Gestaltung sondern die Resultante separater Willensbildungs- und Konkurrenzprozesse innerhalb und zwischen den territorialen Untergliederungen der staatlichen Organisation. Unsere im Vergleich zu Großbritannien und Frankreich relativ ausgeglichene Wirtschafts- und Siedlungsstruktur wäre dann zwar das Ergebnis staatlicher Politik, aber sie wäre dennoch nicht ein möglicher Gegenstand bewußter politischer Steuerung und Gestaltung.

(b) Die zweite logisch mögliche Hypothese würde die hier unterstellte faktische Steuerungsbeziehung umkehren: Die räumliche Verteilung öffentlicher Leistungen und öffentlicher Infrastruktur wäre dann nicht die „Führungsgröße" der wirtschaftlich-gesellschaftlichen Entwicklung, sondern deren Folge. Für diese Hypothese spricht zunächst die Erfahrung, daß der demokratisch-politische Prozeß in erster Linie auf drohende Krisen, akute Probleme und manifeste Forderungen reagiert und selten zukunftsgestaltende Leistungen ohne massiven Problemdruck hervorbringt. Die räumliche Verteilung öffentlicher Leistungen wird also in hohem Maße bedarfsorientiert erfolgen. Dieser „Bedarf" kann jedoch unter den Bedingungen der von imperativer Planung weitgehend freigestellten autonomen Standortentscheidungen von Unternehmen und Haushalten immer wieder neu erzeugt werden. Wenn bei fortschreitender Wirtschafts- und Gesellschaftsentwicklung die Bedeutung natürlicher Standortfaktoren abnimmt, und wenn zugleich das generelle Niveau öffentlicher Infrastrukturleistungen ansteigt, dann werden Wanderungs- und Standortentscheidungen in zunehmendem Maße von ökonomischen und kulturellen Fühlungsvorteilen und möglicherweise von Freizeitwerten beeinflußt. Wenn dadurch die öffentliche Infrastruktur überlastet wird, dann ist dies in einem für Problemdruck sensiblen politischen System nicht das Signal für Wachstums- und Zuzugsbeschränkungen im überlasteten Ballungsgebiet, sondern eher der Auslöser für massive öffentliche Investitionen zur Erweiterung von Entwicklungsengpässen. Die Nahverkehrsinvestitionen des letzten Jahrzehnts in München, Stuttgart und Frankfurt oder der Bau einer Fernwasserversorgung für den mittleren Neckarraum bieten gute Beispiele für die „Bedarfssteuerung" öffentlicher Infrastrukturleistungen. Soweit dieser Mechanismus sich durchsetzt, folgt die raumwirksame Politik des Staates der tatsächlichen Raumentwicklung statt sie zu steuern[6].

(c) Bei sinkenden Bevölkerungszahlen und abgeschwächtem Wirtschaftswachstum ist möglicherweise inzwischen sogar diese umgekehrte Steuerungsbeziehung abgerissen. Es könnte der Fall eingetreten sein, in dem nicht nur im Bundesgebiet insgesamt, sondern auch in den bisher überlasteten Ballungsregionen die bereits verfügbare Kapazität staatlicher Infrastruktur von dem gegenwärtigen Potential einer wirtschaftlich-gesellschaftlichen Entwicklung nicht mehr ausgeschöpft werden kann. In der Bauleitplanung der Ballungsgebiete sind derartige Überkapazitäten ebenso erreicht wie in der Summierung der Wanderungs- und Wachstumsprojektionen der Stadt-, Regional- und Landesentwicklungsplanungen[7]. Wenn das Entwicklungspotential knapp wird, und wenn demgegenüber die Kapazität öffentlicher Leistungen und öffentlicher Infrastruktur reichlich vorhanden ist, dann kann eine Steuerungsbeziehung zwischen beiden Größen weder in der einen noch in der anderen Richtung mehr vorausgesetzt werden. Staatliche Politik und räumliche Entwicklung könnten also voneinander unabhängig werden.

Die bisherigen Überlegungen können wie folgt zusammengefaßt werden:

- Die stark dezentralisierte politische Struktur der Bundesrepublik sorgt für eine vergleichsweise ausgewogene räumliche Verteilung öffentlicher Leistungen und öffentlicher Infrastruktur – soweit diese die wirtschaftlich-gesellschaftliche Raumentwicklung also beeinflussen, wirkt dieser Einfluß vermutlich großräumig dekonzentrierend, aber kleinräumig konzentrierend.

- Wahrscheinlicher ist allerdings, daß die Einflußwirkung in umgekehrter Richtung verläuft, so daß öffentliche Leistungen und öffentliche Infrastruktur der tatsächlichen wirtschaftlich-gesellschaftlichen Raumentwicklung folgen, statt sie zu steuern – wobei gerade die dezentralisierte politische Entscheidungsstruktur eine besonders sensible „Bedarfsorientierung" der Politik gewährleistet.
- Schließlich könnte inzwischen bei abnehmender Bevölkerung und geringerem Wirtschaftswachstum und bei ausreichend oder im Überschuß vorhandener öffentlicher Infrastruktur sogar eine „Entkoppelung" zwischen staatlicher Politik und wirtschaftlich-gesellschaftlicher Raumentwicklung eingetreten sein, bei der die Standortentscheidungen von Haushalten und Unternehmen sich ohne Rücksicht auf die überall ausreichend vorhandene Infrastruktur ausschließlich an anderen Kriterien orientieren können.

1.3 Ist eine planvolle politische Steuerung notwendig?

Diesen drei skeptischen Hypothesen könnte nun eine vierte, optimistische, gegenübergestellt werden, nach der eine aktive Raumordnungspolitik indirekt über ihren Einfluß auf die Verteilung öffentlicher Leistungen und öffentlicher Infrastruktur und direkt durch wirksame Einflußinstrumente auf die Standortentscheidungen von Haushalten und Unternehmen in der Lage wäre, die tatsächliche Raumentwicklung planend zu gestalten.

Die Schwierigkeit für die weitere Diskussion liegt nun darin, daß es keine Möglichkeit gibt, die Richtigkeit der optimistischen oder der drei skeptischen Hypothesen allein aufgrund der empirischen Beobachtung von Entscheidungsaktivitäten zu beurteilen (ebensowenig wie der Kausalzusammenhang zwischen dem Sonnenaufgang und dem krähenden Hahn durch die bloße Beobachtung beider Vorgänge bestimmt werden kann). Um also zu entscheiden, ob die Raumordnungspolitik in der Bundesrepublik lediglich der Registrator und Kommentator einer ohnehin ablaufenden Raumentwicklung oder aber deren aktiv-planender Gestalter ist, brauchen wir eine normative Vorstellung von den Wirkungen, die die Raumordnung (wenn sie aktive Gestaltung wäre) zu erreichen oder zu verhindern hätte – kurz: wir brauchen eine Vorstellung von der Notwendigkeit einer aktiven,planvollen staatlichen Steuerung der Raumnutzung.

Diese Notwendigkeit einer aktiven Raumsteuerung wird üblicherweise unmittelbar aus der ökonomischen Analyse des Externalitäten-Problems abgeleitet. Standortentscheidungen von Haushalten und Unternehmen, aber auch die raumwirksamen Maßnahmen von Gemeinden, Kreisen und Ländern haben charakteristischerweise positive und (vor allem) negative „externe Effekte", die nicht vom Entscheidungsträger selbst getragen werden. Die Luft- und Wasserverschmutzung durch die Ansiedlung eines Industriebetriebes oder der Verlust an „Fühlungsvorteilen" für die zurückbleibenden Zulieferer bei Abwanderung einer Unternehmenszentrale sind bekannte Beispiele für externe Effekte bei privaten Standortentscheidungen. Die Vernichtung von Einzelhandelsunternehmen in der Nachbargemeinde bei der Genehmigung eines großen Einkaufszentrums an der Gemeindegrenze ist ein gleichermaßen sinnfälliges Beispiel für politische externe Effekte bei öffentlichen Entscheidungen. Solange derartige externe Effekte dem Verursacher nicht (positiv oder negativ) „angerechnet" werden und so in seinem eigenen Kosten-Nutzen-Kalkül berücksichtigt werden müssen, werden sie bei Standortentscheidungen von Unternehmen und Haushalten, aber auch von den unteren Verwaltungseinheiten tendenziell vernachlässigt. Es treten also mit individuellen Standortentscheidungen „soziale Kosten" auf, oder es wird ein möglicher „sozialer Nutzen" nicht erreicht, so daß die Gesamtgesellschaft insgesamt mehr Nachteile in Kauf zu nehmen hat und weniger Bedürfnisbefriedigung erreichen kann, als dies bei einer die positiven und negativen Außenwirkungen „internalisierenden" Gesamtplanung der Raumnutzung nötig oder möglich wäre.

Freilich greift diese wohlfahrtökonomische Begründung, die bereits aus der bloßen Existenz externer Effekte auf die Notwendigkeit einer planvoll-gestaltenden Raumordnungspolitik schließt[8], theoretisch zu weit. Sie geht aus von rigiden Nutzenfunktionen und starren Präferenzen aller Beteiligten und berücksichtigt nicht die prinzipielle Flexibilität, Lernfähigkeit und Anpassungsfähigkeit aller an der Raumnutzung beteiligten Individuen und Institutionen. Ebenso wie in der Natur ein ökologisches Gleichgewicht zustande kommen kann, obwohl jedes einzelne Lebewesen von positiven und negativen externen Effekten anderer betroffen ist und selbst für andere solche erzeugt, so finden sich auch in der gesellschaftlichen Raumnutzung Symbiosen und „Sortierungsprozesse", durch die die wechselseitige Verträglichkeit der miteinander in räumlicher Nähe koexistierenden Nutzungsformen gegenüber dem rein mechanistischen Modell der Wohlfahrtsökonomie wesentlich gesteigert werden kann[9]. Die bloße Existenz von Außenwirkungen, die weder durch den Preismechanismus noch durch den Mechanismus der politischen Wahl unmittelbar internalisiert werden, begründet also noch nicht in theoretisch zwingender Weise auch die Notwendigkeit einer staatlichen Raumplanung.

Allerdings setzt ökologisches Lernen stabile Rahmenbedingungen voraus. Es scheitert, wenn die hohe Veränderungsgeschwindigkeit natürlicher, demographischer, technologischer oder ökonomischer Parameter die Orientierungssicherheit der einzelnen Beteiligten zerstört, und wenn dann die Gesamtheit individueller (Fehl-) Reaktionen zu einem kollektiv nicht mehr verträglichen Zustand führt[10]. Deshalb sind die „Raumordnungskatastrophen", die unsere Raumstruktur noch heute beeinträchtigen, fast immer in Perioden eines extrem raschen Wandels eingetreten – in den „Wachstumsschüben" der Frühindustrialisierung, der Gründerjahre nach 1871, des Jahrzehnts vor dem 1. Weltkrieg und der sechziger Jahre. In diesen Perioden des raschen und ökologisch chaotischen wirtschaftlichen Wachstums und gesellschaftlichen Wandels hätte eine planvoll-gestaltende Raumordnung die verlorengegangene Orientierungssicherheit ersetzen und irreversible Fehlentwicklungen verhindern können und müssen. Die Frage ist, ob die Raumordnung – nachdem die Chance der letzten Wachstumsperiode verpaßt wurde – ihre Notwendigkeit auch für die derzeitige Stagnationsphase noch sachlich begründen kann.

Dabei ist allerdings zu bedenken, daß die Stagnationsphase, in die wir seit Anfang der 70er Jahre eingetreten sind, nicht notwendigerweise eine Phase verlangsamter Veränderungsgeschwindigkeiten sein wird. Der Rückgang der Bevölkerungszahl wird zwar von sinkenden Geburtenziffern und vorläufig zunehmenden Sterbefällen bewirkt, er wird aber noch über das kommende Jahrzehnt hinweg auch von einer nachhaltigen (und im Hinblick auf die derzeitigen Arbeitslosigkeitsprobleme sogar kritischen) Steigerung der Zahl der Erwerbspersonen begleitet sein[11]. Ebensowenig ist die wirtschaftliche Entwicklung als eine gleichmäßige Verlangsamung des Wachstums zu interpretieren. Während in manchen Branchen oder Produktbereichen die Schrumpfungsprozesse sich noch weiter beschleunigen werden, können andere nach wie vor mit guten bis sehr guten Wachstumschancen rechnen, und nicht selten (so etwa in der Uhrenindustrie) wird es je nach Fähigkeit zur Anpassung an den technologischen oder modischen Wandel unaufhaltsamen Niedergang und dramatische Wachstumserfolge nebeneinander geben. Die Stagnationsphase wird also mit hoher Wahrscheinlichkeit eine Periode ebenso rascher, aber eben höchst ungleichartiger Veränderungsbewegungen sein wie die vorangegangene zwanzigjährige Wachstumphase. Vermutlich wird sie auch eine Periode hoher räumlicher Mobilität sein[12].

Die ohnehin besonders mobile Bevölkerungsgruppe der jüngeren Erwerbspersonen wird unter dem Druck hoher Dauerarbeitslosigkeit noch mehr als bisher zum Wohnortwechsel bereit sein müssen. Dabei wird sich die Abwanderung aus den ländlichen Räumen weiter beschleunigen, wenn (wie zu erwarten ist) die Arbeitsplätze an den dort angesiedelten „verlängerten Werkbänken" in erster Linie zu den Opfern der wirtschaftlichen Stagnationsphase gehören werden. Neue Arbeitsplätze im Dienstleistungsbereich und im Bereich der know-how-intensiven industriellen Fertigung werden (wenn auch zunächst nicht in ausreichender Zahl) dort entstehen, wo attraktive Fühlungsvorteile geboten werden – also vor allem in den auf überregionale Dienstleistungen, Forschung, Entwicklung, Management und Finanzwesen bereits heute spezialisierten Ballungszentren mit ihren zugehörigen Randzonen. Die durch die demographischen und ökonomischen Veränderungen in der Stagnationsphase ausgelösten Wanderungsprozesse könnten sich also zu einem großräumigeren Konzentrationsschub summieren, der die Raumstruktur der Bundesrepublik sogar noch stärker verändert als die Konzentrationsprozesse während der vorangegangenen Wachstumsphase[13].

Auf der einen Seite wären (bei insgesamt rückläufiger Bevölkerungszahl) die Wanderungsverluste der Entleerungsgebiete viel gravierender als vorher und dementsprechend auch die Entwertung privater und öffentlicher Investitionen in den betroffenen Gebieten. Wenn Grundstücke und Wohnungen ihren Wert verlieren, Gaststätten, Einzelhandelsgeschäfte und Bankfilialen schließen müssen, wenn Vereine überaltern und wenn Kindergärten, Schulen und Volkshochschulen zusammengelegt werden müssen, um noch ausreichende Teilnehmerzahlen zu finden, dann kann der Verlust an Lebensqualität für die Zurückgebliebenen auch durch die möglicherweise verminderte Luftverschmutzung nicht mehr aufgewogen werden[14]. Auf der anderen Seite wird sich aber auch die derzeitige Atrraktivität des südlichen Taunusrandes und der Bergstraße, des Münchener Raumes oder des Freiburger Umlandes rasch ins Gegenteil verkehren, wenn die Wanderungsbewegungen sich nur noch auf diese wenigen, besonders bevorzugten Zielregionen konzentrieren werden.

Wir können also nicht davon ausgehen, daß die Standortentscheidungen und Wanderungsbewegungen der Unternehmen auf Haushalte in naher Zukunft ein ökologisches Gleichgewicht herbeiführen werden. Im Gegenteil: Wenn nicht eine aktive staatliche

Raumordnungspolitik die absehbare Tendenz der Raumentwicklung verändert und eine massive Umverteilung der Entwicklungspotentiale erreicht, dann wird die künftige Raumstruktur der Bundesrepublik sowohl in den sich entleerenden peripheren Räumen wie in den der Erosion ausgesetzten Stadtkernen der weniger attraktiven Ballungsgebiete wie auch in den derzeit besonders attraktiven und wachstumsstarken Regionen zu einer nachhaltigen Verschlechterung der Lebensbedingungen und zu einer wesentlich ungünstigeren Auslastung vorhandener öffentlicher Einrichtungen führen, als dies derzeit noch der Fall ist. Die Notwendigkeit einer aktiv-planenden und durchsetzungsfähigen Raumordnungspolitik scheint uns deshalb für die Zukunft mindestens ebenso sehr begründet wie für die unmittelbare Vergangenheit[15]. Die Frage ist, ob geeignete Steuerungsinstrumente zur Verfügung stehen, um diesen Entwicklungstendenzen entgegenwirken zu können.

1.4 Instrumente einer planvollen Steuerung

Eine Steuerung der Raumentwicklung ist immer dann erforderlich, wenn die unmittelbaren Träger raumwirksamer Entscheidungen aus eigenem Interesse andere Standortentscheidungen treffen würden, als dies im Sinne einer übergeordneten, die externen Effekte mit berücksichtigenden Raumordnungskonzeption wünschenswert wäre. Dabei rechnen zu den unmittelbaren Trägern raumwirksamer Entscheidungen nicht nur die privaten Haushalte und Unternehmen mit ihrer Wahl von Wohnorten, Arbeitsplätzen und Investitionsstandorten, sondern auch der öffentliche Sektor selbst, die Kommunen, Länder und der Bund mit ihren Standortentscheidungen für Behörden, öffentliche Einrichtungen und Infrastrukturinvestitionen. Diese Gesamtheit unmittelbar raumwirksamer Entscheidungen – also der unmittelbaren Raumnutzung – definiert somit den Gegenstandsbereich potentieller raumordnerischer Steuerung.

Bei einer so umfassend definierten Aufgabenstellung der Raumordnung erscheint es zweckmäßig, zwei Frage-Ebenen systematisch voneinander zu trennen:

– Gibt es Instrumente einer effektiven politischen (staatlichen und kommunalen) Steuerung der unmittelbaren Raumnutzung? und
– ist der Einsatz solcher Steuerungsinstrumente im Hinblick auf eine übergeordnete Raumordnungskonzeption planvoll zu koordinieren?

Beide Fragen sind deshalb auseinanderzuhalten, weil unter Raumordnungsaspekten der öffentliche Sektor selbst eben nicht nur als „ideeller Gesamtkapitalist" und Steuerungsinstanz gegenüber der „Anarchie" privater Willkür auftritt, sondern zugleich auch als „Störer" in der Verfolgung partikularer (kommunaler, landespolitischer oder sektoraler) Interessen, die einer übergreifenden Raumordnungskonzeption ebenso zuwiderlaufen können wie der Egoismus privater Standortpräferenzen.

(a): Im Hinblick auf die politische Steuerung der unmittelbaren Raumnutzung soll in der Folge zwischen direkten und indirekten Steuerungsinstrumenten unterschieden werden, je nachdem, ob ein bestimmtes Verhalten direkt durch Gebote und Verbote erzwingbar oder lediglich indirekt durch die Veränderung entscheidungsrelevanter Rahmenbedingungen (positive und negative Anreize) beeinflußbar ist.

Der direkten Steuerung zugänglich sind prinzipiell alle Raumnutzungsentscheidungen des öffentlichen Sektors – der Kommunen, der Länder und des Bundes. Die Schwierigkeiten, die sich hier dennoch ergeben, sind deshalb als Durchsetzungsprobleme der Raumordnung gegenüber partikularen öffentlichen Interessen zu diskutieren. Gegenüber dem privaten Sektor dagen sind unter unserer Verfassungsordnung Instrumente einer direkten Steuerung der Raumnutzung nur in begrenztem Maße verfügbar. Hier dominieren die indirekten Steuerungsinstrumente.

Sie sind dadurch charakterisiert, daß sie nicht eine Entscheidung per se gebieten oder verbieten, sondern sie durch Veränderungen der Rahmenbedingungen beeinflussen wollen – entweder indem sie für ein bestimmtes Verhalten (nicht übermäßig gravierende) positive oder negative monetäre Anreize bieten oder indem sie die nichtmonetären Randbedindungen der Standortwahl verbessern oder verschlechtern. Der betriebswirtschaftliche Wert positiver oder negativer monetärer Anreize läßt sich für Unternehmensentscheidungen einigermaßen genau bestimmen[16]. Viel schwieriger ist es, die Wirkung nicht-monetärer Anreize einzuschätzen, insbesondere also des Angebots oder der Verknappung von nicht-substituierbaren Faktoren der Raumentwicklung – etwa Bauland, Wohnraum, qualifizierte Arbeitskräfte, Verkehrserschließung, Bildungseinrichtungen, Freizeitmöglichkeiten etc. Die Schwierigkeit ergibt sich daraus, daß bei einer Mehrzahl von Bestimmungsfaktoren der Raumentwicklung nur der jeweils knappste Faktor das erreichbare Entwicklungsniveau bestimmt.

Wenn Arbeitsplätze knapp sind und Wohnraum reichlich vorhanden ist, dann wird auch verstärkter Wohnungsbau keine positiven Wanderungsbewegungen auslösen: umgekehrt wird auch der Ausbau einer attraktiven öffentlichen Infrastruktur wenig Industrieansiedlung bewirken, wenn die für die Produktion erforderlichen qualifizierten Arbeitskräfte auf dem regionalen Arbeitsmarkt nicht zu gewinnen sind. Ebenso wird auch der Einsatz monetärer Anreize relativ wirkungslos bleiben, wenn andere notwendige Entwicklungsfaktoren nicht in ausreichendem Maße angeboten werden. Der effiziente Einsatz indirekter Steuerungsinstrumente erfordert also eine differenzierte „Engpaßanalyse", ohne die der Versuch einer indirekten Steuerung leicht zur wirkungslosen Vergeudung öffentlicher Mittel degeniert.

(b): Bei der Frage nach der raumordnerischen Steuerbarkeit der insgesamt verfügbaren Steuerungsinstrumente der Raumnutzung sind zwei Dimensionen gleichzeitig im Blick zu behalten – die vertikale und die horizontale. In der vertikalen Dimension geht es um die Fragen, welche Gebietskörperschaft – Gemeinde, Kreis, Land, Bund (und demnächst: die Europäische Gemeinschaft) welche raumordnerischen Steuerungsleistungen gegenüber welcher anderen Gebietskörperschaft zu erbringen habe. In der horizontalen Dimension geht es um den formellen und faktischen Einfluß der für die Raumplanung zuständigen Organisationseinheit auf die (direkt oder indirekt) raumwirksamen Entscheidungen der sektoral spezialisierten Fachressorts und Dezernate. Beide Dimensionen sind überdies nicht säuberlich zu trennen. So beanspruchen etwa die Länder für ihre Landesplanungen Verbindlichkeit auch gegenüber den Fachplanungen des Bundes, während der Bund mit seinen Fachplanungen etwa im Fernstraßenbau bis in die Details der Stadtentwicklungs- und sogar Bebauungspläne hineinwirkt.

Bei alledem darf jedoch die Relativität des Steuerungsanspruches nicht vergessen werden. „Steuerungsbedarf" im objektiven Sinne besteht nicht schon dann, wenn das Land gegenüber der Kommune, oder wenn die Raumordnungsbehörde gegenüber dem Ressort abweichende Absichten verfolgen möchte, sondern (obwohl das eine mit dem anderen leicht verwechselt wird) erst dann, wenn die enger definierte Perspektive der jeweils (territorial oder sektoral) begrenzteren Einheit wichtige (positive oder negative) Auswirkungen des eigenen Verhaltens vernachlässigt. Daraus folgt auch, daß die raumordnerischen Steuerungsleistungen, die jeweils von der Einheit mit der (territorial oder sektoral) umfassenderen Kompetenz zu erbringen sind, von der Zuständigkeitsabgrenzung zwischen den „untergeordneten" Einheiten abhängig sind. Je mehr „Externalitäten" durch den Aufgabenzuschnitt der unteren Einheiten „internalisiert" werden, desto geringer der vertikale und horizontale Steuerungsbedarf. Deshalb wäre eine Neugliederung des Bundesgebietes nach dem Vorschlag der Ernst-Kommission eine wesentliche Entlastung für die Bundesraumordnung gewesen[17], und deshalb kann die Gemeindegebietsreform und vor allem die Kreisreform – bei allen gravierenden politischen Nachteilen – doch eine Entlastung für die Landes- und Regionalplanung in den Ländern bewirken. Ebenso können durch Änderungen des Ressortzuschnitts die horizontalen Steuerungsaufgaben der Raumordnung erschwert oder erleichtert werden.

Zunächst sollen aber die Steuerungsmöglichkeiten des öffentlichen Sektors gegenüber der (vor allem privaten) unmittelbaren Raumnutzung diskutiert werden.

2. Direkte Steuerungsinstrumente der Raumentwicklung

Als direkte Steuerungsinstrumente kommen infrage die Flächensteuerung als Festlegung der zulässigen Nutzungsmöglichkeiten der knappen Ressource „Raum" auf einer Ebene oberhalb der kommunalen Bauleitplanung sowie die Möglichkeit direkter Ansiedlungs- und Investitionsgebote und -verbote.

2.1 Flächensteuerung

Auf den ersten Blick sieht es so aus, als könne die Raumordnung durch das Instrument der Flächenplanung einen umfassenden Gestaltungsspielraum gewinnen, da es ja kaum menschliche Daseinsfunktionen ohne Raumabhängigkeit gibt. Deshalb ist es auch plausibel, daß gerade die Bundesländer mit im übrigen schwach entwickeltem gesamtplanerischen Instrumentarium besondere Anstrengungen unternehmen, um „Richtwerte" der Flächennutzung als raumordnerisches Instrument zur Steuerung der Siedlungsentwicklung einzusetzen. Diese Richtwerte sind aus Zielprojektionen der Bevölkerungs- und Arbeitsplatzentwicklung abgeleitete Größen, an denen sich die Ziele und die Flächenausweisung gemeindlicher Bauleitplanungen orientieren sollten. So gibt etwa in Bayern[18] und Baden-Württemberg[19] die oberste Landesplanungsbehörde den Regionalverbänden die Richtwerte verbindlich vor. Pflichtaufgabe der Region ist es dann, durch interne Aushandlungsprozesse die Flächenkontigente auf die einzelnen Nahbereiche zu verteilen und in Flächenziffern umzusetzen. Die Gemeinde ihrerseits haben die landes- und regionalplanerischen Vorgaben ihrer eigenen Bauleitplanung zugrunde zu legen. Abweichungen von den Flächenvorgaben haben zur Folge, daß die Genehmigungsbehörden den Flächennutzungs- und Bebauungsplänen der Gemeinde die Rechtswirksamkeit versagen können.

In der Praxis kann das Instrumentarium der Flächensteuerung jedoch aus aktuellen und aus prinzipiellen Gründen die ihm zugeschriebene Wirkung kaum entfalten.

(a) Steuerungswirksamkeit kann die Flächensteuerung allenfalls als restriktives Instrument erreichen – das heißt, sie kann versuchen, ein aktives Entwicklungspotential durch die knappe Kontigentierung des verfügbaren Raumes auf die raumordnerisch erwünschten Standorte hinzulenken und von unerwünschten Standorten fernzuhalten. Diese restriktive Wirkung tritt jedoch nur dann ein, wenn die insgesamt angebotene Nutzungsfläche im Vergleich zu dem auf Nutzung drängenden Entwicklungspotential knapp gehalten wird. Bei einem generellen Überangebot von Nutzungsflächen verliert die Flächenplanung ihre Steuerungswirkung.

In der aktuellen Situation ist die Steuerungswirkung der landesplanerischen Richtwerte aus zwei Gründen skeptisch einzuschätzen: Zum einen basieren die Flächenrichtwerte der Landesplanung typischerweise immer noch auf den früheren optimistischeren Bevölkerungsprognosen, die durch die neuere demographische Entwicklung überholt worden sind. Selbst bei voller Durchsetzung der Richtwerte wäre die Flächenplanung deshalb ein zu weiter Rahmen für das realistischerweise zu erwartende Entwicklungspotential[20]. Auf der anderen Seite kommt der Versuch einer Verknappung der Flächenrichtwerte inzwischen oft zu spät, da gerade in den Ballungsgebieten genehmigte Flächennutzungspläne und Bebauungspläne (die nur mit außerordentlichen politischen Schwierigkeiten und unter Inkaufnahme von erheblichen Entschädigungskosten wieder kassiert werden könnten) vorliegen, durch die jetzt schon künftige Entwicklungsmöglichkeiten bis weit in das nächste Jahrhundert hinein rechtlich offengehalten werden. So erlauben etwa im Mittleren Neckarraum die bereits genehmigten Bebauungspläne noch einen Bevölkerungszuwachs von etwa 215 000 Einwohnern, während das Land bei seinen korrigierten landesplanerischen Richtwerten bis zum Jahr 1990 nur noch einen Bevölkerungszuwachs von 50.000 Einwohnern einkalkuliert[21]. Ähnlich sind die Verhältnisse in der Region München, in der nach Aussage eines Sachkenners „allein die Landeshauptstadt München aufgrund ihrer voluminösen Staffelbauordnungen in der Stadt intra muros Baurecht für eine glatte Verdoppelung ihrer derzeitigen Einwohnerzahl hätte. Ähnliche, wenn auch nicht derart große Zahlen haben wir auch in den einzelnen Gemeinden der Region"[22].

Unter solchen aktuellen Bedingungen, die in anderen Bundesländern ebenfalls vorzuherrschen scheinen, ist die Flächenplanung nicht mehr in der Lage, das verfügbare Bauland soweit zu verknappen, daß durch die Vorgabe von Flächenrichtwerten eine effektive überlokale Steuerung der Raumnutzung erreicht werden könnte.

(b) Aber auch ohne das Problem der aktuellen „Überkapazitäten" erscheinen Flächenrichtwerte eher als ein stumpfes Steuerungsinstrument. Der Zusammenhang zwischen Flächenbedarf und Nutzungsintensität ist generell unsicher und zudem für die einzelnen Nutzungsarten noch hoch variabel[23]. Deshalb können auf der Grundlage unterschiedlicher Annahmen über den Flächenbedarf je Einwohner oder je Arbeitsplatz schon die Regionalpläne das ganze Konzept der Landesplanung aus den Angeln heben. Und selbst wenn hier eine (problematische) Standardisierung durchgesetzt würde, bleibt ein außerordentlich weiter Interpretationsspielraum bei der Definition des Auflockerungs-, Sanierungs- und Umstrukturierungsbedarfs und des Flächenbedarfs für die „organische Eigenentwicklung" der Kommunen[24]. Diesen Interpretationsspielraum kann die Genehmigungsbehörde nicht nach eigenem Ermessen ausfüllen, ohne damit zugleich die gestalterischen Möglichkeiten der Kommunalpolitik in verfassungsrechtlich unzulässiger und sachlich unvertretbarer Weise zu beschneiden. Wenn der Interpretationsspielraum jedoch den Kommunen zur Ausfüllung überlassen bleibt, dann können diese sich auf der Grundlage ihres generellen Informationsvorsprunges hier unkontrollierbare „Flächenreserven" anlegen, die jeden Versuch einer einigermaßen präzisen Flächensteuerung durch die Landesplanung neutralisieren können.

Unter den gegebenen Umständen muß also wohl der Versuch einer planmäßigen und überlokalen Umlenkung von Entwicklungspotentialen mit Hilfe des Instrumentariums einer landesplanerischen Flächensteuerung als wenig aussichtsreich eingeschätzt werden[25]. Die Flächensteuerung behält ihren Sinn als kleinräumliches, dezentrales Ordnungsinstrument und als Instrument zur Steuerung öffentlicher Infrastrukturinvestitionen, aber sie ist kaum in der Lage, die Standort- und Wanderungsentscheidungen von Haushalten und Unternehmen überlokal zu steuern.

2.2 Ansiedlungs- und Investitionsverbote

Die in der Nachkriegszeit aus Gründen der mangelnden Wohnraumversorgung allgemein üblichen Zuzugsbeschränkungen für Einzelpersonen und Haushalte sind inzwischen aufgehoben. Im Hinblick auf die Verfassungsgarantie der Freizügigkeit und die entsprechenden Garantien der EG-Verträge könnten sie auch kaum als raumordnerische Steuerungsinstrumente gegenüber Deutschen und EG-Ausländern wieder eingeführt werden. Zuzugsbeschränkungen für bestimmte Ballungsregionen oder Stadtregionen mit hohem Ausländeranteil sind jedoch mit Wirkung gegenüber nicht-EG-Ausländern in den vergangenen Jahren eingeführt worden. In ihrer primären Zielsetzung waren sie durch die Schwierigkeiten der sozialen Integration eines hohen Ausländeranteils motiviert; in dem Maße jedoch, wie ausländische Arbeitnehmer für die Fließbandproduktion unentbehrlich geworden waren, konnte die Zuzugsbeschränkung auch die (erwünschte) raumordnerische Nebenwirkung einer Entlastung industrieller Ballungsgebiete erzielen. Allerdings galt dies nur so lange, wie nicht die freigewordenen Ausländer-Arbeitsplätze in den Ballungsgebieten durch die noch raschere Zuwanderung deutscher Arbeitskräfte aus den Entleerungsregionen besetzt wurden. Baden-Württemberg hat auch aus diesem Grund zuerst die bundeseinheitliche Regelung des Ausländerzuzugs aufgehoben[26]. Inzwischen wurde dieses Steuerungsinstrument insgesamt wieder aufgegeben.

Die Möglichkeit von Investitionsverboten aus Gründen des Luft-, Gewässer- und Lärmschutzes, der Verkehrsplanung oder des Nachbarschutzes ist in vielerlei Rechtsvorschriften des Baurechts, Wasserrechts, Verkehrsplanungsrechts, Gewerberechts oder Umweltrechts vorgesehen. Allerdings kann mit der Anwendung dieser ordnungsrechtlichen Vorschriften eine im Vergleich zum Rahmen genehmigter Bauleitplanungen restriktivere Raumsteuerung grundsätzlich kaum erreicht werden. Die ordnungsrechtlichen Maßnahmen richten sich auf das einzelne Objekt und die von ihm ausgehende individuelle Ordnungsstörung, nicht aber auf das Problem der überlokalen Verteilung von Wirtschafts- und Siedlungspotential. Im Ergebnis kann durch die Anwendung ordnungsrechtlicher Vorschriften allenfalls die Substitution emmissionsreicher Nutzungsarten durch weniger umweltbeeinträchtigende Vorhaben erreicht werden – nicht aber die generelle Entlastung eines wirtschaftlich überlasteten Ballungsgebietes, wie etwa des Rhein-Main-Gebiets oder des Mittleren Neckarraums[27]. Immerhin könnte jedoch die verschärfte Anwendung von (immissionsorientierten) Umweltschutzbestimmungen eine gewisse Verlagerung „schmutziger" Industrien in die ländlichen Räume (oder gleich ins Ausland) zur Folge haben. Da das weitere Wachstum der aktiven Ballungsgebiete jedoch im wesentlichen durch den Dienstleistungssektor und relativ „saubere", know-how-intensive Industriezweige verursacht wird, wird der raumordnerische Umverteilungseffekt ordnungsrechtlicher Investitionsverbote vermutlich gering bleiben[28].

Anders wäre wohl die Effektivität raumordnerischer Investitionsverbote für öffentliche Investitionen (Behördenstandorte und engpaßerweiternde Infrastrukturinvestitionen) zu beurteilen. Die Entwicklung des Münchener Raums hätte sicherlich gebremst werden können, wenn die Raumordnung in der Lage gewesen wäre, sowohl die Errichtung des Europäischen Patentamtes wie den Ausbau des öffentlichen Nahverkehrssystems und des Autobahnrings zu verhindern. Gerade im öffentlichen Bereich – gegenüber den Standortentscheidungen öffentlicher Einrichtungen und gegenüber den Investitionsentscheidungen sektoraler Politikbereiche – stößt die Raumordnung jedoch an besonders enge Schranken ihrer politischen Durchsetzungsfähigkeit, die weiter unten erörtert werden sollen.

Insgesamt jedenfalls erscheinen Ansiedlungs- und Investitionsverbote unter den rechtlichen und politischen Bedingungen der Bundesrepublik derzeit nicht als besonders wirksame Steuerungsinstrumente einer aktiven Raumordnungspolitik.

2.3 Ansiedlungs- und Investitionsgebote

Mit der Novelle zum Bundesbaugesetz ist die Möglichkeit von Investitionsgeboten im Rahmen städtebaulicher Ordnungsmaßnahmen eingeführt worden. Die Gemeinden besitzen nunmehr die Befugnis sowohl zur detaillierten Festlegung von Nutzungsbestimmungen (z.B. 1. Geschoß – Apotheke, 2. Geschoß – Tageskaffee, 3. Geschoß – sozialer Wohnungsbau) als auch zur zwangsweisen Planverwirklichung[29]. Allerdings geht damit zugleich auch die Verantwortung für die wirtschaftliche Nutzbarkeit des Bauvorhabens auf die öffentliche Hand über. Die Anwendbarkeit des Instruments wird sich also im wesentlichen auf Fälle beschränken, in denen die privatwirtschaftliche Rentabilität der Investition außer Zweifel steht.

Wird diese Erwartung enttäuscht, hat die Planungsbehörde mit Entschädigungsansprüchen zu rechnen. Baurechtliche Investitionsgebote kommen also überwiegend für die ohnehin wirtschaftlich aktiven Verdichtungsräume infrage, nicht aber für die Durchsetzung von raumordnerischen Entwicklungszielen in struktur- und wirtschaftsschwachen Regionen.

Zwei weitere investitionspolitische Instrumente, die im Ausland für die Ziele der Raumordnung eingesetzt werden, sind unter unseren Bedingungen von geringerer Relevanz:

Während in Schweden und in Großbritannien die räumliche Dekonzentration von Einrichtungen der Zentralverwaltung zumindest deshalb ein wichtiges Instrument geworden ist, weil der Staat der Wirtschaft ein „gutes Beispiel" geben soll, vermeidet unser föderalistischer Staatsaufbau von vornherein die in Zentralstaaten übliche Behördenkonzentration in der (Bundes-) Hauptstadt. Überdies sind auch die Bundesoberbehörden bereits jetzt nicht in Bonn konzentriert, sondern über die Bundesrepublik einigermaßen gut verteilt. Mehr Spielraum besteht hier wohl bei den größeren Flächenstaaten unter den Bundesländern – insbesondere im historisch stark zentralistisch organisierten Bayern[30] .Hier sind dann allerdings auch die internen Widerstände gegen Standortverlagerungen kaum zu überwinden[31] .

Ähnlich begrenzt ist der Einfluß der Raumordnung auf die Standortentscheidungen der staatlichen und halbstaatlichen Unternehmen, die etwa in Italien zum wichtigsten Instrument für die Entwicklung des mezzogiorno geworden sind[32]. Im Vergleich zu Italien, Großbritannien oder auch Frankreich ist in der Bundesrepublik die quantitative Bedeutung staatlicher und halbstaatlicher Unternehmen verhältnismäßig gering; überdies sollen diese Unternehmen nach betriebswirtschaftlichen Kriterien geführt werden und deshalb auch in ihren Standortentscheidungen nicht der unmittelbaren staatlichen Lenkung unterworfen sein. Gewiß spielen politische (und damit potentiell auch raumordnungspolitische) Gesichtspunkte eine große Rolle, wenn die Entscheidung über Streckenstillegungen der Bundesbahn, über die Reorganisation der Oberpostdirektionen oder über die Schließung eines VW-Zweigwerkes anstehen. Aber dabei geht es charakteristischerweise eher um die punktuelle Kritik an betriebswirtschaftlichen unvermeidlichen Desinvestitionen, nicht aber um eine aktive und systematische Einflußnahme der Raumordnung auf Investitionsentscheidungen im staatlichen Wirtschaftssektor. Insofern beschränkt sich die raumordnerische Steuerung auch gegenüber den in öffentlicher Hand befindlichen Wirtschaftsunternehmen eher auf das Instrumentarium einer indirekten Steuerung.

3. *Indirekte Steuerungsinstrumente der Raumentwicklung*

Indirekt wirkende Steuerungsinstrumente der Raumentwicklung sind positive finanzielle Anreize für private Wanderungs- und Standortentscheidungen zu Gunsten von Förderungsgebieten, negative finanzielle Anreize zur „Defavorisierung" überlasteter Ballungsgebiete, die raumordnerische Steuerung von Infrastrukturinvestitionen der Kommunen und der Fachressorts und schließlich die raumordnerisch gezielte Innovationsförderung.

3.1 Positive Anreize

Das derzeitige Spektrum staatlicher Subventionen und Finanzhilfen für raumwirksame private Aktivitäten ist außerordentlich breit und schwer zu überschauen. Die Vergabe von verlorenen Zuschüssen, Zinszuschüssen und Bürgschaften gehört ebenso dazu wie die verschiedensten Formen der Steuererleichterung und Abgabenbefreiung wie etwa Investitionszulagen, Investitionsprämien, Sonderabschreibungen, regionale Steuersatzvariationen etc.[33]. Viele dieser Instrumente werden nicht in erster Linie (oder überhaupt nicht) mit raumordnungspolitischer Zielsetzung eingesetzt, sondern dienen der Agrarförderung, der Mittelstandsförderung, der Förderung von Heimatvertriebenen und Flüchtlingen, der sektoralen Strukturpolitik oder der Exportförderung. Dennoch sind sie in ihrer Wirkung keineswegs raumordnerisch neutral, sondern können je nach ihrer spezifischen räumlichen Inzidenz die Ziele der Raumordnungspolitik fördern oder konterkarieren.

Speziell auf die räumliche Verteilung gewerblicher Arbeitsplätze richtet sich die regionale Wirtschaftsförderung, die seit 1969 in der Gemeinschaftsaufgabe ,,Verbesserung der regionalen Wirtschaftsstruktur" institutionalisiert ist[34]. Ein Planungsausschuß von Bund und Ländern beschließt einen Rahmenplan, der die Fördergebiete und Schwerpunktorte sowie die Voraussetzungen festlegt, die für eine Förderung gewerblicher Investitionen erfüllt sein müssen. Die Förderung beschränkt sich auf Schwerpunktorte in den Fördergebieten, und sie ist auf Investitionszuschüsse mit Höchstsätzen zwischen 15 und 25 % der Investitionssumme beschränkt. Daneben existieren regionale Förderprogramme einiger Bundesländer (insbesondere Nordrhein-Westfalens, Baden-Württembergs und Bayerns), deren Volumen die Mittel der Gemeinschaftsaufgabe gelegentlich um ein Mehrfaches übertreffen. Immerhin haben sich die Länder verpflichtet, bei eigenen Förderprogrammen die Kriterien der Gemeinschaftsaufgabe ebenfalls anzuwenden. Die Effizienz der Gemeinschaftsaufgabe leidet allerdings unter der zu weiten Ausdehnung der Fördergebiete (deren Fläche fast zwei Drittel des Gebiets und etwa ein Drittel der Bevölkerung der Bundesrepublik einschließt) und durch die aus politischen Gründen kaum zu reduzierende Inflation der Schwerpunktorte (derzeit 334), die eine Konzentration der Mittel auf wenige Entwicklungszentren mit den für ein ,,Ansiedlungsklima" erforderlichen Fühlungsvorteilen erschwert. Ein weiteres Problem ist die fehlende sektorale Differenzierung der Förderpolitik, die immer wieder zur staatlichen Subventionierung entwicklungsschwacher Branchen und extrem konjunkturanfälliger „verlängerter Werkbänke" führte[35].

Bei grundsätzlicher Betrachtung braucht sich die regionale Wirtschaftsförderung keineswegs auf die Subventionierung des Produktionsfaktors Kapital zu beschränken, sondern könnte andere Produktionsfaktoren, insbesondere den Faktor Arbeit, miterfassen, Lohnkostenzuschüsse und Mobilitätszuschüsse für Arbeitnehmer werden derzeit in begrenztem Maße und mit ausschließlich arbeitsmarktpolitischer Zielsetzung regional differenziert angeboten. Die steuerfreie „Berlin-Zulage" stellt einen weiteren Fall regional wirksamer Arbeitskraft-Subventionierung dar.

Bei den derzeit gegebenen Wachstumsproblemen der deutschen Wirtschaft ist es jedoch fraglich, ob sowohl Kapitalsubventionen wie Arbeitskraft-Subventionen (in der bei der gegenwärtigen Hauhaltslage vertretbaren begrenzten Größenordnung) eine massive interregionale Umverteilung von Entwicklungspotentialen erreichen können. Interregional mobil sind in erster Linie erfolgreiche Unternehmen in wachstumsaktiven Branchen, während gefährdete Unternehmen in Stagnationsbranchen kaum noch bereit sind, ihren Standort zu wechseln[36]. Wenn jedoch, wie wir vorhin vermutet haben, die neuen Wachstumsbranchen in besonderem Maße von den Agglomerationsvorteilen attraktiver Ballungsregionen abhängig sind, so werden diese gewiß nicht wegen der (auf die jährlichen Gesamt-Produktionskosten bezogenen minimalen)[37] Investitions-Subventionen der Gemeinschaftsaufgabe in sonst weniger attraktive Entwicklungsregionen abwandern. Die mobilen Arbeitskräfte werden deshalb nach wie vor von den neuen Arbeitsplätzen in den Ballungsregionen angezogen werden. In der gegebenen Wirtschaftssituation besteht deshalb wenig Aussicht, den vorhersehbaren Trend zur weiteren räumlichen Konzentration durch die derzeitigen positiven Anreize der regionalen Wirtschaftsstrukturpolitik aufzuhalten oder gar umzukehren. Deshalb empfiehlt es sich, die mögliche Wirksamkeit von negativen Anreizen eingehender zu prüfen.

3.2 Negative Anreize (Defavorisierungsinstrumente)

Zu den indirekt wirkenden Defavorisierungsinstrumenten (direkte Defavorisierungsinstrumente sind Ansiedlungs- und Investitionsverbote bzw. entsprechende Genehmigungsvorbehalte nach dem Muster der britischen „Industrial Development Certificates") zählen alle Sonderabgaben, durch die Haushalte, Unternehmen oder Investitionsvorhaben in Ballungsgebieten gegenüber dem übrigen Bundesgebiet stärker belastet würden. Das verwaltungstechnisch einfachste (und möglicherweise wirtschaftlich wirksamste) Modell bestünde in einer globalen Erhöhung der Einkommens- und Körperschaftssteuer für definierte Überlastungsgebiete und (möglicherweise) einer korrespondierenden globalen Senkung der Einkommens- und Körperschaftssteuer für definierte Entwicklungsgebiete, während es für das übrige Bundesgebiet bei den derzeitigen Steuersätzen bliebe. Administrativ schwieriger und ökonomisch problematischer wäre der Versuch einer zwischen erwünschten und unerwünschten Investition differenzierenden Investitionssteuer, während ein System der konsequenten Zurechnung der ökologischen, infrastrukturellen und sozialen Folgekosten von Investitionen in Ballungsgebieten in einer nach dem „Verursacherprinzip" als Gebühr zu definierenden Ballungsgebietsabgabe zwar verfassungsrechtliche und ordnungspolitische Vorteile hätte, aber vermutlich in der praktischen Durchführung an Abgrenzungs- und Vollzugsproblemen scheitern würde. Andererseits wäre eine ausschließlich raumordnungspolitisch motivierte regionale Differenzierung bei der Einkommenssteuer oder der Investitionssteuer verfassungsrechtlich vermutlich nicht ganz unproblematisch[38].

Schwerer wiegen allerdings die Probleme der politischen Durchsetzbarkeit derartiger Defavorisierungsinstrumente. Sie hätten im Erfolgsfalle eine Umverteilung von Bevölkerung und Wirtschaftspotential (und – was aber vielleicht technisch zu kompensieren wäre – auch von Steuereinnahmen) zwischen den Bundesländern zur Folge, und sie könnten in unserer Verfassungsordnung auch nur mit der Zustimmung der Länder im

Bundesrat beschlossen werden. Diese Zustimmung wäre prinzipiell unwahrscheinlich; sie wird noch weiter erschwert durch den Umstand, daß die städtischen Kerne der großen Ballungsregionen schon heute einem starken Erosionsprozeß ausgesetzt sind[39]. Eine globale Defavorisierung der Ballungsregionen würde gerade die Probleme der Stadtkerne noch weiter verschärfen. Wenn die auf ökonomische Anreize sensibel reagierenden Haushalte und Unternehmen durch derartige Maßnahmen überhaupt beeinflußt würden, dann blieben die Großstädte mit den (von einer Steuervariation kaum betroffenen) sozial schwachen Einwohnergruppen und gewinnschwachen Unternehmen zurück, so daß ihre Einnahmesituation sich erheblich verschlechtern müßte, ohne daß die öffentlichen Ausgaben entsprechend sinken würden. Das bankerotte New York steht auch den Oberbürgermeistern und Kämmerern der deutschen Großstädte als drohendes Beispiel vor Augen. Schon von daher wäre der politische Widerstand gegen eine globale und effektive Defavorisierungspolitik sicherlich massiv und in der institutionellen Struktur unseres Bund/Länder-Entscheidungsprozesses gewiß kaum zu überwinden. Überdies wäre bei uns für eine Mehrzahl unterschiedlicher Ballungsregionen, die sich teilweise über mehrere Bundesländer erstrecken, ein differenzierendes Disincentive-Programm zu entwickeln. Frankreich oder Schweden brauchen ihre Defavorisierungspolitik jeweils nur für eine einzige Metropolitanregion zu formulieren. Auch in Großbritannien beschränkte sich der Einsatz von Defavorisierungsinstrumenten auf einige wenige Großräume. Die teilweise positiven Erfahrungen, die zentralistisch verfaßte Länder mit einer von der Zentralregierung definierten und durchgesetzten Defavorisierungspolitik gemacht haben[40], sind also zumindest unter politischen Gesichtspunkten kaum auf die Situation in der Bundesrepublik zu übertragen.

Unter den derzeitigen ökonomischen und politischen Bedingungen in der Bundesrepublik erscheint deshalb eine massive Umverteilung von Entwicklungspotenialen zwischen den Ballungsregionen und den entwicklungsschwachen Fördergebieten nicht so wahrscheinlich, daß damit allein der zu erwartende weitere Konzentrationsschub aufgehalten oder auch nur wesentlich abgemildert werden könnte. Vor ähnlichen Schwierigkeiten stehen jedoch auch die übrigen Instrumente einer indirekten Raumsteuerung.

3.3 Öffentliche Infrastruktur als Steuerungsinstrument

Wir haben schon in der Einleitung auf die außerordentlich hohe Bedeutung der öffentlichen Infrastruktur als Standortfaktor hingewiesen. Die Anbindung an die nationalen und internationalen Verkehrs- und Kommunikationsnetze, Versorgung und Entsorgung, Gesundheitswesen und Bildungswesen, kulturelle Einrichtungen etc. sind für die Entwicklung von Wohnsiedlungen und Wirtschaftsstandorten so wichtig geworden wie Luft und Wasser für das organische Leben. Wenn die räumliche Verteilung der öffentlichen Infrastruktur also von der Raumordnung bestimmt werden könnte, so stünde damit ein außerordentlich durchschlagkräftiges, ja geradezu unwiderstehliches Steuerungsinstrument gegenüber den Wanderungs- und Standortentscheidungen von Haushalten und Unternehmen zur Verfügung. Die eigentliche Steuerungsproblematik stellt sich hier also zunächst nicht im Verhältnis zwischen Staat und Privaten, sondern im Verhältnis zwischen den Raumordnungsbehörden und den für die Erstellung öffentlicher Infrastruktur zuständigen Behörden. Die Schwierigkeiten für die Raumordnung erwachsen dabei aus der Tatsache, daß die Verantwortung für Infrastrukturinvestitionen auf Bundes- und Landesebene bei den sektoral spezialisierten Fachressorts für Verkehr, Gesundheit, Bildung etc. liegt, und daß überdies etwa zwei Drittel der Infrastrukturinvestitionen gar nicht vom Staat sondern von den Kommunen erstellt werden. Wichtigster Ansatzpunkt einer raumordnerischen Steuerung ist deshalb die Einflußnahme auf die räumliche Verteilung kommunaler Infrastrukturinvestitionen. Hierfür stehen den Ländern im Grundsatz zwei Lenkungsinstrumente zur Verfügung:

- Die Einflußnahme auf das Einnahmevolumen (und damit den Dispositionsspielraum) der einzelnen Kommunen durch einen nach raumordnerischen Kriterien gestalteten kommunalen Finanzausgleich und durch Allgemeinzuweisungen; und
- die gezielte Einflußnahme auf die Verteilung von Investitionsvorhaben durch die Vergabe von zweckgebundenen Zuweisungen entsprechend landesplanerischen Zielsetzungen.

(a) Finanzausgleich – Allgemeinzuweisungen

Gewisse Ansätze zur Berücksichtigung raumordnerischer Kriterien bei der Gestaltung des kommunalen Finanzausgleichs finden sich bereits jetzt in einigen Bundesländern – so etwa in dem Verzicht Schleswig-Holsteins auf „veredelte" Einwohnerzahlen im Hauptansatz oder in den Ergänzungsansätzen für zentrale Orte im Saarland und in Rheinland-Pfalz[41]. Ähnliche Absichten sind auch aus anderen Ländern bekannt[42]. Sie zielen darauf ab, die räumliche Verteilung finanzieller Ressourcen regelgebunden und zeitlich stabil festzulegen. Dabei ist jedoch mit methodischen und politischen Problemen zu rechnen.

Finanzausgleich und Allgemeinzuweisungen überlassen es der kommunalpolitschen Entscheidung, welche Aufgaben innerhalb des erweiterten finanziellen Dispositionsspielraums mit sachlicher und zeitlicher Priorität in Angriff genommen werden sollen. Dies wäre (nach dem Grundsatz, daß die Kommunen ihren eigenen Bedarf am besten kennen) dann unschädlich, wenn externe Effekte und damit die Notwendigkeit einer überlokalen Koordination nur eine geringe Rolle spielen. Eine Landesplanung, die zur Entlastung der großen Ballungsgebiete neue Entwicklungszentren und Entwicklungsachsen hervorbringen will, wird sich so viel „Liberalität" aber kaum leisten können.

Ebenso schwierig erscheint ein zweites Problem: Mit dem Versuch der Perfektionierung eines an raumordnerischen Kriterien orientierten Finanzausgleichs steigt auch der Bedarf an Informationen. Die Landesplanung selbst und die betroffenen Gemeinden werden eine präzise Aufstellung der bereits vorhandenen Infrastrukturausstattung und des angestrebten, funktionsspezifischen Ausbaus fordern müssen. Ein derartiges „Infrastrukturkataster" mit Ausbauzielen würde jedoch einerseits von den begünstigten Gemeinden als politisch verbindliche Ausbauzusage interpretiert, die zumindest aus der Sicht der Finanzressorts höchst problematisch wäre. Andererseits und vor allem ließe jedoch ein derartiges Kataster zum ersten Mal Versorgungsunterschiede zwischen den Kommunen sichtbar werden und würde damit den bisher „vernachlässigten" Gemeinden die Grundlage für höchst durchschlagskräftige politische Forderungen auf die vorrangige Befriedigung ihres „Nachholbedarfs" bieten. Die landesplanerische Notwendigkeit, bei der räumlichen Verteilung von Infrastrukturinvestitionen nicht nur Prioritäten, sondern gerade auch Posterioritäten zu setzen, würde dann mit hoher Wahrscheinlichkeit von der politischen Forderung nach „Gleichbehandlung" und von den Protesten gegen jede „Diskriminierung" überrollt werden. Der Versuch einer nach raumordnerischen Kriterien differenzierenden Steuerung des kommunalen Finanzausgleichs und der Allgemeinzuweisungen wäre also mit erheblichen politischen Konflikten verbunden. Die politische Notwendigkeit, diskriminierende Strategien möglichst „unmerklich" einzusetzen, spricht also eher für den Einsatz von Zweckzuweisungen.

(b) Zweckzuweisungen

Zwischen den einzelnen Bundesländern gibt es signifikante Unterschiede in der Finanzaustattung der Kommunen und insbesondere im Verhältnis zwischen kommunalen „Eigenmitteln" (eigene Einnahmen aus Steuern und Gebühren, kommunalem Finanzausgleich und Allgemeinzuweisungen des Landes)[43]. Während die weniger steuerungsaktiven Länder (etwa Baden-Württemberg und Niedersachsen) die kommunale Ebene mit Eigenmitteln relativ besser ausstatten, haben die besonders steuerungsaktiven Länder (etwa Nordrhein-Westfalen und Bayern) den Anteil der Eigenmittel an der Finanzierung kommunaler Aufgaben gesenkt und statt dessen den Anteil der Zweckzuweisungen deutlich erhöht. Sie haben sich damit also ein höheres finanzielles Einflußpotential gegenüber kommunalen Investitionsentscheidungen vorbehalten[44]. Allerdings erfordert der „intelligente" Einsatz dieses Einflußpotentials auch eine sehr viel höhere Planungs- und Koordinationskapazität auf Landesebene. Andernfalls wird hier lediglich durch die „Angebots-Diktatur" der Zweckzuweisungen die kommunalpolitische Rationalität der Abwägung zwischen dringlichen und weniger dringlichen Vorhaben außer Kraft gesetzt, ohne daß an ihre Stelle eine landesplanerisch begründete Prioritätensetzung träte. Die Verteilungswirkung einer derartig „informationsarmen" Zentralsteuerung wäre notwendigerweise noch ungünstiger als die Folgen einer konsequenten Entscheidungsdezentralisierung (auch wenn diese vielleicht übergreifende Prioritäten und Koordinationsgesichtspunkte vernachlässigt).

Wenn bei starker zentraler Steuerung die andernfalls in den Kommunen selbst wahrzunehmende horizontale Koordination zwischen den einzelnen Investitionsbereichen ausfällt, dann geht die Verantwortung für die sachliche, räumliche und zeitliche Koordination von Infrastruktur-Investitionen auf die Landesebene über und wird dort zu einem Problem der Integration von Raumplanung, Fachplanungen und Haushaltsplanung. Dieses Problem ist in den einzelnen Bundesländern bisher sehr ungleichartig und offenbar auch auf unterschiedlichem Anspruchsniveau gelöst. Vergleichende empirische Untersuchungen, die nicht lediglich die programmatischen Soll-Vorstellungen einzelner Planungssysteme, sondern ihre tatsächliche Leistung erfassen, wären hier dringend erforderlich. Immerhin sind auch auf der programmatischen Ebene die Unterschiede erheblich genug. Während etwa in Hessen, Niedersachsen und Nordrhein-Westfalen die Durchführung der Fachplanungen eng mit der Landesentwicklungsplanung, der Regionalplanung und der Finanzplanung koordiniert werden soll, haben sich in anderen Ländern die Fachplanungen einer mehr als „nachrichtlichen" Einbindung in Querschnittsplanungen bisher erfolgreich entzogen. Auch innerhalb der Fachplanungen sind wichtige Unterschiede in der Steuerungsintensität von Zweckzuweisungen feststellbar. Während etwa in Hessen und Nordrhein-Westfalen die Mitfinanzierungsquoten der Gemeinden je nach kommunaler Finanzkraft und landespolitischer Dringlichkeit variiert werden können, sind diese in anderen Ländern jeweils für alle Kommunen einheitlich geregelt[45].

Eine interessante Variante unter den bisher entwickelten Steuerungsinstrumenten stellt die Standortprogrammplanung des Landes Nordrhein-Westfalen dar[46]. Ihr liegt offenbar die Absicht zugrunde, die Aufgabe der sektoralen und räumlichen Koordination von staatlich mitfinanzierten kommunalen Investitionsvorhaben wieder auf die kommunale Ebene zurückzudelegieren, ohne daß das Land deshalb seinen landesplanerischen Steuerungsanspruch aufgeben müßte. In diesem Modell ist es Aufgabe der Kommunen, für innergemeindliche Schwerpunkte (Stadtzentren oder Stadtteilzentren im Einzugsbereich von Haltepunkten des schienengebundenen Nahverkehrs) „Standortprogramme" aufzustellen, das heißt, koordinierte Entwicklungsprogramme und Finanzierungspläne mit mittel- und langfristigen Zeithorizont, die den investierenden und fördernden Stellen einen räumlich und zeitlich koordinierten Mitteleinsatz erlauben sollen. Die von den Kommunen ausgearbeiteten Standortprogramme bedürfen der Billigung durch die Landesregierung und sollen danach die Zuteilung von Zweckzuweisungen der Fachressorts an die Kommunen steuern.

Eine Untersuchung der ersten Erfahrungen bei der Aufstellung von Standortprogrammen hat gezeigt, daß auch die kommunale Ebene bei der expliziten Formulierung von (zwischen den Stadtteilen diskriminierenden) Prioritäten und Posterioritäten in erhebliche politische Schwierigkeiten gerät[47]. Auf der Landesebene hat das Genehmigungsverfahren für ausgearbeitete Standortprogrammplanungen zu den vorhersehbaren Abstimmungsschwierigkeiten zwischen den Ressorts (und insbesondere mit dem Finanzressort) geführt. Der schließliche Erfolg oder Mißerfolg des Programms wird sich daran erweisen, ob es der Landesplanung gelingt, die Vergabepraxis der Fachressorts und des Finanzressorts künftig auf die genehmigten Standortprogrammplanungen festzulegen (und zu beschränken).

Eine abschließende Antwort auf die Frage, ob die öffentlichen Infrastrukturinvestitionen unter den Bedingungen der Bundesrepublik notwendigerweise dem jeweils ökonomisch induzierten und politisch artikulierten „Bedarf" folgen müssen, oder ob sie zum Instrument einer aktiv-gestaltenden Raumordnungspolitik gemacht werden können, ist also auf dem derzeitigen Erfahrungsstand noch nicht möglich. Vergleichende empirische Untersuchungen zur Steuerungswirksamkeit bzw. Bedarfsabhängigkeit der Infrastrukturinvestitionen und der darauf bezogenen Zweckzuweisungen des Landes und des Bundes erscheinen deshalb dringend geboten.

Gleichzeitig gibt es immerhin Anzeichen dafür, daß zumindest wichtige Bereiche der traditionellen öffentlichen Infrastruktur in der Bundesrepublik aufgehört haben, ein knapper Entwicklungsfaktor zu sein. Die Verkehrs-Infrastruktur nähert sich im Straßenbau dem Grenzwert einer Totalversorgung und muß im Bereich des Schienenverkehrs mangels ausreichender Nachfrage sogar reduziert werden; bei den Krankenhäusern sind im vergangenen Jahrzehnt Überkapazitäten aufgebaut worden; Schulen und Kindergärten müssen angesichts der niedrigen Geburtenzahlen zusammengelegt und geschlossen werden, und auch die Nachfrage nach weiterer wirtschaftsnaher Infrastruktur hält sich bei insgesamt stagnierendem Wirtschaftswachstum in Grenzen. In anderen Bereichen (so etwa im Wasserstraßenbau oder bei den Neubaustrecken der Bundesbahn) sind die verfügbaren Investitionsmittel bereits langfristig festgelegt und planerisch kaum noch disponibel. Umgekehrt blockiert der massive politische Widerstand gegen Kernkraftwerke und gegen umweltbelastende Kohlekraftwerke die Planungen für den weiteren Ausbau der Energieversorgung und erzeugt damit ein hohes Maß an Ungewißheit auch für die längerfristige Planung der Raumentwicklung.

Unabhängig von der Frage nach dem Einfluß der Raumordnung auf die tatsächliche Verteilung von Infrastrukturinvestitionen mehren sich also die Zweifel daran, daß unter den derzeitigen demographischen, ökonomischen und politischen Bedingungen der Bundesrepublik, und auf unserem derzeitigen Ausstattungsniveau, weitere Infrastrukturinvestitionen einen wesentlichen Steuerungseinfluß auf die tatsächliche Raumentwicklung gewinnen könnten. Damit soll nicht geleugnet werden, daß auch heute noch Infrastruktur- und Versorgungsdefizite in der Bundesrepublik bestehen. Sie abzubauen, bleibt im Interesse gleichwertiger Lebensverhältnisse eine wichtige sozialstaatliche Aufgabe[48]. Aber es muß bezweifelt werden, ob durch die Auffüllung solcher Infrastrukturdefizite noch eine wesentliche Umsteuerung der derzeit vorherrschenden Raumentwicklung bewirkt werden könnte.

3.4 Innovationsförderung als Steuerungsinstrument?

Insgesamt ist das hier bisher gezeichnete Bild wenig ermutigend: Die traditionell in erster Linie eingesetzten Steuerungsinstrumente der Raumentwicklung (Flächenplanung, finanzielle Investitionsanreize und der Ausbau der öffentlichen Infrastruktur) erreichen ihre potentielle Steuerungswirksamkeit nur bei verhältnismäßig starkem Wachstumsdruck. Bei sinkenden Bevölkerungszahlen und stagnierender Wirtschaftsentwicklung sind bebaubare Flächen und öffentliche Infrastruktur bereits im Überschuß vorhanden, und bei einer erheblichen Unterauslastung bereits vorhandener Produktionskapazitäten werden sich die Unternehmen auch durch eine (im Verhältnis zu den Gesamt-Produktionskosten marginale) Kapitalsubvention nicht zur Neuerrichtung oder Erweiterung von Produktionsstätten in entwicklungsschwachen Förderregionen verleiten lassen. Andererseits sind die auch in der Stagnationsphase potentiell steuerungswirksamen Defavorisierungsinstrumente zu Lasten der großen Ballungsgebiete in der Bundesrepublik aus politischen Gründen kaum durchsetzbar. Unter diesen Randbedingungen sind deshalb die Erfolgsaussichten einer aktiven raumordnerischen Umverteilung von Entwicklungspotentialen zu Lasten der großen Ballungsgebiete und zu Gunsten neuer Entwicklungszentren bisher entwicklungsschwächeren Regionen durchaus skeptisch einzuschätzen. Aussichtsreicher als eine Umverteilungsstrategie könnte deshalb der Versuch einer gezielten Förderung des endogenen Wachstumspotentials in ausgesuchten Entwicklungsschwerpunkten sein.

Ein Beispiel für eine zumindest partiell erfolgreiche Strategie dieser Art sind die Bemühungen um die Sanierung der in ihrer Existenz bedrohten Schwarzwälder Uhrenindustrie durch die aktive Vermittlung der modernsten Halbleiter-Technologie. Während noch vor wenigen Jahren die deutsche Uhrenindustrie gegenüber der Konkurrenz der japanischen und amerikanischen Elektrofirmen zum Aussterben verurteilt schien, sind inzwischen zumindest einige innovationsbereite Unternehmen im Schwarzwald wieder in die Position von Marktführern auf dem Weltmarkt aufgestiegen[49]. Ein Demonstrationsobjekt des Instituts für Systemtechnik und Innovationsforschung (ISI) der Fraunhofer Gesellschaft hat in der Zwischenzeit bewiesen, daß eine aktive Vermittlung auch modernster Technologien an relativ forschungsferne kleine und mittlere Unternehmen möglich ist.

Das Beispiel der Uhrenindustrie weist zumindest einige verallgemeinerungsfähige Züge auf[50]. Die derzeitige Industriestruktur der Bundesrepublik ist immer noch charakterisiert durch einen vergleichsweise hohen Bestand relativ leistungsfähiger kleinerer und mittlerer Unternehmen, die auf der Basis einer im wesentlichen handwerklich beherrschten traditionellen Technologie und mit qualifizierten Facharbeitern (aber ohne eigene Forschungsabteilungen) bisher mit qualitativ hochwertigen traditionellen Produkten durchaus konkurrenzfähig waren. Sie geraten durch neuere technologische Entwicklungen insbesondere (aber nicht nur) auf dem Gebiet der elektronischen Steuerungssysteme unter zunehmenden Konkurrenzdruck. Ohne eigene Forschungsstäbe sind sie kaum in der Lage, neuere Entwicklungen in Forschung und Technologie kontinuierlich zu verfolgen und die Anwendungsmöglichkeiten im eigenen Produktbereich frühzeitig zu erfassen. Wenn dann die forschungsaktiven Großunternehmen mit sachlich neuartigen (oder wenigstens in der Produktion radikal verbilligten) Produkten den Markt überschwemmen, sind die technologisch rückständigen kleinen und mittleren Unternehmen zum Untergang verurteilt.

Die rapide technologische Entwicklung erzeugt deshalb zugleich einen wirtschaftlichen Konzentrationsprozeß zu Gunsten der technologisch führenden Großunternehmen und einen räumlichen Konzentrationsprozeß zu Gunsten der von jenen Großunternehmen bevorzugten Ballungsregionen. Beide Konzentrationsprozesse können jedoch aufgehalten oder zumindest abgebremst werden, wenn es gelingt, den Technologietransfer zu den kleinen und mittleren Unternehmen so zu beschleunigen, daß diese den Anschluß an die technologische Entwicklung behalten und dann mit ihrer präziseren Marktkenntnis und ihrer größeren unternehmerischen Beweglichkeit Marktnischen suchen und besetzen können, die die Massenproduktion der Großunternehmen vernachlässigen muß. Nur wenn dies gelingt, können auch Unternehmen außerhalb der Ballungsräume ihre wirtschaftliche Selbständigkeit auf Dauer verteidigen.

Selbstverständlich sind die hier vorgetragenen Überlegungen noch teilweise spekulativer Art. Angesichts der wahrscheinlichen Blockierung aller traditionellen Steuerungsinstrumente der Raumentwicklung sollte die Raumordnung jedoch jedes Interesse daran haben, die Gangbarkeit des hier skizzierten Weges zu prüfen und die Möglichkeit einer aktiven Technologietransfer- und Innovationsförderungspolitik als Steuerungsinstrument der Raumentwicklung in ihre strategischen Überlegungen miteinzubeziehen[51].

4. *Durchsetzungsprobleme der Raumordnung im öffentlichen Sektor*

4.1 Raumordnung als horizontales und vertikales Koordinationsproblem

Nach diesem Überblick über die potentiell verfügbaren Instrumente einer direkten oder indirekten Steuerung der unmittelbaren Raumnutzung kehren wir nunmehr zurück zu der zweiten Frage, die am Ende des Einführungskapitels (1.4) formuliert worden war: Ist der Einsatz der potentiell wirksamen Steuerungsinstrumente der Raumnutzung im Hinblick auf eine übergeordnete Raumordnungskonzeption planvoll zu steuern?

Die Frage unterstellt die Möglichkeit, daß selbst dann, wenn alle Aktivitäten der unmittelbaren Raumnutzung durch Haushalte, Unternehmen und öffentliche Einrichtungen der direkten oder indirekten Steuerung durch den öffentlichen Sektor zugänglich wären (was, wie wir hier gesehen haben, so nicht der Fall ist), eine planvolle, an raumordnerischen Konzepten orientierte Steuerung dennoch schwierig oder sogar unmöglich sein könnte. Die Steuerungsproblematik kann also sowohl in einem Mangel an Einflußinstrumenten des öffentlichen Sektors gegenüber der unmittelbaren Raumnutzung wie in den Durchsetzungsproblemen der Raumordnung innerhalb des öffentlichen Sektors begründet liegen. Diese Durchsetzungsprobleme können analytisch auf zwei Ursachen zurückgeführt werden:

- Zum einen auf Zielkonflikte innerhalb des öffentlichen Sektors, die es nicht erlauben, eine raumordnerische Konzeption ohne Rücksicht auf andere (möglicherweise konkurrierende) Ziele und Restriktionen zu verfolgen; und
- zum anderen auf die unvermeidliche institutionelle Differenzierung und funktionale oder territoriale Spezialisierung im öffentlichen Sektor, die es ausschließt, daß eine einzige Instanz alle Instrumente einer wirksamen Raumsteuerung in einer Hand vereinigen könnte.

Beide Bedingungen hängen überdies eng miteinander zusammen[52]. Zwar kann man nicht von einer perfekten Abbildung der Pluralität politischer Ziele und Restriktionen auf die Pluralität politisch-administrativer Institutionen ausgehen, aber die institutionelle Differenzierung und Fragmentierung führt doch notwendigerweise dazu, daß jede Organisationseinheit sich mit bestimmten Partialzielen in besonders intensiver Weise identifiziert und auf bestimmte (empirische oder normative) Restriktionen der politischen Entscheidung besonders sensibel reagiert. Deshalb wird die Gemeinde ein Industrieansiedlungs-Vorhaben eher unter Gesichtspunkten der Stadtentwicklung als unter denen der Landesentwicklung beurteilen, deshalb wird der Verkehrsminister seine Verkehrsinvestitionen eher auf die Unfallschwerpunkte und die überlasteten

Strecken konzentrieren als auf die Erschließung wirtschaftlich benachteiligter Regionen, und deshalb wird sich auch die regionale Verteilung von Forschungsmitteln eher an forschungs- und technologiepolitischen Prioritäten als an den Zielen der Raumordnung orientieren. Die am Ziel der Rückgewinnung der Vollbeschäftigung und nicht an der Erhaltung des Arbeitskräftepotentials strukturschwacher Regionen orientierten Mobilitätshilfen sind ein weiteres aktuelles Beispiel. Die Tatsache, daß die Verfügung über die möglichen Einflußinstrumente auf die Raumentwicklung auf eine Vielzahl von räumlich und sektoral spezialisierten Organisationseinheiten verteilt ist, läßt deshalb die Zielkonflikte zwischen der Raumordnung auf der einen Seite und den damit konkurrierenden anderen politischen Zielen und Restriktionen zu einem Problem der interorganisatorischen Koordination werden.

Damit ist folgendes gemeint: Ein einziger, allzuständiger Entscheider wäre bei einer Pluralität von Zielen und Restriktionen jedenfalls prinzipiell in der Lage, seine Prioritäten zu ordnen und auf dieser Grundlage eine optimale Gesamt-Lösung zu verfolgen. Die institutionelle Differenzierung beseitigt diese Möglichkeit. Die Raumordnung ist dabei nur ein Akteur unter vielen anderen, und sie repräsentiert auch nicht notwendigerweise das Gesamtinteresse gegenüber den Partialinteressen. Sie verfolgt vielmehr eine (zugegebenermaßen verhältnismäßig komplexe) partiale Zielsetzung in Konkurrenz mit anderen (möglicherweise begrenzteren) Partialzielen innerhalb des Feldes politischer Auseinandersetzungen. Und selbst wenn dies nicht so wäre, wenn also die Raumordnungskonzeption alle anderen relevanten politischen Ziele und Restriktionen einschlösse und auf der Grundlage einer umfassenden Analyse zu einer integrierten Gesamtlösung verarbeitete, wäre doch die Durchsetzung eines Gesamtkonzepts mit seiner Aufstellung noch keineswegs gesichert. Auch beim einzelnen Entscheider sind Analyse, Entschluß und tatsächliches Verhalten nicht dasselbe, und im politischen Entscheidungsprozeß liegen auf dem Weg von der planerischen Konzeption zum verbindlichen Beschluß und vom Beschluß zur tatsächlichen Durchführung gerade die eigentlichen Schwierigkeiten der Konfliktaustragung und Konsensbildung. In diesem Prozeß bleiben die Raumordnungsinstanzen auch dann, wenn sie den Anspruch auf Repräsentation eines Gesamtinteresses erheben, konfrontiert mit anderen Akteuren mit jeweils unterschiedlicher Überzeugungskraft und unterschiedlichen Durchsetzungs- und Widerstandspotentialen. Die Raumordnung kann hier also nur insoweit erfolgreich sein, wie es den Raumordnungsbehörden tatsächlich gelingt, wirksamen Einfluß auf das Entscheidungsverhalten jener Institutionen zu gewinnen, die über den Einsatz öffentlicher Steuerungsintrumente der Raumnutzung verfügen oder die selbst unmittelbar raumwirksame Maßnahmen zu treffen haben. Für die Raumordnung ist daher auch die Möglichkeit stark begrenzt, den Koordinierungsaufwand durch interministerielle Reorganisation zu minimieren. Da nahezu alle Ressorts in irgendeiner Weise raumwirksamen Einfluß ausüben, können die für wichtig erachteten räumlichen Querschnittsaspekte nicht durch Reorganisation in einer Hand konzentriert, sondern nur mehr oder weniger wirksam koordiniert werden. Auf diese Frage kommen wir noch zu sprechen (Abschnitt 4.5).

Die Koordinationsaufgabe wird durch die vertikale Kompetenzverteilung weiter kompliziert. Die Raumplanung selbst ist keineswegs auf einer Ebene konzentriert, und weder im Verhältnis zwischen der Bundesraumordnung und den Landesplanungen noch im Verhältnis zwischen der Landesplanung und den Entwicklungs- und Flächennutzungsplanungen der Kommunen bestehen unmittelbar hierarchische Weisungsbeziehungen. Die für die Raumplanung zuständigen Instanzen sind also auch mit vertikalen Koordinationsproblemen konfrontiert.

Auch die Raumplaner der verschiedenen Ebenen stehen unter dem Zwang sich mit den besonderen Zielen und Interessen ihres jeweiligen Zuständigkeitsbereichs zu identifizieren. Je mehr also eine übergeordnete Raumordnungskonzeption die Umverteilung von Wirtschafts- und Bevölkerungspotentialen zwischen den unteren Gebietseinheiten fordern muß, desto eher werden die ursprünglich horizontalen Verteilungskonflikte zwischen den unteren Einheiten in vertikale Kompetenzkonflikte zwischen den Ebenen umgesetzt. Bei abnehmenden Bevölkerungszahlen und stagnierender Wirtschaftsentwicklung verschärfen sich also nicht nur die Verteilungskonflikte zwischen den Gebietseinheiten, sondern auch die Probleme der vertikalen Koordination der Raumplanungskonzepte zwischen Bund, Ländern und Kommunen. Immerhin können diese vertikalen Koordinierungskonflikte der Raumplanung innerhalb eines gemeinsamen theoretischen Bezugsrahmens und jedenfalls potentiell auch innerhalb eines gemeinsamen Datenrahmens ausgetragen werden. Informations- und Überzeugungsstrategien sind hier also nicht von vornherein aussichtslos und die vertikale Koordination braucht nicht in jedem Falle zu einer Frage des relativen Durchsetzungs- und Widerstandspotentials der Beteiligten zu werden. Ein solcher gemeinsamer Bezugsrahmen fehlt jedoch bei den horizontalen Konflikten zwischen der territorialen Perspektive der Raumplanung und den sektoralen Perspektiven der Fachressorts.

4.2 Die Konkurrenz zwischen territorialer und sektoraler Perspektive

Fast jede öffentliche Aufgabe hat Auswirkungen sowohl in der sektoralen wie in der territorialen Dimension. Die Energiepolitik braucht Standorte für ihre Kraftwerke; die Forschungspolitik schafft Arbeitsplätze und Fühlungsvorteile für wenige Regionen; und selbst die Geldpolitik der Bundesbank und die Wechselkurspolitik der Bundesregierung[53] kann sich in höchst unterschiedlicher Weise auf Investitionen und Insolvenzen in den verschiedenen Regionen auswirken. Umgekehrt hätte selbstverständlich eine autonome Schulpolitik der Gemeinden direkte Auswirkungen auf die Struktur des nationalen Arbeitsmarktes; und ebenso stört das (an lokalen Prioritäten orientierte) prozyklische Investitionsverhalten der Gemeinden die nationale Konjunkturpolitik[54].

Die territoriale und die sektorale Dimension sind also nicht zu trennen, aber sie sind prinzipiell inkommensurabel. In der territorialen Perspektive konkurrieren unterschiedliche öffentliche Aufgaben – etwa Kläranlagenbau, Wohnungsbau, Verkehrsversorgung oder Kulturförderung – miteinander um den optimalen Beitrag zur Entwicklung einer bestimmten Region, während aus der sektoralen Perspektive – etwa des Hochschulbaus oder Verkehrswegeplanung – jeweils eine Mehrzahl möglicher Standorte unter dem Gesichtspunkt ihres potentiellen Beitrags zur Erfüllung der Sektoralziele miteinander verglichen wird.

In der Aufgliederung ergeben sich drei mögliche Beziehungen zwischen sektoralen und territorialen Perspektiven:

- Die Zielerreichungsgrade in beiden Dimensionen können voneinander unabhängig variieren – so etwa, wenn die Mitbestimmungspolitik oder die Familienpolitik sich für die regionale Inzidenz ihrer Wirkungen nicht zu interessieren braucht.
- Die Zielerreichung in beiden Dimensionen kann sich wechselseitig verstärken – so etwa bei einer auf (sozial) „bildungsferne" Bevölkerungsschichten gerichteten Schulpolitik, die gleichzeitig den entwicklungsschwachen Regionen zugute kommt.
- Die territoriale und die sektorale Perspektive können jedoch auch miteinander konkurrieren. Konjunkturprogramme verlören an globaler Wirkung, wenn der Mitteleinsatz auf die raumordnerischen Entwicklungsregionen beschränkt werden müßte; der soziale Wohnungsbau könnte seine Planziele nicht mehr erreichen, wenn er sich statt auf die Ballungsrandzonen auf die in den Standortprogrammen des Landes Nordrhein-Westfalen ausgewiesenen zentralen Standorte mit ihren hohen Baulandpreisen konzentrieren müßte, und unter rein forschungspolitischen Gesichtspunkten ist es möglicherweise durchaus sinnvoll, den (raumordnerisch „überlasteten") Münchener Raum mit seiner Vielzahl leistungsfähiger Forschungsinstitute und forschungsaktiver Unternehmen weiterhin zu begünstigen.

Bei derartigen Zielkonflikten ist die Raumordnung gegenüber der Sektoralpolitik nicht von vornherein „im Recht", wenn es darauf ankommt, mit knappen öffentlichen Mitteln ein Optimum an öffentlicher Leistung zu bewirken. Raumordnung und Sektoralpolitik liegen auf selbständigen, inkommensurablen Dimensionen, die nicht ohne logischen Bruch auf einer eindimensionalen Kosten/Nutzen-Skala abgebildet werden können. Wie alle Zielkonflikte so ist auch dieser nicht durch pseudo-wissenschaftliche analytische Operationen, sondern nur von Fall zu Fall durch normative Wertung und schließlich durch politische Konsensbildung oder Konfliktaustragung und Machtanwendung zu regeln.

Welche der konkurrierenden Perspektiven sich in derartigen politischen Prozessen typischerweise durchsetzt, hängt allerdings in hohem Maße von der Struktur des politischen Systems ab. Selbst die Formation externer Interssen- und Einflußgruppen und ihre Zielsetzungen sind bis zu einem gewissen Grade kongruent mit den Entscheidungsstrukturen des politisch-administrativen Systems, auf das sie Einfluß nehmen. Das gleiche gilt in noch stärkerem Maße für die öffentliche Meinung und für die Willensbildung in den politischen Parteien. Sie werden sich auf regional definierte Probleme und Ziele umso eher konzentrieren, je deutlicher die territoriale Dimension in der internen Gliederung des politischen Systems akzentuiert wird.

Obwohl vergleichende Untersuchungen fehlen, kann man doch etwa davon ausgehen, daß politische Systeme mit vergleichbarer Größe und vergleichbarem Aufgabenbestand näherungsweise auch ein vergleichbares Maß der institutionell-organisatorischen Differenzierung erreichen werden[55]. Auch hierbei stehen die territoriale und die sektorale Dimension in Konkurrenz zueinander. Ein territorial wenig gegliedertes („zentralistische") System wird deshalb in der Zentralinstanz die sektorale Differenzierung stärker akzentuieren (und damit auch politisieren) müssen, während ein territorial stärker gegliedertes („föderalistisches") System potentiell mit einer geringeren Akzentuierung der Sektoralpolitiken auskommen könnte[56]. In der Bundesrepublik ist durch die föderalistische Gliederung und durch die immer noch erhebliche Bedeutung der Einheit der Verwaltung auf den mittleren und unteren Ebenen die Territorialperspektive stärker institutionalisiert als in vielen vergleichbaren Ländern. Insofern hat auch die Raumordnung bei uns in den Landesregierungen und Landesparlamenten und in der allgemeinen Innenverwaltung vergleichsweise einflußreiche politisch-administrative Bezugssysteme und potenielle Verbündete, auch wenn sie diese Bundesgenossenschaft noch nicht durch die konsequente Angleichung ihrer Analyse- und Planungsräume an die politisch-administrative Gliederung voll ausnutzt. Dennoch ist auch bei uns die sektorale Orientierung in der politischen Praxis im Vordringen.

Fast alle modernen Staatsaufgaben – Sozialpolitik, Bildungspolitik, Gesundheitspolitik, Arbeitsmarktpolitik, Konjunkturpolitik, Technologiepolitik oder Energiepolitik – haben zwar außerordentlich wichtige territoriale Wirkungen, aber sie werden in der öffentlichen Diskussion wie im Selbstverständnis der auf sie spezialisierten politisch-administrativen Akteure doch überwiegend sektoral definiert.

Die Länder sind inzwischen (gerade wegen ihres überaus starken Einflusses auf die Bundespolitik) in so hohem Maße für die Bundespolitik „funktionalisiert" worden, daß ihre Fähigkeit zur landespolitischen Neutralisierung bundespolitischer Themen weitgehend geschwunden ist. Die eigenständige Bedeutung landespolitischer Konzeptionen und Kontroversen, die etwa das politische Gewicht Hessens, Nordrhein-Westfalens oder Schleswig-Holsteins in den 50-er und 60-er Jahren ausmachte, ist inzwischen (vielleicht mit Ausnahme Bayerns) geschwunden. Landtagswahlen werden von (sektoral definierten) bundespolitischen Themen beherrscht und haben eigene politische Bedeutung in erster Linie für die Mehrheitsverhältnisse im Bundesrat und für die Überlebenschancen der Regierungskoalition im Bund. Dieser Prozeß einer sektoralen „Funktionalisierung" der Landespolitik findet seine Entsprechung (und durchaus bedeutsame Verstärkung) durch die Entwicklung zum „kooperativen Föderalismus" in der Form der „Politikverflechtung" zwischen Bund und Ländern (und zumeist auch den Gemeinden).

4.3 Vertikale Verflechtung im kooperativen Föderalismus

Seit Mitte der 50-er Jahre ist in der Bundesrepublik eine Tendenz zum Zusammenwirken von Bund, Ländern und Gemeinden bei der Wahrnehmung öffentlicher Aufgaben sichtbar geworden: Immer mehr Bereiche der kommunalen Infrastrukturpolitik (der Bau von Gemeindestraßen, Nahverkehrssystemen und Krankenhäusern ebenso wie der soziale Wohnungsbau und die Stadtsanierung) und der regionalen und sektoralen Strukturpolitik (regionale Wirtschaftsförderung, Agrarstrukturpolitik, Hochschulbau) werden nicht mehr allein von einer Instanz, sondern von Bund und Ländern (zumeist mit der Beteiligung der Gemeinden) gemeinsam geplant, finanziert und durchgeführt. Dieser Prozeß der zunehmenden Politikverflechtung hat seinen deutlichsten Ausdruck in den Verfassungsänderungen des Jahres 1969 gefunden, die mit der Einführung von

„Gemeinschaftsaufgaben" und „Investitionshilfen" die frühere Praxis zugleich legalisierten und erweiterten[57]. Die Einbeziehung eines Aufgabenbereiches in ein System der vertikalen Politikverflechtung ist nicht gleichbedeutend mit Entscheidungszentralisierung. Die Bundesebene gewinnt also nicht notwendigerweise einen beherrschenden Einfluß auf Entscheidungen der Landes- und Kommunalebene; dem steht üblicherweise der extrem hohe Konsensbedarf der Bund/ Länder-Programme entgegen, die in der Regel die Zustimmung aller (oder fast aller) Länder erfordern. Allerdings tendieren Bund/ Länder-Programme typischerweise doch zu einer bundesweiten Standardisierung bis ins verwaltungsrechtliche und verwaltungstechnische Detail, die aus der Perspektive der Betroffenen und der unteren Verwaltungsebenen durchaus wie eine extreme Form der bürokratischen Zentralisierung wirken mag. Nur sind derartige Exzesse im Detail zumeist weniger das Ergebnis eines Bonner Octroi als die Frucht des redlichen Fleißes der vereinigten Spezialisten von Bund und Ländern (und der Antizipation richterlicher Kontrollen)[58].

Der wichtigere Effekt der vertikalen Politikverflechtung liegt jedoch in ihrer Tendenz zur Autonomisierung sektoral definierter Politikbereiche gegenüber der territorialen Perspektive in den Entscheidungssystemen des Bundes, der einzelnen Länder und der Gemeinden. Am sinnfälligsten erscheint dieser Effekt auf der Gemeindeebene, wo die Bund/ Länder-Programme mit so hohen Zuschüssen versehen ankommen, daß die eigene Abwägung zwischen konkurrierenden kommunalpolitischen Prioritäten dadurch ohne weiteres außer Kraft gesetzt werden kann. Die ist auch zweifellos dann der Fall, wenn Bund/ Länder-Zuschüsse wohl für den einen, aber nicht für den anderen konkurrierenden Zweck zur Verfügung stehen – also etwa in den 60-er Jahren für den kommunalen Straßenbau, aber nicht für Investitionen im öffentlichen Nahverkehr oder Anfang der 70-er Jahre wohl für Riesenprojekte in U-Bahn- und S-Bahnbau, nicht aber für die Verbesserung und Erweiterung des Omnibus- und Straßenbahnnetzes[59] oder für die Anschaffung von Fahrzeugen.

Im allgemeinen allerdings wird die Gefahr einer Prioritätenverzerrung auf kommunaler Ebene zumindest dadurch gemildert, daß aus der Sicht der Gemeinde Landeszuschüsse oder Bund/ Länder-Zuschüsse für fast alle wichtigen Investitionsbereiche der Gemeinden angeboten werden[60]. Weil keine Gemeinde in der Lage ist, alle potentiell verfügbaren Zuschußmöglichkeiten auszuschöpfen, steht sie weiter vor der Notwendigkeit, nach eigenen Kriterien kompatible Investitionskombinationen auszuwählen und dann dafür aus dem breitgefächerten Angebot von Bundes- und Landeszuschüssen die jeweils passenden Finanzhilfen anzuwerben[61].

Stärker ist möglicherweise die „präferenzverschiebende" Wirkung von Bundesmitteln auf die Landespolitik, da jedes Land prinzipiell die Möglichkeit hat und daran interessiert ist, an allen angebotenen Bund/ Länder-Programmen zu partizipieren. Hier wird die Entscheidung über die Aufbringung der Mitfinanzierungsquoten in der Landesregierung und im Landtag offenbar sehr stark durch das Argument bestimmt, daß man angebotene Bundesmittel nicht „verfallen" lassen dürfe. Die Konkurrenz mit anderen landespolitischen Prioritäten, die nicht durch eine gemeinsame Bund/ Länder-Finanzierung für das Land verbilligt werden, kann dadurch in der Tat verzerrt werden. Einen ähnlichen Konkurrenzvorteil genießen die Bund/ Länder-Programme aber auch auf Bundesebene, wo das Argument einer bestehenden Vereinbarung mit den Ländern (zumindest solange nicht gleichzeitig um die Steuerverteilung zwischen Bund und Ländern gepokert wird) im Haushaltsprozeß durchaus eigenes Gewicht hat und Kürzungsversuche des Finanzministers oder Haushaltsausschusses abwehren hilft.

Die vertikale Politikverflechtung bietet den daran beteiligten Bürokraten und Politikern in den sektoral spezialisierten Fachverwaltungen also zumindest den Vorteil einer besseren finanziellen Absicherung ihrer Programme gegenüber konkurrierenden kommunalpolitischen, landespolitischen oder bundespolitischen Prioritäten. Einen ähnlichen Autonomisierungseffekt erzeugt die vertikale Politikverflechtung jedoch auch gegenüber der horizontalen Koordinationsanforderung anderer Fachpolitiken oder der Raumplanung. In jedem Fall kann hier auf die immensen Schwierigkeiten der vertikalen Konsensbildung zwischen Bund und Ländern hingewiesen werden, um einen einmal erreichten Kompromiß nun nicht durch „Sonderwünsche" anderer Ressorts wieder in Frage stellen zu lassen.

Für die Raumordnung des Bundes wie der Länder wird dieser Autonomisierungseffekt gerade dort zur einschneidenden Restriktion, wo die Bund/ Länder-Fachprogramme den räumlichen Bezug von vornherein nicht vernachlässigen können – insbesondere also bei der regionalen Wirtschaftsförderung, der Verkehrspolitik, der Agrarstrukturpolitik und der Hochschulbauförderung. Hier trifft die Raumordnung auf sektorspezifische räumliche Verteilungskonzepte, die jeweils auf eigener wissenschaftlicher Grundlage entwickelt und in formellen Abstimmungsprozessen zwischen Bund und Ländern politisch abgesichert werden. Aus der Sicht der Raumordnung leiden diese Programme prinzipiell darunter, daß sie zwar territoriale Konzepte entwickeln, die jedoch jeweils unter der begrenzten sektoralen Perspektive eines einzigen Aufgabenbereiches optimiert werden[62]. Deshalb unterscheiden sich die Gebietsabgrenzungen für die regionale Wirtschaftsförderung von denen der Agrarstrukturpolitik wie von denen der Bundesfernstraßenplanung, und diese wiederum von den für die Planungen der Bundesbahn und der Bundeswasserstraßen relevanten Raumeinteilungen[63]. Und weil jede dieser spezialisierten Perspektiven enger ist als die der Raumordnung, unterscheiden sie sich nicht nur in der jeweils zweckmäßigen Abgrenzung planungsrelevanter Gebietseinheiten, sondern auch in ihren territorialen Prioritäten wiederum sowohl von der Bundesraumordnung wie von den Landes- und Regionalplanungen. Die Fähigkeit zur wirksamen Steuerung dieser wissenschaftlich und politisch abgesicherten, sektoral spezialisierten Territorialkonzepte hat die Raumplanung bisher noch nicht gewinnen können.

„Zum Glück" für die Raumordnung kann sich allerdings die territoriale Perspektive bei einer Reihe wichtiger Bundes- und Bund/ Länder-Programme nicht voll entfalten. Entweder fehlt hier überhaupt ein Konzept für die räumliche Verteilung der Mittel (wie etwa bei der Konjunkturpolitik, der Forschungsförderung und der Technologiepolitik), oder die Länder haben es verstanden, den Einfluß des Bundes auf die Auswahl (und damit auch auf die räumliche Verteilung) von Einzelvorhaben zu beseitigen – so etwa bei der Wohnungs- und Städtebauförderung, der Gemeindeverkehrsfinanzierung und der Krankenhausfinanzierung. Hier könnte also zumindest die Landesplanung ohne Rücksicht auf festliegende Bund/ Länder-Bindungen die räumliche Verteilung der Mittel innerhalb der Länder noch steuern. Ebenso könnte auch die Bundesraumordnung auf jene Bundesplanungen einwirken, die nicht von den Ländern implementiert werden. Allerdings ist dies wegen des für die Bundesrepublik charakteristischen Verwaltungsföderalismus[64] nur in wenigen Bereichen möglich – so etwa bei der Bundesbahn oder den Bundeswasserstraßen.

Wenn selbst diese potentiellen Handlungsspielräume der Raumordnung und der Landesplanungen in der Praxis oft nicht genutzt werden, dann ist ein solches Steuerungsdefizit also nicht vollständig mit dem Autonomisierungseffekt der vertikalen Politkverflechtung zu erklären.

Die tatsächliche Schwäche einer horizontalen, raumbezogenen Koordination in Bund und Ländern hat ihre Ursache vielmehr in spezifischen Problemen der politisch-administrativen Konsensbildung und Durchsetzung, von denen gerade das bevorzugte Instrumentarium der Raumplanung besonders betroffen ist.

4.4 Die Schwäche raumbezogener Koordinationsinstrumente

Bundesraumordnung und Landesplanung stützen sich zur Steuerung des raumwirksamen Entscheidungsverhaltens anderer Ressorts und der unteren Gebietskörperschaften in erster Linie auf das Instrument der (die Zuständigkeitsbereiche anderer Instanzen übergreifenden) integrativen Planung. Der Sinn solcher Pläne – des Bundesraumordnungsprogramms und der Landesentwicklungspläne – ist zumindest der eines informativen Orientierungsrahmens. Auf der Grundlage von Trendfortschreibungen, Prognosen und Projektionen soll die künftige Bevölkerungsentwicklung, Wirtschaftsentwicklung und Siedlungsentwicklung im Raum für die Fachressorts, die unteren Gebietskörperschaften und für die Planungen der Unternehmen im Zusammenhang dargestellt werden. Selbst wenn die Raumplanung sonst über keine zusätzlichen Steuerungsinstrumente verfügte, könnte ein solcher realistischer Orientierungsrahmen – eine „Landkarte" der aufgrund der besten verfügbaren Prognosen als wahrscheinlich anzusehenden künftigen Raumnutzungsstruktur – die Informationsbasis und damit die „ökologische" Anpassungsfähigkeit dezentraler raumwirksamer Entscheidungen wesentlich verbessern. Die Wirksamkeit der Raumordnungspläne hängt hier jedoch ganz von der Bereitschaft ihrer Adressaten ab, sich aus eigenem Interesse an ihnen zu orientieren. Dieses eigene Interesse steigt mit der Glaubwürdigkeit der Planungen; unrealistische Vorgaben sind als Orientierungshilfen wertlos und damit als informatives Steuerungsinstrument wirkungslos.

Freilich beschränken sich Raumordnungspläne nicht auf die rein informative Steuerungsfunktion. Sie alle wollen nicht nur die wahrscheinliche künftige Entwicklung im Sinne einer Status-quo-Prognose beschreiben, sondern auch die wünschenswerte und anzustrebende künftige Raumentwicklung im Sinne einer normativen Zielprojektion vorzeichnen. Diese Absicht liegt schon deshalb nahe, weil ja die künftige Raumstruktur in so starkem Maße von staatlichen Entscheidungen bestimmt wird, daß eine staatliche Raumordnungsplanung ohne Aussagen über die Absichten und Ziele der staatlichen Raumpolitik politisch wenig plausibel wäre. Sobald die Raumordnungsplanung sich jedoch darauf einläßt, normative Zielvorgaben der Raumentwicklung aufzustellen, wird sie auch unvermeidlicherweise in die Auseinandersetzung um politische Zielkonflikte hineingezogen.

Schon innerhalb der Raumordnung selbst ist der Zielkonflikt zwischen der Förderung des wirtschaftlichen Wachstums und der Herstellung gleichwertiger Lebensverhältnisse auszutragen. Während das Wachstumsziel zumindest unter den derzeit absehbaren Bedingungen eine starke Konzentration des knappen Entwicklungspotentials auf verhältnismäßig wenige Entwicklungszentren verlangt, müßte das eher sozialstaatlich orientierte Versorgungsziel gleichzeitig den Ausbau einer relativ großen Zahl zentraler Orte in den entwicklungsschwachen Räumen und die Verbesserung der Lebensqualität in den überlasteten Ballungszentren fordern. Das Bundesraumordnungsprogramm zeigt, daß die Raumordnung bei allen Lippenbekenntnissen zur Wachstumspol-Konzeption doch nicht in der Lage ist, die Passiv-Sanierung der ländlichen Räume und eine „Verelendungsstrategie" gegenüber den Ballungszentren zum Programm zu erheben.

Die Zielkonflikte setzen sich in der vertikalen Dimension zwischen Bund, Ländern, Planungsregionen, Kreisen und Gemeinden fort, die alle um ihren Anteil am knapper werdenden Wirtschafts- und Bevölkerungspotential konkurrieren, und die deshalb auf die Raumplanung der jeweils übergeordneten Planungsebene zugunsten der eigenen Interessen Einfluß nehmen müssen, sobald diese den Anspruch erhebt, normative Zielvorgaben zu formulieren. In derselben Situation sehen sich auch die Fachressorts. Raumordnerische Zielprojektion könnte möglicherweise die eigenen, fachspezifischen räumlichen Entwicklungsziele in Frage stellen. Aus der Existenz dieser vertikalen und horizontalen Zielkonflikte ergibt sich sowohl für die unteren Gebietskörperschaften wie für die funktional spezialisierten Fachverwaltungen gegenüber der Raumordnungsplanung ein doppeltes Interesse:

- Das Interesse an einer effektiven Beteiligung am Prozeß der Aufstellung des Raumordnungsplans, um jeweils aus der eigenen Interessenperspektive die Formulierung günstiger Zielvorgaben zu fördern und Störungen der eigenen Ziele und Planungen zu vermeiden;
- das Interesse an einer Minimierung der Verbindlichkeit der Raumordnungsplanung, sofern (womit jeder Interessent rechnen muß) die eigenen Belange dabei nicht in befriedigender Weise berücksichtigt werden können.

Die Raumordnungsprogramme sollen also aus der Sicht der Beteiligten die maximale Berücksichtigung und legitimatorische Absicherung der eigenen (fachlichen oder kommunalen) Ziele[66] mit minimaler Vollzugsverbindlichkeit verbinden. Da jedoch nur das zweite Interesse (an der Unverbindlichkeit der Programme) von allen Beteiligten gemeinsam verfolgt werden kann, wird es sich im Planungsprozeß in der Regel durchsetzen. Der langwierige und schwierige Prozeß der Aufstellung des Bundesraumordnungsprogramms kann hier als ein typisches Beispiel genommen werden.

Hier verfolgte die für Raumplanung zuständige Abteilung im Bund zunächst durchaus ein anspruchsvolles, an der Wachstumspol-Theorie orientiertes Konzept, das für verhältnismäßig konkrete Festlegungen einen hohen Grad an Verbindlichkeit gegenüber den Bundesressorts und gegenüber den Ländern anstrebte. Die durch diese Absicht notwendigerweise provozierten (und sich wechselseitig verstärkenden) Beteiligungsforderungen der Bundesressorts und der Bundesländer waren politisch nicht abzuweisen (wie immer man die verfassungsrechtliche Ausgangssituation einschätzen mag)[67]. Am Ende des konflikthaften Aushandlungsprozesses wurde schließlich ein Programm verabschiedet, bei dem das Wachstums- und das Versorgungskonzept beinahe gleichgewichtig erscheinen, dessen Festlegungen von Entwurf zu Entwurf abstrakter und unbestimmter formuliert wurden, und dessen Verbindlichkeit am Ende doch auf die eines bloßen Orientierungsrahmens reduziert wurde, den die „Fachplanungen der Bundesressorts sowie die Landesplanung in den Ländern beachten". . . . sollen[68]. Insbesondere bleibt die für den Charakter der Raumordnung im Bund alles entscheidende Festlegung der Entwicklungszentren den Ländern überlassen, und die Kriterien dafür werden im Programm so wenig trennscharf umschrieben, daß für die künftige Entwicklung noch fast alle vertretbaren Optionen offenbleiben[69].

Das Ausweichen in die sowohl inhaltliche sowie formale Unverbindlichkeit ist eine der möglichen Regelungen für Zielkonflikte bei hohem Konsensbedarf und geringem Durchsetzungspotential der Raumplanung. Auf der Ebene der Länder finden sich auch noch andere Muster der Konfliktvermeidung – so etwa der Verzicht auf planerische Integration zugunsten einer bloß additiven Zusammenstellung unkoordinierter (und möglicherweise widerspruchsvoller) Fachplanungen, oder die Flucht in den Optimismus entweder in der Form von „zeitlosen" Maximalprogrammen ohne Rücksicht auf finanzielle Restriktionen und ohne die Formulierung sachlicher Prioritäten oder aber (vor allem nach der „Tendenzwende" seit Anfang der siebziger Jahre) die Fortschreibung längst unrealistisch gewordener Bevölkerungs- und Wirtschaftsprognosen als Eckwerte der Raumplanung[70].

Die Tendenz zur Abstraktion, zur Ausklammerung von Zielkonflikten und zur Flucht in den Optimismus vermindert die normative Bindungswirkung der Raumplanung gegenüber den Fachressorts und den unteren Gebietskörperschaften. Eine zu abstrakte und wenig realistische Raumplanung verliert jedoch auch ihre rein informative Steuerungsfunktion für diejenigen dezentralen Einheiten, die grundsätzlich bereit wären, einen brauchbaren Orientierungsrahmen der künftigen räumlichen Entwicklung bei ihren eigenen Standortentscheidungen zu berücksichtigen[71]. Die Wirkungschance der Raumordnung verlagert sich unter solchen Bedingungen von der Planung auf die Möglichkeiten einer direkten Einflußnahme der Raumordnungsbehörden auf konkrete raumwirksame Maßnahmen der Ressorts und der Gebietskörperschaften.

Auch hier fehlen allerdings Einflußinstrumente von durchschlagender Wirksamkeit. In der vertikalen Dimension bleibt die formelle Steuerungshierarchie von Landesentwicklungsplanung, Regionalentwicklungsplanung, kommunaler Entwicklungsplanung und Flächennutzungsplanung von geringem Einfluß, so lange das verfügbare Entwicklungspotential nicht ausreicht, um den viel zu weiten Rahmen solcher Planungen auszufüllen. Ähnliches gilt in der horizontalen Dimension für das Verhältnis zwischen Raumordnungsprogramm oder Landesplanung und den Fachplanungen der Ressorts. Hier sind die (eher über-optimistischen) Programme der Ressorts bereits bei der Aufstellung der Raumordnungspläne berücksichtigt worden, so daß eine Steuerungswirkung ihnen gegenüber nicht mehr erwartet werden kann. Aber auch gegenüber den den neuen Bedingungen angepaßten Fachplanungen ist trotz der „Raumordnungsklausel" in den wichtigen Planungsgesetzen die Einflußmöglichkeit der Raumordnung durch das Ressortprinzip (Artikel 65 GG) begrenzt[72]. Die Verpflichtung zur Berücksichtigung der „Erfordernisse der Raumordnung" ist an den jeweiligen Fachminister adressiert, und das „Raumordnungsverfahren"[73], in dem entweder das Benehmen oder das Einvernehmen mit dem Raumordnungsminister herbeizuführen ist, steht erst am Ende des Planungsverfahrens. Das Muster einer „Spätkoordination" durch den Raumordnungsminister gilt auch für die mögliche Intervention im Einzelfall zur Verhinderung raumordnungswidriger Planungen und Maßnahmen. Hier wie dort werden die konkreten, raumwirksamen Programme, Maßnahmen und Projekte von den fachlich zuständigen Ressorts oder von den unteren Verwaltungseinheiten ausgearbeitet und mit den für sie wichtigen Verwaltungsinstanzen und wirtschaftlichen und politischen Interessen abgestimmt, ehe sie dann in einem förmlichen Raumordnungsverfahren geprüft werden.

In diesem Verfahren erweist sich dann die geringe Präzision ihrer Programme für die Raumordnungsbehörden als ein strategischer Nachteil[74]. Gewiß können sie (gleichgültig wie ihr Beteiligungsrecht formell ausgestaltet ist) raumordnerisch problematischen Plänen und Vorhaben widersprechen und im Konfliktfall eine verbindliche Entscheidung des Kabinetts herbeiführen. Sie müßten sich jedoch vor diesem Forum gegenüber konkreten, für die dahinter stehenden Interessen attraktiven und für die politische Entscheidungsinstanz plausiblen Projekten und Vorhaben auf abstrakte und vielfältig interpretierbare Formelkompromisse im Raumordnungsplan berufen und würden dabei die notwendige politische Unterstützung des Entscheidungsgremiums rasch verlieren. Überdies könnte der Versuch einer Spätkoordination raumwirksamer Maßnahmen der Raumordnungsbehörde ohnehin nur negativen Einfluß sichern, nicht aber die Möglichkeit einer positiven Förderung und Beschleunigung der unter Raumordnungsgesichtspunkten besonders vordinglichen Entwicklungsaufgaben und Standortentscheidungen.

Mit der bloßen Forderung nach mehr „Frühkoordination" in der Form einer zwingenden verfahrensrechtlichen Beteiligung der Landesplanung an allen Fachplanungsvorhaben[75], wären diese Durchsetzungsprobleme der Raumordnung allerdings noch nicht auszuräumen. Die personelle und fachliche Kapzität der Raumordnungsbehörden wäre weit überfordert, wenn sie versuchen würden, an der Entwicklung raumwirksamer Programme und Maßnahmen in allen Fachbehörden mit der Intensität mitzuarbeiten, die allein einen wesentlichen Einfluß auf Inhalt und räumliche Verteilung der Vorhaben gewährleisten würde. Erst recht wären die Landesplanungsbehörden überfordert, wenn sie die Entwicklung aller regionalen und kommunalen Planungen begleitend betreuen sollten. Und schließlich würde ja auch eine frühere Beteiligung der Raumordnungsbehörden an Fachplanungsprozessen und kommunalen Planungsprozessen noch nichts an der Existenz von Zielkonflikten und an ihrer im Konfliktfall geringen Durchsetzungsfähigkeit ändern.

Die geringe politische Durchsetzungsfähigkeit erscheint deshalb als der eigentliche Engpaßfaktor, der die Wirksamkeit von Raumplanungen beschränkt. Die zugrundeliegenden Bedingungen können durch einen Vergleich mit anderen Formen der integrativen Planung, die ebenfalls ihre Durchsetzungsprobleme haben, deutlicher herausgearbeitet werden. Für den Vergleich bieten sich sowohl Fachplanungen an, die (wie etwa die Krankenhauspläne der Länder oder die Bundesfernstraßenplanung) die Planungen und Maßnahmen der jeweils unteren Ebenen integrieren sollen, wie die Haushalts- und Finanzplanung, die in ähnlicher Weise wie die Raumordnungspläne vor der Notwendigkeit stehen, die Planungen und Maßnahmen der Fachressorts zu integrieren.

(a) Raumplanung und Fachplanungen:

Im Vergleich zur Raumplanung stehen die Fachplanungen schon deshalb vor geringeren Konsensbildungsproblemen, weil sie in ihrer Zielsetzung weniger ambitioniert sind. Sie können sich auf einen einzigen Aufgabenbereich spezialisieren und ihre Prioritäten unter einem eindimensionalen Kriterium bestimmen und plausibel machen. Im Gegensatz dazu müssen die Raumplanungen als Querschnittsplanung versuchen, die widersprüchlichen Anforderungen zahlreicher sektoraler Perspektiven gleichzeitig zu berücksichtigen.

Der wichtigere Konsensvorteil der Fachplanungen liegt allerdings darin, daß sie in aller Regel einem eindeutig bestimmbaren Kreis von Begünstigten unmittelbare Vorteile bieten. Innerhalb dieser jeweiligen „Klientel" gibt es zwar Verteilungskonflikte, aber die Wünschbarkeit des begünstigenden Fachprogramms selbst steht doch außer Frage. Deshalb können Fachplanungen bei der politischen Willensbildung im Kabinett und im Parlament in aller Regel auf die geschlossene und nachdrückliche politische Unterstützung der begünstigten Interessengruppen rechnen. Der Raumplanung fehlt eine politisch mobilisierbare Klientel. Die von ihr direkt betroffenen Adressaten – staatliche Behörden und die Kommunen – erfahren die Raumpläne eher als eine Beschränkung der eigenen Handlungsmöglichkeiten und nicht als unmittelbaren Vorteil, während die indirekt begünstigten Interessen kaum in der Lage sind, die Vorteile einer „geordneten" Raumentwicklung zu erkennen und in politische Unterstützung umzusetzen.

Die politische Sichtbarkeit des diffus anfallenden Raumordnungsnutzens wird durch die notwendige Langfristigkeit der Raumplanung noch weiter abgeschwächt. In der unter dem Druck von Wahlterminen auf kurzfristig akute Probleme und kurzfristig vorzeigbare Erfolge konzentrierten politischen Diskussion zwischen den Parteien und in der Öffentlichkeit ist es von vornherein schwer, politische Unterstützung für allenfalls langfristig wirksame Ordnungs- und Veränderungsziele zu mobilisieren. Die raumordnungspolitische Diskussion bleibt deshalb zumeist auf den engen Kreis einer interessierten Fachöffentlichkeit beschränkt. Auch Fachplanungen stehen vor diesem Problem, wenn sie (wie etwa im Bereich der Energiepolitik oder der Verkehrspolitik) wegen langer Entwicklungs- und Planungszeiten langfristig angelegt sein müssen. Aber die größere Konkretheit der Projekte oder der im Falle ihres Scheiterns drohenden Gefahren sichern ihnen doch immer noch ein stärkeres politisches Interesse auch dann, wenn sie die Kurzfristperspektive überschreiten. Für die Artikulation und die Durchsetzung solcher Interessen engagieren sich in der Regel auch organisationsstarke Verbände.

Abgesehen von diesen Konsensbildungsvorteilen verfügen Fachplanungen meist auch über ein höheres Sanktionspotential gegenüber den ausführenden Verwaltungseinheiten. In der Regel sind sie unmittelbar für die Finanzierung oder doch für die finanzielle Förderung konkreter Vorhaben zuständig, und oft verfügt die Planungsinstanz auch über unmittelbare Weisungsbefugnisse gegenüber den ausführenden Verwaltungen auf den unteren Ebenen. Ein erheblicher Teil der potentiellen Ziel- und Interessenkonflikte zwischen Planungs- und Durchführungsinstanzen können hier also durch den Einsatz effektiver Sanktionsinstrumente „hierarchisch" geregelt werden. Die Raumplanung, die ihrerseits weder über Finanzierungszuständigkeiten noch über hierarchische Weisungsrechte gegenüber den Fachressorts und den unteren Gebietskörperschaften verfügt, bleibt demgegenüber in jedem einzelnen Konfliktfall auf die sachliche und politische Überzeugungskraft ihrer Argumente angewiesen.

Trotz dieser Konsensbildungs- und Sanktionsvorteile haben aber selbst die Fachplanungen in der Praxis mit erheblichen Durchsetzungsproblemen zu kämpfen. Beispielsweise gibt es Hinweise darauf, daß zumindest in einigen Bundesländern weder die Kläranlagenplanung[76] noch die Krankenhausplanung[77] des Landes die Prioritäten der Investitionsvorhaben tatsächlich bestimmen, die vielmehr im ersten Falle eher von der Interessenlage der Gemeinden, im zweiten Falle von der „Zufallsverteilung" bei der Antragstellung abhängig zu sein scheinen. Ebenso kann die Bundesfernstraßenplanung bisher zwar den Rahmen der in die Planung genommenen Straßenbauvorhaben festlegen; welche Vorhaben aber innerhalb dieses (weiten) Rahmens zu welcher Zeit in Angriff genommen werden, bleibt abhängig von der Auswahlfreiheit, die die Straßenbauverwaltungen der Länder in Anspruch nehmen, um bestimmte Bauvorhaben voranzutreiben[78]. Weder im Verhältnis zwischen Bund und Ländern noch im Verhältnis zwischen Ländern und Kommunen gilt also ohne weiteres der Grundsatz: „Wer zahlt, schafft an." Statt dessen scheint sich selbst bei den Fachplanungen die Praxis oft an der Maxime zu orientieren: „Wer ausgibt, bestimmt, was bezahlt werden darf." Das im Vergleich zur Raumplanung sehr viel höhere Durchsetzungspotential der Fachplanungen verleiht diesen also noch nicht ohne weiters auch eine tatsächlich sehr hohe Durchsetzungsfähigkeit.

(b) Raumplanung und Haushaltsplanung:

Auch die Haushalts- und Finanzplanung verfügt über Konsensbildungs- und Durchsetzungsvorteile gegenüber den Raumplanungen. Die Konsensbildung in der Finanzplanung wird schon dadurch erleichtert, daß diese (im Gegensatz zu den vergangenen Hoffnungen auf eine „integrierte Aufgaben- und Finanzplanung") gerade nicht zu einem Instrument der Prioritätensetzung im Rahmen einer konzeptionellen Politik geworden ist. Aufgabenplanung (wo sie stattfindet) bleibt Sache der Fachressorts. Die Finanzplanung setzt sich nicht in intensiver Weise mit inhaltlichen Fragen in den einzelnen Aufgabenbereichen auseinander: sie beschränkt sich darauf, gewisse Akzente für die Entwicklung des Aufgabenbestandes im ganzen durch Variation der finanziellen Zuwachsraten für die einzelnen Aufgabenbereiche zu setzen.

Eine aktive Raumplanung könnte sich auf eine so weitgehende inhaltliche Abstinenz nicht einlassen. Sie muß sich mit Fragen der Konkurrenz oder inhaltlichen Kompatibilität raumbeanspruchender Maßnahmen auseinandersetzen, und sie kann deshalb inhaltliche Zielkonflikte nicht auf eine Frage der rein quantitativen Verteilung reduzieren. Das Konfliktniveau einer aktiven Raumplanung wird deshalb unvermeidlicherweise höher sein als das einer rein additiven Finanzplanung.

Der wichtigste Konsensbildungsvorteil der Finanzplanung bleibt aber der Umstand, daß hinter ihr der Haushalt steht. Über den Haushalt muß notwendigerweise zwischen den Ressorts und den Interessengruppierungen im Parlament Einigung erzielt werden – die Kosten einer Nicht-Einigung trüge nicht das Finanzressort, sonder die Interessenten und die Fachressorts. Der fortdauernde Dissens über ein Raumordnungsprogramm ließe dagegen die Interessenten und die Fachressorts frei, ihre eigenen räumlichen Konzeptionen ungehindert weiter zu verfolgen. Im Haushalt kontrolliert also das Finanzressort die Zuteilung der Ressource „Geld", während die Ressource „Raum" den potentiellen Raumnutzern unmittelbar zur Verfügung bleibt, und die Raumordnung von sich aus versuchen muß, einen gewissen Einfluß auf die Verwendung dieser Ressource durch andere zu gewinnen. Deshalb braucht ein einmal beschlossener Haushalt auch nicht in aufwendigen Koordinationsbemühungen gegenüber den Fachressorts „durchgesetzt" zu werden. Das seit langem eingespielte Instrumentarium von Haushaltsdurchführung und Rechnungsprüfung stellt sicher, daß die bewilligten Mittel grosso modo auch für den vorgesehenen Zweck ausgegeben werden, und daß größere Zweckänderungen jedenfalls nicht ohne Zustimmung des Finanzressorts vorgenommen werden dürfen. Die Raumplanung verfügt weder im Bund noch in den Ländern über ein irgendwie vergleichbares Instrumentarium zur quasiautomatischen Durchführung ihrer beschlossenen Pläne.

Die höheren Durchsetzungschwierigkeiten der Raumplanung im Vergleich sowohl zu den Fachplanungen wie zur Haushalts- und Finanzplanung lassen sich also auf drei prinzipielle Konsensbildungs- und Durchsetzungsnachteile zurückführen:

- Die Raumplanung muß in ihrer Zielsetzung ambitionierter sein als Fachplanungen und Finanzplanung. Sie kann deshalb Zielkonflikten weniger leicht ausweichen, ohne zugleich ihre eigene Aufgabe zu verfehlen.
- Der Raumplanung fehlt die Unterstützung einer von ihr profitierenden Klientel oder einer interessierten öffentlichen Meinung: da sie die Zuteilung der Ressource „Raum" nicht kontrollieren kann, kann sie auch nicht einen rechtlichen oder faktischen Zwang zur Konsensbildung für ihre eigenen Ziele nutzbar machen.
- Zur Durchsetzung ihrer Konzepte und ihrer einmal beschlossenen Programme kann sie weder auf hierarchische Weisungsbefugnisse noch auf finanzielle Sanktionen und Anreize zurückgreifen. Sie bleibt also letztlich in jedem Konfliktfall auf Überzeugungsstrategien beschränkt.

4.5 Strategische Alternativen

Die Analyse der politischen Durchsetzungsprobleme der Raumordnung und der Vergleich mit dem insgesamt höheren Konsensbildungs- und Durchsetzungspotential der Finanzplanung und der Fachplanungen legen die Frage nahe, ob die Raumordnung etwa gerade durch eine Symbiose mit anderen, durchsetzungsfähigeren Planungssystemen auch selbst an Durchschlagskraft gewinnen könnte. Infrage kämen dafür in erster Linie die Finanzplanung und jene Fachplanungen, die bisher schon explizite territoriale Konzeptionen entwickelt haben – in erster Linie also die regionale Wirtschaftsstrukturpolitik oder die Verkehrswegeplanung.

(a) Symbiose mit etablierten Planungssystemen?

Planungstheoretisch besonders plausibel erscheint die Symbiose von Raumordnung und Finanzplanung. In ihrer Konsequenz führt sie zur finanziell und damit zeitlich präzisierten Landesentwicklungsplanung und damit am Ende zurück zu dem Versuch einer integrierten Aufgaben- und Finanzplanung, wie er zumindest für die Investitionshaushalte zu Ende der 60-er Jahre in einigen Bundesländern[79] (insbesondere in Hessen, Nordrhein-Westfalen und Hamburg) unternommen und auch für den Bund gefordert worden war[80]. Wenn man von den besonderen Bedingungen des Stadtstaates Hamburg absieht, ist der Erfolg dieser Versuche in den Bundesländern bisher begrenzt geblieben[81]. In Hessen traten erhebliche Schwierigkeiten beim Übergang von einer lediglich sektoral konkretisierten Investitionsplanung im „Großen Hessenplan" zur regionalisierten Landesentwicklungsplanung auf[82], und in Nordrhein-Westfalen war die von vornherein regionalisierte Landesentwicklungsplanung nie in systematischer Weise mit der Finanzplanung verknüpft[83]. Im Bund sind die Forderungen nach einer Integration von Finanzplanung und Aufgabenplanung nicht einmal bis zum ernsthaften Versuch gekommen.

Ein historischer Grund für die aufgetretenen Schwierigkeiten ist sicherlich die seit Anfang der 70-er Jahre zunehmende Ungewißheit der Finanzplanung, die angesichts rasch wechselnder Konjunktursituationen den auf längerfristige Perspektiven angewiesenen Fachplanungen und insbesondere der Raumordnung nicht einmal mehr mittelfristig ausreichende Sicherheit bieten konnte. Eine zweite und grundsätzliche Schwierigkeit liegt jedoch in der Erhöhung der Entscheidungskomplexität und des Konfliktniveaus, mit der die Finanzplanung belastet würde, sobald sie zum Durchsetzungsinstrument der Raumordnung weiterentwickelt würde. Anstelle einer bloßen Fortschreibung gegenwärtiger Ansätze mit allenfalls gewissen funktionalen Prioritätenverschiebungen müßte die Finanzplanung dann simultant eine relativ präzise regionale und zeitliche Festlegung zumindest der öffentlichen Investitionen anstreben. Damit wäre sie jedoch unmittelbar mit allen politischen Ziel- und Verteilungskonflikten einer aktiven Raumplanung konfrontiert. Es ist zweifelhaft, ob selbst das Finanzplanungssystem mit seinem Zwang zur Konsensbildung die dafür erforderliche Konfliktregelungskapazität aufbringen könnte. Allerdings wird man die Erfahrungen mit dem in dieser Hinsicht besonders ehrgeizigen niedersächsischen Modell der Landesentwicklungsplanung abwarten müssen[84], ehe man aufgrund der bisherigen Schwierigkeiten in anderen Ländern und im Bund einer möglichen Symbiose von Raumordnung und Finanzplanung generell eine skeptische Prognose stellt.

Schwierigkeiten wären auch bei einer Symbiose zwischen Raumordnung und besonders raumentwicklungsrelevanten Fachplanungen – etwa der Verkehrswegeplanung oder der regionalen Wirtschaftsförderung – zu erwarten. Auch sie würden durch die Komplexität der raumordnerischen Entscheidungskriterien und durch die Fülle der dann auszutragenden Zielkonflikte stark belastet und wahrscheinlich überlastet. Überdies würde auch, wie oben dargetan, die Verfolgung ihrer eigenen sektoralen Prioritäten durch eine Orientierung an den übergeordneten Kriterien der Raumordnung in Frage gestellt. Deshalb müßten gerade die stark raumbezogenen Fachplanungen entweder die Instrumentalisierung ihres Planungs- und Durchsetzungspotentials für die Zwecke der Raumordnung abwehren, oder sie müßten versuchen, die Ziele und Kriterien der Raumordnung selbst auf die eigenen Sektoralprioritäten hin umdefinieren. Die Raumordnung könnte in einer solchen Symbiose also leicht zum bloßen „ideologischen Überbau" der Verkehrspolitik oder der Wirtschaftspolitik degenerieren.

Die Raumordnung kann sich also nicht ohne weiteres (und nicht ohne Risiko) die Konsensbildungskapazität und das Durchsetzungsinstrumentarium anderer Planungssysteme „leihen", um es für die eigenen Ziele einzusetzen. Solange sie nicht entweder die eigenen Konsensbildungsprobleme abbaut oder sich eigene Durchsetzungspotentiale aufbaut, wird sie deshalb weiterhin im Konfliktfalle in der Regel hinter anderen politischen Forderungen zurücktreten müssen.

Wenn die bisherige Analyse zutrifft, und wenn keine Aussicht besteht, daß die Raumordnung ihre globale Konsensbildungskapazität auf kurze Sicht wesentlich steigern könnte, dann spricht vieles für strategische Überlegungen, die von der grundsätzlichen politischen Schwäche der Raumordnung ausgehend nach besseren Wirkungsmöglichkeiten suchen. In systematischer Analyse könnten die gegenwärtigen Durchsetzungsprobleme vermindert werden durch die Kombination von drei strategischen Ansätzen:

- Zum ersten kann die Raumordnung versuchen, den Konsensbedarf ihrer Analysen und Konzeptionen zu vermindern;
- zum zweiten kann sie versuchen, das ihr verfügbare begrenzte Durchsetzungspotential stark konzentriert einzusetzen und dafür die politische Unterstützung der begünstigten Interessengruppierungen zu mobilisieren; und
- schließlich kann sie versuchen, mit dieser politischen Unterstützung zusätzliche Sanktionsinstrumente zur Unterstützung ihrer Durchsetzungsstrategien in die Hand zu bekommen.

(b) Verminderung des Konsensbedarfes

Solange die Raumordnung an der Zielsetzung einer normativ verbindlichen und integrativen Planung festhält, lassen sich die Beteiligungsforderungen der davon potentiell betroffenen sektoralen und territorialen Interessen politisch nicht abwehren. Der daraus resultierende extrem hohe Konsensbedarf führt notwendigerweise zur Korruption der raumordnerischen Analyse und zur Verwässerung der raumordnerischen Ziele bis zu jenem Punkt, wo das Raumordnungsprogramm nicht einmal mehr als informativer Orientierungsrahmen tauglich erscheint. Wenn die Raumordnung diesen Prozeß der Selbstzerstörung ihrer Konzeption vermeiden will, dann könnte sie den Anspruch auf die Formulierung einer für die Ressorts und für die unteren Gebietskörperschaften verbindlichen Zielprojektion explizit aufgeben. Daß ohne Verbindlichkeitsanspruch härtere Analysen und überzeugendere Prognosen möglich sind, zeigen die Beispiele der Raumordnungsberichte des Bundes oder der Raumordnungsprognose 1990[85], die im Vergleich zu dem Bundesraumordnungsprogramm jeweils sehr viel konkretere und in ihren Implikationen kritischere Aussagen enthalten. Auf einer solchen Informationsbasis können dann Gemeinden, Länder und Ressorts die Voraussetzungen und die wahrscheinlichen Folgen ihrer eigenen räumlichen Entwicklungsstrategien realistischer abschätzen und besser aufeinander abstimmen, als dies im Rahmen von zu abstrakten, zu optimistischen und zu unverbindlichen Raumordnungsprogrammen möglich ist. Die Raumordnung behielte auf diese Weise wenigstens die von einer realistischen Prognose und einem plausiblen Orientierungsrahmen ausgehende Überzeugungschance.

(c) Klientelorientierte Spezialisierung

Auf der Grundlage einer realistischen Raumordnungsberichterstattung und Raumordnungsprognose könnte dann die Raumplanung selbst auf die Formulierung einer flächendeckenden Zielprojektion verzichten und sich statt dessen auf die Selektion einer begrenzten Zahl normativer Veränderungsziele in einer begrenzten Zahl von Regionen und auf deren Verwirklichung konzentrieren. Mit dieser Selektivität könnte die Planung bei jenen Problembrennpunkten ansetzen, für deren Bearbeitung öffentliche Aufmerksamkeit und politischer Konsens leichter erreichbar erscheinen als für ein flächendeckendes Ordnungskonzept. Gleichzeitig wäre dann eine Selbstbeschränkung auf jene Steuerungsinstrumente möglich und sinnvoll, die gezielt bei den in der Analyse identifizierten „Engpässen" der Raumentwicklung in den ausgewählten Problemregionen ansetzen.

Mit dieser doppelten Selektion von Problemprioritäten und instrumentellen Prioritäten würde das Durchsetzungsproblem der Raumordnung drastisch reduziert. Sie stünde nicht mehr vor der technisch und politisch unlösbaren Aufgabe, überall im Bundesgebiet den Einsatz aller potentiellen Steuerungsinstrumente beeinflussen zu wollen, sondern sie setzte sich statt dessen die administrativ praktikable und politisch eher attraktive Aufgabe, in speziellen „Raumordnungskampagnen" etwa die Regionalisierung der Forschungs- und Technologiepolitik[86] oder die verstärkte Förderung des Dienstleistungssektors zu Gunsten bestimmter Problemregionen zu formulieren und durchzusetzen. Im Rahmen einer solchen „Spezialisierungsstrategie" wäre es dann wohl auch möglich, jene Zielgruppen deutlicher zu identifizieren, die durch eine selektive Zielsetzung der Raumordnung eindeutig begünstigt werden, und die deshalb auch politisch für die Unterstützung von Raumordnungszielen mobilisiert werden könnten. Das bisherige Selbstverständnis der Raumordnung als „Anwalt des Allgemeinen" müßte solchen politischen Zweckbündnissen mit Partikularinteressen – heute etwa: jenen „kleinen Großstädten", die als Entwicklungszentren außerhalb der großen Ballungsgebiete in Betracht kommen[87] – nicht notwendigerweise im Wege stehen. Voraussetzung dafür wäre allerdings eine explizit politische Durchsetzungsorientierung der Raumordnung, die sich selbst nicht länger als einen in die Administration ausgelagerten Zweig der angewandten Forschung definieren und auf Klagen über das mangelnde Raumordnungsbewußtsein der Politiker beschränken dürfte.

(d) Aktive Durchsetzung

Wenn die Raumordnung sich in diesem durchsetzungsorientierten Sinne „politisiert" und die Bündnispartner möglicher Allianzen zu ihrer politischen Unterstützung mobilisiert, dann müßte es ihr auch möglich werden, zusätzliche Durchsetzungsinstrumente aufzubauen. Infrage kämen dafür in erster Linie positive finanzielle Anreize zu Gunsten der Durchführung raumordnungsrelevanter Projekte und Vorhaben. Nach dem Vorbild der französischen DATAR[88], könnte man hierfür den Raumordnungsbehörden einen finanziellen Plafond einräumen, dessen Mittel zur gezielten Förderung und Beschleunigung von Einzelprojekten von vorrangiger raumordnerischer Bedeutung eingesetzt werden können. Um in der gegenwärtigen Haushaltslage den Vorwurf der Ausgabenvermehrung abzuwenden, könnte man in diesem Zusammenhang auch daran denken, einen bestimmten Teil der Mittel im Etat der fachlich zuständigen Ressorts mit einem Sperrvermerk zu versehen, der nur mit der Zustimmung der jeweiligen Raumordnungsbehörden aufgehoben werden darf. Auf diese Weise könnte die Bereitschaft der Fachbehörden erhöht werden, sich bei der Entwicklung ihrer eigenen raumwirksamen Projekte und Maßnahmen von vornherein an den Priotitäten der Raumordnungsbehörde zu orientieren. Überdies hätten die von der Raumordnung begünstigten Interessengruppierungen hier eine zusätzliche Möglichkeit, zu Gunsten raumordnerischer Zielsetzungen als Antragsteller aufzutreten und ihr politisches Gewicht bei den Fachressorts und den Parlamentausschüssen geltend zu machen.

Könnte die Raumordnung sich dazu entschließen, diese Interessen demonstrativ im politischen Aushandlungsprozeß zu vertreten, so würde sie auch im politischen Innenverhältnis entsprechend an Einfluß gewinnen. Allerdings wird sie kaum mit ihren Aktivitäten warten können bis die Themen artikuliert sind und es nur noch gilt, sie aufzugreifen und in die politische Arena zu befördern.

Im Gegensatz zu anderen Politikbereichen sind bei der Raumordnung die Themen nicht schon durch das gesellschaftliche Kräftefeld vorsortiert. Vielmehr müssen die Themen benannt und die Aufgabe muß politisch konstituiert werden. Auch dann kann sie jedoch nur in die Praxis umgesetzt werden, wenn die Handlungsbeiträge verschiedener Kompetenzträger zusammengefaßt werden. Auch wenn es sich nicht um konflikthafte Entscheidungen handelt, ist die effektive Mitwirkung anderer Facheinheiten nicht leicht zu gewinnen. Dabei können jedoch finanzielle Beteilungsangebote und der durch die öffentliche Thematisierung von Raumordnungsproblemen erzeugte politische Druck eine wichtige Hilfe werden. Dies sind auch die beiden wichtigsten Koordinierungsinstrumente, die die DATAR im interministeriellen Entscheidungsprozeß gegenüber den deutschen Raumordnungsinstanzen überlegen erscheinen lassen[89]. Hinzu kommt in dem vertikalen Entscheidungsprozeß die zum Prinzip erhobene punktuelle und ad-hoc Förderung, die vermeidet, auf der Grundlage flächendeckender, vertikal und horizontal abzustimmender Planung diskriminierungsunfähig zu werden[90].

Keiner dieser hier nur andeutungsweise entwickelten Vorschläge würde die Zielkonflikte innerhalb der Raumordnung und zwischen der Raumordnung und den funktionalen Perspektiven der Fachressorts oder den territorialen Perspektiven der unteren Gebietseinheiten beseitigen. Eine politisch-strategische Umorientierung der Raumordnung könnte jedoch die Durchsetzungsfähigkeit ihrer Prioritäten und damit die Wahrscheinlichkeit erhöhen, daß raumordnerische Kriterien nicht in jedem Fall und nicht gegenüber jedem anderen Interessengesichtspunkt zurücktreten müssen. Die Raumordnung muß lernen, die Probleme der Konfliktregelung und Konsensbildung als ihren eigentlichen kritischen Engpaß zu identifizieren und gezielt politisch-administrative Strategien zur Erhöhung ihrer politischen Durchsetzungsfähigkeit zu entwickeln. Solange dies nicht geschieht, wird kein wissenschaftlicher Perfektionismus an der tatsächlichen Irrelevanz der Raumordnung viel ändern können.

Anmerkungen

1 Ein Beispiel bietet etwa das Gutachten zur regionalen Wirtschaftspolitik, Beirat des Bundesministers für Wirtschaft, 1954.

2 Siehe hierzu: Elias, N.: Über den Prozeß der Zivilisation, Bd. 2, Frankfurt a.M. 1976, S. 14 ff.

3 Einen historischen Überblick enthält: Väth, W.: Agglomerationspolitik und zentralstaatliche Raumordnungspolitik, Soz. wiss. Diss. Konstanz, 1976.

4 Empirische Belege innerverbandlicher Konkurrenzverhältnisse enthält die Arbeit von Schulz zur Wiesch, J.: Regionalplanung in Hessen – Ein Beitrag zur empirischen Planungsforschung, Stuttgart 1977.

5 Einen theoretischen Überblick bietet Schnur, R.: Politische Entscheidungen und räumliche Interessen, in: Die Verwaltung 3/1970, S. 257 ff.

6 Ignoriert man die Konsensprobleme einer Konkurrenzdemokratie und die Macht- und Abhängigkeitsbeziehungen im Verhältnis Staat–Wirtschaft, so ist es auch konsequent, die räumliche Fehlentwicklung als Politikversagen zu interpretieren. So etwa Hamm, W.: Arbeit, Mobilität und Raumordnung, in: Engels, W. (Hrsg.): Neue Wege in der Arbeitswelt: Horst Knapp zum 60. Geburtstag, Frankfurt a.M. 1978, S. 43 f.; Klemmer, P.: Anspruch und Wirklichkeit der regionalen Strukturpolitik, in: H. Besters (Hrsg.): Strukturpolitik – wozu?, Baden-Baden 1978, S. 31.

7 Vgl. hierzu Ganser, K.: Ein Gesamtkonzept ist notwendig. Elf Landesentwicklungsprogramme sind noch kein Bundesreaumordnungsprogramm, in: Raumordnung auf neuen Wegen. Schriftenreihe der Bundeszentrale für politische Bildung. Bd. 112, 1975, S. 52.

8 Vgl. Thoss, R.: Der Auftrag der Raumordnungspolitik; Ausgangslage, Ziele und Instrumente. Vortrag im Deutschen Institut für Urbanistik, Berlin, am 28. 2. 1977, oder Junghans, H.J.: Regionale Strukturpolitik. Heute und in Zukunft, in: Wirtschaft und Standort, 9/1976, S. 7 f.

9 Die mangelhafte Abbildbarkeit solcher Anpassungsprozesse in den heute bekannten, formalistischen Kalkülen der Kosten-Nutzungsrechnung erklärt den geringen Nutzen und die geringe Häufigkeit ihres Einsatzes bei den raumwirksamen Investitionsentscheidungen der öffentlichen Hände. Siehe als Beispiel Seidenfus, H., Wettmann, R.: Kosten-Wirksamkeitsanalyse. „Alternative Gewerbeansiedlung im Raum Bad-Hersfeld" – Eine Musterstudie – Gutachten für die

Staatskanzleien Nordrhein-Westfalens und Hessens. Die resignierende Feststellung Derliens, daß sich nur wenige Beispiele finden lassen, in denen aus vorausgegangenen Evaluationen politische Folgerungen gezogen worden sind, ist daher auch nicht überraschend. Derlien, H.U.: Eine empirische Untersuchung über Organisation, Methode und Politik der Programmevaluation, Baden-Baden 1976.

10 Siehe hierzu Duncan, O.T./Schnore, C.F.: Cultural, Behavioral, and Ecological Perspectives in the Study of Social Organization. American Journal of Sociology. Vol. 65 (1959), S. 132, ff.: Daly, H.E. (Ed.): Toward a Steady-State Economy, Francisco 1973; Jantsch, E.: Design for Evolution. Self-Organization and Planning in the Life of Humans Systems, New York 1975.

11 Siehe hierzu Koch, R.: Bevölkerungsrückgang und Entwicklungspotential, in: Raumforschung und Raumordnung, Heft 6/1976, S. 245 ff.; Pestel, E., Das Deutschland-Modell, Stuttgart 1978, S. 112 - 140.

12 Vgl. zum folgenden vor allem die Raumordnungsprognose 1990 und die Diskussion ihrer Ergebnisse, in: Informationen zur Raumentwicklung, Heft 1/2, 1977.

13 Siehe hierzu Treuner, P.: Thesen zur neuen Tendenz der räumlichen Entwicklung, in Raumforschung und Raumordnung, Heft 4/1975, S. 159 ff.; Hübler, K.H.: Chancen und Gefahren für die Entwicklung des ländlichen Raumes, in: Der Landkreis, Heft 6/1976, S. 187 ff., Wettmann, R.: Szenarien zur Regionalpolitik, Internationale Arbeitsteilung und Raumentwicklung in der Bundesrepublik, Heft 06.021, Bundesministerium für Raumordnung, Bauwesen und Städtebau (Hrsg.), Bonn 1978.

14 Vgl. Sinkwitz, P.: Auswirkungen des Geburtenrückganges auf Familie, Nachbarschaft und das Zusammenleben im ländlichen Raum, in:Geburtenrückgang – Konsequenzen für den ländlichen Raum, Hannover 1975, S. 48 - 57.

15 Siehe hierzu insbesondere die Beiträge von R. Wettmann und D. Schröder, in: Informationen zur Raumentwicklung, Heft 4 - 5/1975, sowie: Planung unter veränderten Verhältnissen, Referate und Diskussionsberichte anläßlich der wissenschaftlichen Plenarsitzung 1975 in Duisburg, Veröffentlichungen der Akademie für Raumforschung und Landesplanung, Forschungs- und Sitzungsberichte, Band 108, Hannover 1976; und Beirat für Raumordnung, Empfehlungen vom 16. Juni 1976, Bonn 1976.

16 Siehe hierzu die Ergebnisse des am Wissenschaftszentrum Berlin abgeschlossenen Forschungsprojekts „Vergleichende Untersuchung regionalpolitischer Maßnahmen in den Mitgliedsstaaten der EG"; Allen, K. et al.: Regional Incentives in the European Community. A Comparative Study, MS Berlin 1978.

17 Bericht der Sachverständigenkommission für die Neugliederung des Bundesgebietes, hrsg. vom Bundesministerium des Innern, Bonn, Februar 1973.

18 Richtzahlen werden zunächst im Landesentwicklungsprogramm Bayern gem. Art. 13 Abs. 4 Bayerisches Landesplanungsgesetz vom 24. Juli 1974 (GVBL S. 354) für die Region bestimmt. Art. 17 Abs. 2, Nr. 2, BayLplG normiert die Pflichtaufgabe, diese Richtzahlen für Teilbereiche und Gemeinden umzusetzen.

19 Siehe Landtagsdrucksache 6/ 7348, „Richtwerte für die künftige Entwicklung von Bevölkerung und Arbeitsplätzen in den Regionen Baden-Württembergs". In Baden-Württemberg wird faktisch nach demselben Muster verfahren. Die Absicht, den Planungsverlauf in der gleichen Weise rechtlich durchzunormieren, ist bisher noch nicht realisiert worden. Vgl. auch Landesentwicklungsbericht Baden-Württemberg 1975, Bd. 1, S. 124.

20 So wurde etwa in Baden-Württemberg den Flächenrichtwerten der Landesplanung bewußt die obere Variante der Bevölkerungsprognose von 1973 mit 9,67 Millionen Einwohnern für das Land zugrundegelegt, während für die Planung der Infrastruktur realistischerweise die Prognose von 1976 – nämlich 9,17 Millionen Einwohner – für verbindlich erklärt wurde. Beide Prognosen sind auf das Zieljahr 1990 gerichtet. (Landtag Baden-Württemberg, Plenarprotokoll 7/ 12, S. 511). Auf einer ähnlichen überhöhten Einschätzung der status-quo-Entwicklung beruhen auch die in bayerischen Landesentwicklungsprogrammen enthaltenen Richtwerte für Arbeitsplätze und Bevölkerung (siehe K. Ganser, Die Region München im bayerischen Landesentwicklungsprogramm, Heft 12 der Sammlung Münchener Forum, S. 13).

21 Landesentwicklungsbericht Baden-Württemberg 1975, Bd. 1, S. 147 f.

22 Goedecke, O.: Regionalplanung in Bayern. DIFU-Seminar Regionale Entwicklungsplanung vom 14. – 16. 6. 1976 in Berlin, MS S. 16.

23 Vgl. Landesentwicklungsbericht Baden-Württemberg a.a.O., S. 119.

24 Ebenda, S. 119; Bayerisches Ministerialblatt 21/ 1975, S. 367 und Heigl/ Hosch: Raumordnung und Landesplanung in Bayern, Kommentar zu Art. 17, S. 15 a f.

25 Inzwischen sind gleichzeitig in Baden-Württemberg und in Bayern die Richtwerte in ihrer Bedeutung als Steuerungsinstrumente stark herabgesetzt worden. (Zu Baden-Württemberg: siehe Staatsanzeiger für Baden-Württemberg Nr. 31 vom 19. 04. 1978, S. 1; zu Bayern: Dick, A.: Übergang zur flexiblen Planung, in: Bayerischer Staatsanzeiger Nr. 25 v. 23. 6. 1978; Süddeutsche Zeitung vom 19. 4. 1978 „Staat baut Wegweiser in die Zukunft ab"; Süddeutsche Zeitung vom 22./ 23. 04. 1978 „Wenn Zahlen ihre Gültigkeit verlieren").

Diese Abwertung der Richtwerte kam nicht ganz überraschend. Als die Konzeption 1973 entwickelt wurde, herrschte noch eine wirtschaftliche Hochkonjunktur. Als sie 1975 als Steuerungsinstrument eingeführt wurde, ging es vorrangig darum, Investitionen zu stimulieren, gleichgültig wo sie stattfanden. Die Vertreter der Agglomerationsräume wiesen deshalb mit Nachdruck darauf hin, daß man gerade jetzt auf die Vorteile einer weiteren wirtschaftlichen Entwicklung ihres Raumes nicht verzichten könne.

Für die ländlichen Regionen dagegen sollten die Richtwerte letztlich eine Untergrenze markieren, die nach Möglichkeit überschritten werden soll. Bei der „Feinverteilung" auf Nahbereiche und Kommunen entstand jedoch bei den Gemeinden ohne Zentrale-Ort-Prädikat der Eindruck, daß ihnen zugunsten der Zentralen Orte Entwicklungschancen abgesprochen werden sollten. Die Vertreter der ländlichen Räume sahen schon das „Todesurteil" über Weiler und Dörfer hereinbrechen und wehrten sich politisch gegen dieses Schicksal (zu Baden-Württemberg siehe J. Tesdorf, Regionalplanung in Baden-Württemberg: In der Zerreißprobe, in: Innere Kolonisation 4/ 1978, S. 143; zu Bayern: Stellungnahme des Landkreisverbandes Bayerns; in: Der Bayerische Bürgermeister, August 1975, S. 10). So bildete sich eine Allianz der sonst so ungleichen Brüder, gegen deren vereinigten Widerstand sich keine Landesregierung durchsetzen konnte. Eine Flächensteuerung mit Hilfe von Richtwerten hat somit faktisch auch vor ihrer „Aufhebung" nicht stattgefunden.

26 Staatsanzeiger für Baden-Württemberg Nr. 26 vom 2. 4. 1977, „Regionalsteuerung für Gastarbeiter nicht mehr zweckmäßig". Ein weiteres Motiv war offenbar der Schutz kleiner und mittlerer Unternehmen vor der Arbeitskräfte-Abwerbung durch die florierende Automobilindustrie mit ihrer hohen Ausländerbeschäftigung: Vgl. Stuttgarter Zeitung vom 21. 4. 1977 („Angst vor dem Stern aus Sindelfingen – Handwerker bis in den Schwarzwald fürchten Folgen für ihren Arbeitsmarkt").

27 Vgl. Systemanalytische Untersuchung über Ausgewogenheit, Belastbarkeit und Entwicklungspotential des Landes Baden-Württemberg und seiner Region Mittlerer Neckar, durchgeführt von der Arbeitsgemeinschaft Systemanalyse Baden-Württemberg, Dornier System GmbH, Friedrichshafen, Prognos AG Basel, Arbeitsgruppe Landespflege (Prof. Ammer) Freiburg, im Auftrag des Landes Baden-Württemberg, Stuttgart 1975, insbesondere S. 164.

28 Der Einsatz von Genehmigungsverfahren für industrielle und Bürorauminvestitionen, die in Großbritannien, Frankreich, Niederlande und Italien in den vergangenen Jahren praktiziert und von der EG gegenwärtig für den Gesamtraum der Gemeinschaft gefordert werden, erscheint problematisch. Ihr Erfolg ist generell von wirtschaftlichem Wachstum, privater Investitionsneigung und Mobilitätsbereitschaft abhängig; da sie nur einen Zuwachs, nicht aber den Bestand verbieten wollen.

In Zeiten der Stagnation ist nicht nur die Zahl der Investitionsvorhaben gering, sondern auch die Ausnutzung aller vorhandenen Agglomerationsvorteile zur Erhaltung der internationalen Wettbewerbsfähigkeit und Wiederbelebung des Wachstumsprozesses von besonderer Bedeutung. Die Versagung von Investitionsgenehmigungen in Ballungsgebieten und anschließenden Investitionstransfers in die Problemgebiete ist deshalb in Stagnationsphasen besonders schwierig, ausführlich in: Wettmann, R.; Nicol, B. u.a. Deglomerationspolitiken in den Europäischen Gemeinschaften. Hrsg. Wissenschaftszentrum Berlin. Berlin 1978.

29 Vgl. Brohm, W.: Stadtentwicklungsplanung und neues Bodenrecht, in: Die Verwaltung, Heft 4/ 1976, S. 405 ff.

30 Siehe hierzu S. Dupke/K. Ganser: Behördenstandorte als Instrument der Raumordnung, in: Informationen zur Raumentwicklung, Heft 1/1975, S. 15 ff.
Küpper, U.J.: Raumordnung mit Bundesbahn und Bundespost, in: structur, 3/1976, S. 53 ff.

31 Siehe das diesbezügliche „Eingeständnis" im Landesentwicklungsbericht Baden-Württemberg 1975, Bd. 1, S. 132.

32 Siehe Allen, K., Stevenson, A.: An Introduction to the Italian Economy, London 1974, Seite 199 ff.

33 Zum Versuch einer Systematisierung, siehe Porzner, K.: Wirtschaftspolitische Lenkungsinstrumente, in: WSI Mitteilungen, 28/1975, S. 12 ff.

34 Siehe die ausführliche Darstellung in: Scharpf, R.W., Reissert, B., Schnabel, F.: Politikverflechtung. Theorie und Empire des kooperativen Föderalismus in der Bundesrepublik, Kronberg 1976, S. 76 ff.

35 Siehe hierzu Strassert, G.: Regionale Strukturpolitik durch Wirtschaftsförderung. Abhandlungen der Akademie für Raumforschung und Landesplanung, Bd. 73, Hannover 1976.

36 Siehe hierzu Bade, F.J.: Die Mobilität von Industriebetrieben, Berlin, IIM dp/78 – 12.

37 Dies ist u.a. ein Ergebnis des Forschungsprojekts von Allen, K. et.al., a.a.O.

38 Siehe die Diskussion in WSI-Mitteilungen „Überlegungen zu einer aktiven Strukturpolitik", Heft 10 – 12; insbesondere Wieting, R.: Regionale Strukturpolitik auf dem Prüfstand, in WSI-Mitteilungen, 10/1976, S. 615 und die Informationen zur Raumentwicklung, Heft Nr. 12/ 1976.

39 Siehe Frankfurter Rundschau vom 19. März 1977 („Unsere Städte veröden vom Zentrum aus".)

40 Vgl. Wettmann, R.; Nicol, B. u.a., a.a.O.

41 Vgl. Münstermann, E.: Die Berücksichtigung zentralörtlicher Funktionen im kommunalen Finanzausgleich. Opladen 1975, S. 163 ff.

42 Landesentwicklungsbericht Baden-Württemberg 1975, S. 137 ff.

43 Siehe die Darstellung von Boldt, H.: Kommunale Finanzen im Rahmen der Finanzverfassung der Bundesrepublik, in: Wehling, H,G. (Hrsg.), Kommunalpolitik, Hamburg 1975.

44 Erste statistische Wirkungsanalysen sind enthalten in: Reissert, B.; Effects of Federal and State Grants on Local Government Investment Expenditures in West-Germany. Paper prepared for the conferecne "Urban Choice and State Power", Cornell University, June 1 – 4, 1977, MS Berlin, Mai 1977.

45 Siehe Scharpf, F.W., Reissert, B., Schnabel, F., a.a.O., S. 227.

46 Vorläufige Richtlinie für die Aufstellung von Standortprogrammen (NWP 75, Nr. 523) RdErl. des Innenministers vom 14.6.1971.

47 Eine Verlaufsbeschreibung enthält: Wollmann, H. et. al. Implementationsstruktur und Steuerung im Bereich staatlicher Raum- und Siedlungsstrukturpolitik, Zwischenbericht Berlin 1978, S. 163 ff.

48 Neuere Daten zur regionalen Verteilung von Infrastruktur-Schwächen in: Gatzweiler, H.P., Neue Schwerpunkträume für das BROP, Informationen zur Raumentwicklung, Heft 1/2, 1977, S. 115 – 128.

49 Siehe Frankfurter Allgemeine Zeitung, Blick durch die Wirtschaft vom 19. 4. 1977.

50 Ausführlicher Hauff, V., Scharpf, F.W.: Modernisierung der Volkswirtschaft – Technologiepolitik als Strukturpolitik, Frankfurt 1975.

51 So auch Stiens, F.: Vorausgesagte Entwicklungen und neue Strategien für den ländlichen Raum, Informationen zur Raumentwicklung, Heft 1/ 2 1977, S. 139, 146; Hinz, H.: Innovationsberatungsstellen (IBS) – Zum IBS Konzept der IG Metall –, in: WSI-Mitteilungen 10/ 1976, S. 617 ff. Forschungs- und technologiepolitische Gesamtkonzeption der Bundesregierung für kleine und mittlere Unternehmen. Hrsg.: Bundesministerium für Forschung und Technologie – Bonn 1978; Ewers, J.-J., Wettmann, R.W.: Innovationsorientierte Regionalpolitik – Überlegungen zu einem regionalstrukturellen Politik- und Forschungsprogramm, in: Informationen zur Raumentwicklung, Heft 7/ 1978, S. 467 ff.; weitere Beiträge zu Innovationsorientierter Regionalpolitik in: Informationen zur Raumentwicklung, Heft 7/ 1978.

52 Ausführlicher Scharpf, F.W.: Politische Durchsetzbarkeit innerer Reformen. Göttingen 1974, S. 25 ff.

53 Nowotny, E.: Nebenwirkungen der Stabilitätspolitik auf strukturschwache Regionen, in: Konjunkturpolitik und regionale Entwicklung. Schriftenreihe der Industrie- und Handelskammer Regensburg. Heft 1/ 1976, S. 18 ff.

54 Zu der prozyklischen Ausgabenpolitik der Gemeinden sowohl in der Aufschwungs- als auch in der Abschwungphase siehe Biehl, D., Jüttemeier, K.H., Legler, K.: Zu den konjunkturellen Effekten der Länder- und Gemeindehaushalte in der Bundesrepublik Deutschland 1960 – 1974, in: Die Weltwirtschaft 1/ 1974, S. 29 ff.; Blöcker, M., Petersen, H.G.: Zur konjunkturellen Problematik des Gemeindefinanzsystems, in: Wirtschaftsdienst 3/ 1977, S. 136 ff.

55 Dieses Beziehungsverhältnis zwischen Komplexität und Differenzierung ist das bestimmende Thema der allgemeinen und angewandten Systemtheorie. Siehe hierzu Luhmann, N.: Soziologische Aufklärung I und II, Köln 1973 und 1975; LaPorte, T. (Hrsg.): Organized Social Complexity, Princeton, 1975.

56 Zu dieser Unterscheidung siehe auch König, K.: Funktion und Folgen der Politikverflechtung, in: Scharpf, F.W., Reissert, B.; Schnabel, F. (Hrsg.): Politikverflechtung II. Kritik und Berichte aus der Praxis. Kronberg 1977.

57 Siehe zum folgenden Scharpf, F.W., Reissert, B., Schnabel, F.: Politikverflechtung a.a.O.; Dies. (Hrsg.) Politikverflechtung II, a.a.O.

58 Zu den Wirkungen dieser rechtlichen Durchnormierung siehe Scharpf, F.W.: Die politischen Kosten des Rechtsstaats. Tübingen 1970, S. 53 ff.

59 Siehe hierzu Scharpf, F.W., Reissert, B., Schnabel, F.: Politikverflechtung, a.a.O., S. 133 ff.

60 Aus kommunaler Sicht siehe hierzu Weinberger, B.: Der Bund und die Städte, Probleme der Stadtentwicklung in der Bundesrepublik, Reihe A DST-Beiträge zur Kommunalpolitik, Köln 1974, S. 14.

61 Die „Koordination von unten" entspricht dem von David Porter in den Vereinigten Staaten entdecktem Muster der „resource mobilization" durch die Empfänger von Bundes- und Landeszuweisungen. Porter, D.O.: The Politics of Budgeting Federal Aid: Resource Mobilization by Local School Districts. Beverly Hills 1973.

62 Dies betont vor allem Wagener, F.: Zweckmäßig abgegrenzte Räume für die Raumordnungspolitik, in: Informationen zur Raumentwicklung, 1/ 1976, S. 57, ff.; Schnabel, F.: Politische Probleme einer koordinierten Agrarstruktur- und Regionalpolitik, in: Innere Kolonisation 5/ 1977.

63 Vgl. hierzu die Zusammenstellung von Lutze, R.: Kurzdokumentation von bestehenden Raumgliederungen, in: Informationen zur Raumentwicklung, 1/ 1976, S. 65 ff.

64 Der Begriff Verwaltungsföderalismus kennzeichnet die bis auf wenige Ausnahmen im deutschen bundesstaatlichen System anzutreffende Trennung von zentralstaatlicher Gesetzes- und Programmformulierung und gliedstaatlichen Gesetzes- und Programmvollzug. Siehe hierzu Ellwein, T.: Das Regierungssystem der Bundesrepublik Deutschland, Opladen 1973, S. 68 ff.

65 Bundeswasserstraßen und Bundesbahn sind zwar nach dem Grundgesetz vollständig in der Planungs-, Finanzierungs- und Verwaltungskompetenz des Bundes. Indem die Länder eine Mitfinanzierung an diesen Bundesaufgaben angeboten und auch realisiert haben, trifft aber auch hier der Befund „Politikverflechtung" zu. Die langfristige Bindung und Inflexibilität der Bundesplanung (insbesondere bei der Wasserstraßenplanung) hat hierin ihre Hauptgründe. Siehe Projektgruppe Regierungs- und Verwaltungsreform beim Bundesministerium des Innern, Untersuchungen zur Reorganisation des Bundesministeriums für Verkehr, Bd. II, Bonn im November 1975, S. 307 ff.

66 Einige Beispiele bayerischer Fachverwaltungen, die Regionalplanung für ihre spezifischen Ziele nutzbar zu machen. „So wurde von staatlichen Fachverwaltern für das Kapitel Land- und Forstwirtschaft folgendes ‚regionale' Ziel vorgeschlagen: ‚Zur Erhöhung der Arbeitsproduktivität sind regelmäßige, bei Ackerland möglichst quadratische oder rechteckige Schlagformen mit parallel laufenden Längsseiten und großen Schlaglängen zu bilden.'
Andere Fachplaner wollen beispielsweise die Ausstattung der Katastrophenschutzkräfte mit Handsprechgeräten, der Feuerlöschfahrzeuge mit Atemschutzgeräten oder die ‚Verrohrung' von Hauptentwässerungsgräben entlang der Ortsstraßen zu einem verbindlichen Ziel für die Ordnung und Entwicklung der Region machen." Zitiert nach: Informationsbrief Bayerischer Städteverband 8/ 1978, S. 17 ff.

67 Siehe hierzu die Beiträge in: Innere Kolonisation, Heft 8/ 9, 1974.

68 Bundesraumordnungsprogramm BT-Drs. 7/ 3584, S. 42. Zur Entstehung des BROP siehe Väth, W., a.a.O.

69 Siehe hierzu die Diskussion in Heft 2/ 3 und 7/ 1976 der Informationen zur Raumentwicklung.

70 Siehe hierzu Deimer, J.: Forderungen an die Raumordnung aus kommunaler Sicht. Vortrag beim DIFU am 2. 3. 1977 in Berlin, S. 10 ff.

71 Deimer, J., a.a.O.

72 Siehe hierzu Schöler, H.G.: Die Stellung des für die Raumordnung zuständigen Bundesministers im Rahmen der verfassungsmäßigen Verteilung der Verantwortung gemäß Art. 65 GG. Beiträge zum Siedlungs- und Wohnungswesen und zur Raumplanung. Bd. 37, Münster 1976.

73 Siehe hierzu Heigl/ Hosch, a.a.O., Kommentar zu Art. 23, S. 4 ff.

74 Siehe hierzu DIFU (Hrsg.) Raumordnung und Infrastrukturplanung bei Bund, Ländern und Gemeinden, 1972, S. 68 ff. Scharpf, F.W., Reissert, B., Schnabel, F.: Politikverflechtung II, a.a.O.

75 So Suderow, W.: Das Verhältnis der Fachplanungen zur Raumordnung und Landesplanung. Beiträge zum Siedlungs- und Wohnungswesen und zur Raumplanung. Bd. 36, Münster 1976, S. 115 ff.

76 Siehe Scharpf, F.W. et.al.: Strukturelle Ineffizienz in der Politikverflechtung zwischen Land und Kommunen, in: Stadtbauwelt 44, Dezember 1974, S. 292 ff.

77 Siehe hierzu Thiemeyer, T.: Krankenhausfinanzierung, in: Lampert, H. (Hrsg.): Aktuelle Probleme der Gesundheitspolitik in der BRD. Schriften des Vereins für Sozialpolitik, N.F. Bd. 82, Berlin 1975, S. 118 ff.; Schnabel, F.: Implementation als politischer und bürokratischer Prozeß, MS Berlin 1978.

78 Siehe Projektgruppe Regierungs- und Verwaltungsreform beim Bundesminister des Innern, a.a.O., Bd. II, S. 290 ff.; Garlichs, D., Hull, C.: Central Control and Information Dependence: Highway Planning in the Federal Republic of Germany, in: Hanf, K., Scharpf, F.W.: Interorganizational Policy Making, Sage Publication, London 1978, S. 143 ff.

79 Siehe hierzu Wagener, F.: Für ein neues Instrumentarium der öffentlichen Planung, in: Raumplanung-Entwicklungsplanung. Veröffentlichungen der Akademie für Raumforschung und Landesplanung, Forschungs- und Sitzungsberichte, Bd. 80, Hannover 1972, S. 23 ff.

80 Siehe Projektgruppe Regierungs- und Verwaltungsreform beim Bundesminister des Innern: Erster Bericht zur Reform der Struktur von Bundesregierung und Bundesverwaltung, Bonn 1969; Jochimsen, R.: Zum Aufbau und Ausbau eines integrierten Aufgabenplanungssystems und Koordinierungssystems der Bundesregierung, Bulletin der Bundesregierung Nr. 97 vom 16. 7. 1971, S. 949 ff.

81 Siehe König, K. (Hrsg.): Koordination und integrierte Planung in den Staatskanzleien. Schriftenreihe der Hochschule Speyer, Bd. 60, Berlin 1976; Ritter, E.-H.: Regionale Entwicklungsplanung zwischen staatlicher Steuerung und kommunaler Autonomie, in: Innere Kolonisation, Heft 4/ 1978, S. 129 ff.

82 Siehe Wettmann, R.: Aufbauprobleme staatlicher Planung, in: Politische Vierteljahresschrift, Sonderheft 4/ 1972, S. 70 ff.

83 Siehe Gräf, H.: Investitionspolitikverflechtung. Weiterentwicklung zur kooperativen Planung, in: Scharpf, F.W., Reissert, B., Schnabel, F. (Hrsg.): Politikverflechtung II, a.a.O.

84 Siehe Landesbericht Niedersachsen, in: König, K. (Hrsg.) a.a.O., S. 319 ff.; Ritter, E.-H., a.a.O., S. 133.

85 Neue Prognosen für die Raumordnung, Informationen zur Raumordnung, Heft 1/ 2, 1977.

86 Vgl. hierzu Hauff, V.: Technologiepolitik als Strukturpolitik, in: WSI-Mitteilungen 10/ 1976, S. 626 ff., Innovationsorientierte Regionalpolitik, Informationen zur Raumentwicklung, Heft 7/ 1978.

87 Siehe hierzu Noe, C.: Die mittelstädtische Region als optimaler Entwicklungsansatz, in: Der Gemeindetag 1972, S. 221 ff.

88 Die Durchsetzungsfähigkeit der DATAR im vertikalen und horizontalen Entscheidungssystem Frankreichs ist Gegenstand der kürzlich abgeschlossenen Forschungsarbeit am Wissenschaftszentrum Berlin von Schmitges, R.: Raumordnung als Koordinierungsaufgabe Das französische Modell, Meisenheim 1979 im Erscheinen.

89 „Insbesondere die Verfügungsgewalt über diese Anreize in Form anteiliger Projektfinanzierungen hat entscheidend dazu beigetragen, daß die DATAR von Fachministerien und dem lokalen Politikfeld als ein attraktiver Teilnehmer in die Entscheidungsprozesse hineingezogen wird, und daß sie selbst raumordnerische prioritäre Projekte initiieren kann". Schmitges, R. zitiert nach MS, Kap. 5, S. 42.

90 Abzuwarten bleiben die Ergebnisse der „Baden-Württembergischen Entwicklungsmodelle für den ländlichen Raum", die nach ähnlichem Muster entwickelt und durchgesetzt wurden. (Siehe Staatsanzeiger für Baden-Württemberg vom 6. 5. 1978). Bei den fünf ausgewählten Orten wurde bewußt auf die Beteiligung der Regionalverbände verzichtet, „denn da werde ich mich mit den Regionalverbänden nie einigen können, solange ich nicht in jedem Regionalverband etwas anbiete, und am Schluß habe ich wieder 50 Modelle und 100 Prädikate, und konkret passiert wieder nichts." (Innenminister Späth, Landtagsprotokoll Baden-Württemberg vom 10. 5. 1978, S. 3256). Die Beteiligung anderer Ressorts wurde durch das „Pooling" der Einzeltöpfchen erwirkt. Das Projektmanagement wird bei dem für die Landesplanung zuständigen Innenministerium wahrgenommen, dessen politische Spitze das Vorhaben auch mit besonderer Aufmerksamkeit „betreut".

Ökonomische Stagnation und Raumordnungspolitik

Von Werner Väth

1. *Das Szenario „Raumordnungspolitische Tendenzwende"*

Zum sozialwissenschaftlichen "common sense" gehört es seit längerem, die ökonomische Krise der Bundesrepublik in den Jahren 1966/67 als auslösenden Faktor zahlreicher Veränderungen des staatsinterventionistischen Instrumentariums zur Steuerung und Regulierung des sozioökonomischen Wachstums- und Reproduktionsprozesses zu sehen. Mittlerweile scheint es, als komme den global veränderten weltwirtschaftlichen Rahmenbedingungen im Gefolge der Neustrukturierung der internationalen Arbeitsteilung nach 1973 eine ähnliche Funktion zu: Die Industrieländer, zumal die besonders exportabhängigen vom Typ der Bundesrepublik, müßten sich, so wird in den einschlägigen Szenarien[1] dargestellt, auf einen säkularen Trend stagnierender oder gar rezessiver sozioökonomischer Entwicklung einstellen. Verschiebungen im internationalen Währungssystem hätten die Austauschrelationen der Bundesrepublik nachhaltig verschlechtert, auf wichtigen Gütermärkten machten sich längerfristig wirksame Sättigungstendenzen bemerkbar, die zu einer Stagnation bisheriger industrieller Standardproduktion führe, und dadurch hervorgerufene dauerhaft niedrigere ökonomische Wachstumsraten erzeugten ein anhaltend hohes Niveau längerfristiger Arbeitslosigkeit. Damit seien aber auch die Möglichkeiten der staatlichen Politik, Zuwächse des Sozialprodukts nach sozialstaatlichen Gesichtspunkten umzuverteilen, auf ein Minimum geschrumpft.

Auch für die Raumordnungspolitik des Bundes – mit ihrer zentralen Zielsetzung der Herstellung gleichwertiger Lebensbedingungen in allen Teilräumen des Bundesgebietes ein klassischer Ausfluß des Sozialstaatspostulats – wurde entsprechend das Vorliegen, zumindest aber das Herannahen einer ‚Tendenzwende' proklamiert.[2] Mit diesem zeitweise häufig in Anspruch genommenen Begriff wurden die vermuteten Änderungen bezeichnet, die als Niederschlag der generell gewandelten Bedingungen auch in der räumlichen Entwicklungskonstellation zu erwarten seien.

Angeknüpft wurde dabei an die Beobachtung, daß sich als beherrschende Tendenz in der räumlichen Entwicklung bereits seit einigen Jahren ein einschneidender Rückgang des mobilen und damit potentiell umverteilbaren regionalen Ressourcen-Potentials abzeichnete, der vor allem aus dem Zusammentreffen folgender Faktoren resultierte: Mit zeitlicher Verzögerung gegenüber den städtisch geprägten Gebieten verschwanden auch in ländlichen Räumen die relativen Geburtenüberschüsse und leiteten hier ebenfalls eine Phase stagnierender natürlicher Bevölkerungsbewegung ein. In direktem Zusammenhang mit den geänderten ökonomischen Rahmenbedingungen ist als zweiter Faktor die rapide gesunkene Neigung der Unternehmen zu sehen, Erweiterungsinvestitionen in Form von Zweigstellengründungen in peripheren Regionen vorzunehmen, bei aller Problematik vielfach die einzige Chance dieser Räume, Ersatz für die in der Landwirtschaft wegfallenden Arbeitsplätze zu erhalten. Korrespondierend der generell vermindernden Entwicklungsdynamik ist schließlich auch die zurückgehende Mobilitätsbereitschaft der Arbeitskräfte zu interpretieren; offenbar bieten die wahrgenommenen beruflichen Chancen in Verdichtungsgebieten keinen genügend hohen Anreiz mehr, insbesondere großräumige Wanderungen zu unternehmen.

Schließlich bildet auch nach Perioden erheblicher Zuwächse der im Gefolge der staatlichen Fiskalkrise zunehmend geringer werdende Spielraum für öffentliche Infrastruktur-Investitionen eine Grenze regionaler Potentialmobilisierung.[3]

Das Zusammenwirken dieser Faktoren bedeutet nach der Argumentation der Szenarien – projiziert auf die Gebietsstruktur der Bundesrepublik – in erster Linie eine gravierende Verschlechterung der Entwicklungsbedingungen ländlicher, peripher zu den Verdichtungszentren gelegener Räume; ein entsprechend wieder beschleunigtes Ansteigen der absoluten und relativen Entwicklungsunterschiede zwischen Zentren und Peripherien wäre die zwangsläufige Folge.[4]

Relativ günstiger sehen die Prognosen für die Verdichtungsgebiete aus: zwar scheint die Hoffnung unbegründet, daß durch die auch hier zurückgehenden Wachstumsraten ein Teil der aufgestauten Umwelt- und Überlastungsprobleme sich gleichsam von selbst lösen würden, andererseits vermögen die Verdichtungsgebiete den größten Teil des verbliebenen Entwicklungspotentials für sich zu reklamieren.

Die in diesem Szenario „Trendwende" prognostizierten Entwicklungen sind bisher nur zu einem gewissen Teil Wirklichkeit geworden. Ihre Grundannahme allerdings, daß sich die Bedingungen für räumliche Politik und Planung geändert haben, darf als bestätigt gelten. Im folgenden soll gezeigt werden, welche hauptsächlichen Auswirkungen bisher sichtbar geworden sind. Zunächst werden einige aktuelle Tendenzen in der Raumentwicklung skizziert und anschließend gefragt, ob sich darin grundlegende strukturelle Veränderungen andeuten; sodann werden die sichtbar gewordenen Veränderungen in der Raumordnungspolitik des Bundes dargestellt und rückbezogen auf die grundlegende Problematik der Raumordnungspolitik, nämlich auf das Verhaltnis von Steuerungsanspruch und politischer Durchsetzungsfähigkeit.

2. Aktuelle Tendenzen der Raumentwicklung

In den siebziger Jahren sind vor allem Veränderungen der Bevölkerungs-, Arbeitsplatz- und Erwerbstätigenzahlen für die räumliche Entwicklung bedeutsam geworden.[5] Die „natürliche Bevölkerungsbewegung" (also ohne die Außenwanderungen) ist bekanntlich seit längerem negativ; zwischen 1973 und 1977 summiert sich dies auf einen Saldo von minus 600.000 Einwohnern. Räumliche Relevanz gewinnt dieser Tatbestand insbesondere durch die unterschiedliche Entwicklung in den einzelnen Gebietseinheiten (vgl. *Tab. 1*).

Tabelle 1

Natürliche Zuwachsziffer nach Gebietstypen

Gebietstypen	Natürlicher Saldo auf 1 000 Einw. 1970	1971	1972	1973	1974	1975	1976
1 National bedeutsame Verdichtungsräume	0,6	0,2	– 0,9	– 1,8	– 1,9	– 2,6	– 2,3
2 Montanregionen	0,2	– 0,2	– 1,6	– 2,7	– 2,8	– 3,3	– 3,0
3 Große Verdichtungsräume	1,7	1,2	– 0,2	– 1,3	– 1,3	– 2,2	– 2,0
4 Im Kern verdichtete Regionen	3,3	2,7	1,3	0,2	– 0,1	– 0,9	– 0,7
5 Ländliche Regionen	3,1	2,5	1,0	– 0,3	– 0,6	– 1,6	– 1,3
6 Fremdenverkehrsregionen	3,3	2,5	1,3	0,1	0,0	– 1,1	– 0,9
7 Berlin (West)	– 9,6	– 9,4	– 10,1	– 10,4	– 10,0	– 10,8	– 10,2
Bundesgebiet	1,2	0,8	– 0,5	– 1,5	– 1,6	– 2,4	– 2,1

(entnommen aus: R. Koch, Überlegungen zu regionalisierten, demographischen Modellrechnungen, in: Inf. z. Raumentwicklung, 6/1979, S. 347)

Ähnliche Trends zeigen die Zahlen der Arbeitsplätze und der Erwerbstätigkeit. In offenkundigem Zusammenhang mit Höhe und Dauer der Arbeitslosigkeit ist zwischen 1973 und 1977 die Zahl der Erwerbstätigen um 6,4 % zurückgegangen, obwohl die erwerbsfähige Bevölkerung absolut konstant geblieben ist. Die sich darin ausdrückende Verschlechterung der Erwerbsmöglichkeiten ist in deutlicher Weise regional ungleich verteilt: aussagekräftige Indikatoren hierfür sind die regionale Lohn- und Gehaltsentwicklung sowie die regionalen Arbeitslosenquoten (vgl. *Tab. 2*)

Tabelle 2

Lohn- und Gehaltssumme je Industriebeschäftigten

Strukturelle Gebietskategorien	Lohn- und Gehaltssumme in DM je Industriebeschäftigten Juni 1970	Juni 1976	Entwickl. Ø 1970–76 = 100
Stark verdichtete Regionen	1 322	2 366	111
Regionen mit Verdichtungsansätzen	1 248	2 194	100
Regionen mit Zentrum über 100 000 Einw.	1 111	2 042	99
Ländliche Regionen	1 036	1 913	93
Minimum	882	1 630	77
Maximum	1 543	2 661	130
Bundesgebiet	1 243	2 231	105

(entnommen aus: H. P. Gatzweiler/L. Runge, Regionale Disparitäten im Bundesgebiet, in: Informationen zur Raumentwicklung, 8–9/1978, S. 673)

Aus der Tabelle wird deutlich, daß die unbestrittenen Gewinner der Entwicklung die großen Verdichtungsregionen gewesen sind, während die Regionen mit Verdichtungsansätzen oder einem regionalen Zentrum lediglich eine durchschnittliche Entwicklung aufzuweisen haben und die ländlich geprägten Regionen als die eindeutigen Verlierer erscheinen (gemessen an ihren durchschnittlichen Zuwächsen weisen die ländlichen Regionen gegenüber den verdichteten einen – fiktiven – Entwicklungsrückstand im Lohn- und Gehaltsniveau von mehr als drei Jahren auf). Solche quantitativen Differenzen verweisen gleichzeitig auf qualitative Unterschiede im regionalen Arbeitsplatzangebot: schlechter bezahlte Arbeit ist gewöhnlich solche an unterqualifizierten und wenig Aufstiegschancen bietenden Arbeitsplätzen.[6]
Diese Vermutung bestätigt sich anhand der Struktur der Arbeitslosigkeit in den verschiedenen Gebietskategorien (vgl. *Tab. 3*). Die günstigsten Werte aller vier Indikatoren weisen ausnahmslos die großen Verdichtungsgebiete, die schlechtesten durchwegs die ländlichen Regionen auf. Auch wenn teilweise die Differenzen nicht allzu dramatisch erscheinen, bleibt doch die Tatsache eines durchgängigen Gefälles bestehen. Außerdem ist zu bemerken, daß die ländlichen Regionen eine schlechtere Relation der Arbeitslosenquoten zu den offenen Stellen aufweisen, was den Optionsspielraum für Arbeitssuchende in ländlichen Räumen noch wesentlich mehr einengt, als es bereits in den ohnehin höheren Arbeitslosenquoten zum Ausdruck kommt.

Tabelle 3
Struktur der Arbeitslosigkeit

Strukturelle Gebietskategorien	Konjunkturelle Arbeitslosigkeit 1975	Konjunkturelle Arbeitslosigkeit 1977	Strukturelle Arbeitslosigkeit Mai 1977	Saisonale Arbeitslosigkeit 1975	Saisonale Arbeitslosigkeit 1977	Offene Stellen je 1 000 Arbeitslose September 1974	September 1977	Entwickl. Ø 1974–77 = 100
Stark verdichtete Regionen	4,3	4,5	41,1	88	23	605	284	120
Regionen mit Verdichtungsansätzen	4,9	4,9	42,8	89	23	461	225	88
Regionen mit Zentrum über 100 000 Einw.	4,8	4,7	41,4	115	39	488	252	88
Ländliche Regionen	6,5	6,3	44,4	209	88	413	203	78
Minimum	2,5	2,1	29,5	54	7	170	71	5
Maximum	12,1	11,8	51,6	374	192	1 383	1 016	284
Bundesgebiet	4,7	4,8	41,8	107	33	536	260	103

(entnommen aus: H. P. Gatzweiler/L. Runge, a.a.O., S. 673 u. 675; dabei bedeutet:
konjunkturelle Arbeitslosigkeit: jahresdurchschnittliche Arbeitslosigkeit
strukturelle Arbeitslosigkeit: Anteil der Arbeitslosen mit über 6-monatiger Arbeitslosigkeit
saisonale Arbeitslosigkeit: Anstieg der Arbeitslosigkeit von Sept. bis Jan. = Minimax der jährlichen Verteilung)

Alle Prognosen[7] bestätigen im übrigen, daß in den nächsten Jahren von einer hohen Stabilität dieser ungünstigen Situation auszugehen ist: insbesondere durch die steigende Zahl der in das Berufsleben eintretenden Jugendlichen werden generell „Arbeitsplätze im Vergleich zum Erwerbspotential knapp sein".[8] Dadurch entsteht

vor allem in peripheren ländlichen Gebieten eine negative Arbeitsplatzdrift, weil dort geburtenstarke Jahrgänge und überdurchschnittlich hohe Verluste von Arbeits- und Ausbildungsplätzen zusammentreffen. Die zu erwartende Folge, nämlich verstärkte Abwanderungen insbesondere jüngerer, qualifizierter Erwerbstätiger, wird bei allgemein zurückgehenden Geburtenraten nicht mehr zu kompensieren sein, so daß ländlichen Gebieten in peripherer Lage eine weitere Bevölkerungserosion droht. Zu rechnen ist also mit einer negativen Arbeitsplatz-Bevölkerungs-Spirale in strukturschwachen Gebieten, so daß der Feststellung des Raumordnungsberichtes 1978 durchaus zuzustimmen ist, wenn er feststellt, „daß unter den wirtschaftlichen und bevölkerungsmäßigen Rahmenbedingungen die Bereitstellung von Erwerbsmöglichkeiten insbesondere in peripheren Gebieten mit Erwerbs- und Infrastrukturschwächen das ‚Schlüsselproblem' der Raumordnung ist".[9]
Im Vergleich zur Arbeitsplatzproblematik erscheint die Situation der Infrastrukturversorgung dagegen in nahezu allen Gebietseinheiten wesentlich verbessert.[10] So weisen infrastrukturschwache und erwerbsstrukturschwache Gebiete 1976 bereits eine überdurchschnittliche Ausstattung mit Autobahnen auf[11] (auch wenn insbesondere noch erhebliche Defizite im öffentlichen Personennahverkehr bestehen) und auch die Unterschiede in der Gesundheitsversorgung sind abgemildert.[12] Durch die praktisch erreichte Ubiquität in der Infrastrukturversorgung – abgesehen von ganz spezifischen Infrastrukturen – scheinen jedenfalls Entwicklungsimpulse durch vermehrte öffentliche Investitionen auf diesem Gebiet kaum mehr induzierbar zu sein.[13]

Zusammengenommen vermitteln die skizzierten Indikatoren das Bild – diese Interpretation macht sich auch der Raumordnungsbericht 1978 zueigen – daß trotz bereichsweiser Ausgleichseffekte die Arbeits- und Lebensbedingungen in den einzelnen Teilräumen des Bundesgebietes nach wie vor disparitär sind, und daß jedenfalls keine Anzeichen auf eine sich künftig von selbst einstellende kompensatorische Entwicklung hindeuten.
Die derzeit an der Oberfläche sichtbaren räumlichen Entwicklungstendenzen bedeuten auch eine veränderte Bedingungskonstellation für die staatliche Raumordnungspolitik. Vor allem in vier Bereichen, so ergibt sich aus ihrer Selbstdarstellung, hat sie sich auf neue Gegebenheiten einzustellen.
Erhebliche räumliche Bedeutung hat zunächst die in den siebziger Jahren fast permanent zurückgehende unternehmerische Investitionstätigkeit.[14] Die räumlich disponible Investitionsmasse schrumpft damit bereits von ihrem Umfang her. Noch gravierender scheinen die Veränderungen in der Struktur der Investitionen: Neben der zu konstatierenden Dominanz der Rationalisierungs- vor Erweiterungsinvestitionen (was sich vor allem als Problem der Arbeitsplatzschrumpfung darstellt), herrschen insbesondere die Investitionen an den bestehenden Unternehmensstandorten vor, so daß auch die noch in der letzten größeren ökonomischen Aufschwungphase zu beobachtende Neigung zu Zweigstellengründungen in den peripheren Regionen (trotz ihrer zum Teil höchst unerwünschten regionalpolitischen Nebenwirkungen) fast zum Erliegen gekommen ist.[15] Damit entfällt aber auch zu einem wesentlichen Teil der klassische Ansatzhebel der regionalen Wirtschaftspolitik, die als regionale Kapitalmobilisierungsstrategie konzipiert war.[16]

Das anhaltend hohe Niveau der Arbeitslosigkeit hat ferner auf fast allen Arbeitsmärkten, auch denen der großen Verdichtungsgebiete, beträchtliche Arbeitskräftereserven geschaffen, und damit einen in früheren Jahren vorhandenen „natürlichen Standortvorteil" der peripheren Regionen: ausreichende und billige Arbeitskräfte, beseitigt. „Der Faktor Arbeitskraft wird daher künftig in geringem Maße einen räumlich differenzierenden Engpaß bei der Standortwahl von Betrieben darstellen."[17]
Die bereits angedeutete Situation in der Infrastrukturversorgung, nämlich praktische Ubiquität in der technischen und sozialen infrastrukturellen Grundausstattung, wirkt in ähnlicher Richtung. Infrastrukturelle Angebote verlieren noch mehr als bisher ihre räumlich selektive Wirkung, d. h. die eingetretene Situation begünstigt faktisch den eigengesetzlichen, nicht mehr über infrastrukturelle Anreize steuerbaren, räumlichen Entwicklungsprozeß.
Das Entstehen einer Arbeitskraftreserve auf den großen Arbeitsmärkten der Verdichtungsgebiete hat schließlich – so läßt sich jedenfalls der Indikator der geringer gewordenen Binnenwanderungsbewegungen vorläufig deuten[18] – dazu geführt, daß die Mobilitätsbereitschaft der Erwerbstätigen generell geringer und höher selektiv geworden ist: Es wandern in nennenswerter Anzahl offenbar nur noch solche Arbeitskräfte in die Zentralregionen ab, die aufgrund ihrer hohen Qualifikation auch unter den Bedingungen einer stagnierenden oder rezessiven wirtschaftlichen Entwicklung mit beruflichen und sozialen Aufstiegschancen rechnen können[19]. Für die Raumordnungspolitik ergibt sich damit die neue Bedingungskonstellation, daß „abnehmende regionale Mobilität der privaten Investitionen mit einer abnehmenden Mobilitätsbereitschaft der Arbeitnehmer zusammentreffen".[20]
Faßt man zusammen, welches Bild aufgrund der sichtbar gewordenen Veränderungen im räumlichen Entwicklungsprozeß und der daraus gewandelten Bedingungskonstellation für staatliche Raumordnungspolitik sich ergibt, so bestätigt sich der Eindruck einer „Wende" eigentlich nicht: eher hat sich bei vermindertem ökonomischen Wachstum eine Verstärkung ohnehin angelegter räumlicher Entwicklungstrends ergeben. Arbeits- und Lebensbedingungen sind regional ungleich verteilt geblieben, andererseits hat es teilweise Ausgleichsvorgänge, etwa in der infrastrukturellen Versorgung, durchaus gegeben. Insgesamt jedoch haben sich – und daran dürfte sich auch nach den vorliegenden Prognosen künftig nicht viel ändern – die fortbestehenden räumlichen Disparitäten auch in einer teilweise krisenhaften ökonomischen Entwicklung nicht in einem solch dramatischen Ausmaß verschärft, das notwendig wäre, um der regionalen Problematik in der Bundesrepublik zu einem herausgehobenen Platz auf der politischen Tagesordnung zu verhelfen.

3. Strukturelle Veränderungen der räumlichen Entwicklungsbedingungen

Aus diesem relativ friedlichen Szenenbild allerdings den Schluß zu ziehen, das regionale Verteilungsproblem sei in der Bundesrepublik wenn nicht gelöst, so doch jedenfalls nicht vordringlich bearbeitungsdürftig, wäre jedoch ungerechtfertigt. Denn – so die These – unter der vordergründigen Stabilität häufen sich strukturelle Ver-

werfungen an, die den regionalen Verteilungskonflikt um knappe Zuwächse der räumlichen Ressourcen erheblich verschärfen können.
Die zukünftig erwartbare räumliche Problemsituation wird durch die im Verhältnis zwischen den großflächigen Gebietseinheiten angedeutete relative Nivellierung von Zustands- und Ausstattungsindikatoren eher verdeckt; tatsächlich deutet sich eine dreifache räumliche Polarisierung an, die die Entwicklungsdynamik und den Verteilungskonflikt in Zukunft bestimmen dürften. In der Bundesrepublik zeichnet sich nämlich ein Konkurrenzverhältnis zwischen expansiven Verdichtungsräumen, alten Industrieregionen und peripheren, ländlichen Gebieten um knappes Entwicklungspotential ab, wobei die Ausgangslagen und damit die Erfolgschancen der unterschiedlichen Räume weit voneinander abweichen.
Eine eingehendere Analyse des räumlichen Strukturwandels zeigt, daß

- die Wirkungen der ökonomischen Krise in der Bundesrepublik, die eine langfristige Veränderung der strukturellen Bedingungen des industriellen Akkumulations- und Wachstumsprozesses darstellen, bisher in einer Weise stattgefunden haben, die – gemessen an den üblichen Indikatoren der regionalen Arbeitslosigkeit und des regionalen Lohnniveaus – an der Oberfläche und kurzfristig keine deutlich sichtbare Verschärfung räumlicher Disparitäten ausgelöst hat;
- strukturell jedoch in den verschiedenen Raumtypen – expansive Verdichtungsräume, traditionelle Industrieregionen und periphere, ländliche Gebiete – spezifische Formen der Krisenbereinigung Realität geworden sind, die unterschiedliche Auswirkungen in den jeweiligen Gebietseinheiten selbst und in ihrem Verhältnis zueinander haben, wodurch die künftigen Entwicklungschancen entscheidend präjudiziert werden.

Bei einer näheren Untersuchung der Reaktionsformen auf ökonomische Stagnation und Krise zeichnen sich folgende Bewältigungsmuster in den einzelnen Raumtypen ab:

a) In den expansiven Verdichtungsgebieten wurde und wird eine offensive Modernisierungs- und Rationalisierungsstrategie betrieben;
b) in den alten Industrieregionen überwiegen eher defensive Sanierungsmaßnahmen;
c) periphere ländliche Räume unterliegen einer Schrumpfung und Ausdünnung ihres ohnehin nicht sehr bedeutenden industriellen Potentials.

Zu a)
Die zielgerichtete Modernisierungs- und Rationalisierungsstrategie in den großen Verdichtungszentren, die Ausdruck des forcierten ökonomischen Strukturwandels ist[21], hat kurzfristig durchaus negative Effekte auch in diesen Räumen hervorgebracht: Rationalisierungsinvestitionen sind häufig mit Beschäftigungsreduktionen verbunden, wenn sie nicht gleichzeitig durch ein erhöhtes Produktionswachstum kompensiert werden können. Modernisierung erzwingt außerdem das Ausscheiden nicht mehr rentabler Betriebe aus dem Produktionsprozeß. Diese Effekte können die teilweise recht hohen Arbeitslosenziffern und die relativ große Anzahl stillgelegter Betriebe in „strukturstarken" Zentren erklären.[22] Längerfristig bewirkt diese

Strategie jedoch eine Stärkung dieser Räume: Die Krise hat einen regionalen Innovationsschub hervorgebracht und das Produktionspotential wird in seiner Struktur und auf hohem technologischen Niveau den neuen (Weltmarkt-) Gegebenheiten angepaßt.
Schließlich spiegelt dieser räumlich selektive Modernisierungsprozeß das unterschiedliche Ausmaß der Tertiärisierung der Wirtschaftsstruktur wider: auch hier partizipieren die weniger verdichteten Regionen nur unterdurchschnittlich an der Entwicklung des Dienstleistungssektors (vgl. *Tab.4*).

Tabelle 4
Anteil des tertiären Sektors

Strukturelle Gebietskategorien	Anteil tertiärer Sektor am BIP in % 1970	1974	Entwickl. Ø 1970–74 = 100
Stark verdichtete Regionen	45,1	48,7	113
Regionen mit Verdichtungsansätzen	41,9	46,9	156
Regionen mit Zentrum über 100 000 Einw.	41,2	44,1	91
Ländliche Regionen	38,5	41,6	97
Minimum	21,2	27,1	– 53
Maximum	56,1	63,4	247
Bundesgebiet	43,3	46,9	113

(entnommen aus: H. P. Gatzweiler/L. Runge, a.a.O., S. 676)

Zu b)
Anders stellt sich die Situation in den alten Industrieregionen dar, die identisch sind mit den Montanrevieren des Saarlandes und des nördlichen Ruhrgebiets. Hier ist vor allem (man vgl. die Bergbaukrise im Ruhrgebiet während der 60er Jahre und die derzeitige Stahlkrise im Saarland[23]) eine defensive Sanierungsstrategie im alten schwerindustriellen Bereich zu beobachten, die ohne eine entsprechende Etablierung moderner Industrien auf eine Erhaltung funktionsfähiger industrieller Kernbereiche abzielt. Eine solche Sanierungsstrategie ist mit hohen Arbeitslosenzahlen (die Arbeitslosenquote lag beispielsweise mit 6,1 % in den alten Industrieregionen im September 1978 weit an der Spitze aller Gebietstypen und erheblich über dem Bundesdurchschnitt von 4,3 %[24]) und zugleich einer Reduktion der Arbeitsplätze überhaupt verbunden, da anders als im Falle der expandierenden Verdichtungsgebiete Ersatzarbeitsplätze kaum geschaffen werden.

Zu c)
Im Gegensatz zu dem bei oberflächlicher Betrachtung sich einstellenden Bild, daß periphere ländliche Regionen keine allzu gravierenden krisenhaften Einbrüche zu verzeichnen hatten, geht deren Betroffenheit tatsächlich tiefer und ist vor allem

mit längerfristigen Auswirkungen verbunden. Gezeigt werden kann dies anhand der Indikatoren zur Strukturentwicklung der Fördergebiete nach der Gemeinschaftsaufgabe „Verbesserung der regionalen Wirtschaftsstruktur (GRW)" und anhand des Verteilungsmusters „strukturierter Arbeitslosigkeit" in der Bundesrepublik (vgl. *Tab. 5*).[25] Die Daten zeigen recht deutlich, daß die *wirtschaftliche Leistungskraft* (gemessen mit Hilfe des Bruttoinlandsprodukts) der strukturschwachen Gebiete trotz der ihnen zugeflossenen Fördermittel[26] weit hinter dem Bundesdurchschnitt (und entsprechend noch wesentlich auffälliger hinter dem Durchschnitt der zentralen Regionen – zum Vergleich deren BIP 1974: 17.936 DM) zurückgeblieben ist. Die Fördergebiete erreichen im Referenzzeitraum nur 3/4 des durchschnittlichen Wachstums im Bundesgebiet.

Als Ausdruck der zunehmenden Tertiärisierung ist der im Bundesdurchschnitt stetig zurückgehende *Industriebesatz* zu werten; in den strukturschwachen Gebieten ist diese Tendenz zwischen 1971 und 1976 sogar noch etwas stärker ausgeprägt (ohne daß sie allerdings, wie *Tab. 4* demonstriert hat, von einem entsprechenden Ausbau des Dienstleistungssektors begleitet gewesen wäre), am auffälligsten sind hier jedoch die großen Schwankungen. Sie deuten auf eine insgesamt instabile wirtschaftliche Struktur hin, in der alle konjunkturellen Bewegungen mit erhöhter Amplitude durchschlagen.

Hinsichtlich der *Arbeitsplätze*, deren Schaffung bzw. Sicherung oberstes Ziel der Gemeinschaftsaufgabe ist, springt zunächst der Tatbestand der dramatischen, fast 70 %igen Zielreduktion im 7. Rahmenplan ins Auge. Damit wird offenbar die politische Konsequenz aus der Unmöglichkeit gezogen, angesichts der gegebenen ökonomischen Randbedingungen in strukturschwachen Gebieten durch die bisherige Form der Kapitalsubventionierung genügend Arbeitsplätze im Verhältnis zum Er-

Tabelle 5

Strukturdaten und Ziele der GRW 1971–1978*)

Rahmenplan	Jahr	Planperiode	BIP/WIB GRW	BIP/WIB Bd.	Industriebesatz GRW	Industriebesatz Bd.	Arbeitsplätze (GRW) neu	Arbeitsplätze (GRW) gesichert
1	1971/72	72–75	6.381 (1966)	8.100	107	139	464.300	
2	1973	73–76			122	139 (1971)	464.300	
3	1974	74–77	9.087 (1970)	11.360	102	135 (1973)	464.300	
4	1975	75–78			108	135 (1973)	431.800	181.900
5	1976	76–79	10.699 (1972)	13.560	105	132 (1974)	430.800	177.700
6	1977	77–80	12.452 (1974)	16.140	100	123 (1975)	430.800	177.700
7	1978	78–81			102	118 (1976)	301.040	167.000

*) Zusammengestellt nach den Rahmenplänen 1–7 der Gemeinschaftsaufgabe.

werbspotential zur Verfügung stellen zu können. Daneben zeichnen die Arbeitsplatzbilanzen der Gemeinschaftsaufgabe schon fast traditionell eine große Diskrepanz der Ist- und Soll-Zahlen aus, so daß die Arbeitsplatzentwicklung in den strukturschwachen Gebieten noch als erheblich geringer anzusetzen ist, als es die Zielwerte der Gemeinschaftsaufgabe ausweisen.[27]

Zudem scheint die Arbeitsmarktsituation strukturschwacher Regionen tatsächlich langfristiger noch ungünstiger zu sein als die Kennziffer ‚registrierte Arbeitslose' ausweist. Stellt man nämlich die Analyse regionaler Arbeitslosigkeit nicht lediglich auf die Kennziffer „Arbeitslosenquote" ab, sondern bedient sich eines mehrdimensionalen Gesamtindikators der Arbeitslosigkeit[28], so weist dieser regional noch wesentlich höhere Differenzen auf als die nominale Quote. Zum einen ergibt sich bei längerandauerndem hohen Niveau der Arbeitslosigkeit sowie besonders auch in Aufschwungphasen – diese Konstellation scheint neu gegenüber früheren Boomphasen – ein „Strukturalisierungseffekt" zu Lasten strukturschwacher Regionen und marginaler Erwerbspersonen, die zudem auf ländlichen Arbeitsmarktregionen überrepräsentiert sind.[29] Darüber hinaus ist der Beschäftigungsabbau in Problemregionen – wie detaillierte empirische Untersuchungen bestätigt haben – stärker mit Arbeitsplatzvernichtung (z. B. Schließung marginaler Betriebe oder Produktionsabteilungen) verbunden als in Regionen mit Zentralbetrieben und diversifizierter Wirtschaftsstruktur, in denen das Potential an Arbeitsplätzen eher erhalten bleibt.[30]

Diese beiden Effekte sind daher auch verantwortlich für die seit etwa 1975 wieder zu beobachtende Verschärfung der regionalen Ungleichverteilung der Arbeitslosigkeit. Das relative Zurücktreten regionaler Strukturprobleme in der Krise – wie etwa vom IAB behauptet[31] – erwies sich als lediglich temporärer Effekt des raschen Niveauanstiegs der Gesamtarbeitslosigkeit in den Jahren 1974/75. Absolut haben die regionalen Disparitäten nichts von ihrem Gewicht eingebüßt; durch die beobachtbaren Strukturalisierungseffekte kann sogar damit gerechnet werden, daß sie sich langfristig wieder eher verschärfen werden. Plausibel wird dies auch aufgrund der qualitativen Probleme schwach strukturierter Arbeitsmärkte mit einem hohen Anteil sekundärer Teilarbeitsmärkte bzw. Arbeitsplätze.[32] Diese Qualitätsprobleme, die sich auch in der Ausbildungssituation niederschlagen, drohen zudem einen kumulativ-zirkulären Prozeß der Marginalisierung großer Gruppen von Erwerbstätigen in Gang zu setzen, denen dadurch auch der Weg der Abwanderung auf besser strukturierte Arbeitsmärkte verbaut wird.

Faßt man diese sich in den Raumtypen expandierende Verdichtungsräume, altindustrialisierte Montanregionen und periphere ländliche Räume unter der sichtbaren Oberfläche vollziehenden Entwicklungen zusammen, so zeigt sich, daß der gegenwärtige Prozeß der Krisenbereinigung höchst unterschiedliche Ausgangsbedingungen für die zukünftige räumliche Entwicklung hervorbringt:

Trotz aktueller Friktionen in den zentralen Verdichtungsregionen werden dort die Voraussetzungen für eine dynamische Entwicklung in der Zukunft geschaffen. Durch die Modernisierung der Wirtschaftsstruktur können sie ihren Vorsprung als motorische Zentren ausbauen und in gewisser Weise ökonomisches Wachstum und Produktivkraftentwicklung bei sich monopolisieren.

Die Krisenbewältigung in den altindustrialisierten Räumen, in denen sich teilweise regionale korporativistische Regulierungskartelle herausbildeten[33], zielt auf eine Sanierungsstrategie ab, bei welcher der Begriff des „Gesundschrumpfens" deshalb angebracht erscheint, weil trotz ganz gravierender aktueller Probleme und hohen sozialen Kosten in diesen Regionen ein reduziertes regionales Produktionspotential stabilisiert wird, das auch in Zukunft überlebensfähig erscheint.
Dagegen dürfte eine weitere strukturelle Erosion peripherer ländlicher Gebiete unaufhaltsam sein, die nur deshalb vorläufig latent gehalten werden kann, weil sich der Abwanderungsprozeß auch in der derzeitigen Situation wiederum als Regulativ erwiesen und sich mangels beruflicher Chancen in den Verdichtungsräumen deutlich verlangsamt hat. Angesichts des relativen Zurückbleibens der sozio-ökonomischen Strukturen in den peripheren Gebieten staut sich hier aber neues regionales Problempotential an.[34]

4. Konsequenzen in der zentralstaatlichen Raumordnungspolitik

Die dreifach polarisierte räumliche Entwicklungsdynamik bildet sich in den Konzeptionen der Raumordnungspolitik bisher kaum ab. Deren Darstellungsform – verursacht zum Teil durch das problemverschleiernde Raster der großflächigen Gebietseinheiten des Bundesraumordnungsprogramms – verdeckt eher materielle räumliche Strukturprobleme und überbetont Angleichungsvorgänge.[35]
Dennoch läßt sich konstatieren, daß die zentralstaatliche Raumordnungspolitik seit der Verabschiedung des Bundesraumordnungsprogramms sowohl in ihrer strategischen wie in ihrer inhaltlichen Ausrichtung Veränderungen unterworfen wurde, die teilweise als Reflex der gewandelten realen Bedingungen zu interpretieren sind. Dabei ist festzuhalten, daß zunächst durchaus der Versuch unternommen wurde, auch unter veränderten Rahmenbedingungen die grundlegenden Zielsetzungen nicht aufzugeben[36] und Konzeptionen abzuwehren, die in ihrem Ergebnis auf eine regionale Hierarchisierung und entsprechend eine administrative Zuweisung unterschiedlicher Arbeits- und Lebensbedingungen hinauslaufen.[37] Demgegenüber sind in der aktuellen Formulierung der Raumordnungspolitik im Raumordnungsbericht 1978 bei verbaler Bekräftigung des reformpolitischen Zielkatalogs Momente der faktischen Anpassung unübersehbar.

a) Im *strategischen* Ansatz der räumlichen Politik des Bundes fällt zunächst eine generelle Rücknahme der raumordnungspolitischen Programmatik ins Auge. Während das Bundesraumordnungsprogramm noch als (entstehungsgeschichtlich bedingt später) genuiner Ausfluß sozialliberaler Reformpolitik zu werten ist[38], sind die heutigen Darstellungen – beispielhaft der Raumordnungsbericht 1978 – eher von einer deutlichen status quo-Orientierung geprägt. So ist „Herstellung gleichwertiger Lebensbedingungen" zwar noch immer verbale Zielkategorie, faktisch jedoch wurde eine aktive Gestaltungs- und Umverteilungspolitik zugunsten des Leitmotivs einer konservierenden „Bestandspflege" aufgegeben.[39]

Dieser programmatischen Devolution entspricht auf der Ebene des politisch-administrativen Prozesses der Übergang von programmgesteuerter Koordination zu fallweiser Maßnahmeorientierung. Damit wird ein grundlegendes Funktionsschema des Bundesraumordnungsprogramms mit der Begründung aufgegeben, daß die Konzeption einer umfassenden Zielkoordinierung für die relativ geringe Durchsetzungsfähigkeit der Raumordnungspolitik ursächlich sei. Maßnahmespezifischen Interventionen in die einzelnen Fachpolitiken wird dagegen unter den veränderten Bedingungen eine höhere Erfolgswahrscheinlichkeit eingeräumt.[40]

Nun ist zwar sicher richtig, daß eine integrative Planung, und sei es auch nur in der von der Raumordnung propagierten Form eines informationellen Orientierungsrahmens, generell einen höheren Konsensbedarf besitzt als punktuelle Koordinationsversuche[41]. In konkreten Konfliktfällen konkurrierender Zielsetzungen zwischen Raumordnung und einzelnen Fachpolitiken entscheidet jedoch über die endgültige Durchsetzungsfähigkeit das effektiv mobilisierbare Sanktionspotential. Dieses wird durch den Wechsel raumordnungspolitischer Koordinationsmechanismen allein nicht in erkennbarer Weise erhöht. Vielmehr steht zu befürchten, daß bei gleichbleibend schmaler administrativer Machtbasis der Verzicht auf eine umfassende Zielkoordination nicht mit einer effektivierten Einflußnahme der Raumordnungsinstanzen auf einzelne raumwirksame Planungen und Maßnahmen anderer Ressorts honoriert wird, weil sich diese unter den auch für sie generell restriktiveren realen Umweltbedingungen selbst in einer Situation erschwerter Zielrealisierung befinden.

In Zusammenhang mit diesem eingeleiteten Wechsel der Koordinationsmechanismen ist auch eine Schwerpunktverlagerung der raumordnungspolitischen Aktivitäten „von der Programmatik zum Programmvollzug"[42] zu sehen. Mit einer solchen Formulierung wird allerdings der Eindruck eines Rückgriffs auf ältere planungstheoretische Phasenschemata erzeugt, die von einer deutlichen Trennung zwischen Zielformulierung und Vollzug ausgingen; nicht berücksichtigt wird dabei, daß gerade permanente Zielrevision und -reformulierung notwendiger Bestandteil jedes politisch-administrativen Implementationsprozesses darstellen.

Schließlich kann als Ausdruck raumordnungspolitischer Rückentwicklung der Verzicht auf das Prinzip „Flächendeckung" zugunsten einer Konzentration auf „Engpaßfaktoren in der räumlichen Entwicklung"[43] interpretiert werden. Ähnlich wie im Falle des Wechsels der Koordinationsmechanismen bleibt auch hier das Problem bestehen, daß die Konzentration auf Engpässe bei sonst unveränderter raumordnungspolitischer Machtbasis die Chance der Berücksichtigung von Zielkriterien der Raumordnung nicht erhöht.[44]

b) Auf der *inhaltlichen* Ebene liegt der auffälligste Wandel der Raumordnungspolitik als Reaktion auf die derzeitigen sozioökonomischen Rahmenbedingungen in einer Ersetzung des noch im Bundesraumordnungsprogramm prioritären Ziels „Verbesserung der Lebensqualität" durch das neue „Schlüsselproblem Bereitstellung von Erwerbsmöglichkeiten".[45] Ganz im Gegensatz zu dieser Hervorhebung stehen jedoch die geringe analytische Tiefe und das Fehlen konzeptioneller Antworten in der Darstellung des Problems im Raumordnungsbericht 1978. Die tatsächliche Problembearbeitung findet dagegen beispielsweise in arbeitsmarktpolitischen Sonderprogrammen statt, deren Zielsetzungen aber nicht raumordnungspolitischer Natur sind, sondern primär auf berufliche Qualifikations-, Wiedereingliederungs- und Arbeitsbeschaffungsmaßnahmen zielen.[46] Das bedeutet, daß die derzeitigen Arbeitsmarktprobleme einer raumordnungspolitischen Steuerung nicht zugänglich sind und die dreifache räumliche Polarisierung sich in spezifischer Weise auch auf dem Arbeitsmarkt als „fortschreitende großräumige Differenzierung des Arbeitsmarktes mit Herausbildung spezifischer arbeitsmarktpolitischer Problemregionen"[47] abbildet.

Entsprechend den räumlich unterschiedlichen Krisenverarbeitungsprozessen bedeutet der Differenzierungsvorgang für die expandierenden Zentren insgesamt eine relative Stabilisierung der Arbeitsmärkte, allerdings unter gleichzeitiger Entstehung ebenso „stabiler" Problemgruppen: Frauen, Ungelernte, Ausländer. Hervorgerufen wird dieser Effekt durch einen seit Ausbruch der Krise der ökonomischen Rationalisierungsstrategie parallellaufenden „personalpolitischen Modernisierungsprozeß": nicht oder nicht ausreichend qualifizierte Arbeitskräfte werden entlassen und durch Arbeitssuchende mit den entsprechenden Qualifikationsnachweisen ersetzt, wobei die im Verlauf der Anpassungs- und Umstrukturierungsprozesse entstehenden betrieblichen Notwendigkeiten existierende soziale Schutzrechte aushöhlen können.[48]

In den altindustrialisierten Regionen, deren schwerindustrieller Kern restrukturiert wird, bildet sich eine mit Sozialplänen abgefundene Gruppe von „Sanierungsopfern", die wegen der ersatzlos weggefallenen Arbeitsplätze in der Region und wegen vielfältiger Mobilitätsbarrieren auch bei konjunkturell günstigeren Bedingungen nicht mehr in den Arbeitsmarkt integriert werden können.[49]

In den peripheren ländlichen Gebieten verschärft der industrielle Schrumpfungsprozeß vor allem den innerregionalen Stadt-Land-Gegensatz, weil sich in ihm die dualen Arbeitsmarktstrukturen abbilden.[50] Betroffen ist dort am härtesten der „ländliche" Bevölkerungsteil, für den – jedenfalls „am Ort" und unter Außerachtlassung von Abwanderungsmöglichkeiten – eine generelle arbeitsmarktpolitische Perspektivlosigkeit zu konstatieren ist.

Insgesamt gesehen vollzieht sich damit als Ergebnis ökonomischer Stagnation ein regional-spezifischer arbeitsmarktpolitischer Marginalisierungsprozeß, der, obwohl er das „Schlüsselproblem" darstellt, raumordnerischer Steuerung nicht zugänglich ist. Die Frage stellt sich nun, worin die offenkundigen raumordnungspolitischen Steuerungsschwächen – denn der Marginalisierungsprozeß ist dem Ziel der „Herstellung gleichwertiger Lebensbedingungen" diametral entgegengesetzt – begründet sind.

5. Räumliches Machtgefälle

Die relative Erfolglosigkeit der Koordinationsansprüche der Raumordnung ist nicht so sehr auf ihr „administratives Ungeschick“ zurückzuführen, sondern spiegelt eine spezifische „räumliche Machtverteilung“ wider.[51]

Dabei ist die Herausbildung einer zwischen konkurrierenden Raumtypen dreifach polarisierten regionalen Struktur zweifellos im Ausgang ökonomisch bedingt. Indem aber dieser „naturwüchsige“ räumliche Entwicklungsprozeß zum Gegenstand politischer Bearbeitung gemacht wird, gewinnt die Frage der Repräsentation der unterschiedlichen räumlichen Strukturen im politischen System Gewicht. Und hier nun sind spezifische Differenzen der räumlichen Machtverteilung festzustellen.

Die expandierenden Verdichtungsgebiete sind, auch ohne eine lobbyartig organisierte Interessenvertretung, im politisch-administrativen System strukturell dominant repräsentiert, weil sich die industriegesellschaftliche Identität der Bundesrepublik in den großen Zentralregionen als den Trägern der dynamischen ökonomischen Entwicklung verkörpert. Wachstums-, Konjunktur-, Forschungs- und Technologiepolitik sind, um Beispiele zu benennen, strukturell Politiken für die Agglomerationszentren, weil sich dort der gesellschaftliche Arbeits- und Produktions- sowie der ökonomische Verwertungsprozeß konzentriert, der für die Fortexistenz der gesamten Gesellschaftsformation von entscheidender Bedeutung ist. Wachstums-, Konjunktur- und ökonomische Modernisierungsprobleme werden im politischen System nach den Bedürfnissen der großen Verdichtungszentren definiert, drohende Störungen in ihrem Reproduktionsprozeß aktivieren daher staatliches Interventionspotential und begründen ihre strukturelle Macht auch ohne manifesten Interesseneinfluß.

Anders stellt sich die Situation bereits für die älteren, zumeist monostrukturierten Industrieregionen dar. Aufgrund des ökonomischen Strukturwandels in ihrer volkswirtschaftlichen Bedeutung weit abgesunken, können sie nicht mehr mit einer quasiautomatischen Interessenberücksichtigung im politischen System rechnen. Dennoch sichern ihnen ihre prinzipiell noch immer unverzichtbaren Beiträge zum gesellschaftlichen Produktionsprozeß (dies gilt etwa für den Bereich der Stahlindustrie) und der absolute Umfang der sich bei ihnen manifestierenden Krisenphänomene eine zur akuten Krisenbewältigung ausreichende politische Aufmerksamkeit. Dabei scheint sich als funktionaler Modus des Krisenmanagements die Etablierung eines regionalen Regulierungskartells zu bewähren, das – mit unterschiedlichen Beiträgen der Beteiligten – das Programmanagement der Sanierung übernimmt.[52] Nach den bisherigen Mustern solcher regionalen Sanierungen sind in den korporativistischen Entscheidungsprozeß einbezogen die betroffenen Unternehmen, die einschlägigen Gewerkschaftsorganisationen, die Kommunen, regionale Parteigruppierungen und regional bzw. funktional zuständige staatliche Instanzen (Land bzw. Bund). Ein solches funktionales Sanierungskartell vermag offensichtlich der betroffenen Region im politischen System genügend Aufmerksamkeit zu sichern, um einerseits den zur Sanierung notwendigen Ressourcentransfer zu mobilisieren und andererseits die regionsinterne Durchsetzung der Sanierungsstrategie zu leisten. Aufgrund des ad hoc-Charakters solcher Entscheidungsstrukturen und aufgrund ihrer unmittelbaren

Zwecksetzung der Krisenbereinigung ist eine Abstimmung mit weiterreichenden und längerfristig angelegten raumordnungspolitischen Zielsetzungen zumeist nicht gegeben, ihre unmittelbare Durchsetzungsfähigkeit und damit faktische Raumbedeutsamkeit in der Regel jedoch hoch.
Demgegenüber fällt die nachrangige Interessenrepräsentanz der peripheren ländlichen Gebiete im politischen System ins Auge. Institutionell nur schwach vertreten[53] und von staatlichen Instanzen vielfach als ,,Regelstrecke" betrachtet[54], fehlen ihnen zumeist die ökonomischen und politischen Voraussetzungen zum Aufbau eines sanktionsbewehrten Konfliktpotentials als Reaktion auf die schleichenden Krisenphänomene.[55] Außerdem ist die sozialstrukturelle Heterogenität der betroffenen Gebiete offenbar eine zusätzliche Schranke politischer Interessenartikulation.[56] Regionalpolitische Initiativen wie das ,,Nordhessen-Programm" des DGB-Landesbezirks Hessen sind noch immer Ausnahmefälle[57], so daß sich die Peripherien schwer tun, in der Konkurrenz mit politisch weit mächtigeren Raumtypen um knappes räumliches Entwicklungspotential mehr als eine das regionale Reproduktionsniveau kaum sichernde sozialstaatliche Pflichtalimentierung zu erhalten. Bei nicht mehr ausreichender politischer Artikulationsfähigkeit bleibt so als Ausweg nur noch eine ,,Abwanderung" des verbliebenen mobilen Potentials.

6. Fazit

Die räumliche Entwicklungsdynamik in der Bundesrepublik wird zukünftig durch eine dreifache Polarisierung zwischen expandierenden Zentralregionen, stagnierenden traditionellen Industriegebieten und – gemessen an der Arbeitsplatzentwicklung – schrumpfenden peripheren, ländlichen Räumen bestimmt. Diese Raumtypen geraten aufgrund des insgesamt knapper werdenden regionalen Entwicklungspotentials in eine zunehmend sich verschärfende verteilungspolitische Konkurrenzsituation. Dieses räumliche Strukturmuster bildet sich in spezifischer Weise im politischen Entscheidungssystem ab, wobei ein strukturelles Machtgefälle zwischen den unterschiedlichen Raumtypen sichtbar wird: Der strukturellen Repräsentanz der expandierenden Verdichtungsgebiete steht eine durch regionale Krisenkartelle mobilisierte Interessenartikulation der traditionellen Industriereviere gegenüber; beide versuchen, das umverteilbare Ressourcenpotential zu monopolisieren[58] und damit die strukturschwachen ländlichen Räume auch politisch zu peripherisieren.
Ökonomisch – nämlich durch die Reproduktionsstrategien des Kapitals – bedingte räumliche Ungleichgewichte verlängern sich somit in das politische System hinein; die etablierte räumliche Macht- und Entscheidungsstruktur, die nicht mit der Raumordnungspolitik im institutionellen Sinne identisch ist, tendiert zu einer Zementierung der vorhandenen räumlichen Ungleichgewichte. Denn das Koordinationspotential der Raumordnungspolitik ist angesichts der polarisierten Verlaufsform der realen räumlichen Entwicklung, des räumlichen Machtgefälles innerhalb des politischen Systems und instrumenteller Unzulänglichkeiten überfordert, eine integrierende Steuerungsleistung zu erbringen. Zudem ist Raumordnungspolitik nicht explizit

als „Gegensteuerung" zur vorhandenen räumlichen Machtverteilung angelegt, sondern verkörpert eher als analytisches Schema allgemeine politische Reproduktionsforderungen, wie insbesondere das Interesse der Arbeitskraft an erträglichen Umweltbedingungen in Ballungsgebieten und an ausreichenden Arbeitsplätzen in alten Industrie- und peripheren ländlichen Regionen.

Es scheint daher nicht absehbar, auf welche Weise Raumordnungspolitik unter den Bedingungen retardierender sozioökonomischer und damit auch regionaler Entwicklung ihr Steuerungspotential in nennenswertem Umfang vergrößern könnte; vielmehr steht zu befürchten, daß sie auch künftig nicht das Auftreten regionaler Krisen wird verhindern können[59], die vom ökonomischen Wachstums- und Entwicklungsprozeß stets neu hervorgebracht werden.

Anmerkungen

1 *V. Hauff/F. W. Scharpf*, Modernisierung der Volkswirtschaft, Frankfurt 1975; Prognos-report Nr. 7, Die Bundesrepublik Deutschland 1980-1985-1990, Basel 1976; *A. Farki/R. W. Wettmann*, Internationale Arbeitsteilung und Raumentwicklung in der Bundesrepublik Deutschland – Szenarien zur Regionalpolitik, Schriftenreihe ‚Raumordnung' des Bundesministers für Raumordnung, Bauwesen und Städtebau, H. 06.021, Bonn 1978.

2 So zuerst *P. Treuner*, Thesen zur neuen Tendenz der räumlichen Entwicklung, in: Raumforschung und Raumordnung, H. 4/1975, S. 159 ff.

3 Raumordnungsbericht 1978, BT-DS. 8/2378; Informationen zur Raumentwicklung, H. 8-9/1978.

4 Raumordnungsprognose 1990, Schriftenreihe ‚Raumordnung' des BMBau, H. 06.012, Bonn 1977.

5 *G. Buttler/B. Hof*, Bevölkerung und Arbeitsmarkt bis zum Jahr 2000, Köln 1977; *G. Buttler*, Bevölkerungsrückgang in der Bundesrepublik, Köln 1979.

6 *P. Klemmer*, Zur qualitativen Differenzierung regionaler Arbeitsmärkte, in: Raumforschung und Raumordnung, 5/1978, S. 225 ff.

7 Raumordnungsprognose 1990, a.a.O.; Bundesanstalt für Arbeit, Überlegungen II zu einer vorausschauenden Arbeitsmarktpolitik, Nürnberg 1978.

8 Raumordnungsbericht 1978, S. 11.

9 Ebd.

10 *H. Feußner/P. Schulze-v.Hanxleden*, Gezielter Infrastrukturausbau in peripheren ländlichen Räumen weiterhin erforderlich, in: Informationen zur Raumentwicklung, 1/1979, S. 31 ff.

11 Raumordnungsbericht 1978, S. 8.

12 Die Facharztdichte ist in ländlichen Regionen zwar immer noch wesentlich geringer als in Verdichtungsgebieten, doch weisen die peripheren Räume doppelt so hohe Zuwachsraten an Facharztpraxen auf; bei der stationären ärztlichen Versorgung – Einwohner je Bett in Akutkrankenhäusern – schneiden ländliche Regionen nur noch geringfügig schlechter ab als der Bundesdurchschnitt, *H P Gatzweiler/L. Runge*, Regionale Disparitäten im Bundesgebiet, in: Informationen zur Raumentwicklung, 8–9/1978, S. 686.

13 *W. Buhr*, Die Rolle der materiellen Infrastruktur im regionalen Wirtschaftswachstum, Berlin 1975.

14 Der Anteil der Anlageinvestitionen am Sozialprodukt sinkt zwischen 1971 und 1977 um mehr als 20 % und fällt damit auf den Stand anfangs der fünfziger Jahre zurück. Vgl. Sachverständigenrat zur Begutachtung der gesamtwirtschaftlichen Entwicklung, Jahresgutachten 1974/75, S. 235 und JG. 1978/79, S. 249.

15 Bundesminister für Arbeit und Sozialordnung (Hrsg.), Die Standortwahl der Industriebetriebe in der Bundesrepublik Deutschland und Berlin (West) 1976 und 1977, Bonn 1979; *K. Schliebe*, Zum Standortwahlverhalten der Industriebetriebe, in: Informationen zur Raumentwicklung, 6/1979, S. 351 ff.; *F. J. Bade*, Sektorale und räumliche Aspekte der Mobilität industrieller Betriebe, WZB discussion paper 77–46, Berlin 1977.

16 *J. Glaubitz/J. Priewe*, Effizienzanalyse der Gemeinschaftsaufgabe „Verbesserung der regionalen Wirtschaftsstruktur", in: WSI-Mitteilungen 12/1976, S. 732 ff.

17 Raumordnungsbericht 1978, S. 44.

18 Raumordnungsbericht 1978, S. 45; *R. Koch*, Überlegungen zu regionalisierten, demographischen Modellrechnungen, in: Informationen zur Raumentwicklung, 6/1979, S. 337 ff.

19 *H. P. Gatzweiler/L. Runge*, a.a.O., S. 682 ff.

20 Raumordnungsbericht 1978, S. 45.

21 Prognos AG, Strukturelle Veränderungen in Verdichtungsräumen, Schriftenreihe ‚Raumordnung' des BMBau, H. 06.030, Bonn 1978.

22 Als exemplarischer Fall kann Köln gelten, wo jahresdurchschnittliche Arbeitslosenquoten von 5,6 %, 6,1 % und 6,0 % einem Bundesdurchschnitt von 4,6 %, 4,5 % und 4,3 % in den Jahren 1976–1978 gegenüberstehen. ANBA, Jahreszahlen 1978; zu Betriebsstillegungen, *Schliebe* Informationen zur Raumentwicklung 6/1979.

23 *H. Bömer*, Internationale Kapitalkonzentration und regionale Krisenentwicklung, Dortmund 1977; *J. Esser/W. Fach/W. Väth*, Die sozialen Kosten einer modernisierten Volkswirtschaft: Arbeitslosigkeit und gesellschaftliche Desintegration, in: PVS Sonderheft 9/1978, S. 140 ff.

24 *R. Koch*, a.a.O., S. 346.

25 Die Gemeinschaftsaufgabe bezieht sich nicht ausschließlich auf periphere ländliche Gebiete, sondern umfaßt auch industrielle Problemregionen wie das Saarland und Teile des nördlichen Ruhrgebiets.

26 ca. 7,9 Mrd.DM für die Fördergebiete der GRW im Zeitraum 1970–78, ohne die landeseigenen Förderprogramme; Quelle: BMWi (Hg.), Leistung in Zehlen 1978, Bonn 1979, S. 126.

27 Nach Angaben im 7. Rahmenplan beträgt die Soll-Zahl zwischen 1972 und 1977: 696.450 Arbeitsplätze, die Ist-Zahl, und zwar auf der Basis unkontrollierter Unternehmensmeldungen, 518.500; eine noch wesentlich ungünstigere Bilanz ergibt sich nach dem ROB 1978, gemäß dem einem Soll von 464.300 Arbeitsplätze zwischen 1974 und 1977 lediglich ein Ist von 261.000 gegenübersteht. (S. 15)

28 Ein solcher wird von *G. Schmid* anhand von 13 Merkmalen entwickelt und erweist sich als brauchbar zur detaillierten Analyse strukturierter Arbeitslosigkeit. Vgl. *G. Schmid*, Strukturelle Arbeitslosigkeit in der BRD I, IIM-papers 77–6, Berlin 1978, S. 28.

29 *G. Schmid*, ebd.

30 *K. Schliebe*, a.a.O., *G. Schmid*, a.a.O., S. 32.

31 Autorengemeinschaft, Zum Problem der ‚strukturellen Arbeitslosigkeit', in: Mitteilungen aus der Arbeitsmarkt- und Berufsforschung, 1/1976, S. 70 ff.

32 *F. Buttler/K. Gerlach/P. Liepmann*, Messung und Interpretation betriebsinterner Arbeitsmarktbewegungen, in: *W. Sengenberger* (Hg.), Der gespaltene Arbeitsmarkt, Frankfurt 1978, S. 185 ff.

33 Dies kann besonders prägnant im Falle der saarländischen Stahlindustrie beobachtet werden, s. *J. Esser/W. Fach/W. Väth*, Krisenregulierung – Mechanismen und Voraussetzungen am Fall der saarländischen Stahlkrise, in: Leviathan 1/1979, S. 79 ff.; *W. R. Meyer*, Strukturpolitische Krisenbewältigung im Ruhrgebiet – Thesen zur Ruhrkonferenz, vorgelegt zum Wissenschaftlichen Kongreß der Deutschen Vereinigung für Politische Wissenschaft, Augsburg Oktober 1979.

34 *O. Poppinga* (Hg.), Produktion und Lebensverhältnisse auf dem Land, Leviathan, Sonderheft 2/1979.

35 Im Gegensatz zur Darstellungsform des Raumordnungsberichtes 1978 liegt den Analysen der Bundesforschungsanstalt für Landeskunde und Raumordnung ein räumliches Raster zugrunde, das die Probleme wesentlich besser sichtbar macht. Unterschieden wird hier zumeist nach den Gebietstypen: stark verdichtete Regionen – Regionen mit Verdichtungsansätzen – Regionen mit Zentrum über 100.000 – ländliche Regionen; neuerdings findet sich auch folgender räumlicher Bezugsrahmen: national bedeutsame Verdichtungsräume – Montanregionen – große Verdichtungsräume – im Kern verdichtete Regionen – ländliche Regionen – Fremdenverkehrsregionen – Sonderfall Berlin – vgl. Informationen zur Raumentwicklung, 6/79, S. 337 ff.

36 Beirat für Raumordnung, Die Gültigkeit der Ziele des Raumordnungsgesetzes und des Bundesraumordnungsprogramms unter sich ändernden Entwicklungsbedingungen, in: Empfehlungen v. 16.6.1976, Bonn 1976; *W. Selke*, Raumordnung unter veränderten demographischen Verhältnissen, in: Schriftenreihe des Bundesministers für Jugend, Familie und Gesundheit, Bd. 58, Stuttgart 1978, S. 128 ff.

37 Kommission für wirtschaftlichen und sozialen Wandel, Wirtschaftlicher und sozialer Wandel in der Bundesrepublik Deutschland, Göttingen 1977, S. 305 ff.

38 *W. Väth*, Raumplanung, Kronberg Ts. 1979 (im Erscheinen).

39 In der Raumordnungspolitik wiederholt sich damit auf der programmatischen und Darstellungsebene eine Entwicklung, wie sie etwa im Bereich der Forschungs- und Technologiepolitik zwischen den Bundesforschungsberichten IV und V zu beobachten war; vgl. hierzu *Volker Ronge*, Forschungspolitik als Strukturpolitik, München 1977.

40 *K. Ganser*, Raumordnung von der Programmatik zum Programmvollzug, in: Informationen zur Raumentwicklung, 1/1979, S. 51 ff.

41 eine entsprechende Argumentation findet sich in *F. W. Scharpf/F. Schnabel*, Steuerungsprobleme der Raumplanung, IIM-papers 77–12, Berlin 1977. [vgl. hierzu den Beitrag in diesem Sonderheft].

42 *K. Ganser*, a.a.O.

43 Ebd., S. 67.

44 Beispiele sind etwa das Programm zur Verbesserung der Mobilität von Arbeitnehmern, bei dem das Ziel ‚Verringerung derArbeitslosigkeit' geradezu auf Kosten einer Verschärfung der Strukturprobleme peripherer Regionen durch Abzug von deren qualifiziertem Arbeitskräftepotential angestrebt wurde. Auch die Positionsdarstellung der Forschungs- und Technologiepolitik im Raumordnungsbericht 1978 kann als unverhohlene Ablehnung jeder konkreten raumordnungspolitischen Interventionsversuche gelesen werden; vgl. Raumordnungsbericht 1978, S. 18 f.

45 Aspekte der Arbeitsmarktproblematik aus der Sicht der Raumordnung werden dargestellt in *W. Väth*, Raumordnungspolitik: Programmverbund und Vollzugspartikularismus, in: *J. J. Hesse* (Hg.), Politikverflechtung im föderativen Staat, Baden-Baden 1978, S. 167 ff.

46 Bundesministerium für Arbeit und Sozialordnung, Arbeitsmarktpolitisches Programm der Bundesregierung für Regionen mit besonderen Beschäftigungsproblemen, Bonn 1979.

47 Ebd., S. 11.

48 Vgl. *O. Jacobi/W. Müller-Jentsch/E. Schmidt* (Hg.), Arbeiterinteressen gegen Sozialpartnerschaft, Berlin 1979.

49 *J. Esser/W. Fach/W. Väth*, Die sozialen Kosten ..., a.a.O.

50 *G. Schmid*, a.a.O.

51 Den gesellschaftlichen Machtaspekt in der Raumordnung diskutiert *F. Naschold*, Alternative Raumpolitik, Kronberg 1978.

52 *J. Esser/W. Fach/W. Väth*, Krisenregulierung, a.a.O.; *W. R. Meyer*, a.a.O.

53 Beispielsweise durch den Deutschen Landkreistag.

54 So dient etwa der oft rücksichtslose Autobahnbau durch ländliche Gebiete nicht deren Erschließung, sondern der Verbindung der Zentren untereinander; vgl. *E. Ruppert* (Hg.), Raumplanung und Verkehr, Dortmund 1977.

55 Die Konflikte in Wyhl und Gorleben sind deshalb nur bedingt Gegenbeispiele, weil sie im Kontext eines gesamtgesellschaftlichen Konfliktfeldes stehen und beispielsweise in der Region des Kaiserstuhls die regierende CDU in den den Konflikten folgenden Landtagswahlen nur geringe Stimmeneinbußen hinzunehmen hatte. Von Loyalitätsbedrohung des politischen Systems im Gefolge regional begrenzter Konfliktfälle kann also so ohne weiteres nicht die Rede sein.

56 *R. Voigt*, Veränderte Rahmenbedingungen im ländlichen Raum, Thesenpapier zum Wissenschaftlichen Kongreß der DVPW, Augsburg Oktober 1979.

57 Deutscher Gewerkschaftsbund, Landesbezirk Hessen, Bessere Arbeits- und Lebensbedingungen für Nordhessen, Frankfurt 1978.

58 *Chr. Zöpel* (Bundesratsminister vom NRW), Entwicklungshilfe für Zentren, in: Frankfurter Rundschau v. 20.6.1979.

59 So gehört keine besondere prohetische Gabe zu der Voraussage, daß nach der Krise der alten schwerindustriellen Regionen jene Räume mit Strukturproblemen konfrontiert sein werden, die Standorte der als nächsten ‚veraltenden' Technologien – etwa des konventionellen Automobilbaus – sind.

Handlungsspielräume und Steuerungspotential der regionalen Wirtschaftsförderung

Von Carl Böhret / Werner Jann / Eva Kronenwett

1. Handlungsmodell: Diskriminierung tut not!

Ausgangspunkt der folgenden Überlegungen ist die derzeitige Praxis der regionalen Wirtschaftspolitik in der Bundesrepublik Deutschland und die für diese Praxis auf der „Verlautbarungsebene" angeführten Begründungen und Erwägungen.[1] Wir gehen davon aus, daß in den Programmen der regionalen Wirtschaftspolitik ein allgemeines „Handlungsmodell" sichtbar wird, das zunächst kurz skizziert werden soll. Mit dem Begriff Handlungsmodell soll das System von „Wenn-dann-Annahmen" gekennzeichnet werden, an dem sich die Aktivitäten des Politikbereichs sowohl in der Programmkonkretisierung wie in der Programmdurchführung ausrichten, d.h. es handelt sich um das allgemeine „Rezept", nach dem im Bereich der regionalen Wirtschaftspolitik verfahren werden soll. Allerdings werden die darin enthaltenen (vermuteten) konditionalen Beziehungen in den Programmen und sonstigen Verlautbarungen der regionalpolitischen Akteure meist nur andeutungsweise ausformuliert; sie müssen deshalb z.T. aus verschiedenen Programmelementen rekonstruiert werden. Wenn wir also von Handlungsmodell reden, meinen wir ein Konstrukt, das sich in systematischer Form erst im nachhinein herauskristallisieren läßt.[2]

Kern dieses regionalpolitischen Handlungsmodells *sind Diskriminierungsregeln.* Der Grundgedanke lautet: Eine sich selbst tragende Entwicklung von Problemregionen ist nur erreichbar, wenn gezielt und selektiv gefördert wird. Konkreter: Förderung gibt es nur für bestimmte Regionen und Orte und nur für bestimmte Investitionen.

Diese Diskriminierungsregeln sind keine „materiellen" Programmziele (wie z. B. Verminderung von Abwanderung bzw. von Arbeitslosigkeit; Erhöhung der Einkommen); sie sind lediglich bestimmte Anweisungen oder Vorgaben, nach denen in der regionalen Wirtschaftsförderung verfahren werden sollte, damit die materiellen Ziele erreicht werden können. Sie geben daher nur an, wie die staatlichen Aktivitäten zur Förderung strukturschwacher Räume auszusehen haben, oder – m.a.W. – sie definieren den erwünschten Output (Verteilung der Fördermittel) des politisch-administrativen Systems. Aus diesem Grund werden diese Diskriminierungsregeln zur Unterscheidung von den materiellen Programmzielen von uns auch „Output-Ziele" genannt.[3]

Ganz allgemein besagen die Outputziele des regionalpolitischen Handlungsmodells, daß die Förderung
- *räumlich* auf ein möglichst begrenztes Gebiet und darin auf wenige, möglichst große Orte zu konzentrieren und
- *sachlich* auf bestimmte Wirtschaftszweige, Vorhaben und Arbeitsplätze bzw. Infrastrukturmaßnahmen zu beschränken ist.[4]

Das allgemeinste Ziel in diesem Zusammenhang, den Umfang der zu fördernden Räume (sowohl flächenmäßig wie bevölkerungsmäßig) möglichst klein zu halten, ist unmittelbar einleuchtend: Wenn durch Förderung Struktureffekte erzielt werden sollen, ist ein zu großer Umfang des förderungsfähigen Gebietes kontraintentional; wenn z. B. fast jeder Ort in der Bundesrepublik förderungsfähig wäre, ließen sich durch das Instrument „Förderung" die privaten und öffentlichen Investitionen nicht mehr lenken. Struktureffekte sind also nur durch diskriminierende Förderung zu erzielen, oder, wie Wolfgang Albert es ausdrückt: „Wer jeden beglückt, kann keinen beglücken".[5]
Die sonstigen räumlichen und sachlichen Ingredienzien dieses Rezepts entstammen verschiedenen regionalwissenschaftlichen Theorieansätzen. Für die räumliche Diskriminierungsregel (nur bestimmte Orte) liefert die *Wachstumspoltheorie* die wichtigsten Argumente, für die sachliche Diskriminierungsregel (nur bestimmte Investitionen) ist die *Export-Basis-Theorie* maßgeblich.
Die Wachstumspoltheorie geht davon aus, daß durch die räumliche Konzentration von „dynamischen" Unternehmen, Branchen u. ä. ein Wachstumspol entsteht, der Impulsgeber für die Entwicklung anderer Betriebe, Branchen und der Umlandregion wird.[6] Die räumliche Konzentration der Aktivitäten wird zur wichtigsten Determinante des regionalen Wachstums. Räumliche Konzentration ermöglicht vor allem das Entstehen und die Nutzung sog. Aggomerationsvorteile, d. h. einer spezifischen Form der externen Ersparnisse, die sich aus dem örtlichen Zusammenhang mehrerer Betriebe ergeben (z. B. größerer und differenzierterer Arbeitsmarkt, Informationsdichte und Kontaktmöglichkeiten, größere Absatzchancen, vielseitiges Infrastrukturangebot). Der Theorieansatz der Wachstumspole als Grundlage einer auf räumliche Schwerpunkte konzentrierten Regionalförderung beabsichtigt also,

> „über die Herstellung besserer Standortqualität, einen höheren Anteil neu errichteter Arbeitsplätze in Problemgebiete zu lenken. Langfristig soll mit dieser Konzentration über positive externe Effekte und akzeptable Standortbedingungen eine eigendynamische Entwicklung der Problemräume eingeleitet werden, um deren Strukturprobleme nachhaltig zu lösen."[7]

Die sachliche Diskriminierungsregel des Handlungsmodells (nur bestimmte Investitionen) basiert im wesentlichen auf einem anderen theoretischen Versatzstück des Modelles, der Export-Basis-Theorie. Sie postuliert, daß das regionale Einkommen und damit auch das regionale Wachstum allein durch exportorientierte Aktivitäten (ganz pauschal: gewerblicher Produktionsbereich) bestimmt werde; Aktivitäten, die nur dem lokalen Bereich dienen (ganz pauschal: Dienstleistungen) und die daraus entstehenden Einkommen gelten hingegen als durch die zuerst genannten „fernabsatzorientierten Bereiche" induziert.[8] Das zentrale Argument lautet: Exportaktivitäten schaffen zusätzliches Einkommen (Primäreffekt); auf sie hat sich demzufolge die regionale Förderung zu konzentrieren. Mit anderen Worten: nur solche Arbeitsplätze sind zu fördern, die für den Export aus der Region produzieren. Diese Grundregel der sachlichen Diskriminierung ist inzwischen in zweierlei Hinsicht erweitert bzw. modifiziert worden: zum einen werden bestimmte Dienstleistungsbereiche, die über den lokalen Markt hinausreichen (Beispiel Großversandhäuser) dem gewerblichen fernabsatzorientierten Bereich gleichgestellt. Zum anderen wird (was aus der Export-Basis-Theorie nicht folgt) die Forderung erhoben, die durch die geförderten Investitionen geschaffenen oder gesicherten Arbeitsplätze sollten möglichst qualifiziert sein und die Erzielung eines hohen Einkommens ermöglichen. Diese Modifizierung findet ihre Begründung normativ im Postulat der Gleichwertigkeit der Lebensverhältnisse; theoretisch entstammt sie jedoch eher den Gedanken der Wachstumspoltheorie.

Die bisher erörterten Diskriminierungsregeln bezeichnen unmittelbar die Anwendung des Handlungsmodells. Sie sind Handlungsanleitungen, die ihrerseits auf zwei Prämissen des Modells, einer strategischen und einer instrumentellen, beruhen. Die strategische Prämisse erklärt die Kapitalmobilität zum Hauptansatzpunkt der Förderungspolitik, die instrumentelle Prämisse erlaubt nur den Einsatz positiver Anreize zur Lenkung dieser Mobilität. Mithin soll die Entwicklung strukturschwacher Räume dadurch vorangetrieben werden, daß ihre Realkapitalausstattung erhöht wird, indem die Kapitalbesitzer für regionalpolitisch erwünschte Verhaltensweisen (Investitionen in Problemregionen) „belohnt" werden.

Der strategische Ansatzpunkt der Kapitalmobilität wird sowohl aus der ausgleichspolitischen Zielsetzung, Abwanderung aus Problemregionen zu vermeiden, hergeleitet, als auch aus dem wachstumspolitischen Ziel, auch in Problemregionen die Produktionsfaktoren optimal zu kombinieren (d. h. in der Regel, den Faktor Arbeitskraft mit mehr Kapital auszustatten). Dies soll vor allem durch Kapitaltransfers in die Problemregionen geschehen (Neuansiedlungen), daneben selbstverständlich auch durch die Bindung des in der Region vorhandenen Kapitals (Erweiterungen, Rationalisierungen etc;). Die Schaffung neuer Arbeitsplätze wird zum – alle Anforderungen scheinbar integrierenden – „Arbeitsplatzzwischenziel der Regionalpolitik"; seine Erfüllung wird als Funktion einer verbesserten Ausrüstung des Faktors Arbeit mit Kapital betrachtet. Andere Entwicklungswege, z. B. direkt am Faktor Arbeit anzusetzen, werden als unpraktikabel abgelehnt.[9] Die angestrebte Lenkung der Kapitalmobilität wird nahezu ausschließlich über Anreizprogramme zu realisieren versucht. Andere Programmtypen (informationelle oder regulative Programme, Programme der direkten Leistungserstellung oder der prozeduralen Steuerung)[10] werden nur ergänzend (z. B. informationelle) oder überhaupt nicht (z. B. regulative wie Verbote/Gebote) eingesetzt. Die „Zuckerbrotpolitik" wird bei uns noch nicht wie in anderen europäischen Ländern durch die „Peitsche" der "disincentives" ergänzt (W. Albert).[11] Durch den Einsatz positiver Anreize soll vielmehr auf direktem Wege (Investitionszuschüsse, Investitionszulagen = Einzelbetriebliche Förderung) oder indirektem Wege (Bereitstellung wirtschaftsnaher Infrastruktur = Infrastrukturförderung) die einzelbetriebliche Rentabilitätserwartung in strukturschwachen Gebieten so beeinflußt werden, daß dort Kapital investiert wird. Das Credo dieser Programmwahl heißt Marktkonfomität, d. h. prinzipiell wird dem Markt die Aufgabe der Steuerung von Strukturen (z. B. räumlichen) zugeschrieben. Politik hat nur die Aufgabe, Ehlentwicklungen zu korrigieren und die Funktionsfähigkeit des Marktes wieder herzustellen.

Auf seine Grundelemente reduziert und auf imperative Weise formuliert, lautet das Handlungsmodell des Politikbereichs „Förderung strukturschwacher Räume“:

Gestalte mittels spezifischer Anreize die Kapitalertragssituation in strukturschwachen Räumen so günstig, daß Kapitalbesitzer zu Standort- und Investitionsentscheidungen zugunsten dieser Räume veranlaßt werden. Fördere gezielt, d. h. diskriminierend, indem die Fördermittel räumlich nur auf wenige Schwerpunkte konzentriert werden und damit sachlich möglichst hochwertige Arbeitsplätze (in fernabsatzorientierten Bereichen) geschaffen werden. Nur so stellen sich die gewünschten Entwicklungseffekte für eine Region ein.

Ob diese sehr knapp skizzierten Annahmen und Festlegungen des herrschenden Handlungsmodells „richtig“ sind, soll hier zunächst nicht hinterfragt werden. Arbeiten, die sich mit den regionalökonomischen Implikationen der praktizierten Regionalpolitik beschäftigen, gibt es zur Genüge.[12]

Die Hypothese, gesteuert werden kann nur, wenn diskriminierend gefördert wird, soll deshalb zunächst als richtig unterstellt werden. Die interessante Frage ist dann, ob diese Diskriminierung tatsächlich stattfindet und – falls dies zu verneinen ist – welches die Gründe für ein solches Verhalten sind. Dazu ist die konkrete Ausgestaltung der Förderungspolitik zu untersuchen. Es interessiert der Handlungsspielraum im gegebenen System: Inwieweit wird unter den gegebenen Bedingungen systemgerecht gehandelt? Auch das Steuerungspotential interessiert in diesem Zusammenhang nur im Hinblick auf die vorhandenen Steuerungsinstrumente, nämlich inwieweit das im Handlungsmodell vermutete Steuerungspotential überhaupt aktualisiert wird.

Empirischer Ansatzpunkt unserer Untersuchung ist die Praxis der regionalen Wirtschaftsförderung in zwei Bundesländern (Hessen und Baden-Württemberg) seit Anfang der siebziger Jahre; also seitdem die Regionalpolitik durch die Einführung der „Regionalen Aktionsprogramme“ und daran anschließend der „Gemeinschaftsaufgabe Verbesserung der regionalen Wirtschaftsstruktur“ (GRW) neu organisiert wurde.[13] Untersucht wird sowohl die Ausgestaltung wie die Durchführung der wichtigsten, in diesem Zeitraum in der einen oder anderen Weise auf strukturschwache Räume ausgerichteten Förderprogramme; sowohl im Bereich der einzelbetrieblichen wie der Infrastrukturförderung.[14]

2. *Programmkonkretisierung: Wie soll gefördert werden?*

2.1 Die Förderprogramme in Hessen und Baden-Württemberg

Bei der Untersuchung der Ausgestaltung dieser Programme ist zunächst danach zu fragen, inwieweit das im Handlungsmodell intendierte Outputziel der räumlichen Diskriminierung in den Programmen konkretisiert wird. Das Problem der *Begrenzung der Förderräume* im Rahmen der GRW ist in diesem Zusammenhang schon von Reissert/Schnabel untersucht worden.[15] Die Autoren weisen überzeugend nach, daß trotz des erheblichen wissenschaftlichen Aufwandes, der zur Neuabgrenzung der Förderräume im Rahmen der GRW getrieben wurde, die schließlich verwendeten Abgrenzungskriterien (Arbeitskräftereservequotient, Einkommenskriterien und Infrastrukturquotient) nicht deshalb herangezogen wurden, weil sie für wissenschaftlich besonders aussagekräftig und verläßlich angesehen wurden, sondern weil nur durch die Anwendung dieser drei Kriterien (und bei der zusätzlichen Gewichtung 1 : 1 : 0,5) gewährleistet war, daß eine für alle Länder politisch akzeptable Abgrenzung herauskam.
Obwohl die explizite Intention der Neuabgrenzung der Fördergebiete im Rahmen der GRW eine Verkleinerung der Förderkulisse war, mußte man am Ende damit zufrieden sein, daß zumindest eine Ausweitung der Fördergebiete verhindert werden konnte. Dieses an sich enttäuschende Ergebnis wird von Reissert/Schnabel mit dem Hinweis auf den multilateralen Entscheidungsprozeß (Bund/Länder) im Rahmen der GRW erklärt, der nur pareto-optimale Entscheidungen zuläßt oder zumindest wahrscheinlich macht. Da Entscheidungen im Planungsausschuß der GRW nur mit der Zustimmung des Bundes und der Mehrzahl der Bundesländer zustandekommen können, sind Entscheidungen, die bestimmte Bundesländer diskriminieren, die ihnen etwas „wegnehmen", unwahrscheinlich. Während also alle Beteiligten die Ausweitung der Fördergebiete bedauern und eine Verkleinerung für sinnvoll halten, versucht trotzdem jedes Land seine Gebiete auszudehnen, zumindest jedoch eine Verringerung seiner Fördergebiete abzuwehren. Das Ergebnis ist, daß das Outputziel eines möglichst kleinen Förderungsgebietes schon auf der Ebene der Programmkonkretisierung nicht erreicht wird und hinterher alle Beteiligten zufrieden sind, wenn sie nur eine Ausweitung der Gebiete verhindert haben. Die Abgrenzungen sind daher trotz des hohen wissenschaftlichen und statistischen Aufwandes, der dafür betrieben wird, letztlich in erster Linie politische Entscheidungen nach den Maximen „Besitzstandswahrung" und „Gleichbehandlung".
Diese eigentlich ungewollte Überdimensionierung der Förderräume ist auch in den von uns untersuchten Bundesländern festzustellen. In Hessen gibt es neben den im Rahmen der GRW geförderten Gebieten, die schon einen Großteil der Fläche des Landes ausmachen, zwei weitere geförderte Gebietskategorien, nämlich „gewerbliche Entwicklungsschwerpunkte" und „Entlastungsorte" sowie das Gebiet des „Mittelhessenprogramms". Durch diese Addition von Förderräumen ergibt sich in Hessen ein fast flächendeckendes System der Förderkulisse. Insgesamt sind 75 % der Fläche Hessens mit ca. 45 % der Bevölkerung Fördergebiete.[16]

Schließlich ist zu beachten, daß die hessischen Landesprogramme jeweils die Formulierung enthalten, die Förderung sei „vornehmlich" bzw. „vor allem" auf die anerkannten Fördergebiete zu begrenzen. Offensichtlich ist also auch eine Förderung außerhalb dieser Gebiete (anders als in der GRW) nicht ausgeschlossen.

Ähnlich gibt es in Baden-Württemberg neben den Gebieten der GRW weitere Förderräume, und zwar die Landesfördergebiete, die Landesausbauorte und sogenannte „Quasi-Fördergebiete". Während Landesfördergebiete und Landesausbauorte offiziell ausgewiesen werden, handelt es sich bei den Quasi-Fördergebieten um Regionen, die aus verschiedenen Gründen einen Förderstatus nicht erreicht oder wieder verloren haben. Sie sind keine offiziellen Förderräume, werden auch bei den entsprechenden Statistiken nicht mitgezählt, aber im Prinzip wie Förderräume behandelt.[17] Auch Baden-Württemberg weist also in einer Stufenfolge zunehmend „weicher" werdender Abgrenzungskriterien und unbestimmter Zusagen immer größere Teile des Landes als Fördergebiete aus und verfehlt damit das Outputziel „Begrenzung der Förderfläche".

Ein zentraler Einwand gegen die Betrachtung der Fördergebiete als relevantem Kriterium der Programmkonkretisierung besagt, daß die Fläche der Fördergebiete deswegen weitgehend irrelevant sei, weil sich die Förderung im Rahmen dieser Gebiete auf ausgewählte Schwerpunkte beschränken würde.[18] Als nächstes ist also zu fragen, inwieweit diese *Konzentration auf „möglichst wenige, möglichst große Schwerpunkte"* in den Programmen verankert ist.

Der institutionelle Rahmen der GRW stimuliert für die Auswahl von Schwerpunktorten die gleichen Mechanismen, die bei der Bestimmung der Förderfläche wirken. Ähnlich wie beim Umfang der Förderfläche plädieren fast alle Beteiligten für eine Reduzierung der Anzahl der Schwerpunktorte,[19] während verständlicherweise kein Land bereit ist, selbst (u. U. sogar zugunsten anderer Länder) auf Schwerpunktorte zu verzichten. Die Neuabgrenzung im Rahmen der GRW 1974 hatte denn auch trotz intendierter Reduktion der Anzahl der Schwerpunktorte, eine geringe Erhöhung zur Folge. Auch seitdem hat sich die Anzahl der Schwerpunkte fast unmerklich noch weiter erhöht.[20]

Die gleiche Entwicklung, die programmatische Aushöhlung des Schwerpunktprinzips, wird in den von uns untersuchten Ländern noch deutlicher. Hessen ist durch die zusätzliche Ausweisung der „landeseigenen" gewerblichen Entwicklungsschwerpunkte und Entlastungsorte inzwischen mit einem so dichten Netz von Schwerpunktorten überzogen, daß praktisch keine Gemeinde mehr als 20 – 25 km von dem nächsten Schwerpunkt entfernt ist.[21] Noch weiter ausgehöhlt wird das Prinzip durch das Mittelhessenprogramm, in dessen Rahmen die Förderung überhaupt nicht auf Schwerpunkte festgelegt ist. Hier ist sogar zum ersten Mal in einem neueren Programm eine Abkehr vom Schwerpunktprinzip, normalerweise die „heilige Kuh" der Regionalförderung, zu konstatieren.

Ähnliche Beobachtungen ergeben sich für Baden-Württemberg. Das Schwerpunktprinzip wird in den landesspezifischen Förderprogrammen weniger stringent definiert als im Rahmen der GRW. Es gilt in der „landeseigenen" Förderung bereits durch „größere Zentrale Orte" erfüllt, auch in den Fördergebieten der GRW kann also das

dort festgelegte Schwerpunktprinzip durchbrochen werden, wenn das Land ausschließlich aus eigenen Mitteln fördert.
Zusammenfassend ist festzuhalten, daß die räumlichen Diskriminierungsregeln bereits im Rahmen der GRW nicht stringent angewandt, in den speziellen Landesprogrammen aber endgültig „aufgeweicht" werden.
Doch auch die sachlichen Outputziele des Handlungsmodells werden in den Programmen durchaus unterschiedlich konkretisiert. Man kann diese Ziele danach unterscheiden, welche Wirtschaftszweige, welche Arbeitsplätze, welche betrieblichen und welche Infrastruktur-Vorhaben vorrangig gefördert werden sollen.
Für den Bereich der *Wirtschaftszweige* besagt das Handlungsmodell, daß ausschließlich solche Zweige, die einen „Primäreffekt" aufweisen, gefördert werden sollen. Diese Festlegung ist wahrscheinlich diejenige, die in den verschiedenen Programmen am deutlichsten ausgeführt und konkretisiert ist, nicht zuletzt aufgrund mehrerer Verwaltungsgerichtsentscheidungen.[22]
Trotzdem wird auch diese präzise Festlegung dadurch relativiert, daß für Betriebe, die keinen überregionalen Absatz nachweisen können, eine Reihe weiterer Förderungsprogramme zur Verfügung stehen. Bundesweit ist insbesondere auf die ERP-Regionalprogramme hinzuweisen, die kleine und mittlere Unternehmen in den GRW-Gebieten genau dann fördern, wenn das beabsichtigte Vorhaben die Voraussetzung des § 2 Abs. 2 Nr. 2 des InvZulG (nämlich die Bedingung „überregionaler Absatz") nicht erfüllt.[23] Ein weiteres Outputziel besagt, daß möglichst entwicklungsfähige Wirtschaftszweige (Wachstumsindustrien) zu fördern sind. Dieses Ziel wird aber in keinem der vorliegenden Programme konkretisiert; auch hier bleibt ein explizites Ziel der Förderung in den Festlegungen der Programme unberücksichtigt.
Ähnliches gilt für die Festlegungen bezüglich der zu fördernden *Arbeitsplätze*. Zwar ist unumstritten, daß die Regionalförderung auf Vorhaben zu begrenzen ist, die eine möglichst große Anzahl möglichst qualifizierter und möglichst dauerhafter Arbeitsplätze schaffen oder sichern und überdies zur Verbesserung der regionalen Einkommenssituation beitragen, doch werden diese Ziele in den vorliegenden Programmen mit Ausnahme der Festlegung der anzustrebenden Arbeitsplatzzahlen nicht präzisiert. Insbesondere Angaben darüber, wann die qualitativen Kriterien erfüllt sind, fehlen in den Programmen gänzlich. In Hessen wie in Baden-Württemberg wird ebenfalls auf eine Konkretisierung der qualitativen und selbst der quantitativen Ziele bezüglich der zu fördernden Arbeitsplätze verzichtet.
Näher spezifiziert werden in den Programmen hingegen die förderungswürdigen Vorhaben. In allen hier untersuchten Programmen tritt die Trias „Errichtungen", „Erweiterungen", „Umstellungen und grundlegende Rationalisierung" von Betrieben auf; nichtinvestive Maßnahmen (etwa Erhöhung der Betriebsmittel) und Ersatzinvestitionen sind damit von der Förderung ausgeschlossen. Ein Rückblick auf die bisherigen Rahmenpläne zeigt, daß dieser „harte Kern" der förderungsfähigen Vorhaben laufend präzisiert und gleichzeitig erweitert wurde. Diese Ergänzungen ergaben sich zum einen aus dem Test der Vorschriften in der Verwaltungspraxis, durch die unzulängliche Definitionen oder Lücken in der Bestimmung der förderungsfähigen Vorhaben korrigiert wurden, zum anderen aber auch aus der Anpassung an be-

stimmte externe Entwicklungen (Stichwort „Tendenzwende"). Deutlich wird zumindest, daß die Kriterien für förderungsfähige Vorhaben im Laufe der Zeit immer weiter ausgelegt werden. Ein spezielles Beispiel dafür ist das ziemlich „junge" Mittelhessenprogramm, in dem ausdrücklich auch die Förderung anderer Vorhaben (z. B. Ersatzinvestitionen) zugelassen ist, sofern sie die „wirtschaftliche Struktur des Landes unmittelbar und nachhaltig verbessern" und es sich um „volkswirtschaftlich vordringliche Vorhaben handelt, die im besonderen Interesse des Landes liegen".[24]

Abschließend bleibt zu fragen, ob und wie räumliche und sachliche Outputziele auch instrumentell, d.h. durch eine Variation der Fördersätze abgesichert werden. Wie *Tabelle 1* zeigt, wird im Rahmen der GRW sowohl räumlich zugunsten von Schwerpunktorten als auch sachlich zugunsten von bestimmten, nämlich arbeitsplatzschaffenden Investitionen (Errichtungen, Erweiterungen) diskriminiert. Alle in der Tabelle genannten Sätze sind allerdings Höchstsätze. Weder in den Rahmenplänen der GRW noch in den Länderprogrammen finden sich Hinweise, ob und wann diese Höchstsätze ausgeschöpft werden sollen. Es ist allerdings fraglich, ob eine wirkungsorientierte Regionalpolitik hier überhaupt einen Spielraum hat; denn es besteht weitgehender Konsens darüber, daß ein bestimmter Prozentsatz an Förderung Voraussetzung dafür ist, um überhaupt in das Kalkül bei Unternehmensentscheidungen zu gelangen.

Insgesamt zeigt sich auch hier, daß in den Programmen der Länder sehr viel weniger bzw. überhaupt nicht differenziert wird. Sie kennen im Gegensatz zur GRW nur einen einheitlichen Förderhöchstsatz (10 % in Baden-Württemberg, 8 % in Hessen), wobei allerdings auch zu konzedieren ist, daß eine weitere Differenzierung unterhalb der Obergrenze (z. B. außerhalb von Schwerpunktorten/Zentralen Orten nur 5 %) regionalpolitisch kaum noch effektiv sein dürfte.

Somit ist festzustellen, daß in der GRW die Outputziele in bezug auf die Festlegung der Förderpräferenzen wiederum relativ präzise konkretisiert werden, wenngleich nicht ganz deutlich wird, inwiefern die zumindest bei „interessanten" Fällen prinzipiell mögliche gleiche Fördersatzhöhe von 15 % in einem C-Schwerpunkt und dem „übrigen" GRW-Gebiet noch zur wirksamen Hervorhebung dieser Schwerpunkte geeignet ist.[25] Die Länderprogramme machen diese Differenzierung hingegen nicht mit, sie sind mithin auch instrumentell eher dem Grundsatz der Gleichbehandlung als dem der Diskriminierung verpflichtet.

Insgesamt ist festzuhalten, daß ein großer Teil der in dem Handlungsmodell der regionalen Strukturpolitik enthaltenen Outputziele in den Handlungsprogrammen relativ vage und unverbindlich (wenn überhaupt) konkretisiert wird. Auffällig ist, daß die Festlegungen im Rahmen der GRW in der Regel präziser und konkreter als diejenigen der Landesprogramme sind. Zwar bleiben auch die Programme der GRW hinter dem Anspruch der Regionalpolitik zurück, doch im Vergleich zu den Programmen der Länder ist die GRW verhältnismäßig stringent. Die Landesprogramme dienen in erster Linie der programmatischen Ergänzung der GRW, d. h. sie werden dort eingesetzt, wo eine Förderung im Rahmen der GRW nicht möglich ist. Damit werden aber die Diskriminierungsregeln im Rahmen der GRW noch weiter entwertet.[26]

Tabelle 1 Förderungsobergrenzen der einzelbetrieblichen Förderung in der GRW und in Landesförderungsprogrammen

Standort / Vorhaben	Schwerpunktorte A	B	C	E	Förderungsgebiete außerhalb der SP-Orte: sonst. GRW-Gebiet	sonst. Zonenrandgebiet	Landesförderungsgebiete*: B - W	Hessen
Errichtung	25 % einschl. InvZul	20 % einschl. InvZul	15 % einschl. InvZul	25 % einschl. InvZul	10 % aber beschränkt auf drei Ausnahmefälle 15 % bei hohem Struktureffekt (keine InvZul)	10 % bis ausnahmsweise 15 % aber beschränkt auf drei Ausnahmefälle	10 % begrenzt auf größere zentrale Orte (keine InvZul)	8 % (keine InvZul)
Erweiterung	25 % einschl. InvZul	20 % einschl. InvZul	15 % einschl. InvZul	25 % einschl. InvZul	10 % bis 15 % bei hohem Struktureffekt (einschl. InvZul)	10 % bei ausnahmsweise 15 % (einschl. InvZul)	10 % (keine InvZul)	8 % (keine InvZul)
Umstellung/ grundlegende Rationalisierung	10 % einschl. InvZul	10 % einschl. InvZul	10 % einschl. InvZul	10 % einschl. InvZul	10 % (keine InvZul)	10 % (keine InvZul)	10 % (keine InvZul)	8 % (keine InvZul)
Erwerb von Betrieben a) Betrieb war länger als ein Jahr eingestellt	wie Errichtung, aber grundsätzlich keine InvZul				wie Errichtung, allerdings ohne Beschränkung auf Ausnahmefälle und grundsätzlich ohne InvZul		keine besonderen Vorschriften	keine besonderen Vorschriften
b) Betrieb ist von Stilllegung bedroht und wird unter Übernahme eines wesentl. Teils der Belegschaft weitergeführt	wie Errichtung, aber grundsätzlich keine InvZul (absoluter Förderbetrag bestimmt sich nach Anteil der übernommenen Belegschaft)				wie Errichtung, allerdings ohne Beschränkung auf Ausnahmefälle und grundsätzlich ohne InvZul (absoluter Förderbetrag bestimmt sich nach Anteil der übernommenen Belegschaft)		keine besonderen Vorschriften	keine besonderen Vorschriften
Verlagerung a) Fernverlagerung aus Nicht-Fördergebiet in Fördergebiet	wie Errichtung einschließlich InvZul						keine besonderen Vorschriften	8 % (keine InvZul)
b) Fernverlagerung innerhalb der Fördergebiete und Nahverlagerung	wie Errichtung (Förderungsfähig sind jedoch nur Kosten des Erweiterungseffekts oder es erfolgt pauschale Förderung der gesamten Verlagerungskosten nur durch InvZul)						keine besonderen Vorschriften	8 % (keine InvZul)

* in BWLandesförderungsgebiete und 10 LAOs, in Hessen 10 Entwicklungsschwerpunkte und Entlastungsorte

Wenn man versucht zu bestimmen, welche Outputziele klar und präzise (z. B. Primäreffekt, wirtschaftsnahe Infrastruktur, aber auch Errichtung, Erweiterung, Umstellung oder z. T. Anzahl der Arbeitsplätze) und welche nur sehr vage in den Programmen konkretisiert wurden (z. B. räumliche und insbesonders qualitative Aspekte), wird deutlich, daß die Auswahl der vorrangig in den Programmen enthaltenen Konkretisierungen nicht so sehr auf ihre strukturpolitische Relevanz zurückzuführen ist (es ist z. B. anzunehmen, daß die Qualität der Arbeitsplätze wichtiger ist als der Primäreffekt), sondern in erster Linie „pragmatische" Gründe haben dürfte. Konkretisiert werden m.a.W. vor allem die Outputziele, die sich verhältnismäßig leicht und unkontrovers feststellen lassen (z. B. Primäreffekt) und die darüber hinaus nicht zu viele Antragsteller diskriminieren, also nicht zu konfliktträchtig sind. Eine Beschränkung der Förderung z. B. auf qualitativ hochwertige Arbeitsplätze würde sowohl die entscheidende Instanz vor schwierige Auswahlprobleme stellen, wie auch dazu führen, daß verhältnismäßig viele Antragsteller abgewiesen werden müßten und daher automatisch die Konflikthaftigkeit der Förderungspraxis steigen würde.

Wenn nach der regionalpolitischen Theorie Förderung strukturschwacher Räume nur Erfolg haben kann, wenn sie auf möglichst wenige und auf möglichst große Zentren konzentriert wird, vergibt ein Programm, das diese Imperative nicht oder nur ungenügend beachtet, offenbar Handlungsmöglichkeiten, oder es *engt den regionalpolitischen Handlungsspielraum ein.* Wenn die theoretischen Annahmen des Handlungsmodells richtig sind, ist der Handlungsspielraum offensichtlich am größten, wenn sie konsequent eingehalten werden. Jeder Fall, der gefördert wird, obwohl er den Outputzielen widerspricht (z. B. ein Betrieb in einem problematischen Wirtschaftszweig mit unqualifizierten Arbeitsplätzen in einem Nicht-Schwerpunktort womöglich außerhalb des Fördergebietes: die berühmtberüchtigte Hemdennäherei auf dem Dorf) würde nicht nur die Effizienz der eingesetzten Mittel vermindern, sondern u. U. sogar kontraintentionale Effekte haben, da er Struktureffekte dort, wo sie erwünscht sind, verhindert. Überspitzt könnte gefolgert werden, daß jede Mark, die nicht im Sinne der präzisen Outputziele des Politikbereichs ausgegeben wird, nicht nur verschwendet ist, sondern sogar den Erfolg der im übrigen ausgegebenen Gelder infrage stellt. So gesehen sind die sehr weiten Festlegungen in den Rahmenplänen und besonders natürlich die noch undifferenzierteren und allumfassenden Landesprogramme ein sicheres Anzeichen dafür, *daß auf der Ebene der Programmkonkretisierung politisch-administrative Handlungsspielräume verschenkt werden.*

2.2 Gründe für die defizitäre Programmausgestaltung

Als nächstes ist nach Gründen für die nicht erreichte sachliche und räumliche Diskriminierung in den Programmen zu fragen. Warum weichen schon die Programme vom Anspruch des Handlungsmodells ab, obwohl dieses ja gerade auf der Verlautbarungsebene der Programme propagiert und zur Leitlinie deklariert wird?

Ein Grund für die Ausgestaltung der Programme wurde schon erwähnt, nämlich die im Rahmen der Politikverflechtung zwischen Bund und Ländern wirkenden Mechanismen der Besitzstandswahrung und Gleichverteilung. Es ist allerdings zu vermuten, daß diese Mechanismen allein zur Erklärung nicht ausreichen, denn die Tendenz zur Nichtdiskriminierung verstärkt sich ja in den landeseigenen Programmen. Selbst eine Abschaffung der Politikverflechtung im Bereich regionale Wirtschaftsförderung würde wahrscheinlich nicht zu den erwünschten Ergebnissen führen. Für die Ausgestaltung der Programme sind daher auch materielle, d. h. spezifisch mit dem Politikbereich zusammenhängende Gründe zu vermuten.

Wenn eine Ursache für Nichtdiskriminierung in den Programmen liegt, heißt dies nicht, daß in den Programmen dieser Gedanke offen abgelehnt würde, sondern „nur", daß er nicht mit der ausreichenden Durchschlagskraft in der Programmebene verankert ist. Diese mangelnde Verankerung zeigt sich in einer Reihe von typischen Bereichen:

Regionale Wirtschaftsförderung konkurriert mit verschiedenen anderen Möglichkeiten der Wirtschaftsförderung i.w.S. (insbesondere sektorale, betriebsgrößenbezogene, auch Technologieförderung).[27] Darin drückt sich die banale Erkenntnis aus, daß das politische System seine Aufmerksamkeit notwendigerweise auf verschiedene Problembereiche verteilen muß. Diese Aufmerksamkeitsteilung ist allerdings gleichbedeutend mit Spezialisierung und Fragmentierung. Im Vordergrund der Problemwahrnehmung und -bearbeitung stehen damit nicht die Zusammenhänge und gegenseitigen Abhängigkeiten der Bereiche, gerade umgekehrt: der Verzicht auf die Berücksichtigung dieser Dimension und die Konzentration auf (scheinbar) bereichsspezifische Probleme ist kennzeichnend. Bei der Erfassung und Bearbeitung von Aufgaben durch das politische System ist deshalb nicht Koordination, sondern Konkurrenz und unabgestimmte Vielfalt die Regel. Je restriktiver ein Teilnehmer an dieser Konkurrenz seine Bedingungen formuliert, um so ungünstiger werden seine Chancen, einen größtmöglichen „Marktanteil" zu erhalten. Programmkonkurrenz ist für selektiv ausgerichtete Politiken tendenziell gegenproduktiv. Sie trägt dazu bei, Auswahl- oder Koordinationsmöglichkeiten auf den Adressatenkreis zu übertragen. Aus regionalpolitischer Sicht wäre einem solchen fragmentierten Konkurrenzsystem eine verstärkte regionale Orientierung von primär fachlich/sektoral ausgerichteten Politiken entgegenzusetzen, deren Adressaten mit denen der regionalen Wirtschaftspolitik weitgehend identisch sind, oder sein könnten.[28]

Das Nichtberücksichtigen von Zusammenhängen ist allerdings auch Ausdruck einer weiteren Ursache für nicht zustande gekommene Diskriminierungsbdingungen, nämlich einer prinzipiell unzureichenden *Problemwahrnehmung und -identifikation.* Die Problemlage strukturschwacher Räume wird meist nur recht diffus anhand bestimmter Symptome diagnostiziert. Dies läßt sich am Beispiel der gängigen Indikatoren zur Bestimmung und Abgrenzung strukturschwacher Räume demonstrieren.

Die derzeit gebräuchlichen Indikatoren indizieren drei für strukturschwache Räume typische Problemlagen, nämlich die Arbeitsmarktsituation, die Einkommenssituation sowie die Versorgung mit Infrastruktur. Festzustellen ist, daß dies jeweils mit spezifischen Defeziten erfolgt: Der Indikator „Arbeitskraftreservequotient" prognostiziert auf mittlere Sicht die Arbeitsmarktbilanzen, d. h. das Angebot von und die Nachfrage nach Arbeitsleistungen.[29] Die Schwachstelle dieses Verfahrens ist der Verzicht auf qualitative oder strukturelle Arbeitsmarktmerkmale; es ist rein auf den quantitativen Ausgleich fixiert. Damit fehlen den regionalpolitischen Akteuren Informationen über die Qualität der Arbeitsmärkte in strukturschwachen Räumen. Eine gezielte Abarbeitung qualitativer Defizite (etwa Mangel an bestimmten Arbeitsplätzen oder Arbeitskräften) scheint auf dieser Basis kaum möglich. Solche mittelfristigen Prognosen stehen überdies in der Gefahr, von tatsächlichen Arbeitsmarktentwicklungen „überholt" zu werden. So verweisen z. B. die derzeitigen Arbeitslosenquoten des Ruhrgebiets auf einen akuten regionalpolitischen Handlungsbedarf, während die Arbeitsmarktlage der meisten „traditionell" strukturschwachen Räume vergleichsweise entspannt erscheint.

Auch die Feststellung einer unbefriedigenden regionalen Einkommenssituation erweist sich als problematisch. Dies zeigt sich bereits darin, daß drei verschiedene Indikatoren „angeboten" werden, von denen jeweils derjenige verwendet wird, der für die betreffende Region den schlechtesten Wert anzeigt, sie also am förderungsbedürftigsten erscheinen läßt. Die wahlweise verwendeten Indikatoren – BIP/WIB, BIP/ Beschäftigte, Lohn- und Gehaltssumme/Arbeitnehmer – zeigen jedoch durchaus unterschiedliche Dinge an.[30] Während die Lohn- und Gehaltssumme je Arbeitnehmer als der brauchbarste statistisch zugängliche Einkommensindikator gilt, besteht weitgehend Einigkeit darüber, daß der Indikator BIP/Beschäftigte eher ein Indikator für die Produktivität der Beschäftigten in einer Region ist. Die Einkommenssituationen strukturschwacher Räume können sich deshalb selbst dann noch deutlich voneinander unterscheiden, wenn beide Aufgrund eines Einkommensindikators als strukturschwach eingestuft werden. Dadurch wird verdeckt, daß beide möglicherweise einer unterschiedlichen Therapie bedürften.

Indikatoren zur Kennzeichnung und Abgrenzung strukturschwacher Räume erscheinen deshalb als Basis für problemorientierte Entwicklungsstrategien nur begrenzt geeignet. Dies zeigt sich noch einmal ganz deutlich am Infrastrukturindikator. Er ist ein komplexer Bestandsindikator, der die infrastrukturelle Ausstattung von Regionen anzeigen soll. Er indiziert z. T. Mangellagen, die für die regionale Wirtschaftspolitik überhaupt nicht „strategiefähig" sind, d. h. mit ihren Mitteln nicht bearbeitet werden können (z. B. soziale Infrastruktur wie Gesundheitswesen, Bildungseinrichtungen, aber auch Wohnqualität).

Man kann also sagen, daß dort, wo in der regionalen Wirtschaftspolitik mit beachtlichem statistischen und methodischen Aufwand Probleme perzipiert, identifiziert und diagnostiziert werden, noch erhebliche Lücken offen bleiben, die eine an der „objektiven" Problemlage ausgerichtete Förderungspolitik zumindest nicht erleichtern und für eine an räumlichen und sachlichen Schwerpunkten orientierte Durchführung keine ausreichenden Grundlagen schaffen.

Einem exakteren Erkennen der regionalen Probleme stehen indessen massive Barrieren entgegen. Ganz offensichtlich reichen bereits die verfügbaren und zugänglichen statistischen Daten nicht aus. Das Bestreben, verbesserte Indikatoren zu bilden, (z. B. zur Erfassung der Qualität von Arbeitsmärkten) trifft schon hier auf enge Grenzen. Selbst wenn Daten zugänglich wären, stünden noch deutliche theoretische Defizite im Wege. Auch hier ist wiederum der Bereich des regionalen Arbeitsmarktes das beste Beispiel. Solange eine empirisch gehaltvolle Theorie regionaler Arbeitsmärkte fehlt, wie z. B. Melcher/Tietzel[31] beklagen, bleibt die Konstruktion von statistisch und methodisch verbesserten Indikatoren relativ beliebig. Schließlich ist zu konstatieren, daß solche Defizite zumindest auch Ausdruck der „politischen Unzugänglichkeit" von Problemen sind. Informationsdefizite sind eben auch eine „Chiffre für materielle Handlungsrestriktionen des politischen Systems"[32]. Mangelnde Datenqualität oder fehlende kleinräumige Daten symbolisieren „weitergehende, aber politisch nicht thematisierbare Steuerungsdefizite gegenüber dem ökonomischen System."[33]

Nur grob und oberflächlich konstatierte Problemlagen finden ihre Entsprechung in spezifischen Eigenarten der Formulierung und Konkretisierung von *Zielen*. Die Literatur über strukturpolitische und raumordnungspolitische „Zielsysteme" ist inzwischen kaum mehr zu übersehen. Relativ einheitlich wird der unverbindliche, oft wenig konkrete Charakter von Zielen beklagt, die zudem nicht selten in Konkurrenz zueinander stehen oder sogar unvereinbar sind.[34] Sie drücken meist nur den allgemeinen Wunsch nach einem „change for the better" aus und entwickeln dadurch kaum eine Relevanz für die tatsächlich durchgeführte Politik. Sinnbild dieser Praxis ist der Leerformelcharakter sog. „Oberziele", der sich meist in so wolkigen Formulierungen wie „Gleichwertigkeit der Lebensverhältnisse", „Lebensqualität", „freie Entfaltung der Persönlichkeit" ausdrückt. Aus ihnen lassen sich keine Ziele für Programme und Maßnahmen „ableiten", sondern sie eignen sich eher umgekehrt dazu, fast jede programmatische und instrumentelle Festlegung zu subsumieren. Allgemeine Oberziele haben deshalb keine Steuerungsfunktion, sondern eine Integrationsfunktion. Sie vermeiden Konflikte und wirken auch legitimatorisch entlastend, weil alle Interessen sich in ihrem milden Glanz sonnen können. Interessengegensätze und Rechtfertigungsprobleme werden dadurch auf spätere Phasen des politischen Prozesses verschoben.

Selbst wenn man die luftige Höhe der Oberziele des ROG oder von Bundes- und Landesentwicklungsprogrammen verläßt und sich die zur Realisierung solcher Zielvorstellungen ins Werk gesetzten Programme einzelner Politikbereiche (z. B. regionale Wirtschaftspolitik) ansieht, bleibt der integrative konfliktvermeidende Charakter von Zielen vorherrschend. Die bekannte Zieltrias der regionalen Wirtschaftspolitik – Wachstum, Stabilität, Gerechtigkeit[35] – enthält weitreichende Zielkonflikte, z. B. zwischen Wachstums- und Gerechtigkeitszielen. Es ist jedoch geradezu ein Kennzeichen nicht nur dieser, sondern nahezu aller räumlichen Entwicklungsplanungen, „Zielkonflikte durch abstrakte Formulierung, durch die gleichzeitige Aufnahme widersprüchlicher Zielsetzungen, durch die Fortschreibung überoptimistischer Entwicklungsprognosen und durch die Formulierung von Maximalprogrammen ohne zeitliche und finanzielle Prioritäten auszuklammern oder zu vertagen".[36]

Geht man noch einmal eine „Zielebene" tiefer auf Ergebnis- oder Maßnahmeziele, d. h. solche Ziele, die (im Gegensatz zur allgemeinen, alle Problemregionen betreffenden Gültigkeit von Programmzielen) nur für eine spezielle Region entwickelt werden, verändert sich das Bild nicht grundlegend: Die Palette möglicher Ziele ver-

breitert sich zwar enorm, aber sie behalten den gleichen Grundzug bei, nämlich nicht operationalisiert zu sein. So werden z. B. angestrebt
- Ansiedlung von Wachstumsindustrien,
- Schaffung qualitativer Dauerarbeitsplätze,
- Verbesserung der Erwerbstätigenstruktur,
- Verbesserung der Einkommenssituation,
- Auffächerung einseitiger Strukturen.

Eine Operationalisierung erfolgt nur in einer einzigen Weise, nämlich durch die Quantifizierung der zu schaffenden und zu sichernden Arbeitsplätze, ohne daß allerdings explizit eine Begründung für diese Verengung der Ziele auf das „Arbeitsplatzzwischenziel" gegeben würde. Es steht vielmehr relativ unverbunden neben dem gesamten regionalpolitischen Zielsystem.[37]

Der Politikbereich ist deshalb dadurch zu kennzeichenen, daß man sich gerade davor hütet, eine Politik zu formulieren, die verbindliche Anhaltspunkte für die inhaltliche Auffüllung und die Einhaltung von Diskriminierungsregeln geben könnte. Im Gegenteil zeichnet er sich gerade dadurch aus, daß die Möglichkeit, alles gleichzeitig tun zu können, zumindest nicht ausgeschlossen wird. Dieses Verhalten ist selbstverständlich aus der Sicht der regionalpolitischen Akteure durchaus rational, deren Handlungsspielraum wird dadurch ja eher erhalten bzw. sogar vergrößert.

Der mangelnde Konkretheitsgrad von Programmen ist daher auch zugleich ein Reflex der *Unsicherheit über die Wirkung von Maßnahmen.* Welche Betriebe schaffen überhaupt dauerhafte Arbeitsplätze, welche Branchen sind überhaupt selbst vom Strukturwandel bedroht, welche Branchen sind Wachstumsbranchen, gibt es einen optimalen „Branchenmix" und wie sähe er aus, welche beabsichtigten und unbeabsichtigten Verteilungswirkungen ergeben sich u.a.m. Ganz sicher ließen sich wesentliche Aspekte dieser Fragen z.B. mit Hilfe einer verbesserten Strukturanalyse und -prognose aufhellen. Bereits heute erscheint es praktikabel, hinsichtlich der Entwicklungsperspektive verschiedener Wirtschaftszweige zumindest – wie von verschiedenen Autoren empfohlen – eine Art „Negativliste" von nicht förderungswürdigen Branchen aufzustellen.[38] Das vorrangige Problem scheint hier nicht das informationelle Defizit zu sein, sondern die politischen Konflikte, die eine solche Diskriminierung aufwerfen würden.[39] Eine Liste von Branchen, die vom Strukturwandel negativ betroffen werden, scheint politisch ungleich schwieriger durchsetzbar als z. B. die scheinbar sachlich-neutrale Forderung nach überregionalem Absatz, deren Einhaltung durch Formalisierung mit begrenztem Aufwand überprüfbar ist.

Die Unsicherheit darüber, ob die intendierten Wirkungen sich bei Realisierung der Programme tatsächlich einstellen, konterkariert auch eine stärkere räumliche Konzentration der Politik. Die Vernachlässigung der Interessen der überwiegenden Mehrzahl der Orte in Problemregionen zugunsten ganz weniger könnte allenfalls dann ohne Überschreitung eines erträglichen Konfliktniveaus erfolgen, wenn die Vorteile einer solchen Strategie für alle auf der Hand liegen würden. Dies ist jedoch bei einer langfristig angelegten Politik unter sich verändernden Rahmenbedingungen und in Abhängigkeit von den Entscheidungen prinzipiell autonomer Akteure (z. B. Standortwahl) nicht der Fall.

Zu fragen ist nun, wie diese Programme von den Ländern durchgeführt werden. Wird hier in irgend einer Weise eine Operationalisierung der Diskriminierungsregeln versucht, d. h. werden die allgemeinen Formeln der Programme dazu genutzt, Schwerpunkte zu setzen, sie „auszulegen" oder setzt sich auch im Implementationsprozeß eher eine Tendenz zur Nicht-Diskriminierung durch. Aufgabe der Implementationsuntersuchung ist es also herauszufinden, wie der den Implementatoren offensichtlich noch zur Verfügung stehende Entscheidungsspielraum genutzt wird bzw. durch welche Faktoren die Nutzung dieses Entscheidungsspielraumes entscheidend beeinflußt wird.

3. *Programmimplementation: Wie wird gefördert?*

3.1 Die Durchführung der Programme in Hessen und Baden-Württemberg

Eine solche Untersuchung der Durchführung (Implementation) der einzelnen Programme muß zunächst an der Verteilung der Mittel ansetzen: was wird wo gefördert? Oder mit anderen Worten: werden die in den Programmen enthaltenen Outputziele (u. a. möglichst geringe Förderkulisse, möglichst Schwerpunktorte, möglichst „gute" Arbeitsplätze usw.) eingehalten? Die von uns in den Ländern Hessen und Baden-Württemberg durchgeführte Untersuchung[40] hat dazu einige Ergebnisse erbracht, von denen anzunehmen ist, daß sie für sämtliche Bundesländer gelten:
Die räumlichen Diskriminierungsregeln sind das „Herzstück" der bundesrepublikanischen Regionalpolitik. Sie, d. h. die Frage nach ihrer Realisierung, verdienen deshalb besondere Aufmerksamkeit. Das erste Ergebnis der räumlichen Verteilungsanalyse zeigt, daß ein durchaus respektabler Anteil der Mittel der einzelbetrieblichen regionalen Wirtschaftsförderung nicht in die ausgewiesenen Fördergebiete fließt (ca. 25 % bis 30 %). So lagen z. B. in Hessen von 1971 bis 1977 ca. 1/4 der Förderfälle außerhalb des Gebietes der GRW (das ja schon fast ganz Hessen umfaßt), dort würden auch ca. 1/5 des Investitionsvolumens und der Arbeitsplätze induziert. Ähnliche Zahlen ergeben sich nach unseren Erhebungen für Baden-Württemberg. Dort lagen z. B. ca. 30 % der vom Ministerium für Wirtschaft bearbeiteten größeren Fälle außerhalb der GRW-Gebiete.

Noch bemerkenswerter erscheint, daß innerhalb der GRW-Gebiete erhebliche Investitions- und Fördermittel räumlich nicht konzentriert, d. h. außerhalb der Schwerpunktorte plaziert werden. So liegen z. B. mehr als 50 % aller in Baden-Württemberg vom Wirtschaftsministerium bzw. von der Landeskreditbank (LKB)[41] bearbeiteten Fälle im „übrigen" GRW-Gebiet, während sich die Schwerpunktorte mit dem kleineren Teil bescheiden müssen. Selbst bei Neuansiedlungen können sie nur rund zwei Drittel auf sich vereinigen, während das restliche Drittel auf das übrige Gebiet entfällt.

Betrachtet man die Infrastrukturförderung, ergibt sich ein ähnliches Bild. Von den für Industriegeländeerschließung, dem absoluten Schwerpunkt der regionalen Infrastrukturförderung, ausgegebenen Mitteln, fließen in Baden-Württemberg rund

35 % außerhalb der GRW-Gebiete (in Hessen rund 28 %); selbst wenn man die Mittel, die in die Landesförderungsgebiete und Landesausbauorte gehen, hinzurechnet, kommen die Nicht-Fördergebiete immer noch auf einen Anteil von rund 20 %.[42] Die Schwerpunktorte können nur ca. ein Fünftel der Fälle und damit nur rund ein Viertel der Mittel an sich binden. Damit partizipieren Schwerpunktorte und Nicht-Fördergebiete in etwa in gleichem Maße an der Infrastrukturförderung, letztere schneiden aber immer noch besser ab als die vom Land ausgewiesenen Landesförderungsgebiete und -orte.

Der Schluß, daß die Verteilung dieser Mittel eher nach dem Prinzip der Gleichverteilung als dem der Konzentration vorgenommen wurde, kann durch weitere Beobachtungen unterstützt werden. So haben z. B. in den Jahren 1971 bis 1977 insgesamt 188 Gemeinden in Baden-Württemberg Zuschüsse zur Erschließung von Industriegelände erhalten (bei insgesamt 418 Gemeinden mit mehr als 5.000 Einwohnern). Insgesamt 34 der 44 Stadt- und Landkreise waren in die Förderung einbezogen (also ca. 77 %). Nicht beteiligt waren nur die ganz großen Städte und die Umlandkreise Stuttgarts. Es ist mehr als eine Vermutung, daß eine Untersuchung anderer Bundesländer ganz ähnliche Ergebnisse zeigen würde.

Sowohl für die einzelbetriebliche wie für die Infrastrukturförderung ist daher zu folgern, daß eine Konzentration der Förderaktivitäten (und dahinterliegend der Investitionstätigkeit) auf die Schwerpunktorte zumindest nicht in dem Rahmen stattgefunden hat wie es die exponierte Stellung des Schwerpunktprinzips erwarten läßt. Die Schwerpunktorte können in bezug auf die Verteilung der Fördermittel kaum die ihnen zugedachte Rolle des Kristallisationskerns der zukünftigen Entwicklung spielen, da ein verhältnismäßig großer Teil der zur Verfügung stehenden Fördermittel und damit des zur Verfügung stehenden Entwicklungspotentials an den Schwerpunktorten vorbeifließt. Die praktische Gültigkeit des strukturpolitischen „Basistheorems", daß die Fläche der Förderung nur die Kulisse abgibt für die Konzentration auf wenige Schwerpunkte, muß daher bezweifelt werden. Zum Teil geschieht in der „Kulisse" mehr als auf der eigentlichen Bühne der Förderung, zum Teil gibt es aber auch so viele Schwerpunkte, daß kaum noch zu unterscheiden ist, wo die Kulisse aufhört und die Bühne anfängt.

Aus unseren Daten und sonstigen empirischen Ergebnissen ist allerdings zu schließen, daß die räumliche Konzentrationsregel im Rahmen der GRW wesentlich stärker greift als in der Landesförderung. Während z. B. die Schwerpunktorte im Bereich der Infrastrukturförderung insgesamt nur rund ein Viertel der Mittel auf sich zogen, sind es immerhin fast die Hälfte der GRW-Mittel. Auch im Bereich der einzelbetrieblichen Förderung wird das Schwerpunktprinzip (abgesehen von den festgelegten Ausnahmen) eingehalten, während die Landesförderung hier wesentlich „flexibler" agiert.

Allerdings ist auch festzuhalten, daß bereits in der GRW dem Schwerpunktprinzip allein schon aufgrund der Dominanz von Erweiterungsinvestitionen im Rahmen der gegebenen Standortstruktur nur sehr begrenzt Geltung verschafft werden kann. Von allen Maßnahmen beschränkt das Programm nur die Förderung von Neuerrichtungen auf die Schwerpunkte, aber nur ein geringer Teil der regionalpolitisch nutzbaren Investitionen *sind* heutzutage Neuerrichtungen.

Zu der im Handlungsmodell intendierten bevorzugten Förderung von Errichtungen finden sich in den uns zur Verfügung stehenden Daten kaum Hinweise. Immerhin werden Neuansiedlungen im Durchschnitt höher gefördert, als andere Vorhaben, aber dieser Abstand hat sich in den letzten Jahren entscheidend verringert. Hiermit zusammen hängt die von uns beobachtete Tendenz zur Maximalförderung. Die Förderhöchstsätze werden zunehmend voll ausgeschöpft. Die wachsende Neigung zur Ausschöpfung der Förderungsmöglichkeiten zeigt sich z. B. in den steigenden durchschnittlichen Fördersätzen. Beachtenswert ist, daß die Fördersätze vor allem in *den* Jahren stark steigen, in denen ein Rückgang der Anträge zu verzeichnen ist (z. B. 1975/76).
Selbst wenn sich die GRW um Stringenz bemüht, wird das Schwerpunktprinzip durch die Landesförderung aufgrund ihres Selbstverständnisses als programmatische Ergänzung zur GRW weiter ausgehöhlt. Und wo immer noch örtliche Wünsche offen bleiben, können schließlich Sonderprogramme helfen. Diese Rolle der *Sonderprogramme* läßt sich deutlich und exemplarisch am „Landesinfrastrukturprogramm Baden-Württemberg" (LIP) demonstrieren. Im Rahmen dieses Programmes sollen verschiedene Infrastruktureinrichtungen[43] verstärkt oder vorgezogen gefördert werden. Adressaten sind ausschließlich Gemeinden in den Fördergebieten und zwar in erster Linie in den Schwerpunktorten. Aus einer offiziellen Übersicht über die Maßnahmen während des ersten Jahres der Laufzeit dieses Programmes geht hervor, daß immerhin 40 % der Fälle nicht in Schwerpunktorten liegen.[44]
Der Grundsatz der Gleichverteilung bzw. die Nichteinhaltung des Konzentrationsprinzips bei der Mittelvergabe im Rahmen des LIP wird in Stellungnahmen der Landesregierung offen artikuliert. So wurde bei der Veröffentlichung des ersten Programmes ausdrücklich betont;

> „nahezu alle Schwerpunktorte in den Fördergebieten wurden mit einem oder mereren Vorhaben berücksichtigt".[45]

Ebenso wird hervorgehoben, daß „bei der Vergabe der Mittel eine gleichwertige Aufteilung auf die verschiedenen Landesteile erreicht werden" (konnte). Schließlich wird zugesagt, daß diejenigen Anträge, die im Programm nicht berücksichtigt werden konnten (es gab 1977 einen Antragsüberhang), möglichst in einem anderen Programm gefördert werden sollen:

> „Die Landesregierung ist bemüht, allen Anträgen, die nach den Richtlinien förderungsfähig sind, zum Erfolg zu verhelfen".[46]

Neben räumlichen wird das Outputziel vor allem durch sachliche Komponenten bestimmt. Nach unseren Erhebungen[47] spielen nur wenige sachliche Kriterien eine entscheidungsrelevante Rolle. Im Rahmen der GRW sind dies in erster Linie die Anforderung „überregionaler Absatz" (Primäreffekt) und das sog. „Arbeitsplatzkriterium", das allerdings kein qualitatives, sondern ein rein quantitatives Merkmal ist (Mindestzahl von Arbeitsplätzen, die bei Erweiterungen geschaffen werden müssen). Beides sind Anforderungen, die in der Regel exakt belegbar und überprüfbar sind, von ihnen gibt es keine Ausnahme und an ihnen scheitern demzufolge auch zahlreiche Anträge (dies gilt allerdings – um es nochmals zu betonen nur für die

GRW – die Landesförderung ist auch hier in der Regel wieder bescheidener bzw. großzügiger).

Hingegen stehen qualitative arbeitsplatzbezogene Aspekte – fast erwartungsgemäß – im Hintergrund. Immerhin wird in jüngerer Zeit offenbar verstärkt auf die Ausbildungsbereitschaft der Betriebe geachtet. Allerdings scheint nicht das Fehlen dieser Bereitschaft negativ sanktioniert, sondern umgekehrt, die Bereitstellung von Ausbildungsplätzen belohnt zu werden.[48]

Einigermaßen überraschend wirft die Qualifikationsstruktur der zu schaffenden Arbeitsplätze eines Betriebes für die Entscheider eher dann Probleme auf, wenn sie „zu gut" sind, d. h. wenn ein vom örtlichen/regionalen Arbeitsmarkt nicht zu befriedigender Facharbeiterbedarf besteht. Während Ablehnungen wegen eines qualitativ unbefriedigenden Arbeitsplatzangebotes nicht bekannt wurden, führten zu hohe Qualifikationsanforderungen schon zu negativen Entscheidungen.

Andere sachliche Kriterien, z. B. Branchenzugehörigkeit des antragstellenden Betriebes, treten hingegen deutlich zurück. Mehr Aufmerksamkeit ziehen eine Reihe eher formaler (z. B. wurde die Investition schon begonnen?) und fachlicher Kriterien auf sich: Die Bilanzen müssen stimmen, die Entnahmen dürfen nicht zu hoch sein u. ä. Nach unserem Eindruck spielen solche betriebswirtschaftlichen Gesichtspunkte für die Beurteilung eines Antrags auf GRW-Förderung, der die strukturpolitischen Mindeststandards – überregionaler Absatz, Arbeitsplatzkriterium, ggf. Schwerpunktort – erfüllt hat, eine entschieden gewichtigere Rolle als „weiche", d. h. unoperationalisierte strukturpolitische Zielvorstellungen (wie Qualität und Einkommen von Arbeitsplätzen, Branchenentwicklung etc.).

Als zentrales sachliches Kriterium für die Infrastrukturförderung gilt (zumindest außerhalb der Schwerpunktorte) der Nachweis eines entsprechenden Bedarfs der gewerblichen Wirtschaft. Wie solcher Bedarf nachzuweisen ist, bleibt indessen recht offen. „Bedarf" erweist sich als ein Konglomerat aus vagen bis verbindlichen Flächenanforderungen von Betrieben, der bürgermeisterlichen Überzeugungskraft, der kommunalen Finanzsituation, der Einschätzung der Entscheider und nicht zuletzt auch aus den diesen zur Verfügung stehenden Mitteln. Die unbestimmte Bedarfsregelung entspricht der „Pufferfunktion", die die Infrastrukturförderung gegenüber der einzelbetrieblichen Förderung einnimmt.[49]

Diese sehr knappe Zusammenfassung unserer Untersuchungsergebnisse verdeutlicht immerhin, daß in beiden Bereichen der Förderung und exemplarisch auch in den beiden von uns untersuchten Ländern eher eine Tendenz zur Nicht-Diskriminierung als zur Diskriminierung und eher eine Abhängigkeit von Anträgen als eine Steuerung der Investitionen zu konstatieren ist. Die in den Programmen enthaltenen Outputziele werden tendenziell verfehlt, eine strikte Orientierung des Implementationsoutputs an diesen Outputzielen ist jedenfalls nicht sichtbar.

3.2 Gründe für die defizitäre Implementation

Die knappe Beschreibung der Konkretisierung der Outputziele in den Programmen und ihrer Verwirklichung bei der Durchführung hat also ergeben, daß die im Handlungsmodell angelegten Diskriminierungsregeln schon auf der Ebene der Programmkonkretisierung verwässert werden, aber erst recht auf der Ebene der Implementation eher eine Tendenz zur Gleichverteilung von Mitteln als zur strukturpolitisch orientierten selektiven Verteilung zu beobachten ist.
Diskriminierung zugunsten bestimmter Orte oder bestimmter Maßnahmen findet nur in dem begrenzten Rahmen statt, der in den Programmen explizit vorgegeben ist; darüber hinaus wird im Bereich der Programmdurchführung nicht diskriminiert. Diese Beobachtung ist um so überraschender als in den Programmfestlegungen ja nur sehr grobe Angaben bezüglich der Verteilung der Mittel gemacht werden, die den Implementierenden beachtliche Ermessensspielräume geben. Trotzdem spielen nur diejenigen Angaben, die ganz konkret in den Programmen festgehalten werden (insbesondere „Primäreffekt" und zum Teil „Schwerpunktort") im Verlauf der Programmdurchführung eine Rolle. Andere, vage oder interpretationsbedürftige Programmwünsche werden allenfalls im Sinne von Mindestanforderungen ausgelegt. Entscheidungsspielräume während der Programmdurchführung werden zugunsten der Nicht-Diskriminierung ausgenutzt. Etwas vereinfachend kann man sagen, daß den „Buchstaben" der Programme idR. nicht explizit zuwidergehandelt wird, aber daß die Programme sehr großzügig ausgelegt, sozusagen voll ausgeschöpft werden. Dies bedeutet, daß die Programme im Sinne der Adressaten interpretiert werden; sie werden nicht verfälscht oder ignoriert, aber auch nicht besonders stringent durchgeführt. Diese Orientierung an den „Buchstaben" der Programme bedeutet allerdings nicht, daß die Programme auch entsprechend ihrer Intention durchgeführt werden.
So ist generell zu konstatieren, daß die „Förderer" ihren Ermessensspielraum in bezug auf die Einhaltung bestimmter Anforderungen relativ flexibel handhaben können und dies idR. auch tun. Wo oder was man aus bestimmten Gründen auch immer fördern „will" – wobei hier dahingestellt bleiben kann, welcher Art dieser Wille ist – kann auch realisiert werden. Die strukturpolitischen Entscheidungskriterien erweisen sich nicht als so „hart" und sie sind nicht so unüberwindbar (z. B. wegen der Ausweichmöglichkeit auf andere Förderungstöpfe), als daß man „interessante" Projekte, die man fördern will, nicht auch berücksichtigen könnte. Viele zunächst vorhandenen Mängel und kritische Punkte in einem Antrag können „geheilt" werden. Umgekehrt gilt dann jedoch auch, daß Projekte, die man nicht „will", durchaus an diesen Entscheidungskriterien scheitern können.[50] Daraus kann nun allerdings nicht umstandslos der Schluß gezogen werden, daß die vorgegebenen Entscheidungskriterien und die Förderungsprogrammatik insgesamt wirkungslos wären. Z. B. könnte es sein, daß die programmatischen Festlegungen bezüglich der Outputziele vor allem im „Vorfeld" wirken, indem sie potentielle Antragsteller, die ihnen ganz oder teilweise nicht genügen, „abschrecken", so daß diese u. U. aufgrund ihrer Informationslage überhaupt keinen Antrag mehr stellen oder sich mit einer

negativen Auskunft im Vorstadium der Antragstellung zufrieden geben. Dieser wesentliche Aspekt kann empirisch kaum eindeutig erfaßt werden. Allerdings ist auch anzunehmen, daß ein Interessent, der sich verhältnismäßig leicht „abfertigen" läßt, kein extrem starkes Interesse gehabt haben kann.

Insgesamt aber ist zu vermuten, daß die programmatischen Festlegungen bezüglich des Implementationsoutputs erst an der von ihnen benannten „Untergrenze" wirksam werden, d. h. einen *Mindeststandard* festlegen, der dann auch nicht unterschritten wird. Das Problem des „Implementationsforschers" ist, daß er nicht diese Untergrenze, sondern idR. die Obergrenze im Auge hat. Wenn sie nicht erreicht wird, was die Regel sein dürfte, sind die Ergebnisse „negativ".[51]

Trotz dieses zu vermutenden „bias" gehen wir davon aus, daß unsere Ergebnisse bezüglich der Nicht-Diskriminierung den Implementationsoutput adäquat beschreiben. Als nächstes ist dann zu fragen, woran es liegt, daß die im Handlungsmodell klar intendierte Diskriminierung zur Erreichung von Struktureffekten auch während der Implementation nicht durchgesetzt wird bzw. nur die in den Programmen festgeschriebenen Mindestanforderungen der Diskriminierung erfüllt werden. Mit anderen Worten und etwas „naiv": wenn die theoretischen Überlegungen der Regionalpolitik stimmen, daß im gesamten Bundesgebiet nur ein begrenztes Potential an mobilem Kapital und damit an mobilen Arbeitsplätzen vorhanden ist, warum werden dann nicht die Programme im Sinne dieser Erkenntnis durchgeführt? Die zu beobachtende Verteilung des Implementationsoutputs führt dazu, daß den Unternehmen ein Überangebot an Förderungsmöglichkeiten und erschlossenem Gelände zur Verfügung steht, so daß der Sinn der Förderpolitik, Anreize an einer begrenzten Zahl von Standorten zu bewirken, eben verfehlt wird. Wir gehen wiederum davon aus, daß diese Ausprägung des Implementationsoutputs nicht hinreichend durch die Merkmale der Programme, d. h. durch die mangelhaften programmatischen Vorgaben zu erklären ist, sondern daß dazu auch die Ausprägung des Implementationsprozesses heranzuziehen ist. Als in diesem Zusammenhang relevante Faktoren sind zu vermuten: die Orientierungen des mit der Förderung beschäftigten Personals, die zur Verfügung stehenden Informationen, die finanzielle Ausstattung, politische Vorgaben und schließlich die gegebene Implementationsstruktur.

Eine erste mögliche Erklärung für Nicht-Diskriminierung liegt im beobachtbaren *„personellen Faktor"*. Die administrativen Akteure, die die Förderung durchführen, sind vor allem durch ihre fachliche Sozialisation geprägt. Der Schlüssel für ihr Selbstverständnis ist der Satz: „Wir sind Wirtschaftsförderer, nicht Wirtschaftsverhinderer". Sie versuchen also im Rahmen der gegebenen Programmvorschriften zu fördern, wo es geht, d. h. die Vorgaben immer zugunsten des Antragstellers zu interpretieren; eine restriktivere oder diskriminierungsorientierte Praxis wäre schon „Verhinderung".

Das professionelle Selbstverständnis des Wirtschaftsförderers zeigt sich auch darin, daß sehr auf die eigene Fähigkeit zur Beurteilung und Einschätzung des Einzelfalles gesetzt wird. Die Feststellung dessen, was als strukturpolitisch „sinnvoll" angesehen wird, hängt stark vom persönlichen Eindruck ab, den die Entscheider von der antragstellenden Firma oder Gemeinde haben. Sie ersetzen fehlende oder unzureichende Informationen durch ihre persönliche Urteilsfähigkeit. Dort, wo wirklich strikt mit

Buchstaben der Programme argumentiert wird, ist eher davon auszugehen, daß ein Fall entweder absolut die Vorschriften nicht erfüllt, d. h. auch die Mindeststandards verfehlt, oder eben für nicht „sinnvoll" gehalten wird.

Diese „Fördermentalität" ist neben dem professionellen Selbstverständnis auch der typischen bürokratischen Verhaltensweise der Konfliktvermeidung zuzuschreiben. Die Ablehnung von Anträgen ist in aller Regel konfliktträchtiger als die Bewilligung.

Gegenüber den die „Fördermentalität" konstituierenden Faktoren Selbstverständnis und Konfliktvermeidung tritt die Bedeutung der Rekrutierung des Personals ebenso wie der unterschiedliche „Dienstherr" (idealtypisch: Angestellte mit unterschiedlichen Ausbildungen in nichtstaatlichen Organisationen vs. traditionell ausgebildete Beamte in Ministerien) deutlich zurück. So könnte man z. B. vermuten, daß letztere erheblich regelorientierter wären bzw. sich stärker an den vorgegebenen Richtlinien ausrichten würden. Dieser Unterschied besteht aber nicht; allenfalls wird der gleiche Sachverhalt anders erklärt. Während die einen die adressatenorientierte Förderpraxis mit dem Begriff des unbürokratischen, flexiblen Vorgehens charakterisieren, interpretieren die anderen denselben Sachverhalt so, daß für den Adressaten ja ein „Quasi-Rechtsanspruch" auf Förderung bestehe (sofern er nur bestimmte Minimalvoraussetzungen erfüllt). Im Ergebnis bedeuten beide Einstellungen, daß man dem Adressaten soweit wie irgend möglich entgegenkommt.

Die Tatsache, daß die Akteure in ihrer Mehrzahl zugleich eine kritische Einschätzung der eigenen Handlungsmöglichkeiten und deren Wirksamkeit im Sinne einer positiven langfristigen regionalen Entwicklung haben, zeigt als weiteren Grund für die konstatierte Verhaltensweise ihre Einbindung in kurzfristig ausgelegte politische Vorgaben und Erfolgszwänge. Sie verzichten nicht deshalb auf Diskriminierungen, weil sie die Ratio des Handlungsmodells ablehnen, sondern weil bei einer entsprechenden Praxis im Rahmen der gegebenen Programmatik und Instrumente sie im wesentlichen auf negative Handlungen (= Ablehnungen) festgelegt wären, ohne daß eine Deckung durch „die Politik" sicher wäre. Im Gegenteil: deren „Implementationswünsche" laufen eher auf Nicht-Diskriminierung hinaus.

Ein weiteres Ursachenbündel für eine nichtdiskriminierende Praxis der Politikdurchführung könnte im *informationellen Breich* gesehen werden. In der Tat sind erhebliche Informationsdefizite zu bemerken, die Analogie zur Programmkonkretisierung ist unübersehbar. Auch die Akteure in der Implementationsphase besitzen nicht ausreichendes Wissen darüber, welche Betriebe oder Branchen tatsächlich günstige Entwicklungsaussichten haben; auch sie verfügen nur über vage Vorstellungen, wie zu einer qualitativen Verbesserung der regionalen Arbeitsmärkte beizutragen wäre etc. Überdies müssen sie sich auf Angaben der Betriebe verlassen, die ebenfalls oft unsicher erscheinen (z. B weil viele Unternehmen über keine brauchbare Personalplanung verfügen).

Es ist allerdings davon auszugehen, daß solche Informationsdefizite für die beobachteten Resultate nicht von entscheidender Bedeutung sind. Eine Reduzierung der informationellen Defizite würde kaum die Praxis der Nicht-Diskriminierung verändern, sondern allenfalls duchsichtiger machen. Deshalb ist es nicht verwunderlich, daß unter den gegebenen Bedingungen die Akteure ihr Informationsniveau für aus-

reichend halten. Dies hängt zunächst mit der bereits beschriebenen Einschätzung zusammen, daß die „Papierform" eines Falles ohnehin zu seiner Beurteilung nicht ausreiche, sondern das Gespür des Entscheiders, seine eher informell gewonnenen Informationen, einen eigenen Stellenwert haben und durch ein Mehr an Daten, Fakten, Absichtserklärungen der Antragsteller usw. ohnehin nicht zu ersetzen sind. Hinzu kommt, daß die Forderung nach mehr Information auch ihre Probleme hat. Zunächst einmal heißt mehr Information auch mehr Aufwand zu ihrer Verarbeitung. Diese erhöhte Belastung würde entweder den Verarbeitungsprozeß verlängern oder mehr Personal erfordern, beides höchst unpopuläre Konsequenzen. Daß erhöhte informationelle Anforderungen darüber hinaus auch einen gewissen Abschreckungseffekt auf die Adressaten ausüben könnten, ist zumindest nicht von der Hand zu weisen.
Noch gravierender erscheint jedoch das andere Problem; welche Informationen benötigt man überhaupt? Solange grundlegende kausale Informationen über Wirkungen und Wirkungszusammenhänge fehlen, verliert auch die Erschließung von prinzipiell gegebenen deskriptiven Informationsreserven erheblich an Wert und Sinn. Die beobachteten Charakteristika, daß nämlich zur Zeit nach Ansicht der Förderer eher zu viele als zu wenige Informationen zu verarbeiten sind, daß informelle Informationen meistens wichtiger sind als offizielle und daß die relevanten Informationen eher betriebswirtschaftlicher als strukturpolitischer Art sind, finden ihren Niederschlag in der Ausgestaltung der neueren Programme (z. B. Mittelhessenprogramm), in der die Informationsgewinnung und -verarbeitung zusehend vereinfacht und reduziert und auf administrationsexterne Akteure verlagert wird.
Über den Faktor *Finanzen* ist zunächst eine angesichts allgemeiner Finanzknappheit doch erstaunliche und überraschende Feststellung zu treffen: Nicht die Knappheit an Fördermitteln ist bestimmend und kennzeichnend für die Implementation, sondern umgekehrt eine durchaus ausreichende Finanzlage. Selbst am Ende des Haushaltsjahres scheitert allenfalls ein solcher Antrag an knappen Mitteln, der ohnehin ambivalent beurteilt wird. Einigermaßen „interessante" Fälle brauchen deshalb nie abgelehnt zu werden. Die befriedigende Finanzausstattung wird von regionalpolitischen Akteuren offen eingeräumt. Die Aussagen des zuständigen Referenten im Bundeswirtschaftsministerium:

„... das Geld für die Arbeitsplatzförderung reiche immer – man habe ja darüber hinaus noch die Infrastrukturförderung. Diese bilde die offene Flanke zur normalen Landes- und Kommunaltätigkeit und nehme zugleich eine Pufferstellung ein, da hier der Bedarf gekürzt werde. Geld für Industrieförderung aber sei immer vorhanden ..."

sind hier stellvertretend zu referieren.[52]
Die Durchführung der Förderungspolitik hat also kaum mit finanziellen Restriktionen zu kämpfen. Die Ursachen für diese Situation liegen – neben der erwähnten Pufferfunktion der Infrastrukturförderung – in der gegenseitigen Deckungsfähigkeit einer Reihe von Titeln der Landeshaushalte (z. B. Fremdenverkehr, Mittelstandsförderung), vor allem aber in einer großzügigen Bemessung und Vergrößerung der Mittel. Schließlich machen manche Bundesländer (z. B. Baden-Württemberg) zuweilen intensiven Gebrauch von der Möglichkeit, die Mittel über Nachtragshaushalte aufzustocken. Das Problem ist also nicht, daß zu wenig Geld vorhanden ist, sondern vielmehr, daß

Anträge nicht immer in ausreichendem Maße vorhanden sind, um die Mittel sinnvoll zu verbrauchen. Während das Angebot an Fördermitteln aufgrund haushaltstechnischer Bedingungen ziemlich konstant ist bzw. sogar aufgrund des allgemeinen Interesses für die strukturschwachen Gebiete zunimmt, ist die Nachfrage eher schwankend, bzw. nimmt aufgrund sozio-ökonomischer Gegebenheiten ab („Tendenzwende“).

Diese für jeden Politikbereich zunächst durchaus erfreuliche finanzielle Situation entwickelt für das hier zur Diskussion stehende Handlungsfeld allerdings spezifische Schwächen. Eine üppige Finanzausstattung scheint gerade die Realisierung des zentralen Outputziels, die Mittel konzentriert, d. h. diskriminierend einzusetzen, zumindest nicht zu erleichtern. Das „Finanzargument“ läuft nun nicht darauf hinaus, daß eine Verknappung der Mittel mit einer verstärkten Konzentration der Mittel identisch wäre (vielleicht würden andere Faktoren immer noch für eine Gleichverteilung sorgen). Immerhin scheint jedoch zumindest plausibel, daß Diskriminierungsregeln bei vollen „Töpfen“ und der Aussicht auf beachtliche „Haushaltsreste“ nur schwer durchsetzbar sind.

Es kann nicht überraschen, daß in einem Implementationsprozeß, der durch Konfliktlosigkeit und Adressatenorientierung gekennzeichnet ist, direkte und indirekte *politische Einflußnahmen* – zumindest in ihrer Bedeutung für das Ergebnis des Prozesses – wenig signifikant erscheinen. Denn Interventionen in den Durchführungsprozeß dürften in aller Regel mit dem Ziele erfolgen, auf den jeweils anstehenden Fall bezogen eine negative Diskriminierung zu verhindern. In der Mehrzahl der Fälle wird dieses Interventionsziel aber auch schon von den Entscheidern angestrebt; ist dies nicht der Fall, liegen für eine negative Entscheidung so stichhaltige Gründe vor, daß auch derjenige, der sich politisch eingeschaltet hat, von der Richtigkeit einer negativen Entscheidung überzeugt werden kann. Selbstverständlich gibt es Fälle, in denen die Entscheider unter politischem Druck tatsächlich gegen ihre Einsicht handeln und/oder einen Fall unter starker Strapazierung von Richtlinien fördern (z. B. bei einer problematischen wirtschaftlichen Situation des Antragstellers). Es gibt jedoch keine Hinweise darauf, daß solche Fälle zahlenmäßig sehr ins Gewicht fallen. Möglich ist allerdings, daß sie vom Volumen her (z. B. Fördersumme, Anzahl der betroffenen Arbeitsplätze) oft zur Spitzengruppe der Förderfälle zählen.[53]

Für den „normalen“ Implementationsprozeß scheint indessen die einzelfallbezogene Intervention keine verhaltens- und entscheidungsrelevante Rolle zu spielen. Spürbarer ist eher eine regional ausgerichtete Intervention, z. B. in Form von Minister- oder Kabinettserklärungen, alle Landesteile seien gleichmäßig zu fördern, wie sie ad hoc (etwa anläßlich Ministerreisen) auf kleinräumige Belange „heruntergebrochen“ werden können (Ministerzusagen). Eine solche, an der Vermeidung der Verletzung regionaler Interessen ausgerichtete Politik muß jedoch nicht ausdrücklich per Weisung in den administrativen Apparat vermittelt werden; vielmehr kann sie sich in der Regel auf dessen Antizipation solcher Wünsche, d. h. auf dessen „politische“ Problemperzeption verlassen.

Auch die expliziten und vor allem die impliziten Vorgaben, die den mit der Durchführung der Programme betrauten Akteuren aus dem engeren Bereich der Politik gemacht werden, lassen daher eine Programmdurchführung im Sinne des Handlungsmodells als unwahrscheinlich erscheinen. Im Interesse der Politiker liegt nicht eine stringente Diskriminierung zur Erlangung von Struktureffekten, obwohl dies in verschiedenen Verlautbarungen immer wieder so dargestellt wird. Aus den konkreten Eingriffen in den Förderungsprozeß und aus den impliziten Vorgaben der politischen Spitzen geht vielmehr hervor – und wird auch von den Akteuren der Programmdurchführung so perzipiert – daß eher Konfliktvermeidung und Gleichbehandlung oberste Maximen der Förderungspolitik sind. Auch von seiten der „Politik“ wird also eine konsequente Programmdurchführung kaum unterstützt.

Dies hängt zusammen mit dem Problem, daß sowohl für die administrativen „Förderer“ als auch für die „Politiker“ der „Erfolg“ der Förderpolitik nur sehr ungenau zu ermitteln ist. Für langfristige Erfolge, von denen unsicher ist, ob sie erreichbar sind, gibt es im Prinzip keine Incentives; eher das Gegenteil: der langfristige Erfolg der Politik würde bedeuten, daß Orte und Gebiete aus der Förderung „herausfallen“, wogegen sich verständlicherweise fast jeder Raum sträubt. Die Präferenz für den kurzfristigen Erfolg findet auch noch eine ebenso kurzfristig ausgerichtete Begründung in der aktuellen Problemlage eines strukturschwachen Raumes. Denn oft stellt sich dort das Problem, daß für nur gering qualifizierte Arbeitskräfte Erwerbsmöglichkeiten zu schaffen sind, während qualifiziertere Arbeitskräfte nur in viel geringerem Maße ohne adäquate Beschäftigung sind, (weil hier das Problem sich idR. durch Abwanderung „löst“). Eine nach qualitativen Arbeitsplatzkriterien diskriminierende Förderungspraxis würde u. U. dem aktuellen Bedarf nicht adäquat sein und entsprechende Konflikte produzieren. Eine kurzfristig angelegte Förderung, und sei es auch nur die der bekannten Hemdennäherei, ist deshalb fast unvermeidlich; denn sie beweist zumindest Aktivität, kann Konflikte vermeiden und zugleich noch wie ein Erfolg erscheinen. Nicht der tatsächlich, d. h. auch langfristig gesicherte Erfolg, sondern das Glaubhaftmachen von Erfolg oder zumindest Aktivität ist mithin das Problem der Förderpolitik. Und auch dies führt zu einer weitgehenden Nicht-Diskriminierung. „Förderer“ beweisen ihre Aktivitäten und ihre ganze Daseinsberechtigung damit, daß sie Geld ausgeben, oder wie Pressmann/Wildawsky für die USA bemerken:

> "After all, a spending agency has to keep moving money and building projects or Congress will suspect that it is noch doing its job."[54]

Daraus folgt dann, wie die Autoren es ausdrücken, eine „temptation to soften the requirements“.

Der gleiche Mechanismus ist auch von anderen, in erster Linie angelsächsischen Autoren beobachtet worden. So konstatierten Stanbury u. a.[55], daß die Wichtigkeit einer administrativen Untereinheit innerhalb der Bürokratie direkt proportional mit dem Unfang der Ausgaben und der Zahl der Klienten wächst. D. h. „Förderer“ entwickeln auch Eigeninteressen, die eher für Gleichbehandlung als für Diskriminierung sprechen. Und da Erfolg eben kaum zu messen ist, wird Anteil und Wachstum als Maßstab der Aktivität herangezogen[56]. Daß Programme nicht die mit ihnen intendierten Wirkungen erzielen oder sogar vollkommen ineffektiv sind, ist für die beteiligten Akteure und Politiker zumindest kein sehr brennendes Problem; denn wie Williams bemerkt "... there is no real loss of power or status if programs are ineffective."[57]

Abschließend soll erörtert werden, welche Rolle die Organisation der Förderung, d. h. die *Implementationsstruktur* für das Zustandekommen des Implementationsoutputs spielt. In der Regelung der Beziehungen der an der Programmdurchführung beteiligten Akteure finden sich von Land zu Land deutliche Unterschiede, da die Ausgestaltung dieser Struktur auch im Rahmen der GRW Sache der Länder ist. Diese Unterschiede in der „Feinstruktur" der Implementationsbeziehungen (z. B. hinsichtlich der Bedeutung der Mittelinstanzen oder der Verlagerung von Aufgaben auf selbständige Verwaltungsträger) scheinen indessen für die Ergebnisse der Durchführung keine entscheidende Rolle zu spielen; sie werden vielmehr überlagert durch die „Grobstruktur" der Anreizprogramme, d. h. im wesentlichen durch das problematische Verhältnis von Förderer und Adressaten, die u. E. für das Ergebnis in hohem Maße signifikant ist.

Der Förderer kann erst dann aktiv werden, wenn der Empfänger Interesse zeigt. Die Problematik dieser Abhängigkeit wird durch zwei Faktoren konstituiert. Die Attraktivität des Angebots (Förderung) für den Empfänger ist nicht gewiß, andererseits hängt der Aktivitätsbeweis des Förderers davon ab, daß er seine Fördermittel ausgeben kann. Ergebnis dieser Konstellation ist eine weitgehende Orientierung der Förderer an den Wünschen und Kalkülen der Adressaten (Stichwort „Käufermarkt"). Man versteht sich deshalb als „dienstleistungsorientiert" und „professionell"; „bürokratische" oder „regelorientierte" Verhaltensweisen gelten als nicht angemessen.[58] Diese zusammenfassend als „Adressatenorientierung" zu charakterisierende Einstellung ist ganz ausgeprägt im Bereich der einzelbetrieblichen Förderung festzustellen. Sie kennzeichnet jedoch auch die Infrastrukturförderung, obwohl in der Regel Kommunen stärker auf Fördermittel für ihre Investitionen angewiesen sein dürften als private Unternehmen. Dies gilt jedoch unter zwei oft anzutreffenden Bedingungen nicht. Zum einen spielt die Infrastrukturförderung die Rolle eines „Puffers", d. h. bei geringem Interesse an einzelbetrieblichen Fördermitteln sind die Förderer darauf angewiesen, ihr Geld in der Infrastrukturförderung unterzubringen und entsprechende Anträge anzuregen. Zum anderen geht das Interesse von Kommunen dann zurück, wenn sie ihren Bedarf an Infrastruktur (hier: Industriegelände) als gesättigt betrachten und sich mit Anträgen entsprechend zurückhalten. Dies zeigt, daß auch im Bereich der Infrastrukturförderung die Abhängigkeit der Förderer von der Kooperation der Adressaten als relativ hoch einzuschätzen ist.

Zusammenfassend läßt sich feststellen, daß ein typisches Merkmal des Implementationsprozesses die weitreichende Andressatenorientierung ist, die sich aus der Implementationsstruktur ergibt: Der Förderer ist zur Demonstration eigener Aktivitäten (und auch – in Ermangelung anderer Kriterien – des eigenen Erfolges) darauf angewiesen, seine Fördermittel auszugeben. Dieses "moving money"[59] ist jedoch nur realisierbar, wenn die Adressaten kooperationsbereit sind. Je stärker diese Abhängigkeit ausgeprägt ist, um so mehr treten die Kalküle der Förderer (mit ihren Mitteln eine effektive Strukturpolitik zu betreiben) hinter die ihrer Adressaten zurück (möglichst ohne Einschränkungen Fördermittel zu erhalten). Die Struktur des Fördermodells („Anreizprogramme") ist daher der Hauptnenner, der in der Durchführung beobachteten, auf Nicht-Diskriminierung hinwirkenden Mechanismen.

4. Ergebnis: Flexibilität statt Diskriminierung

Als generelles Ergebnis kann festgehalten werden, daß im Bereich der Regionalpolitik nicht im Sinne des verlautbarten Handlungsmodells verfahren wird. Die in diesem Modell implizit und explizit enthaltenen Outputziele werden nicht erreicht. Die darin enthaltenen Diskriminierungsregeln werden sowohl in der Phase der Programmkonkretisierung in den Bund/Länder-Programmen wie insbesondere in den reinen Länderprogrammen „aufgeweicht". Schließlich werden die Programme auch kaum im Sinne dieser Ziele durchgeführt.

Bei der Untersuchung der *Programmkonkretisierung* wurde deutlich:

- Es gibt eine Vielzahl von Programmen, die überhaupt nicht regional gebunden sind, und die daher dem jeweiligen Antragsteller eine große Auswahl eröffnen („Käufermarkt").
- Die Programme der „Gemeinschaftsaufgabe Verbesserung der regionalen Wirtschaftsstruktur" enthalten zwar einige Diskriminierungsregeln, diese werden aber kaum operationalisiert (Arbeitsplätze), oder durch die Programmkonkretisierung aufgeweicht (Schwerpunktprinzip).
- Die Landesprogramme dienen in erster Linie der Ergänzung der GRW-Programme und verwässern die Diskriminierungsregeln noch weiter (noch mehr Antragsberechtigte, noch mehr Schwerpunktorte).

Die Untersuchung der *Durchführung* der Förderung in den einzelnen Ländern ergab,

- daß die Mittel eher nach dem Prinzip der Gleichverteilung als nach dem der Diskriminierung vergeben werden,
- daß die Mittel der Landesprogramme idR komplementär eingesetzt werden,
- daß die Förderung in erster Linie klientelorientiert durchgeführt wird, und daß nicht unbedingt strukturpolitische Aspekte den Ausschlag geben („Wir sind Wirtschaftsförderer, nicht Wirtschaftsverhinderer"),
- daß damit auch im Bereich der regionalen Wirtschaftsförderung der „fachpolitische" Aspekt (Wirtschaftlichkeit) oft über den regionalen Aspekt (Struktureffekt) dominiert. In der Regel schlagen die „harten" Festlegungen der Programme durch (z. B. Primäreffekt); gerade bei ihnen erscheint es aber oft zweifelhaft, ob sie für die regionale Entwicklung die wichtigsten sind.

Etwas vereinfachend kann also gesagt werden, daß im Bereich der Förderung strukturschwacher Räume nicht konsequent diskriminiert wird. Selbst der, dessen Antragsberechtigung zumindest zweifelhaft erscheinen könnte, hat gute Chancen gefördert zu werden, wenn er sich nicht einfach abschrecken oder abweisen läßt. So scheint der Schluß gerechtfertigt, daß die im Handlungsmodell angelegten Handlungsspielräume einseitig zur Nichtdiskriminierung genutzt werden und daher das Steuerungspotential im Rahmen des gegebenen Modells nicht ausgenutzt wird. Diese Tendenz zur Nicht-Diskriminierung kann durch verschiedene, im Bereich der Programmkonkretisierung und der Programmdurchführung wirksame *Rationalitäten* erklärt werden. Im Bereich der *Programmkonkretisierung* sind folgende Aspekte zu erwähnen:

- Die Vielzahl und Konkurrenz der Programme zeigt, daß Wirtschaftsförderung nicht nur regionale Ziele verfolgt, sondern daß andere (sektorale) Ziele u. U. viel wichtiger sind.
- Die diffuse Problemperzeption und Zielbildung ("change for the better") gibt den administrativen Akteuren keine brauchbaren Entscheidungskriterien.
- Eine Schwerpunktsetzung (und damit Diskriminierung) innerhalb eines Bundeslandes – um die Probleme der GRW auszuklammern – ist kaum mit den Mechanismen des politischen Prozesses zu vereinbaren.
- Schließlich ist die geringe Konkretisierung der Programme bedingt durch die Unsicherheit über Wirkungen und Wirkungszusammenhänge (keiner weiß genau, welche Arbeitsplätze wirklich förderungswürdig sind).

Im Bereich der Durchführung kommen folgende Faktoren als Verstärker der Nicht-Diskriminierungstendenz hinzu:

- die Orientierung des Personals (Förderer, nicht Verhinderer),
- die nicht vorhandene Knappheit an finanziellen Mitteln (Geld ist immer vorhanden),
- die mangelhaften Vorgaben der Politik,
- die Abhängigkeit der Förderer von der Kooperationsbereitschaft der Adressaten bzw. insgesamt
- die Struktur der Anreizprogramme ("moving money")

Die üblicherweise als besonders wichtig angenommenen Faktoren

- Organisation (wie ist die Durchführung organisiert?),
- Information (gibt es ausreichende Informationen?) oder auch
- knappe Finanzen (reichen die vorhandenen Mittel aus?)

spielen hingegen im gegebenen Fördersystem keine entscheidende Rolle.
Die Programme der Regionalpolitik zeichnen sich also dadurch aus, daß sie nur wenige Aktionsmöglichkeiten der politisch-administrativen Akteure präzise festlegen und daher auch den Implementatoren einen großen Entscheidungsspielraum lassen, daß sie aber gleichzeitig von vornherein eine große Teilmenge möglicher Handlungsalternativen ausschließen. Während man sich bei den Instrumenten auf einen einzigen Typus – die Anreizprogramme – beschränkt, besteht bei der Durchführung dieser Programme eine verhältnismäßig hohe Flexibilität. Sie führt dazu, daß der Anspruch, gesellschaftlich-ökonomische Entwicklungen zu steuern, weitgehend aufgegeben wird und zwar zugunsten einer Anpassung der jeweiligen Politik an vorgegebene sozio-ökonomische Entwicklungen. Dieser reaktive Grundzug der Politik ist in den Programmen vorgezeichnet, wird aber erst durch die Programmdurchfüh-

rung aktualisiert und verdeutlicht. Zu erinnern ist daran, daß eine solche „Selbstbeschränkung" der Handlungsspielräume nicht nur die Wirksamkeit der jeweiligen Politik infrage stellt, sondern gleichzeitig zu Bevorzugungen und Benachteiligungen gesellschaftlicher Gruppen führt. Die in den Programmen angelegte Bevorzugung von Unternehmerinteressen wird in der Implementationsphase noch über in den Programmen ausgelegten Tendenzen hinaus verwirklicht. Ein Credo der Förderer könnte man überspitzt formulieren: was gut ist für die Investoren, ist im Prinzip auch gut für die Region.

Stark vereinfacht kann man in bezug auf politische Programme zwei Arten unterscheiden: „gut" wären solche Programme, die eindeutige Festlegungen für die Programmdurchführer enthalten, die auf gesicherten kausalen Annahmen beruhen und die man daher ganz generell als wirklichkeitsadäquat bezeichnen kann. „Schlecht" wären demnach Programme, die auf ungesicherten oder sogar falschen Annahmen und Voraussetzungen beruhen, die unklare oder widersprüchliche Anweisungen enthalten, in denen – mit einem Wort – "errors of policy" enthalten sind. Genauso kann man „gute" und „schlechte" Implementation unterscheiden, d. h. einerseits Durchführung der Programme gemäß ihren Intentionen oder auf der anderen Seite eine von anderen Faktoren stark behinderte Durchführung.

Eingedenk dieser sehr vereinfachten Definitionen von „guten" und „schlechten" Programmen und deren Durchführung lassen sich daraus für unseren Fall folgende Schlüsse ziehen: Die Variante „gutes Programm"/„gute" Implementation, der Idealfall also, ist nicht zu entdecken. Auch die Variante „schlechtes" Programm, aber „gute", d. h. programmgerechte Implementation läßt sich nicht ermitteln. Dies wäre allerdings auch eine wenig attraktive Kombination, denn sie bedeutet ja, daß wirkungslose Programme intentionsgerecht und sehr genau durchgeführt werden. Die Alternative „gutes" Programm/„schlechte" Implementation ist eine der möglichen Beschreibungen des von uns untersuchten Politikbereichs. Falls trotz aller Bedenken das grundlegende Handlungsmodell der Regionalpolitik als „richtig" angesehen wird (d. h. Kapitalorientierung, Arbeitsplatzzwischenziel, Anreizprogramme, Schwerpunktsetzung, Konzentration usw.) würde die von uns konstatierte wenig diskriminierende Durchführung der Programme dennoch den Erfolg der Förderungspolitik infrage stellen. In diesem Fall kann von Vollzugsdefiziten und von Handlungsrestriktionen im Bereich der Implementation, oder m. a. W. vom „Verschenken" von Handlungsspielräumen im Bereich der Programmdurchführung gesprochen werden. Die Implementationsforschung spricht hier auch von „Steuerungsverzicht" des politisch-administrativen Systems oder „Nichtausschöpfung" vorhandener Steuerungskompetenzen und -potentiale.

Wahrscheinlicher – und durch die Untersuchungen in Baden-Württemberg und Hessen tendenziell bestätigt – erscheint uns allerdings, daß der Bereich der Förderung strukturschwacher Räume noch am ehesten mit der letzten Kombination übereinstimmt, d. h. es handelt sich – bezogen auf das verlautbarte Handlungsmodell – um einen Bereich mit unzulänglichen Programmen, die auch unzulänglich durchgeführt werden. So spricht einiges dafür, daß in den von uns untersuchten Bereichen die Programme im Sinne der oben angeführten Definition „schlecht" sind – im Sinne von „Unzulänglichkeit". Sie beruhen auf ungesicherten Wenn-dann-Annahmen, sie enthalten widersprüchliche Ziele, unklare Programmfestlegungen usw. Wenn man weiter unter einer „guten" Implementation die Durchführung der Programme gemäß ihren Intentionen, – hier wohl die stringente sachliche und regionale Diskriminierung – versteht, muß auch die Durchführung der verschiedenen Förderprogramme der regionalen Strukturpolitik als „schlecht" („unzulänglich") charakterisiert werden. Im Verlauf der Untersuchung der Programmdurchführung wurde jedenfalls deutlich, daß die Vergabe der Förderungsmittel weitgehend von außen gesteuert ist, d. h. die im Rahmen der Implementation vorhandene „Flexibilität" wird in der Form genutzt, daß die Programme an die Anforderungen der Umwelt angepaßt werden. Die Verteilung der Mittel richtet sich in erster Linie nach den Anträgen, programmatische Festlegungen haben eher die Funktion von Restriktionen der Förderpolitik. Eindeutige Aussagen über Handlungsspielräume und Steuerungspotentiale sind in diesem Fall nicht möglich. Es besteht jedoch die begründete Vermutung, daß sie nicht genutzt werden (können).

Insbesondere die Programmdurchführung in der Form einer „Anpassungspolitik" mag unter dem eigentlich erhobenen Anspruch der „Gestaltungspolitik" als irrational erscheinen. Diese Annahme setzt aber voraus, daß eine aktive Steuerung der Entwicklung mit den vorhandenen Programmen überhaupt möglich ist. Wenn man jedoch davon ausgeht, daß diese Programme im Prinzip überhaupt nicht in der Lage sind, die regionalen Disparitäten effektiv zu bekämpfen (und die Skepsis der „Förderer" gegenüber den Programmen scheint dies zu bestätigen), erhält eine nicht-programmadäquate Durchführung sogar ihre eigene Rationalität.

Einige Beobachtungen scheinen in der Tat darauf hinzudeuten, daß die regionalen Förderprogramme weniger unter dem Gesichtspunkt der regionalökonomischen Effektivität (in bezug auf Ansiedlung von Industrie, Schaffung von Arbeitsplätzen usw.) zu sehen sind, sondern unter dem breiteren Ansatz der „regionalen Aktivität" überhaupt. Die Programme gewinnen dann eher eine politisch-symbolische, und weniger eine ökonomisch-entwicklungsorientierte Bedeutung.[60] Die höhere Bewertung des Kriteriums „Förderungsbedürftigkeit" gegenüber dem der „Förderungswürdigkeit" deutet ebenfalls darauf hin, daß es nicht unbedingt darauf ankommt, regionalpolitische *Erfolge* nachweisen zu können, sondern eher regionalpolitische *Aktivitäten*. So gesehen erscheint die „schlechte" Durchführung der „schlechten" Programme durchaus rational, gerade die stringente Durchführung ungesicherter Programme wäre dann problematisch.

Anmerkungen

1 Der Aufsatz beruht auf Ergebnissen des am Forschungsinstitut für öffentliche Verwaltung bei der Hochschule für Verwaltungswissenschaften Speyer durchgeführten und von der DFG geförderten Forschungsprojekts Entscheidungsfähigkeit und Handlungsspielräume des politisch-administrativen Systems der Bundesrepublik Deutschland am Beispiel ausgewählter Bundesländer und Politikbereiche (Projektleitung *C. Böhret*). Entsprechend der Intention des Aufsatzes werden die Forschungsergebnisse hier nur zum Teil und in erster Linie illustrativ referiert, zu den ausführlichen Ergebnissen vgl. *Werner Jann/Eva Kronenwett:* Handlungsspielräume und Entscheidungsfähigkeit des politisch-administrativen Systems, untersucht am Beispiel der Förderung strukturschwacher Räume, Speyerer Forschungsbericht 9, Speyer 1979. Im gleichen Projektzusammenhang wurde auch der Bereich Gesundheitswesen untersucht, vgl. *Werner Hugger:* Handlungsspielräume und Entscheidungsfähigkeit des politisch-administrativen Systems, untersucht am Beispiel des Gesundheitswesens, Speyerer Forschungsbericht 10, Speyer 1979.

2 Grundlegende offizielle und offiziöse Verlautbarungen hierzu finden sich vor allem in *Hans-Hermann Eberstein* (Hrsg.), Handbuch der regionalen Wirtschaftsförderung, Köln ab 1971, darin insbesondere die Beiträge von *Wolfgang Albert* und *Horst Mehrländer.* Einen guten Überblick bieten auch die Beiträge von *Hans Friderichs* (damaliger Wirtschaftsminister), *Wolfgang Albert, Horst Mehrländer, Hans-Joachim Klein* u. a. (alle an verantwortlicher Stelle in Bundes- oder Länderministerien mit der regionalen Wirtschaftsförderung beschäftigt), in: Innere Kolonisation, Heft 3, 1975, oder auch das Heft 12/1976 „Raumordnung und Gemeinschaftsaufgabe ‚Regionale Wirtschaftsstruktur' " der Informationen zur Raumentwicklung. Für eine ältere Darstellung des Konzepts vgl. Intensivierung und Koordinierung der regionalen Strukturpolitik. Vorschläge des Bundesministers für Wirtschaft, Bonn o. J. (1968).

3 Da diese Outputziele den Implementationsoutput definieren, können sie auch als „Implementationsanforderungen" interpretiert werden.

4 Vgl. z. B. Gesetz über die Gemeinschaftsaufgabe „Verbesserung der regionalen Wirtschaftsstruktur" vom 6. Oktober 1969 (BGBl. I S. 1861), § 2 (1): „Die Förderung soll sich auf räumliche und sachliche Schwerpunkte konzentrieren".

5 Zitiert bei *Angelika Baestlein*: Zusammenfassung der Diskussion zu Teil I, in: *Fritz W. Scharpf/Bernd Reissert/Fritz Schnabel* (Hrsg.), Politikverflechung II, Kronberg/Ts. 1977, S. 63.

6 Vgl. zum Beispiel *Dietrich Fürst/Paul Klemmer/Klaus Zimmermann:* Regionale Wirtschaftspolitik, Tübingen, Düsseldorf 1976 oder *Friedrich Buttler/Knut Gerlach/Peter Liepmann:* Grundlagen der Regionalökonomie, Reinbek 1977, jeweils mit weiteren Literaturangaben.

7 *Rolf Blumenberg:* Raumordnungskonzeptionen und Ziele der Industrie-Ansiedlungspolitik, in: Raumordnung, Industrieansiedlung und Verkehr (= Beiträge aus dem Institut für Verkehrswissenschaft an der Universität Münster, Bd. 76) Göttingen 1974, S. 39.

8 Vgl. hierzu ausführlicher z. B. *K. Rittenbruch:* Zur Anwendbarkeit der Exportbasiskonzepte im Rahmen von Regionalstudien, Berlin 1969 oder *Fürst/Klemmer/Zimmermann* a. a. O. S. 46 mit weiteren Literaturangaben.

9 Vgl. z. B. *Claus Noé*: Chancen und Bedingungen einer Strukturpolitik aus einem Guß, in: Neue Gesellschaft 1970, besonders S. 730 f.

10 Vgl. zu ähnlichen Unterscheidungen u. a. *Fritz W. Scharpf*: Public Organization and the Waning of the Welfare State: A Research Perspective, Reprint Series of the IIM, I 76-42, Berlin 1976 oder *Eberhard Bohne/Jochen Hucke*: Implementation als Thema der Verwaltungswissenschaft, in: Studien zur Reform von Regierung und Verwaltung, hrsgg. vom Verein für Verwaltungsreform und Verwaltungsforschung e. V., Teil II, Bonn 1978, S. 67 mit weiteren Angaben.

11 Eine Ausnahme bilden Umweltschutzauflagen in Ballungsgebieten, diese werden bisher aber noch nicht in Hinblick auf regionalpolitische Ziele eingesetzt.

12 Vgl. z. B. *Buttler/Gerlach/Liepmann* a.a.O., *Frieder Naschold/Werner Väth:* Raumstrukturelle Entwicklungspolitik als Strategie langfristiger Arbeitsplatzsicherung, in: Neue Gesellschaft, 1976, S. 460 ff. sowie die umfangreiche Literatur zur Erfolgskontrolle, z. B. *Folkwin Wolf:* Effizienz und Erfolgskontrolle der regionalen Wirtschaftsförderung, Ergebnisse einer Untersuchung in Hessen, Wiesbaden 1974, *Ulrich Freund/Gerhard Zabel:* Zur Effizienz der regionalpolitischen Industrieförderung in der Bundesrepublik Deutschland, in: Raumforschung und Raumordnung, 1978 S. 99 ff. . Für einen knappen Überblick siehe auch *Adalbert Evers:* Zur Wirksamkeit der regionalen Wirtschaftsförderung als Entwicklungs- und Notstandspolitik, in: Informationen zur Raumentwicklung, 1976, S. 811 ff.

13 Die Konzentration der Untersuchung auf zwei Bundesländer hat in erster Linie forschungspragmatische Gründe. Wir vermuten, daß die von uns in beiden Ländern beobachteten Mechanismen weitgehend für alle Bundesländer gelten. Diese Vermutung wurde vielfach bestätigt. Für einen Überblick über die historische Entwicklung der Regionalpolitik in der Bundesrepublik vgl. u. a. *Wolfgang Albert:* Die Entwicklung der regionalen Wirtschaftspolitik in der Bundesrepublik Deutschland, in: Eberstein (Hrsg.). a.a.O. (Anm. 2).

14 Insbesondere wurden Ausgestaltung und Durchführung folgender Programme untersucht. Für das gesamte *Bundesgebiet* geltende Programme:
- Gemeinschaftsaufgabe „Verbesserung der Regionalen Wirtschaftsstruktur" (GRW), Gesetz vom 6. Oktober 1969 (BGBl. I S. 1861); Siebter Rahmenplan der Gemeinschaftsaufgabe „Verbesserung der Regionalen Wirtschaftsstruktur", BTDrs. 8/2014; Investitionszulagengesetz (InvZulG) in der Fassung vom 3. Mai 1977 (BGBl. I S. 669).
- Richtlinien zur Gewährung von Darlehen zur Förderung von kleinen und mittleren Unternehmen in den Gebieten der Gemeinschaftsaufgabe „Verbesserung der regionalen Wirtschaftsstruktur" vom 21. Juli 1976, in: Das ERP-Programm '78, hrsg. vom Bundesministerium für Wirtschaft, Bonn 1978, S. 33 ff.
- Richtlinien für ERP-Darlehen zur Verbesserung des Wohn- und Freizeitwertes in Gemeinden (ERP-Gemeinde-Programm), in: Das ERP-Programm '78 a.a.O., S. 62 f.
- Mehrjähriges Öffentliches Investitionsprogramm zur wachstums- und umweltpolitischen Vorsorge (Programm für Zukunftsinvestitionen, ZIP), veröffentlicht z. B. in Staatsanzeiger Baden-Württemberg, Nr. 38/1977 vom 14.5.1977.

In *Hessen* darüber hinaus:
- Strukturverbesserungsplan des Landes Hessen, Richtlinien vom 2.7.1973, Staatsanzeiger des Landes Hessen Nr. 32 vom 6.8.1973.
- Mittelhessen-Programm, Richtlinien für die Gewährung von Investitionskrediten zur Förderung der Leistungsfähigkeit bei kleineren und mittleren Unternehmen in Mittelhessen, Staatsanzeiger für das Land Hessen 1977, Nr. 3.
- Richtlinien für die Förderung der Erschließung von Industriegelände, Staatsanzeiger für das Land Hessen, 1977, Nr. 7, S. 421 ff.

Schließlich in *Baden-Württemberg:*
- Strukturentwicklungsprogramm, Richtlinien des Landes zur Durchführung des Programms zur Förderung der gewerblichen Wirtschaft – Strukturentwicklungsprogramm, Staatsanzeiger für Baden-Württemberg Nr. 102/1967, geändert durch Bekanntmachung vom 16.4.1969, Staatsanzeiger Nr. 39/1969.
- Darlehensprogramme der Landeskreditbank zur Förderung der mittelständischen gewerblichen Wirtschaft und der in der Wirtschaft tätigen freien Berufe, Programm 4: Investitionsvorhaben von Unternehmen des Handels, Kleingewerbes und der mittelständischen Industrie in wirtschaftsschwachen Gebieten und sonstige strukturpolitisch wichtige Vorhaben, Rundschreiben der Landeskreditbank Nr. 11 vom 25.8.1977.
- Hohenlohe-Programm, Land Baden-Württemberg, Ministerium für Wirtschaft, Mittelstand und Verkehr, Stuttgart 1975.
- Landesprogramm zur Stärkung der Infrastruktur in wirtschaftsschwachen Räumen, Staatsanzeiger Nr. 20/1977 vom 12.3.1977, geändert durch Richtlinien vom 3.10.1978, Staatsanzeiger Nr. 86/1978.

Für eine Übersicht über die in *Hessen und Baden-Württemberg* geltenden Programme siehe auch:
- Hessen Finanzierungsfibel, hrsgg. von der Hessischen Landesentwicklungs- und Treuhandgesellschaft mbH, Wiesbaden (verschiedene Jahrgänge),
- Industrieansiedlung in Baden-Württemberg, hrsgg. vom Ministerium für Wirtschaft, Mittelstand und Verkehr Baden-Württemberg und der Zentrale für Wirtschaftsförderung beim Landesgewerbeamt Baden-Württemberg, Stuttgart (verschiedene Jahrgänge),
- Finanzhilfen. Wegweiser zu staatlichen Förderungs- und Finanzierungsmöglichkeiten in Baden-Württemberg, hrsgg. vom Ministerium für Wirtschaft, Mittelstand und Verkehr des Landes Baden-Württemberg in Zusammenarbeit mit der Landeskreditbank Baden-Württemberg, Stuttgart 1975 ff. (Loseblattsammlung).

Für einen umfassenden *Überblick* über die in der Bundesrepublik vorhandenen *Förderungsmöglichkeiten* (auch regional nicht gebundene) vgl. Die Finanzierungshilfen des Bundes und der Länder an die gewerbliche Wirtschaft, hrsgg. von *Ellen Dittes* (=jährliches Sonderheft der Zeitschrift für das gesamte Kreditwesen).

Zu den ausführlichen Ergebnissen der Analyse der Programme vgl. den Projektbericht von *Jann/Kronenwett* a.a.O. Teil II, Kap. 7. Im folgenden werden nur ausgewählte Ergebnisse referiert, so muß hier z.B. auf eine ausführliche Behandlung der Infrastrukturförderung verzichtet werden.

15 Vgl. *Bernd Reissert/Fritz Schnabel,* Fallstudien zum Planungs- und Finanzierungsverbund von Bund, Ländern und Gemeinden, in: *Fritz W. Scharpf* und diess.: Politikverflechtung: Theorie und Empirie des kooperativen Förderalismus in der Bundesrepublik, Kronberg/Ts. 1976, S. 76 ff.. Vgl. hierzu auch die Beiträge in *Scharpf/Reissert/Schnabel* (Hrsg.) a.a.O. (Anm. 5).

16 Die auf die Förderräume bezogenen Daten der Bevölkerung und der Fläche sind u. W. für Hessen nicht veröffentlicht. Sie sind hier aufgrund der für die statistischen Daten der Jahresberichte des Hessischen Ministers für Wirtschaft und Technik zugrunde gelegten Abgrenzung der Fördergebiete durch Kreise aufgrund des Statistischen Taschenbuchs für das Land Hessen, Wiesbaden 1977, errechnet.

17 Vgl. Neuabgrenzung der Landesfördergebiete und Landesausbauorte, Landtag von Baden-Württembert, Drs. 6/8904 vom 26.01.76.

18 Zu dieser Argumentation vgl. z. B. *Wolfgang Albert*: Verbesserung der regionalen Wirtschaftsstruktur, Rahmenplan, in: Eberstein (Hrsg.) BIII, S. 4 ff.

19 Obwohl es hier Ausnahmen gibt, so insbesondere Bayern; vgl. z. B. *Max Streibl*: Verfehlte Raumordnungspolitik der Bundesregierung zu Lasten der strukturschwachen Gebiete Bayerns, in: structur 10/1976, S. 221 f.

20 Im ersten Rahmenplan (1972) 312 Schwerpunktorte, nach der Neuabgrenzung (1974) 327, heute 331 Schwerpunktorte.

21 Vgl. Großer Hessenplan, Landesentwicklungsplan, hrsgg. vom Hessischen Ministerpräsidenten, Wiesbaden 1970 (Neudruck 1973), S. 15 f.

22 Vgl. die Beiträge zum Verfahren der GRW von *Peter Becker* und *Diether Schmidt* in Eberstein (Hrsg.) a.a.O.

23 Ähnlich heißt es in einer Finanzierungsfibel aus Hessen aus dem Jahre 1976 (vgl. Anm. 14), daß aus Mitteln des Landes in Gebieten der GRW nur Vorhaben gefördert werden, „für die ein Investitionszuschuß nach der Gemeinschaftsaufgabe nicht gewährt werden kann" (II,1).

24 Richtlinien Mittelhessenprogramm (Anm. 14), Ziff. 2. 1. Allerdings ist auch im Rahmen der GRW festzustellen, daß die Anforderungen in letzter Zeit gelockert wurden, d. h. es ist eine Art „schleichende Anpassung" an veränderte Verhältnisse nicht zu verkennen. Als Beispiele sind zu nennen

- Erweiterungen von Betrieben, die nach der Einführung der GRW in Nicht-Schwerpunktorten errichtet wurden, sind seit dem 6. Rahmenplan auch förderungsfähig,
- die Mindestzahl der bei Erweiterungen zu schaffenden Arbeitsplätze wurde ebenfalls mit dem 6. Rahmenplan gesenkt,
- Teile des tertiären Sektors wurden durch den 5. Rahmenplan in die Förderung einbezogen
- genauso neue Problemregionen, ohne daß eine Neuabgrenzung stattgefunden hat (7. Rahmenplan),
- „Entschuldigungsgründe" für das Unterschreiten früherer Arbeitsplatzziele wurde im 5. Rahmenplan festgehalten.

Bemerkenswert an diesen Änderungen erscheint, daß die einzige programmatische Antwort auf veränderte ökonomische Rahmenbedingungen (z. B. schrumpfendes Ansiedlungspotential) offenbar in einer Aufweichung oder „Flexibilisierung" der Outputziele gesehen wird.

25 Man könnte auch argumentieren, daß diese Quasi-Gleichstellung der Mehrzahl der Schwerpunktorte mit dem übrigen GRW-Gebiet ja gerade dem Konzentrationsziel entspricht; denn so erfahren, abgesehen vom Zonenrandgebiet, letztlich indirekt nur die relativ wenigen B-Schwerpunkte (20 %-Förderung) eine deutliche Attraktivitätssteigerung via Förderpräferenz.

26 Während die sachliche und räumliche Schwerpunktsetzung in den Landesprogrammen nicht durch Differenzierung der Förderhöchstsätze berücksichtigt wird, ist immerhin anzumerken, daß die Förderung im Rahmen von Landesprogrammen sich an der unteren Grenze der Förderung im Rahmen der GRW bewegt, d. h. *daß die Landesförderung nicht versucht, attraktiver zu sein als die GRW-Förderung.* Dies ist zumindest ein positives Ergebnis der GRW, denn ein besonderer Grund zur Einführung der Gemeinschaftsaufgabe war ja, die Konkurrenz der Förderungshöchstsätze zwischen Bund und Ländern wie zwischen den Ländern abzuschaffen.

27 Vgl. dazu die jährliche Übersicht über Finanzierungshilfen der Zeitschrift für das gesamte Kreditwesen (Anm. 14).

28 Z. B. Technologieförderung. Vgl. hierzu u. a. Heft 7/1978 der „Informationen zur Raumentwicklung".

29 Vgl. *Herwig Birg* unter Mitarbeit von *E. Jöhrens* und *W. Kirner:* Prognose des regionalen Angebots an Arbeitsplätzen, Berlin 1975. Vgl. insgesamt zu den im Zusammenhang mit der Neuabgrenzung vergebenen Gutachten *Horst Mehrländer:* Die Weiterentwicklung der Gemeinschaftsaufgabe „Verbesserung der regionalen Wirtschaftsstruktur", in: Innere Kolonisation, 1975, S. 106 ff.

30 Vgl. hierzu z. B. *Peter Thelen/Georg Lührs:* Abgrenzung von Fördergebieten – Die Messung der Wirtschaftskraft und der strukturellen Gefährdung der Regionen, Bonn-Bad-Godesberg 1971, oder *Rainer Thoss/Marita Strumann/Horst M. Bölting:* Zu Eignung des Einkommensniveaus als Zielindikator der regionalen Wirtschaftspolitik, Münster 1974.

31 *Jürgen Melcher/Manfred Tietzel* unter Mitarbeit von *Jochen Langkau:* Zu einer qualitativen Analyse regionaler Arbeitsmärkte. Pilotstudie, Bonn-Bad-Godesberg 1977, S. 6.

32 *Jochen Schulz* zur Wiesch: Regionalplanung in Hessen . Ein Beitrag zur empirischen Planungsforschung, Stuttgart usw. 1977, S. 332.

33 Ebda.

34 Vgl. hierzu exemplarisch *Gerd-Michael Hellstern/Hellmut Wollmann:* Sanierungsmaßnahmen. Städtebauliche und stadtstrukturelle Wirkungen (Methodische Vorstudie), (= Schriftenreihe „Stadtentwicklung des Bundesministeriums für Raumordnung, Bauwesen und Städtebau) Bonn-Bad-Godesberg 1978, S. 21, 84 und 110.

35 Die allerdings in den einschlägigen Programmen, z. B. in den Rahmenplänen der GRW nie so eindeutig formuliert, sondern von der Wissenschaft in dieser Weise „systematisch geordnet" wurde.

36 *Fritz W. Scharpf:* Politische Bedingungen der Wirksamkeit raumordnerischer Steuerungsinstrumente, in: Raumforschung und Raumordnung, 1976 S. 289 ff.

37 Allenfalls die – in jüngeren Rahmenplänen der GRW formulierten – Nebenbedingungen des Arbeitsplatzzwischenzieles (qualitativ hochwertig, Beitrag zur Erhöhung der Einkommen, zur Auflockierung einseitiger Wirtschaftsstrukturen, zur Verbesserung der Erwerbstätigenstruktur usw.) stellen eine, wenn auch vage, und vor allem für die weitere Anwendung des Programms unverbindliche Klammer zu den allgemeinen Programm- und Ergebniszielen her.

38 Vgl. z. B. *Hugo Dicke/Hans Glismann/Ernst-Jürgen Horn/Axel D. Neu:* Beschäftigungswirkungen einer verstärkten Arbeitsteilung zwischen der Bundesrepublik und den Entwicklungsländern, Tübingen 1976; *Angelika Ernst:* Arbeitsmarktpolitische Prioritäten für die regionale Wirtschaftsförderung, in Mitteilungen aus der Arbeitsmarkt- und Berufsforschung, 1974, S. 210 ff.

39 Man erinnere sich an die Reaktionen auf die Anzeige des Bundespresseamtes „Frau Müller kauft ein Hemd aus Ceylon".

40 Wir haben versucht, in beiden Ländern eine ex-post Analyse sämtlicher Förderfälle der regionalen Wirtschaftsförderung durchzuführen, d. h. unsere Absicht war, die Mängel der bestehenden Statistiken, die entweder nur ein Programm (Förderzahlen der GRW) oder nur programmunspezifische Merkmale (z. B. Verteilung auf Kreise) ausweisen, zu vermeiden. Zu diesem Zweck haben wir sämtliche, zur Verfügung stehenden offiziellen Quellen (Jahresberichte der LKB Baden-Württemberg, der HLT und der beiden zuständigen Ministerien) ausgewertet. Zusätzlich wurden uns freundlicherweise spezielle Förderdaten von der LKB und von der HLT zur Verfügung gestellt. Schließlich hatten wir die Möglichkeit, in Baden-Württemberg Daten des Ministeriums, die sämtliche Zulagenfälle und alle größeren Zuschußfälle umfaßten, nach uns interessierenden Kriterien auszuwerten. Entsprechend der Intention des Aufsatzes werden unsere Ergebnisse hier nur ganz knapp und eher illustrativ verwendet, für eine ausführliche Dokumentation vgl. den Projektbericht *Jann/Kronenwett* a.a.O. (Anm. 1), Teil III, Kap. 3.

41 Zwischen der 1972 gegründeten Landeskreditbank und dem Wirtschaftsministerium besteht eine Arbeitsteilung; grob zusammengefaßt: Das Ministerium bearbeitet die Anträge auf Investitionszulage sowie die Gewährung von Zuschüssen für Betriebe mit mehr als 300 Beschäftigten oder mit einem Investitionsvolumen von mehr als 2,5 Mio DM. Für alle anderen Vorhaben ist die LKB zuständig. Sie gewährt allerdings keine Zuschüsse, sondern Darlehen.

42 Dabei ist allerdings zu beachten, daß wir in Baden-Württemberg die „offiziösen" Quasi-Fördergebiete jeweils zu den Nicht-Fördergebieten gezählt haben. Ein Vergleich über mehrere Jahre hinweg zeigt, daß diese Streuung im zeitlichen Ablauf abgenommen hat. Dies ist indessen vor allem auf die Ausweitung der Fördergebietskulisse sowohl der GRW als auch der jeweiligen Landesförderung zurückzuführen.

43 U. a. Straßenbau, Wasserversorgung, Sportstätten, Sozialeinrichtungen, Städtebau usw.; vgl. Richtlinien a.a.O. (Anm. 14). Im Zusammenhang mit der Verteilung der Mittel im Rahmen des LIP wurde allerdings auch deutlich, daß der Bereich der Industriegeländeerschließung zumindest keinen sichtbaren Nachholbedarf mehr vorweist. In diesem Bereich gab es fast keine Anträge. Im Rahmen der Zusatzförderungen des LIP spielten eher periphere Bereiche der wirtschaftsnahen und haushaltsnahen Infrastruktur (Wasserwirtschaft, Sport) eine größere Rolle. Insbesondere wurden diejenigen Bereiche bedacht, für die „entscheidungsreife" Planungen („Schubladenprojekte") vorlagen.

44 Staatsanzeiger Baden-Württemberg Nr. 50 vom 25.6.1977.

45 Ebda.

46 Ebda, wobei „nach den Richtlinien förderungsfähig" die für die jeweilige Maßnahme maßgeblichen fachlichen Richtlinien meint. Entscheidend für die Förderung ist also wiederum ein fachliches, nicht ein strukturpolitisches Kriterium, *die „fachliche", nicht die strukturpolitische Rationalität schlägt durch.*

47 Diese stützen sich bei den folgenden Ausführungen ausschließlich auf Interviews mit einer großen Zahl der am Entscheidungsprozeß über einen Förderungsantrag Beteiligten, insbesondere innerhalb, aber auch außerhalb der mit der Durchführung direkt betrauten Instanzen. Die Ausführungen beziehen sich dabei in erster Linie auf die Förderung mit Investitionszuschüssen. Sie räumt den Entscheidern einen bedeutend größeren Ermessensspielraum ein als die Förderung durch die Investitionszulage. Dort sind die Förderungsvoraussetzungen im Gesetz exakt fixiert; der Antragsteller hat bei ihrer Erfüllung einen Rechtsanspruch auf Förderung. Diese aus steuerrechtlichen Gründen vorgenommene bindende Konditionalregelung fehlt bei der Zuschußförderung.

48 Indem z. B. die Höchstförderung mit einer „Empfehlung" (nicht Auflage) verknüpft vergeben wird, Ausbildungsplätze bereitzustellen oder zu erhalten.

49 „Pufferfunktion" bedeutet, daß die Mittel der Infrastrukturförderung jeweils zur Ergänzung der einzelbetrieblichen Mittel herangezogen werden können, bzw. solche Mittel, die nicht ausgegeben werden können, dann in der Infrastrukturförderung Verwendung finden (die Haushaltstitel sind gegenseitig deckungsfähig). Vgl. dazu z. B. Der Hessische Minister für Wirtschaft und Technik, Jahresbericht 1976, Wiesbaden 1977, S. 67: „Die im Vergleich zu den Vorjahren relativ geringe Nachfrage nach Finanzierungshilfen für Investitionsmaßnahmen der gewerblichen Betriebe hat es ermöglicht, die infrastrukturellen Voraussetzungen der gewerblichen Schwerpunkte insbesondere in den Fördergebieten der Gemeinschaftsaufgabe zu verbessern."

50 Die allzu große „Begehrlichkeit" z. B. eines Dorfbürgermeisters in bezug auf Industriegelände kann dann mit dem Verweis auf „eindeutige" Kriterien (z. B. hinsichtlich des Bedarfs) abgeblockt werden.

51 Es besteht also die begründete Vermutung, daß Untersuchungen, die sich mit der *Durchführung* von Programmen beschäftigen, sehr oft zu dem Ergebnis kommen, daß Programme in der Implementationsphase scheitern. Dieses Ergebnis könnte aber an einem systematischen Fehler der Forschungsperspektive liegen: Wissenschaftler messen Programme an ihren Intentionen und sind dann „enttäuscht", Praktiker messen Programme an dem was vorher war und konstatieren eine Verbesserung. Daß doch „immerhin etwas" erreicht wurde, entzieht sich allerdings weitgehend der empirischen Untersuchung und Bestimmung, denn diese würde die Möglichkeit eines Experimentes („Was wäre ohne diese Entscheidungskriterien geschehen?") voraussetzen. Eine Chance der Annäherung an diese Experimentiersituation ist in den Sozialwissenschaften in der Regel nicht gegeben; vgl. zu experimentellen und „quasiexperimentellen" Methoden *Hellstern/Wollmann* a.a.O. S. 49 ff.

52 Zitiert bei *Baestlein*, a.a.O. (Anm. 5) S. 63.

53 Der umgekehrte Fall jedoch, daß eine prosperierende Firma, die auf die Fördermittel im Prinzip nicht angewiesen ist, dennoch in ihren Genuß kommt, bedarf keiner politischen Unterstützung – er entspricht vielmehr prinzipiell der Logik des Förderungssystems. Denn nicht jene Firmen sollten in strukturschwachen Räumen gefördert werden, die gerade eben mit dieser Förderung noch eine Investition finanzieren können, sondern jene, die tatsächlich aus eigener Kraft aufgrund von Marktchancen investieren. Ihnen sollen lediglich lagebedingte Nachteile ausgeglichen werden. Systemimmanent betrachtet ist deshalb der „Mitnahmeeffekt" keine negative Erscheinung, sondern eher positiv als Ausdruck der wirtschaftlichen Solidität der regionalen Unternehmen und der Minimierung gesamtwirtschaftlicher Produktivitätsverluste zu werten.

54 *Jeffrey, L. Pressmann/Aaron Wildavsky*: Implementation, Berkeley, Los Angeles, London 1973, p. 112.

55 *W. T. Stanbury/I. Vertinsky/P. Vertinsky*: Policy Implementation Analysis, Berlin 1977 (=discussion paper series International Institute of Management, dp/77-72), p. 26.

56 *Walter Williams*: Implementation Problems in Federally Funded Programs, in: ders. und *Richard Elmore* (ed.); Social Program Implementation, New York/San Francisco/London 1976, p. 22.

57 Ebda. p. 37.

58 Zu den Begriffen *Renate Mayntz*: Soziologie der öffentlichen Verwaltung, Heidelberg/Karlsruhe 1978, S. 229.

59 Vgl. zu einem solchen Modell der Beziehungen zwischen Förderer und Empfänger, das aufgrund von Erfahrungen im Bereich der Entwicklungshilfe formuliert wurde, *Jeffrey L. Pressman*: Federal Programs and City Politics. The Dynamics of the Aid Process in Oakland, Berkeley, Los Angeles, London 1975, p. 107 ff. mit weiteren Angaben.

60 Einige Bobachter sprechen auch von einer psychologischen Bedeutung, vgl. *Volker Schmidt*: Koordinierungschancen der GRW, in: Informationen zur Raumentwicklung, 1976, S. 721 ff.

Entwicklungsperspektiven der Wirtschaft in der Bundesrepublik – Konsequenzen für die Regionalpolitik

Von Heik Afheldt

I. Einleitung

1. Themenverständnis und Aufbau des Beitrages

Die Vermutung, daß das Wirtschafts- und Beschäftigungssystem der BRD ebenso wie das anderer Industrieländer in eine neue Phase getreten ist, wird heute recht einhellig von allen Seiten vertreten. Vielfache Zitate ließen sich hierzu beibringen.
Merkmale der neuen Phase sind:

- ein verlangsamtes Wirtschaftswachstum
- ein rascher sektoraler Strukturwandel
- neue Produktions- und Produkttechnologien (Innovationsschub)
- verschärfter internationaler Wettbewerb
- Ungleichgewichte am Arbeitsmarkt
- langfristige rückläufige Bevölkerungsentwicklung.

Unterschiede ergeben sich in der Beurteilung der Ausprägungen der einzelnen Merkmale (z.B. Arbeitsplatzrückgang und Beschäftigte) und der Dauer der neuen Phase (z.B. neue Arbeitskraft-Engpässe ab 1990 oder rascher Wiederanstieg der Geburtenraten).

Ein alle wirtschaftlichen Prognosen und Dispositionen nachhaltig beeinflussendes Moment ist und bleibt auf absehbare Zeit die Energieunsicherheit.

Unterschiede ergeben sich vor allem bei der Frage der „Schicksalhaftigkeit" der vorausgesagten Entwicklungen.

Die Beurteilung der positiven und negativen Wirkungen heute praktizierter Steuerungsversuche staatlicher Instanzen (etwa in den Politikbereichen Wirtschaftspolitik, Finanzpolitik und Umweltpolitik) ebenso wie der gewerkschaftlichen Tarifpolitik auf das Wirtschaftswachstum fällt schwer.

Strittig sind ebenfalls die Steuerungspotentiale, die zur Verfügung stehen oder neu geschaffen werden sollten, um die Wirtschaftsentwicklung in der BRD in quantitativ, sektoral und regional gewünschten Richtungen zu steuern. Zum Teil liegt das auch daran, daß keine Einigkeit über das wünschbare oder notwendige Ausmaß weiteren wirtschaftlichen Wachstums besteht. Hier spielt die Rohstoffknappheit ebenso eine Rolle wie Umweltaspekte oder Überlegungen zur Konfliktträchtigkeit bei anhaltendem oder zunehmendem Wohlstandsgefälle gegenüber den Entwicklungsländern. Immer häufiger wird auch die zweifelnde „Sinnfrage" gestellt, die dem ökonomischen System vor allem in seiner heutigen technisch-industriellen Ausprägung eine instrumentelle Rolle bei der Erreichung anderer individueller und gesellschaftlicher Ziele zubilligen möchte. Werthaltungen sind in einen deutlichen Wandel geraten. Sie bewirken Zielunsicherheit und beeinflussen damit wahrnehmbar auch die Steuerungswilligkeit und Steuerungspotenz der Gesellschaft.

Unstrittig ist dagegen, daß die veränderten Entwicklungsperspektiven im Wirtschafts- und Beschäftigungssystem die räumliche Verteilung von Produktions- und Konsumaktivitäten auf dem Gebiet der BRD nachhaltig beeinflussen und ändern werden.

Der anhaltende sektorale Strukturwandel ist nicht raumneutral. Neben Räumen, die aus dem Strukturwandel Nutzen ziehen können, stehen andere, denen nur die Nachteile bleiben. Die Voraussetzungen, um sich am Innovationsschub zu beteiligen, sind regional sehr verschieden.

Ungleiche Raten der natürlichen Bevölkerungsentwicklung und unterschiedliche Attraktivitäten der einzelnen Räume führen zu stark streuenden Arbeitsmarktsituationen. Arbeitskräftemangel und hoher Überschuß an Arbeitswilligen ohne Erwerbsmöglichkeiten finden sich gleichermaßen.

Hier stellt sich nun die Frage, inwieweit das im internationalen Vergleich ja recht ausgeglichene Raumgefüge der BRD künftig aus dem Gleichgewicht gerät und damit Oberziele der Raumordnung wesentlich verletzt zu werden drohen. Es stellt sich die Frage, ob eventuell ein anderes Leitbild der Raumordnung auf die veränderte Wettbewerbssituation, in die die Wirtschaft der BRD international geraten ist, besser antwortet.

Vor allem stellt sich die Frage nach dem Steuerungspotential der Regionalpolitik. Wie und mit welcher Aussicht auf Erfolg kann das bestehende regionalpolitische Instrumentarium eingesetzt werden oder wie könnte eine andere erfolgversprechende Instrumentierung aussehen?

Diesen Fragen versucht dieser Beitrag nachzugehen. Er beschäftigt sich in diesem ersten Teil mit einigen Merkmalen des Steuerungssystems Regionalpolitik und mit den Möglichkeiten und Grenzen der Prognostizierbarkeit des zu steuernden Objektsystems.

In einem zweiten Teil (II) werden die erkennbaren Entwicklungsperspektiven der Wirtschaft der BRD aufgezeichnet.

In einem dritten Teil (III) wird dann versucht, mögliche Reaktionen der Regionalpolitik angesichts der sich abzeichnenden (neuen) Entwicklungen darzustellen und damit eine Diskussion zu eröffnen bzw. weiterzuführen.

2. *Regionalpolitik als besonders „unscharfer" Politikbereich*

Regionalpolitik gehört zu den besonders „unscharfen" Politikbereichen sowohl im Hinblick auf Gegenstand und Ziele dieser Politik als auch hinsichtlich der Aufgaben- und Kompetenzzuordnung zu den verschiedenen Ebenen öffentlichen Handelns und der eingesetzten Instrumente.

Es lassen sich zumindest drei unterschiedliche „Metamorphosen der Regionalpolitik" unterscheiden:

1. die zentrale Regionalpolitik, vor allem in Gestalt der Gemeinschaftsaufgabe regionale Wirtschaftsförderung.
   Ihre Zielsetzung ist die Förderung wirtschafts*schwacher* Gebiete in der BRD durch eine Reihe von Instrumenten. Im Vordergrund steht die *finanzielle Förderung*. Das Hauptaugenmerk liegt auf der Schaffung bzw. Erhaltung von Arbeitsplätzen.
   Im weitesten Sinne gehört hierher auch das gesamte Finanzausgleichsystem.
2. Die Konkretisierung staatlicher, *raumbezogener Planung* der Länder nach Fachbereichen auf unterschiedlichen regionalen Ebenen. Hier finden wir von Land zu Land sehr unterschiedliche Systeme der Regionalplanung und Regionalpolitik, auf die hier nicht mehr eingegangen werden kann.
3. Die *überkommunale Koordination* von einzelnen Fachplänen oder der Planung und Aufgabenwahrnehmung aller kommunalen Aufgaben in Form von Planungsverbänden und mehr oder weniger loser gemeinsamer Abstimmungen und Aktionen.
   In diesen Bereich fallen auch die Kreisentwicklungsplanungen und, im Fachbereich Wirtschaft, die Wirtschaftsförderungsaktivitäten auf regionaler Ebene.

Schon diese Vielfalt in der Regionalpolitik macht die Behandlung der Frage nach Konsequenzen, die die Regionalpolitik aus den Entwicklungsperspektiven der westdeutschen Wirtschaft ziehen kann und sollte, schwierig.

Die Frage nach der Steuerungspotenz regionalpolitischer Programme und Aktionen ist aber nicht nur die Frage nach der öffentlichen Einflußnahme auf private Entscheidungen. Die Steuerungspotenz ist in hohem Maße beeinflußt durch die Konflikte zwischen den verschiedenen Steuerern auf den staatlichen Ebenen und auf den kommunalen Ebenen.

Diese Konflikte werden weiter bestehen. Ihnen liegen unterschiedliche Interessenlagen der jeweiligen Parteien zugrunde.

Inwieweit diese Konflikte durch die voraussichtlichen Entwicklungen im ökonomischen Bereich verschärft oder gemildert werden, ist eine der zu verfolgenden Fragen dieses Beitrags.

Damit allerdings taucht ein anderes Problem auf, das mit dem Thema verbunden ist. Dieser Beitrag kannn nur auf die voraussichtlichen Entwicklungen wichtiger Makro-Größen der wirtschaftlichen Entwicklung in der BRD eingehen. Sie geben im besten Fall einen Satz relevanter Rahmenbedingungen für die regionale Entwicklung in der Region X oder Y. Eine detailliertere Analyse und Prognose auf regionaler Ebene ist hier nicht möglich. Die Interessen einer Region und damit ihre regionalpolitischen Ansprüche werden aber erst vor dem Hintergrund jeweiliger individueller regionaler Entwicklungsperspektiven sichtbar und diskutierbar.

Dieser Beitrag muß sich hier auf wenige typische regionale Situationen beschränken, die sich aus den veränderten Makro-Rahmenbedingungen im ökonomischen System ergeben, um die entsprechenden rationalen Reaktionen der Regionalpolitik zu skizzieren. Diese Reaktionen beziehen sich idealtypisch auf

– Ziele der Regionalpolitik
– Instrumente der Regionalpolitik.

Die unterschiedliche Interessenlage der Regionalpolitik auf zentraler (Bund und auch Länder) und regionaler Ebene (Kreis, Gemeinde) legt auch Überlegungen über Konsequenzen hinsichtlich der Organisation der Regionalplanung nahe.

3. Das Prognoserisiko

Über die Entwicklung der wichtigsten Aggregate der westdeutschen Wirtschaft bis 1995 liegen eine Reihe von Prognosen vor. Es wird im folgenden im wesentlichen auf die Ergebnisse der Arbeiten der PROGNOS AG zurückgegriffen, wie sie im jüngsten PROGNOS report Nr. 9[1] enthalten sind.

Diese Vorausschätzungen sind das Ergebnis einer „konsistenten Systemprognose", in der versucht wurde, die Abhängigkeiten zwischen den einzelnen Größen des volkswirtschaftlichen Kreislaufs bestmöglich zu berücksichtigen. Das gilt sowohl für die Außenabhängigkeit der westdeutschen Wirtschaft als auch für die Beziehungen zwischen der Entstehungs-, der Verteilungs- und der Verwendungsseite des Bruttosozialproduktes sowie der Entwicklung im demografischen Bereich.

Den Prognosen liegt eine bestmögliche Einschätzung der entwicklungsbestimmenden Faktoren zugrunde. Sie kann dennoch nicht wasserdicht sein. Unerwartet veränderte Rahmenbedingungen im politischen System, Naturkatastrophen, technologische oder gesellschaftliche Entwicklungen können zu anderen Ergebnissen als den vorausgesagten führen.

Die Prognostizierbarkeit komplexer sozio-ökonomischer Systeme wie der Volkswirtschaft der Bundesrepublik ist beschränkt. Diese Beschränkung nimmt mit der wachsenden internationalen Verflechtung eher zu. Das stellt die Frage nach der Sicherheit der Prognosen, nach dem Vertrauensbereich der einzelnen Aussagen. Dieser Frage darf nicht ausgewichen werden. Regionalpolitik, die von einer nicht erreichbaren Sicherheit von Prognosen ausgeht, führt in die Irre. Die Erfahrungen mit Richtwerten haben das deutlich vor aller Augen geführt. Regionalpolitik muß die Grenzen der Prognostizierbarkeit im Grundsatz anerkennen und in ihren Aktionen berücksichtigen.

Bei der nachfolgenden Darstellung einiger wichtiger Merkmale der voraussichtlichen Entwicklungstendenzen in der BRD wird deshalb auf die Fehlerspielräume einzelner Aussagen eingegangen.

II. Entwicklungsperspektiven der Wirtschaft der Bundesrepublik Deutschland

Die folgenden Ausführungen zur wirtschaftlichen Entwicklung erfassen einen Zeitraum von 15 Jahren, also bis 1995. Sie konzentrieren sich auf das Beschäftigungssystem, d.h. auf die Entwicklung der Arbeitsplätze. Wesentliche Merkmale der wirtschaftlichen Entwicklung in der BRD sind:

1. *Merkmal: Arbeitsplätze und Beschäftigte*

Die Zahl der Arbeitsplätze insgesamt wird
von 1977 24,9 Mio
auf 1995 23,2 Mio abnehmen.

Die Abnahme wird sich im Laufe des Prognosezeitraumes leicht beschleunigen. Die Gesamtabnahme von 1,7 Mio in 18 Jahren liegt leicht unter der Abnahme im Vierjahreszeitraum 1973 bis 1977 (– 1,73 Mio). Der Grund für diese Abnahme: die Produktivität wächst schneller als die Produktion.

Entscheidend für die Vorausschätzung der Zahl der Arbeitsplätze und Beschäftigungsmöglichkeiten sind (neben den Annahmen über die Entwicklung von Inlandsnachfrage aus Staatsverbrauch, Konsum und Investitionen sowie der Auslandsnachfrage) die Annahmen über die weitere Entwicklung der Arbeitszeit und der Stundenproduktivität.

PROGNOS rechnet im report 9 bei der Verkürzung der Arbeitszeit mit einer Fortsetzung des langjährigen Trends von 0,9 % p.a. und folgender Entwicklung der Stundenproduktivität:
1960/69 + 5,5 % p.a.
1969/77 + 4,6 % p.a.
1977/85 + 4,0 % p.a.
1985/95 + 3,7 % p.a.
Variiert man diese Annahmen nur relativ geringfügig nach oben und unten, so ergeben sich deutliche Abweichungen auch in den dann zu erwartenden Arbeitsplatzzahlen.

(a) *Annahme* exponentieller Trend 1960/77 + 5,2 % p.a.
Ergebnis: minus 6,6 Mio Arbeitsplätze gegenüber 1977
(b) *Annahme* linearer Trend + 2,7 % p.a.
Ergebnis: plus 3,6 Mio Arbeitsplätze gegenüber 1977

Der Vertrauensbereich für die Arbeitsplatzprognose ist folglich eingeschränkt. Das gilt damit auch für das folgende Merkmal.

2 *Merkmal: Erwerbswillige und Erwerbslose*

Die Zahl der Erwerbswilligen wird gemäß der allgemein bekannten demografischen Entwicklung zwischen 1977 und 1995 zunächst noch deutlich zunehmen, um dann ab 1986 wieder abzunehmen. Die Prognosen lauten:
1977 26,8 Mio
1986 27,8 Mio
1995 26,2 Mio
Stelle man diesen Zahlen die prognostizierten Arbeitsplätze gegenüber, so erhöhen sich die Arbeitskraftreserven
von 1977 1,7–1,9 Mio
auf 1995 2,7–3,0 Mio

Davon würde je etwa die Hälfte den registrierten Arbeitslosen und die andere Hälfte den „stillen Reserven" (arbeitswillige nichtregistrierte Arbeitslose) zugerechnet.

Obwohl die Erwerbspersonenprognose von hoher Zuverlässigkeit ist, variiert die Zahl der zu erwartenden nichtarbeitenden Erwerbswilligen stark mit den vorhandenen Arbeitsplätzen. Die Unsicherheiten über ihre Entwicklung bestimmen die Zuverlässigkeit der Prognosen der „Arbeitskraftreserven".

3. Merkmal: Sektorale Beschäftigungsentwicklung

Aus *Tabelle 1* ist ablesbar, welche weiteren Strukturverschiebungen zwischen den einzelnen Sektoren erwartet werden.

Im *primären Sektor* wird trotz der erwarteten Belebung des *Bergbaus* insgesamt mit einem weiteren deutlichen Rückgang der Beschäftigtenzahl auf 1,1 Mio gerechnet.

Im *sekundären Bereich* wird es zu heftigen strukturellen Verschiebungen kommen. Die rohstoffverarbeitenden Wirtschaftszweige, insbesondere *Eisen* und *Stahl,* werden relativ an Bedeutung verlieren; die *chemische Industrie* wird weiter expandieren, nicht zuletzt weil die Spezialisierung im Außenhandel und die Erschließung von Marktpotentialen in den Entwicklungsländern gute Exportmöglichkeiten sichern werden.

Sehr gute Wachstumsaussichten haben nach den Annahmen des report 9 ebenfalls die

Tabelle 1a Bundesrepublik Deutschland Erwerbstätige 1970–1995 (Grundzahlen)

Erwerbstätige nach Wirtschaftsbereichen in 100	1970	1977	1985	1990	1995
Land- u. Forstwirtschaft	2 262	1 656	1 233	1 055	920
Bergbau	303	236	193	173	158
Verarb. Gewerbe	10 289	9 076	8 919	8 689	8 385
Baugewerbe	2 154	1 697	1 683	1 568	1 450
Energie- u. Wasserversorgung	227	233	233	231	229
Verkehr	971	942	873	822	770
Nachrichten	450	469	477	478	479
Großhandel und Handelsvermittlung	1 370	1 252	1 105	1 035	975
Einzelhandel	1 978	1 904	1 764	1 692	1 623
Kreditinstitute	411	491	510	515	516
Versicherungen	186	199	204	203	202
Gaststätten- und Beherbergungsgewerbe	667	677	657	649	642
Sonstige Dienstleistungen	1 679	1 805	1 899	1 953	1 997
Unternehmen insgesamt (bereinigt)	22 947	20 637	19 750	19 063	18 342
Staat- und Sozialversicherung	2 978	3 576	3 903	4 032	4 130
Priv. Haushalte und Organisationen ohne Erwerbscharakter	645	708	725	739	753
Alle Tätigkeitsbereiche	26 570	24 921	24 378	23 834	23 225

Quelle: prognos report nr. 9

Branchen, die Anlage- und Investitionsgüter herstellen, insbesondere *Maschinenbau, EDV-Geräte*, Teile der *elektronischen* und der *feinmechanischen Industrie*.

Im Konsumgüterbereich werden vor allen Dingen solche Produktsparten, die modeabhängige, qualitativ sehr hochstehende Konsumgüter produzieren, weiter mit Wachstum rechnen können. Aber auch hier wird der Abbau der Beschäftigten, durch hohe Produktivitätswachstumsraten ermöglicht, zurückgehen.

Im *Textilgewerbe*, um ein Beispiel zu nennen, in dem in den vergangenen 15 Jahren fast 280 000 Arbeitsplätze verlorengegangen sind, werden noch einmal 50 000 fortfallen.

Insgesamt wird das Beschäftigtenniveau der deutschen Industrie nach diesen Prognosen um weitere 660 000 Arbeitsplätze zurückgehen.

Der *tertiäre Bereich* verspricht Beschäftigungsreserven, die allerdings nach neuester Einschätzung nicht mehr sehr erheblich sein dürften. Der Bevölkerungsrückgang und Wachstumsgrenzen im staatlichen Bereich sind dafür verantwortlich, ebenso wie Rationalisierungstendenzen in vielen Büros und Verwaltungen.

Die Prognosen der Entwicklung der Beschäftigten nach Wirtschaftsbereichen haben sich in den vergangenen zwei Jahrzehnten als relativ zuverlässig erwiesen, insbesondere im Hinblick auf die Struktur (Anteilsverschiebungen). Die Entwicklung in einzelnen Industriezweigen und -branchen ist sehr stark von den jeweiligen Wettbewerbssituationen im Inland und auf den Auslandsmärkten abhängig.

Tabelle 1b Bundesrepublik Deutschland Erwerbstätige 1970–1995 (Indizes)

Indizes	1970	1977	1985	1990	1995
Land- und Forstwirtschaft	136.6	100.0	74.5	63.7	55.6
Bergbau	128.4	100.0	81.8	73.3	66.9
Verarb. Gewerbe	113.4	100.0	98.3	95.7	92.4
Baugewerbe	126.9	100.0	99.2	92.4	85.4
Energie- und Wasserversorgung	97.4	100.0	100.0	99.1	98.3
Verkehr	103.1	100.0	92.7	87.3	81.7
Nachrichten	95.9	100.0	107.7	101.9	102.1
Großhandel und Handelsvermittlung	109.4	100.0	88.3	82.7	77.9
Einzelhandel	103.9	100.0	92.6	88.9	85.2
Kreditinstitute	83.7	100.0	103.9	104.9	105.1
Versicherungen	93.5	100.0	102.5	102.0	101.5
Gaststätten- und Beherbergungsgewerbe	98.5	100.0	97.0	95.9	94.8
Sonstige Dienstleistungen	93.0	100.0	105.2	108.2	110.6
Unternehmen insgesamt (bereinigt)	111.2	100.0	95.7	92.4	88.9
Staat- und Sozialversicherung	83.5	100.0	109.1	112.8	115.5
Priv. Haushalte und Organisationen ohne Erwerbscharakter	91.1	100.0	102.4	104.4	106.4
Alle Tätigkeitsbereiche	106.6	100.0	97.8	95.6	93.2

Quelle: prognos report nr. 9

Da eine weiter zunehmende Außenverflechtung der deutschen Wirtschaft erwartet wird

(Exportquote 1977 28 % gegenüber 1995 46 %
Importquote 1977 25 % gegenüber 1995 44 %)

ist die Vorausschätzung der Arbeitsplätze nach Sektoren auf weitere Sicht, für die Zeit ab 1985 etwa, nicht den Zahlen nach, aber doch in den aufgezeigten Tendenzen relativ zuverlässig.

4. Merkmal: Betriebsgröße

Die Entwicklung der Unternehmensgröße ist für die regionale Entwicklung und ihre Steuerung nicht ohne Belang. Standort- und Investitionsverhalten von Unternehmen sind von der Größe wesentlich mitbestimmt.

Grafik 1[2] zeigt eine auffallende Konstanz der Anteile der einzelnen Größenklassen mit einer leichten Tendenz in Richtung von Anteilsverlusten der ganz kleinen (bis 9 Beschäftigte) und der ganz großen (500 Beschäftigte und mehr) Betriebe. Hierfür ist vor allem der sektorale Struktureffekt verantwortlich.

Struktur der Beschäftigten nach Unternehmensgrößen (1961, 1970 und 1985)

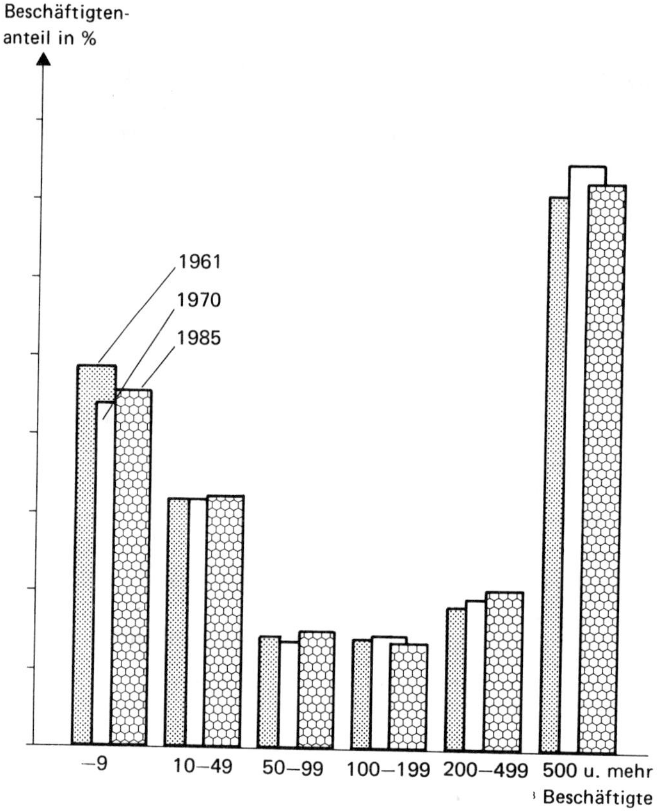

Zunehmende Marktrisiken bei verschärftem internationalem Wettbewerb wirken eher in die Richtung einer weiteren Konzentration, zumindest im Bereich der Kapitalverflechtung.

5. Merkmal: Staatliche Tätigkeit

Der reale Staatsverbrauch, der zwischen 1966 und 1977 der am stärksten wachsende Teil der Inlandsnachfrage war, wird künftig deutlich langsamer wachsen. Dafür sind einerseits der Bevölkerungsrückgang und die Verschiebungen in der Altersstruktur verantwortlich. Zum anderen engt sich der Finanzierungsspielraum für Staatsausgaben weiter ein, da die Belastung durch Steuern und Sozialversicherung
von 24 % 1960 auf
34 % 1977 angestiegen ist nur noch leicht auf
40 % 1995 ansteigen wird.
Die Ausweitung des Staatssektors begegnet einer z.T. heftigen Kritik. Die Kritiker befürchten, daß ein zunehmender Teil der wirtschaftlichen Aktivitäten so aus dem Zwang der ständigen Effizienzsteigerung entlassen wird und die hohen Abgaben-Lasten den restlichen privaten Sektor zur Wettbewerbsunfähigkeit treiben.

Dieser Kontroverse soll hier nicht nachgegangen werden. Es wird aber angesichts der neu entstehenden Aufgaben vor allem auf dem Gebiet des Sozialwesens ein weiterer Ausbau des staatlichen Sektors für eher wahrscheinlich gehalten.

Hier werden allerdings starke Strukturverschiebungen zwischen den Aufgabenbereichen und von den Investitionen zu Personalausgaben erwartet.

6. Merkmal: Ausgabenstruktur Privater Verbrauch

Bei einer erwarteten weiteren Zunahme der realen Haushaltseinkommen zeigen die Änderungen in den Ausgabekategorien weiter in Richtung auf stark wachsende Freizeitausgaben. Der Entwicklungstrend weist von DM 51 Milliarden 1970 auf DM 95 Milliarden 1975 und auf über DM 170 Milliarden 1985 mit einem Anteilszuwachs von 14 % auf 20 % am privaten Verbrauch insgesamt.

Unsicherheiten bestehen heute über die künftige Belastung durch eventuell schnell weitersteigende Energie- und Transportkosten.

7. Merkmal: Produktionstechnik

Hierzu sind an dieser Stelle nur wenige Bemerkungen möglich. Zu den Auswirkungen der „intelligenten Revolution" durch die Mikro-Elektronik sind erste Vorstellungen erarbeitet und weiterführende Studien in Auftrag gegeben. Im Rahmen neu sich herausbildender internationaler Arbeitsteilung wird die deutsche Wirtschaft ihre Wettbewerbsposition sicherlich so halten können, wenn sie weiter stark auf innovative und know-how-intensive Produkte und Verfahren setzt. Der Technologieförderung kommt deshalb eine entscheidende Rolle zu.

8. Merkmal: Beziehung Unternehmen – Gesellschaft

Die Unternehmen werden zunehmend sensitiver hinsichtlich ihrer „Externalities" sowohl bei den Kosten als auch bei den Erlösen. Sozialpläne und Sozialbilanzen sind hierfür Indikatoren. Bei Standortentscheidungen gewinnen Aspekte wie „unternehmerische Bewegungsfreiheit" am Standort eine zunehmende Bedeutung. Unternehmen zeigen zunehmend Bereitschaft zur Kooperation und Koordination mit öffentlichen Planungen. Hier liegt eine Chance für die Regionalpolitik der Zukunft.

9. Merkmal: Regionale Verteilung

Die Zahl der Arbeitsplätze nimmt in allen Bundesländern ab. Bremen, Hamburg, Berlin und Nordrhein-Westfalen liegen dabei über dem Durchschnitt, Bayern, Hessen, Baden-Württemberg, Rheinland-Pfalz unter dem durchschnittlichen Verlust.

Regional ergeben sich aus den sektoralen Strukturwandlungen und aus den veränderten Standortqualitäten weitere starke Differenzierungen. Dabei werden Verdichtungsräume tendenziell eher weiter relativ an Gewicht gewinnen, die ländlichen Räume voraussichtlich weiter Arbeitsplätze verlieren. Die Veränderung der relativen Gewichte ist dabei zunächst eine Folge der unterschiedlichen Schrumpfungen und Wachstumsraten der regional vorhandenen Arbeitsplätze und weniger eine Folge von Standortverlagerung.

Daraus ergeben sich zusätzliche drohende Ungleichgewichte mit Arbeitslosenquoten von bis zu 20 % für einzelne Räume in der BRD. Von der günstigen Position der Verdichtungsräume werden nicht alle diese Räume Nutzen ziehen können. Eine Reihe in ihrer Struktur „gealterte Standorte", die eine Diversifikation nicht rechtzeitig betrieben haben oder betreiben konnten, wie Stahl-, Werft- oder Mineralöl-Standorte verlieren in der Status-quo-Betrachtung relativ rasch an Bedeutung.

Die regionale Verteilung von Wirtschaftsaktivitäten und insbesondere von Arbeitsplatzentwicklungen ist in der Vergangenheit relativ gut vorausschätzbar gewesen mit allerdings jeweils deutlichen Ausreißern, vor allen Dingen bei der Differenzierung zwischen Kernstadt und Umland. Die aufgezeigten Tendenzen sind immerhin ernstzunehmende Hinweise auf weitere regionale Ungleichgewichte und auf besondere Schwierigkeiten in den einzelnen Räumen, wie z.B. Nordeifel und Ostbayern, aber auch in Verdichtungsräumen wie dem Ruhrgebiet, dem Saargebiet oder Hamburg.

Für die räumliche Strukturpolitik ist die *Unternehmensmobilität* ein ebenfalls wichtiges Merkmal. Statistiken des Arbeitsministers signalisieren einen deutlichen Rückgang der „Umsätze am Standortmarkt". Auslandinvestitionen in der BRD scheinen seltener geworden zu sein. Es gibt sie aber weiterhin nicht nur aus Japan und es ist eher wieder mit einem leichten Anstieg zu rechnen. Unternehmensgründungen nehmen ebenfalls z.T. unterstützt von öffentlicher Förderung zu. Stillegungen und Neuinvestitionen sind die notwendigen Folgen von anhaltendem Strukturwandel. Die Unternehmen sind aber weniger an der Ausschöpfung von Förderungsangeboten (Förderung ist überall!) als an langfristig „richtigen" Standorten orientiert. Zu berücksichtigen ist, daß Transportkosten im Gefolge der Energiepreissteigerung eher wieder an Bedeutung gewinnen können (vor allem auch für die Beschäftigten).

Faßt man die Auswirkungen der voraussichtlichen Entwicklungstendenzen auf die räumliche Verteilung im Bundesgebiet kurz zusammen, so ergibt sich folgendes wahrscheinliches Bild:

- der sektorale Wandel führt zu neuen räumlichen Ungleichgewichten zwischen Arbeitsplatzangeboten nach Qualität, Menge und „Breite".
- Die Standortqualität der einzelnen Räume differenziert sich trotz immer ausgeglichener Infrastrukturausstattung erneut.
- Die ländlichen Räume werden dabei tendenziell weiter an Arbeitsplätzen verlieren. Das gilt insbesondere für die peripheren Lagen. Günstigere Perspektiven ergeben sich für Räume mit Eignung für Freizeit- und Fremdenverkehrsnutzung oder für andere Sondernutzungen.
- Die Verdichtungsräume bieten potentiell die Standortvoraussetzungen, die für eine stärker innovations- und technologieorientierte sowie international ausgerichtete Produktion benötigt werden. Hier konzentrieren sich Bildungs-, Forschungs-, Informations- und Kommunikationseinrichtungen.
  Zwischen Verdichtungsräumen deutet sich eine gewisse funktionale Ausdifferenzierung an. Einige Verdichtungsräume werden aufgrund ihrer ungünstigen Ausgangsstruktur von den Auswirkungen des sektoralen Wandels in besonders gravierender Weise betroffen.

Welche Konsequenzen ergeben sich aus diesen Perspektiven für eine rationale Regionalpolitik?

III. Mögliche Reaktionen der Regionalpolitik

1. Voraussetzungen

Reagieren setzt zunächst voraus, daß eine ungewünschte Situation oder eine drohende Gefahr überhaupt wahrgenommen wird und daß mit der Reaktion ein Erfolg erwartet wird.
Wie sieht es mit diesen beiden Voraussetzungen aus?

(a) Wahrnehmung der veränderten Situation.
   - Die veränderten Rahmenbedingungen der künftigen wirtschaftlichen Entwicklung in der BRD werden heute weithin erkannt. Die generellen Folgen hieraus werden ebenfalls allgemein ähnlich eingeschätzt. Offiziell werden dennoch an

vielen Stellen die Augen vor den wahrscheinlichen regionalen Auswirkungen geschlossen. Der Grund liegt oftmals in der Befürchtung, daß man durch die Offenlegung drohender Negativentwicklungen eine Beschleunigung unerwünschter Tendenzen befürchtet. Dieses scheint z.B. in Hamburg und Berlin der Fall zu sein.

- Relativ große Einigkeit besteht zumindest „unter der Hand" auch bei der Einschätzung der räumlichen Auswirkungen auf einzelne Gebietstypen..
  Hinsichtlich der Chancen der ländlichen Räume erhofft sich eine verschwindend kleine Minderheit eine neue Standortaufwertung durch einen Trend zur Disurbanisierung dank einer fortentwickelten Informationstechnologie.
- An der vorausberechenbaren spürbaren Abnehme der Bevölkerung (Inländer) gibt es für den Zeitraum bis 1995/2000 kaum ernsthafte Zweifel.

(b) Die Hoffnung auf eine nachhaltige Beeinflußbarkeit der räumlichen Entwicklung scheint nur gering ausgeprägt. Ein Beleg dafür findet sich im Gutachten der Kommission für wirtschaftlichen und sozialen Wandel[3], in dem es heißt:
„Auch die absehbaren Trends der Bevölkerungs- und Wirtschaftsentwicklung bis weit in die 80er Jahre bestärken die Kommission in dem Eindruck, daß die raumbezogene Politik, so wie sie bisher betrieben wurde, kaum gestaltenden Einfluß auf die Raumentwicklung der Bundesrepublik Deutschland nehmen kann".[4]
Als Gründe für diese Skepsis können vermutet werden:

- Die Erfahrungen aus der Vergangenheit scheinen enge Grenzen der Steuerbarkeit zu belegen. Das zu steuernde Objektsystem erweist sich als recht autonom. Das gilt für das auf direkte Weise weitgehend unbeeinflußbare Standortverhalten von Privaten. Das trifft aber auch auf das „egoistische" Verhalten von Kommunen und von jeweiligen Ressortchefs und Behördenleitern zu. So haben sich oftmals nicht einmal die öffentlichen Akteure in Richtung auf offizielle verkündete Ziele hin koordinieren lassen. Zwischen Leitbildern und tatsächlichen Entwicklungen klafft trotz der vielen bestehenden regionalen Förderungsinstrumente eine erhebliche und eher wachsende Lücke.
- Für die Zukunft wird zudem mehrheitlich angenommen, die „Steuermasse" nehme infolge der zurückgehenden Wachstumsraten ab. Dagegen spricht der von der Mehrheit ebenfalls erwartete beschleunigte Strukturwandel, der die „mobilen Teile" des Beschäftigungssystems eher zu- als abnehmen lassen wird. Offen ist aber die Frage, inwieweit der Strukturwandel auch die regionale Mobilität und dabei insbesondere die Chancen der benachteiligten Standorte erhöht bzw. verbessert.
- Eine Selbstheilung durch die unter II. skizzierten Entwicklungen in Richtung auf eine Verringerung etwa der regionalen Wohlstandsgefälle ist kaum zu erwarten.
  Von den gültigen regionalpolitischen Zielsetzungen sind allenfalls „im Trend" leichter zu erreichen:
  - Verbesserung der Umweltqualitäten (über eine Verringerung der Zahl der Haupt-Emmittenten (Stahl) oder über neue Technologien (Kohle) als Folge des Strukturwandels in besonders umweltbelasteten Räumen.)

– Die Angleichung der *Haushaltseinkommen* über eine Zunahme der Zahl der von den allgemeinen Transferzahlungen begünstigten Haushalte (Rentner, Landwirte).

Die räumlichen Arbeitsplatzungleichgewichte und damit die Chancen für Erwerbseinkommen in heute banachteiligten Räumen nehmen in einem Status-Quo-Scenario eher zu.

Einzig die zunehmende Freizeit und die sich daraus entwickelnden Verhaltensweisen zu raumausgreifenden Freizeitaktivitäten (Wochenendhaus, Landwohnsitz mit Zweitwohnung in der Stadt, Fernreisen) bringen zusätzliche Entwicklungsmöglichkeiten auch für entsprechende Arbeitsplätze in heute benachteiligten, weil nicht industrialisierten Räumen.

Welche Formen von Regionalpolitik können auf die bestehenden oder neu entstehenden Diskrepanzen adäquat reagieren?

2. Reaktionen der Regionalpolitik – Merkmale neuer Formen der regionalen Politik

2.1 Unterschiedliche Ziele einer Regionalpolitik „von oben" und „von unten"

Ziele und damit die Reaktionen von Regionalpolitikern werden sich auch künftig merklich dadurch unterscheiden, ob sie *unten* (in den Regionen) oder *oben* (in den staatlichen Zentralen in Ländern oder im Bund) sitzen und eine regionale Politik konzipieren.

Einem Gemeinde- oder Kreisvertreter kann man nicht zumuten und folglich auch nicht abverlangen, daß er im Sinne einer bestmöglichen Verteilung der Ressourcen auf das Gebiet der Bundesrepublik Arbeitsplätze in seiner Region aufgeben oder neue nicht ansiedeln soll. Er kann nur so reagieren, wie er und seine Wähler ihre Interessen sehen. Wenn er auf ein Ziel, auch wenn es nicht realistisch sein mag, verzichtet, verlangt er einen Ausgleich dafür. Die Ziele einer regionalen Politik „von unten" sind zumindest bei den schwachen Räumen vereinbar mit dem „zentralen" Leitbild einer räumlich möglichst ausgeglichenen Wirtschaftsstruktur. Bei den starken Räumen, das sind vor allem auch die Verdichtungsgebiete, ist die Bereitschaft zur Abgabe von Arbeitsplätzen an bedürftigere Regionen (vorausgesetzt die Standortwahl sei beeinflußbar!) gering ausgeprägt. Sie argumentieren dabei mit gesamtwirtschaftlichen Vorteilen der Agglomeration von Arbeitsplätzen und Bevölkerung. Ballungsnachteile werden bestritten. Die Versuche, objektive Ballungsoptima zu bestimmen, sind bisher nicht erfolgreich gewesen.

Für die Regionalpolitik „von oben" gerät das Ziel „Gleichwertigkeit der Lebensbedingungen" mit der Tendenz zu Angleichungen ebenfalls in Konflikt mit dem Ziel einer expliziten Nutzung und Färderung der Standortvorteile weniger Räume und Standorte.

2.2 Neues Konzept: Wachstumsstrategischer statt sozialpolitischer Ansatz?

Aus den Merkmalen der wirtschaftlichen Entwicklung der nächsten 15 Jahre, insbesondere aus der stärkeren Internationalisierung, läßt sich ableiten, daß die Arbeitsplatzentwicklung in der Bundesrepublik insgesamt stark von der Stellung des „Standortes Bundesrepublik Deutschland" im internationalen Wettbewerb abhängig sein wird. Diese Meinung wird belegt durch die Ergebnisse von Unternehmerbefragungen zur Standortpolitik[5].

Sie zeigen eindeutig, daß die meisten Unternehmen weniger eine Verbesserung ihrer Situation durch eine Standortverlagerung innerhalb der BRD als vielmehr durch eine Standortverlagerung in das Ausland oder die Gründung eines Zweitbetriebes im Ausland suchen.

Hieraus ließe sich konsequent eine regionalpolitische Konzeption „für oben" ableiten. Regionalpolitik würde vornehmlich als Teil einer allgemeinen Wachstumspolitik verstanden. Das würde bedeuten:

- Stärkung der Attraktivität des Standortes Bundesrepublik durch verstärkte Förderung der vielversprechenden Standorte anstelle der schwachen,
- Stärkung der Attraktivität des Standortes Bundesrepublik durch Einflußnahme auf die allgemeinen Standortfaktoren wie Steuern, administrative Kosten, Auflagen etc.

Im ersten Fall hieße das auch Einbezug von international wettbewerbsfähigen Standorten wie z.B. Hamburg, Frankfurt oder München in die Förderungsprogramme.

Im Extremfall wäre die Gemeinschaftsaufgabe „umzudrehen". Anstelle der schwachen Räume würden die stärkeren weiter gefördert. Die Rationalität läge in einer Ausdehnung des Kuchens insgesamt, aus dem dann die weniger wettbewerbsfähigen Standorte ihre Kompensationszahlungen finanzieren lassen könnten. Regionalpolitik würde sich stärker auf die Entstehung als, wie bisher, auf die Verteilung des Wohlstandes konzentrieren.

Dieses Leitbild ist Teil eines übergeordneten Leitbildes für die Raumordnung der BRD: dem Leitbild der raumfunktionalen Arbeitsteilung. Nach diesem Leitbild werden die einzelnen Räume entsprechend ihren jeweiligen „Begabungen" zur Wahrnehmung von bestimmten Produktions-, Konsum- oder Sonderfunktionen unterschieden. Differenzierte und gezielte sektorale oder „funktionale" Förderungsprogramme würden diese „Begabungen" bestmöglich zu entwickeln und zu nutzen trachten. „Begabungen" bestehen aus natürlichen Standortqualitäten, den von Menschen gemachte Einrichtungen wie den Infrastrukturen, der vorhandenen Wirtschaftsstruktur mit ihren Potentialen sowie einer schwer bestimmten „Wirtschaftskultur" (u.a. spezifische Fähigkeiten der Arbeitskräfte). Schwierigkeiten der Operationalisierung einer solchen Regionalpolitik nach dem Leitbild der raumfunktionalen Arbeitsteilung bestehen, wie bereits angedeutet,

- in der Identifikation der regionalen Begabungen für künftige Aufgaben,
- in der praktischen politischen Konsensusbildung (Zustimmung der „Minderbegabten").

Die Identifikation von Begabungen erfordert immer auch Prognosen der Aufgabenentwicklung. Die Identifikation wird dann zum Problem, wenn eine gezielte Förderung von wenigen Räumen gefordert wird.

Überließe man die Herausbildung der Arbeitsteilung dem Selbststeuerungsprozeß (tatsächlich haben sich derartige funktionale Ausdifferenzierungen von Räumen in der Vergangenheit weitgehend über den Markt gebildet – Banken in Frankfurt, japanische Niederlassungen in Düsseldorf, Versicherungen in Hamburg, Verlage in Stuttgart usw.), so würde dieses Problem der Identifikation entfallen. Damit würde aber auch die Regionalpolitik ihren Steuerungsanspruch weitgehend aufgeben. Das Identifikationsproblem würde aber auch geringer, wenn die Regionalförderung sich auf eine sektorale Förderung konzentrieren würde. Die Räume würden damit indirekt ausgewählt.

Die Konsensusbildung ist das zweite Problem, das in einem föderalen Staatswesen noch stärker ins Gewicht fällt. Inwieweit es gelingt, einen Ausgleich der unterschiedlichen Begabungen durch ein ausgefeiltes System von Transferzahlungen zu erhalten und dadurch die Konsensusbildung zu erleichtern, ist eine noch offene Frage. Weitere Überlegungen in dieser Richtung sind notwendig.

Die zweite Komponente einer wachstumsorientierten Strategie, einer Verbesserung der relativen allgemeinen Standortbedingungen in der BRD gegenüber dem Ausland birgt ebenfalls etliche Probleme.

Sie beginnen bei dem Risiko großer Haushaltsdefizite und enden bei der Gefahr, daß dringende Verbesserungen der Umweltsituation wieder rückgängig gemacht oder auf lange Zeit erstreckt werden.

Dennoch sollte auch dieser Ansatz einer weiteren möglichst ideologiefreien Überprüfung unterzogen werden. Diese Diskussion soll hier nicht geführt werden.

Kehren wir zum wachstumsstrategischen Ansatz zurück. Auf die sachlichen und politischen Schwierigkeiten einer Operationalisierung ist bereits oben hingewiesen worden. Der Verfasser sieht hier auch noch keinen praktikablen Ansatz. Er vertritt allerdings die Meinung, daß die nicht unbeachtlichen Kosten eines aufwendigen Umverteilungsprozesses über die *Zentralen* nicht mit einer wieder sehr breiten Flächenförderung verschenkt werden sollten. Die „knappe Kompetenz" der *Zentrale* sollte im Gegenteil, dort wo sie eingesetzt wird, zu einer Schwerpunktbildung führen. Daß die Auswahl dieser Schwerpunkte nicht zu eng sein kann, ist aus den aufgezeigten Prognoseunsicherheiten und den daraus sich ergebenden risikopolitischen Konsequenzen abzuleiten. Der wachstumsstrategische Ansatz kann die gültige Regionalpolitik nicht ablösen, sondern nur ergänzen. Die Verteilung des Wohlstandes von wohlhabende auf arme Räume wird mit einem konzentrierten Raumentwicklungsprogramm eher ein noch größeres Problem.

Die Räume, die von derartigen Schwerpunktsetzungen nicht begünstigt sind, werden einer solchen Schwerpunktsetzung in einem an sich erwünschten Prozeß entgegenzusteuern versuchen.

2.3 Neues Konzept: Sektoral- statt Regionalförderung?

Die großen Branchenkrisen der vergangenen zwei Jahrzehnte im Stahl-, Werften- oder auch im Textilbereich mit ihren extrem starken negativen Auswirkungen auf die Räume, in denen sie konzentriert waren, oder noch sind, könnte eine Kehrtwende der Regionalpolitik hin auf eine Förderung der kranken Sektoren nahelegen. Eine solche überwiegend sektoral ausgerichtete Förderung erscheint jedoch nicht zweckmäßig.

Zwar könnte sich das Auswahlproblem bei der Bestimmung der Förderempfänger, wie unter 2.2 angedeutet, verringern, die Nachteile lägen aber in der Gefahr einer Konservierung strukturkranker Branchen und Räume.

Der Strukturwandel würde eher behindert als gefördert. Zweckmäßig erscheint dagegen eine Förderung als Strukturanpassungshilfe, sowohl für die betroffenen Unternehmen als auch für die strukturkrisenbedrohten Räume. Die Forderung lautet also auf eine *koordinierte* sektorale und regionale Förderpolitik. Die Schwierigkeit liegt in der richtigen Dosierung der Hilfen nach Art, Menge und Dauer.

Das Strukturkrisenmodell Landwirtschaft bietet ein ansehnliches Beispiel für diese Schwierigkeiten ebenso wie das Werfthilfemodell.

Besteht eine Chance, durch ein vorbeugendes Förderungsmodell die Notwendigkeit für Strukturanpassungshilfen merklich zu verringern?

2.4 Neues Konzept: Prophylaxe durch intensivierte Forschungs-, Technologie-, Innovations- und Ausbildungsförderung?

Bei den anerkannten Grenzen, die bei der inhaltlichen Bestimmung des strukturellen Wandels und der daraus resultierenden Gefahren und Chancen für einzelne Räume ebenso wie für einzelne Branchen entstehen, liegt als rationale Antwort auf diese Risiken ein Förderungskonzept nahe, das Flexibilität und Anpassungsfähigkeit (auch aktive!) zur Hauptaufgabe macht.

Die Bedingungen guter Anpassungsfähigkeit sind zwar nicht exakt zu bestimmen, und sie behalten immer eine subjektive Komponente. Unstrittig ist aber, daß intensive und rechtzeitige Forschungsanstrengungen die Fähigkeiten zur Reaktion auf neue Situationen entscheidend verbessern können. Sie sind eine notwendige Voraussetzung für eine ausreichende Innovationsrate, sowohl auf technologischem als auch auf sozialem Gebiet. Die Umsetzung von Forschungsergebnissen verlangt für diese Aufgaben ausgebildete Menschen.

Förderung von Forschung, technologischen Entwicklungen, Innovationsprozessen und Ausbildung sind deshalb notwendige Komponenten einer neuen Förderungsstrategie.

Wie kann eine solche Strategie regionalisiert werden?

Eine überzeugende Antwort hierauf liegt noch nicht vor.

Synergieeffekte zwischen Forschung, Ausbildung und Unternehmen sprechen *für* eine räumliche Konzentration. Der hohe Bedarf an entsprechenden Einrichtungen erlaubt dennoch eine regional breit gestreute Standortwahl (Universitätsstandorte).

Fachlich erscheint eine Orientierung am Leitbild der raumfunktionalen Arbeitsteilung zweckmäßig und möglich.

Mit der Entwicklung neuer Informations- und Kommunikationstechnologien könnte sowohl der Bundeffekt (Synergie) als auch der Einzugsbereich noch wesentlich verstärkt werden. Im Ausbildungsbereich bedürfen neue Formen der „life long education" dringend einer Realisierung. Weitere Voraussetzungen einer innovationsorientierten Regionalpolitik sind z.Z. noch Gegenstand von Forschung und Erprobung. Dabei wird u.a. die Möglichkeit zur stärkeren Koordination und Kooperation zwischen öffentlichen und privaten Forschungs- und Entwicklungseinrichtungen und -programmen geprüft.

Ein Förderungskonzept dieser Art ist vornehmlich im Aufgabenbereich der Zentralen. Welche neuen Möglichkeiten ergeben sich für die Regionalpolitiker vor Ort?

2.5 Regionalpolitik als integrierte regionale Entwicklungsplanung

Zielsetzung einer Regionalpolitik von „unten" ist die „Verbesserung der Regionalsituation". Um die regionale Situation zu messen, werden verschiedene Indikatorensysteme (Meßlatten) entwickelt. Dafür gibt es an anderen Stellen interessante Beispiele (z.B. SPES oder Systemanalyse Baden-Württemberg). Regionalpolitik im Sinne regionaler Entwicklungsplanung heißt, Engpässe in den einzelnen Räumen (z.B. unverträgliche Umweltbelastungen, aktuelle oder drohende Infrastrukturenpässe oder Arbeitsplatzdefizite) zu erkennen und zu beseitigen und dabei die Vorteile überkommunaler koordinierter Planung und Durchführung im Sinne kleinräumiger Funktionsteilung zu nutzen. Eine solche Regionalpolitik hat folgende wesentliche Merkmale:

- Sie wird überwiegend dezentral, d.h. in den Regionen selbst inhaltlich bestimmt. Hier ist die Kenntnis der „bottle necks" am größten. Die weiterhin unzureichende Koordination zwischen den Ressorts auf den staatlichen Ebenen wird dadurch „schadloser".
- Sie fördert damit einen allmählichen Abbau der üblichen Mischfinanzierungsform und führt zunehmend zu Finanzierungsmodellen über Finanzausgleiche ohne feste Zweckbindung.
- Sie versteht die Wirtschaftsförderung als eine Mischung von Bestandspflege, Neuansiedlung und allgemeiner regionaler Standortentwicklung.

Und damit stellt sich zum Schluß die Frage nach den geeigneten Förderungsinstrumenten.

2.6 Neue Instrumente: „Software" anstelle von Investitionen?

Es wird heute allgemein darauf hingewiesen, daß die Infrastrukturausstattung mit Straßen, Schulen, Energieeinrichtungen etc. nahezu ubiquitär geworden ist und sich kaum noch für eine Produktion von Standortdifferenzierungen eignet. Das ist im Prinzip richtig, wenngleich nicht übersehen werden darf, daß es eine Reihe von Infrastruktursystemen gibt, wie etwa Produktenpipilines oder interkontinentale Flughäfen, die keineswegs ubiquitär sind und die nur wenige Standorte berühren und damit diese für spezifische Produktionen bevorteilen. Ebenfalls bestehen im Bereich der klassischen Infrastrukturen weiterhin Ausstattungsgefälle. Mit ihrer Beseitigung können deshalb marginale Standortaufwertungen erreicht werden.

Dennoch bleibt der Sachverhalt, daß investive Maßnahmen im klassischen Bereich der Infrastruktur relativ an Bedeutung verlieren. Software tritt an die Stelle von Hardware. Es heißt daher:

War bisher das klassische Instrument der Standortentwicklung und Wirtschaftsförderung die Erschließung von Gewerbeflächen und Straßenbau, so treten heute an ihre Stelle neue Dienstleistungen wie Over-Head-Sharing in Form kommunal betriebenen oder gemeinsamen EDV-, Buchhaltungs-, Vertriebseinrichtungen. Neue Bildungsangebote werden konzipiert und vielfältige Beratungsdienste sowohl im öffentlichen als auch im privaten Bereich werden den den Unternehmern zur Verfügung gestellt. Möglichkeiten zur Verkaufsförderung wie Messen und Werbeveranstaltungen erhalten größere Bedeutung. Förderung von gewerblichen und industriellen Komplexen, die auf gemeinsamen Synergieeffekten beruhen und aus ihnen Vorteile ziehen, versprechen Erfolge. Beispiele sind gezielte, aufeinander abgestimmte Ausbildungs- und Forschungsprogramme an Fachschulen, Universitäten, bei Forschungseinrichtungen der Länder und des Bundes und entsprechenden Einrichtungen der Unternehmen. Zu ihrer Entwicklung bedarf es einer neuen Art von Standortanalyse und Bestandsaufnahme, um die wirklich geeigneten Ansatzpunkte herauszufiltern. Es braucht neue Organisationsformen, um die Synergieeffekte auch praktisch nutzbar zu machen. eine Reihe entsprechender Konzepte, die unter dem Stichwort „innovationsorientierte Regionalpolitik" laufen, tasten sich an die hier erhofften Möglichkeiten heran.

IV. Zusammenfassung

Die Regionalpolitik ist in einem Prozeß der Neubesinnung. Hierzu tragen einmal die veränderten Bedingungen bei, denen das Wirtschafts- und Beschäftigungssystem unterliegt. Hierfür sind aber auch die als gering eingeschätzten Steuerungserfolge der erheblichen Anstrengungen aus der Vergangenheit verantwortlich.

Aus den angesprochenen Merkmalen der voraussichtlichen künftigen wirtschaftlichen Entwicklung lassen sich kaum Ansatzpunkte erkennen, die auf einen „automatischen" Ausgleich der erheblichen regionalen Ungleichgewichte am Arbeitsmarkt schließen lassen.

Regionalpolitische Reaktionen auf diesen Tatbestand sollten unterscheiden nach einer Regionalpolitik *von oben* (Raumordnung mit speziellem Gewicht bei der zentralen Wirtschaftsförderung) und einer Regionalpolitik *von unten*. Für die staatliche regionale Wirtschaftsförderung von oben wird ein Konzept zur Diskussion gestellt. Es orientiert sich an der Wettbewerbssituation des Standortes Bundesrepublik gegenüber anderen Standorten weltweit. Eine konsequente Reaktion wäre hier einmal eine Stärkung der besonders wettbewerbsfähigen, d.h. der starken Standorte. Zum anderen erscheint eine noch intensivere innovationsorientierte Forschungs- und Ausbildungsförderungspolitik geeignet, um die Anpassungsfähigkeiten der regionalen Wirtschaft an veränderte und nicht sicher prognostizierbare Anforderungen zu stärken. Demgegenüber steht die bisherige Raumordnungspolitik, die auf einem möglichst weitgehenden Ausgleich der bestehenden regionalen Entwicklungsunterschiede zielt. Diese Zielsetzung sollte besser durch ein Finanzausgleichssystem verfolgt werden, das den einzelnen Regionen nicht gebundene Finanzmittel zur Verfügung stellt, um ihre Standortentwicklung inhaltlich selbst zu bestimmen und durchzuführen. Inhaltlich werden sich die Gewichte dabei von den investiven Maßnahmen auf Dienstleistungen verschieben.

Anmerkungen

1 PROGNOS report nr. 9, Die Bundesrepublik Deutschland 1985–1990–1995, Basel 1979.
2 PROGNOS AG, Analyse und Prognose der Unternehmensgrößenstruktur, Untersuchung i. A. des Bundesministers für Wirtschaft, Bonn, April 1979.
3 Gutachten der Kommission, Göttingen 1977.
4 a.a.O.
5 PROGNOS, Untersuchung zum Standort-Vorsorge-Programm Niedersachsen, Phase II, Bericht über die Feldforschung, unveröffentlicht, Basel 1978.

Struktur regionaler Arbeitsmärkte – zur Notwendigkeit spezifischer regionaler Förderprogramme

Von Karl Ganser

1 Rückblick auf die Leitzielkontroverse in der Raumordnungspolitik

Raumordnungspolitik in Bund und Ländern war in der Zeit nach der Verabschiedung des Raumordnungsgesetzes (ROG 1965) von einem weitreichenden Konsens in den Leitzielen getragen: Die Verwirklichung gleichwertiger Lebensbedingungen in allen Regionen u.a. durch den Ausbau einer dezentralen Siedlungsstruktur war allgemein anerkannt. Die Kontroversen zwischen den verschiedenen politischen Auffassungen beschränkten sich lediglich auf instrumentelle Bereiche, insbesondere auf die Frage, wieviel räumliche Schwerpunktbildung innerhalb der angestrebten dezentralen räumlichen Struktur zweckmäßig ist[1]. Erst mit der Rezession der Jahre 1974/75 nahm eine ins Grundsätzliche gehende Leitzieldiskussion ihren Anfang. Die auf sozialen Ausgleich und Einheitlichkeit der Lebensverhältnisse ausgerichtete Zielvorgabe der Raumordnungspolitik wurde in Frage gestellt. In dieser Diskussion läßt sich eine politisch-praktische Strömung und eine wissenschaftlich-planungstheoretische unterscheiden.

1.1

In der politischen Praxis meldeten sich wiederum zwei sehr unterschiedliche Gruppierungen zu Wort: Die Interessenvertreter der großen Agglomerationen einerseits und ökologisch ausgerichtete Verbände andererseits.
Für die großen Agglomerationen waren die rezessionsbedingt hohen Arbeitslosenquoten ebenso ungewohnt wie die Bevölkerungsverluste nach vielen Jahren anhaltenden Wachstums. Beide Ereignisse hatten ursächlich kaum etwas miteinander zu tun. Die Bevölkerungsabnahme in den Kernstädten der großen Agglomerationen ergab sich aus den stetig abnehmenden Geburtenzahlen im Verbund mit den Abwanderungen ins Umland. Beide Tendenzen waren bereits in den frühen 60er Jahren angelegt. Lediglich der Anwerbestop für ausländische Arbeitskräfte war konjunkturbedingt. Er legte Strukturen in der Bevölkerungsentwicklung offen, die jahrelang durch Zuwanderungen aus dem Ausland verdeckt waren. Von den großen Städten, wie z.B. Hamburg, Bremen, Köln oder München, wurde daraufhin mehr oder weniger verklausuliert gefordert, staatliche Politik im allgemeinen und Raumordnungspolitik im besonderen habe sich nun entschlossen, auf die Förderung der großen Agglomerationen umzustellen. Die großen Städte dürften vom „natürlichen Zuwanderungsstrom“ aus den ländlichen

Räumen nicht abgeschnitten werden. Das knappe Entwicklungspotential reiche nicht mehr aus, Stadt und Land gleichermaßen zu fördern. In den großen Städten müßten nämlich die ,,Wachstumsüberschüsse" erwirtschaftet werden, die allein eine Entwicklung der ländlichen Räume möglich machen würden. Der wirtschaftliche Niedergang der großen Städte würde auch die ländlichen Räume mitreißen[2].
Ökologisch engagierte Kreise machten sich zur gleichen Zeit Sorgen um die intakte Umwelt in den ländlichen Räumen. Sie erhoben gegen die Raumordnungspolitik in Bund und Ländern den Vorwurf, mit der Verwirklichung gleichwertiger Lebensbedingungen und der wirtschaftlichen Entwicklung der ländlichen Räume wäre auch dort die Zerstörung der Umwelt eine zwangsläufige Folge. Mehr oder weniger deutlich wurde den ländlichen Räumen die Funktion ,,ökologischer Reservate" zugesprochen und der Verzicht auf ökonomische Entwicklung auferlegt[3].

1.2

Im wissenschaftlichen Bereich wurde über die Abkehr von den bisherigen Leitzielen in der Raumordnung einerseits unter dem Gesichtspunkt der ,,Nicht-Machbarkeit" und andererseits unter Überlegungen der ,,ökonomischen Unzweckmäßigkeit" diskutiert. Das für alle innenpolitische Reformbereiche der damaligen Zeit geltende erhebliche Vollzugsdefizit wurde zum Anlaß genommen, das Steuerungspotential der räumlichen Planung kritisch zu überprüfen. In der vorwiegend ökonomisch ausgerichteten Argumentation wurde dabei auf abnehmende Bevölkerung, stagnierende Arbeitsplätze und knappe öffentliche Finanzen verwiesen. Das ,,knappe Entwicklungspotential" reiche für die Realisierung der in den Plänen und Programmen niedergelegten Ziele nicht mehr aus. Andere allerdings widersprachen der These vom ,,knappen Entwicklungspotential". Vielmehr sei eine zunehmende Dynamik in der strukturellen Veränderung der Volkswirtschaft wahrscheinlich, die wesentlich durch zunehmende weltwirtschaftliche Arbeitsteilung und Internationalisierung der Wirtschaftsvorgänge verursacht sei[4].
Dabei sei zu befürchten, daß die Bundesrepublik Deutschland ihre führende wirtschaftliche Position im internationalen Staatenwettbewerb verlieren könnte. Daher müsse überlegt werden, ob Raumordnungspolitik künftig nicht vorrangig die Aufgabe habe, die ,,international wettbewerbsfähigen Standorte" im Bundesgebiet zu sichern und zu fördern. Die ,,unterschiedlichen Begabungen" der einzelnen Räume sollten also gestärkt werden; am Ende könne dies auf größere räumliche Ungleichheiten hinauslaufen. Denn eine hoch arbeitsteilige Wirtschaft erfordere auch eine entsprechende räumlich funktionale Arbeitsteilung.
In diesem Zusammenhang wurde gelegentlich auch über die Zweckmäßigkeit einer großräumigen ,,passiven Sanierung" der peripheren ländlichen Räume reflektiert[5].
Die politik- und verwaltungswissenschaftliche Denkrichtung machte dagegen auf die fehlende ,,Klientel" und die geringe politische Macht der Raumordnung aufmerksam[6].
Geringer politischer Stellenwert und hoher Konsensbedarf würden in einem unüberwindbaren Widerspruch stehen[7].

1.3

Die offizielle Raumordnungspolitik in Bund und Ländern wurde durch derartige Überlegungen kaum erschüttert. Die Bundesregierung hat mehrfach betont, daß sie an den Zielen des Raumordnungsprogramms weiterhin festhalte[8]. Auch in den Landesentwicklungsplanungen der Länder sind keine grundlegenden Zielkorrekturen zu erkennen[9]. Von Expertenseite wird der Bundesregierung soeben die Richtigkeit des bisherigen Kurses bestätigt, wenngleich der Raumordnung in Bund und Ländern erhebliche instrumentelle und politische Defizite vorgehalten werden[10]. Dabei wird auch klargestellt, daß zwischen einer auf sozialen und regionalen Ausgleich bedachten Raumordnungspolitik und einer speziell die räumlichen Vorteile nutzenden Entwicklungsstrategie kein grundsätzlicher Gegensatz bestehe[11]. Die räumlich funktionale Arbeitsteilung könne jedoch nicht soweit gehen, daß Mindeststandards in den ökonomischen, sozialen und ökologischen Lebensbedingungen verletzt werden. Dazu hat der Beirat für Raumordnung bereits in einer früheren Empfehlung für eine Reihe von Indikatoren Mindeststandards definiert[12].

Blickt man auf die zwischenzeitlich abklingende Leitzielkontroverse zurück, fällt in erster Linie der hohe Abstraktionsgrad auf. Ideologische Einfärbungen sind damit unvermeidlich[13]. Die Diskussion zeigt zwischenzeitlich Erscheinungen der Abnutzung. Das Interesse verlagert sich daher neuerdings deutlich auf enger eingegrenzte praktische Probleme. Im politischen Bereich hat dazu die wiederbelebte Konjunktur erheblich beigetragen, wenngleich die grundlegenden Auseinandersetzungen über die Verteilung von Investitionen und Arbeitsplätzen zwischen Verdichtungs- und ländlichen Räumen nicht endgültig ausgestanden sind.

Einige Thesen in diesem Verteilungskampf haben sich als äußerst fragwürdig herausgestellt: So gibt es eine Reihe von empirischen Argumenten dafür, daß das „Entwicklungspotential" heute nicht knapper als früher ist[14]. In vielen Bereichen sind die Zuwachs- und Veränderungsraten eher größer geworden. Auch mag niemand mehr so recht an den von Raumordnung und Raumforschung größtenteils selbst gefertigten Zusammenhang zwischen der Zahl der zentralen Orte und bestimmten Niveaus beim Einwohnerwachstum glauben. Hier hat ein mechanistisches Verständnis von „Richtzahlen" viel Unheil angerichtet. Ebenso setzte sich die Erkenntnis durch, daß auch bei abnehmenden Bevölkerungszahlen eine Vielzahl von siedlungsstrukturell bedeutsamen Veränderungsprozessen zu steuern sind[15]. Schließlich wurde der konstruierte Konflikt zwischen einer auf Disparitätenabbau ausgerichteten Raumordnungspolitik und umweltpolitischen Zielsetzungen entlarvt. Die Argumente sind überzeugend, daß die ungesteuerte großräumige Agglomeration allemal mehr Umweltschädigungen für die einzelnen Regionen und auch für das übergeordnete Ökosystem insgesamt mit sich bringen würde, als eine weitgehend dezentralisierte räumliche Ordnung[16].

1.4

Wieder einmal hat sich gezeigt – und diesmal ausgeprägter als bei der Rezession 1966/67 –, daß konjunkturelle Einbrüche mancherseits hektische Reaktionen in Wissenschaft und Politik mit sich bringen. Es wird von grundsätzlichen „Trendwenden" geredet. Nach Lichtung der Konjunkturwolken stellen sich diese lediglich als graduelle, ziemlich stetige und meist auch seit langem bekannte Trends heraus.
Gleichwohl ist die Situation heute verändert. Diese Veränderung herauszuarbeiten gelingt allerdings nur bei feinfühliger Betrachtung. Hochaggregierte Modelle mit erheblichem ideologischen Gehalt verstellen eher den Blick.

2 *Zur regionalen Struktur der Benachteilungen*

Unterschiedliche regionale Strukturen und Benachteiligungen werden üblicherweise an der Entwicklung von Arbeitslosigkeit und Bevölkerung abgelesen. Politik hat sich in vielen Jahren daran gewöhnt, vorteilhafte und nachteilige Entwicklungen an diesen beiden „Einfachstindikatoren" zu messen. Dabei wird häufig mit der Wahl von Maßzahlen, Zeiträumen und räumlichen Bezugsebenen nicht gerade sorgfältig umgegangen[17]. Selbst bei einer Beschränkung auf diese äußerst groben Indikatoren kann nachgewiesen werden, daß die benachteiligten Gebiete seit 1965 im Prinzip die gleichen geblieben sind.

2.1

Periphere ländliche Räume und Montangebiete hatten bereits 1965 höhere Arbeitslosenquoten als die großen Verdichtungsräume ohne sektorale Strukturprobleme. Während der Rezession der Jahre 1966/67 trat dies deutlicher hervor. Die Unterschiede wurden in den darauf folgenden Jahren der Hochkonjunktur wieder eingeebnet. Die Rezession 1974/75 hob das Niveau der Arbeitslosigkeit in der Bundesrepublik Deutschland allgemein sehr stark an, wobei diesmal im Gegensatz zur Rezession 1966/67 auch die großen Agglomerationen wesentlich stärker betroffen waren. Die Arbeitslosigkeit baute sich daraufhin nur sehr zögernd ab. Im Jahre 1979 ist jedoch erkennbar, daß sich zunehmend mehr große Verdichtungsräume ohne sektorale Strukturprobleme der Vollbeschäftigung, teilweise sogar der Überschäftigung, annähern (vgl. Tabelle 1).
Immerhin 10 Arbeitsamtsbezirke von den 15 Arbeitsamtsbezirken mit den höchsten Arbeitslosenquoten im Jahr 1979 nahmen bereits 1967 ebenfalls unterste Rangplätze ein. Ähnlich ist die Rangfolge bei den Gebieten mit der geringsten Arbeitslosigkeit. Die 25 „Spitzenreiter" mit der relativ besten Arbeitsmarktsituation unterscheiden sich heute nicht grundsätzlich von denen des Jahres 1967 (vgl. Tabellen 2 und 3).
Innerhalb dieses groben Gefälles bei den räumlichen Strukturen sind jedoch quantitative Verschiebungen eingetreten. Während die Zahl der Arbeitslosen in den Arbeits-

Tabelle 1: Arbeitslosenquote in Verdichtungsräumen und ländlichen Räumen 1967–1979

Arbeitsamtsbezirke	Arbeitslosenquoten (September)			
	1967	1971	1975	1979
Uelzen	2,4	1,0	4,4	4,2
Emden	5,2	2,5	7,5	5,6
Leer	4,5	2,4	7,4	5,7
Trier	2,9	1,0	5,3	3,9
Schweinfurt	2,5	0,8	5,8	5,1
Weiden	4,2	0,9	6,3	3,5
Regensburg	2,4	1,0	5,6	4,0
Passau	3,7	2,1	6,6	4,3
Hamburg	0,9	0,4	3,4	2,9
Hannover	0,9	0,5	4,7	3,7
Düsseldorf	0,7	0,4	3,7	3,6
Frankfurt	0,8	0,4	3,0	2,1
Mannheim	1,0	0,5	4,1	3,0
Stuttgart	0,2	0,2	2,6	1,4
Nürnberg	1,2	0,5	4,2	3,2
München	0,7	0,4	3,4	2,3
Braunschweig	2,5	1,2	5,8	5,3
Dortmund	3,0	0,8	5,4	5,4
Essen	2,7	0,8	4,6	5,3
Duisburg	2,1	1,1	4,8	6,3

Quelle: Amtliche Nachrichten der Bundesanstalt für Arbeit

Tabelle 2: Rangfolge der 15 schlechtesten Arbeitsamtsbezirke 1967–1979

Arbeitsamtsbezirke	Rangreihe und Arbeitslosenquote (September)	
	1979	1967
Hamm	128 – 5,0	104 – 2,4
Schweinfurt	129 – 5,1	110 – 2,5
Wilhelmshaven	130 – 5,2	128 – 3,2
Essen	131 – 5,3	115 – 2,7
Braunschweig	131 – 5,3	110 – 2,5
Schwandorf	131 – 5,3	139 – 4,5
Dortmund	134 – 5,4	125 – 3,0
Bochum	135 – 5,6	136 – 4,0
Emden	135 – 5,6	142 – 5,2
Leer	137 – 5,7	139 – 4,5
Saarlouis	138 – 5,9	128 – 3,2
Gelsenkirchen	139 – 6,2	141 – 4,9
Neunkirchen	140 – 6,3	128 – 3,2
Duisburg	140 – 6,3	94 – 2,1
Saarbrücken	142 – 7,0	125 – 3,0

Quelle: Amtliche Nachrichten der Bundesanstalt für Arbeit

Tabelle 3: Rangreihe der 25 besten Arbeitsamtsbezirke 1967–1979

Arbeitsamtsbezirke	Rangreihe und Arbeitslosenquote (September) 1979	1967
Nagold	1 – 1,0	12 – 0,6
Göppingen	2 – 1,2	5 – 0,4
Waiblingen	2 – 1,2	–
Korbach	4 – 1,3	91 – 2,0
Schwäbisch-Hall	4 – 1,3	24 – 0,8
Balingen	6 – 1,4	8 – 0,5
Ravensburg	6 – 1,4	12 – 0,6
Stuttgart	6 – 1,4	1 – 0,2
Ludwigsburg	9 – 1,5	1 – 0,2
Marburg	10 – 1,6	91 – 2,0
Reutlingen	10 – 1,6	3 – 0,3
Ulm	10 – 1,6	19 – 0,7
Villingen-Schwenningen	10 – 1,6	5 – 0,4
Kempten	10 – 1,6	12 – 0,6
Rottweil	15 – 1,7	8 – 0,5
Lörrach	16 – 1,8	8 – 0,5
Tauberbischofsheim	16 – 1,8	24 – 0,8
Ansbach	16 – 1,8	102 – 2,3
Pforzheim	19 – 1,9	12 – 0,6
Aalen	20 – 2,0	12 – 0,6
Darmstadt	21 – 2,1	24 – 0,8
Frankfurt	21 – 2,1	24 – 0,8
Hanau	21 – 2,1	70 – 1,6
Offenburg	21 – 2,1	19 – 0,7
Memmingen	21 – 2,1	31 – 0,9

Quelle: Amtliche Nachrichten der Bundesanstalt für Arbeit

Tabelle 4: Anteil der Arbeitslosen in Gebieten mit hoher Arbeitslosigkeit 1967 und 1978

Arbeitsamtsbezirke mit 6 % und mehr Arbeitslosen im Jahresdurchschnitt	Arbeitslose absolut 1967	1978	Veränderung 1967–1978
in Montangebieten	76 121	129 414	70 %
in ländlichen Räumen	78 836	82 851	5 %

Quelle: Eigene Berechnungen

amtsbezirken des ländlichen Raumes mit besonders hohen Quoten im Zeitraum 1967–1978 lediglich um 5 % stieg, betrug die Veränderungsrate in den Montangebieten mit hoher Arbeitslosigkeit im gleichen Zeitraum etwa 70 %. Die ländlichen Räume mit hoher Arbeitslosigkeit haben bei Betrachtung der Absolutzahlen der Arbeitslosen also relativ an Bedeutung verloren. Dieses ist für das politische Kräfteverhältnis in der Regionalpolitik von Bedeutung, da das Problem der Arbeitslosigkeit letztlich an den absoluten Zahlen gemessen wird (vgl. dazu Tabelle 4).

2.2

Neben der Arbeitslosigkeit wurden in den zurückliegenden fünf Jahren von verschiedenen Seiten neue Trends in der regionalen Bevölkerungsentwicklung vermutet. Die „großen Verlierer" seien neuerdings und vor allem in Zukunft die großen Verdichtungsräume. Mit Statistiken ist diese Vermutung bislang jedoch nicht belegbar. Vielmehr sind auch hier die Problemgebiete im Grunde seit den 60er Jahren die gleichen geblieben.

Nach wie vor verlieren die peripheren ländlichen Räume und die Montangebiete jüngere Erwerbspersonen an die großen Agglomerationen. Diese verzeichnen folglich großräumige Binnenwanderungsgewinne, wenn man Kernstädte und Umlandbereiche zusammen betrachtet. Auffällig ist die hohe Korrelation zwischen Arbeitslosigkeit und Binnenwanderungsverlusten. Beide Indikatoren signalisieren also gleichermaßen Strukturprobleme in der Wirtschaft (vgl. Tabelle 5).

Für die Kernstädte der großen Agglomerationen reichen die Binnenwanderungsgewinne längst nicht mehr aus, um eine ausgeglichene Bevölkerungsbilanz herbeizuführen. Seit dem Anwerbestopp für ausländische Arbeitskräfte und dem vorübergehend eingeführten Zuwanderungsverbot für Gebiete mit hoher Ausländerquote ist dieser die Bevölkerungsbilanz der Kernstädte beschönigende Wanderungsstrom versiegt. Seit etwa 1973 führen die niedrigen Geburtenziffern zusammen mit den Wanderungsverlusten gegenüber dem Umland also zu erheblichen Bevölkerungsabnahmen in den Kernstädten der großen Agglomerationen (vgl. Tabelle 6).

Die niedrigen Geburtenziffern sind z.T. eine Folge des Altersaufbaus, zum größeren Teil jedoch ein Ergebnis der in den Kernstädten besonders niedrig liegenden Fruchtbarkeit[18]. Die Wanderung in das Umland wird durch das Streben nach Wohneigentum und mehr Wohnfläche ausgelöst, wobei auch das belastete Wohnumfeld in den dicht bebauten Altstadtquartieren eine nicht unwesentliche Rolle spielt.

2.3

Viele große Städte erwecken nun aus Unkenntnis der einzelnen Komponenten über Bevölkerungsentwicklung oder wider besseres Wissen den Eindruck, die Bevölkerungsverluste hätten ihr Ergebnis in einer schlechten Wirtschaftsstruktur. Folglich müßten regionalwirtschaftliche Maßnahmen zu Lasten des Umlandes und der peripheren länd-

Tabelle 5: Binnenwanderungen und Arbeitslosigkeit 1975/77

Ausgewählte Regionen [1])	Binnenwanderungssaldo der 18–30jährigen (Mittel der Jahre 1975/76) abs.	auf 1000 E	Arbeitslosigkeit (offene Stellen auf 1000 Arbeitslose) 1977
Emden	– 818	– 11,8	91
Flensburg	– 536	– 7,4	183
Kassel	– 1 526	– 10,1	220
Trier	– 1 322	– 18,4	120
Schweinfurt	– 1 372	– 20,7	102
Augsburg	– 2 038	– 26,7	68
Passau	– 1 754	– 19,3	125
Duisburg	– 3 105	– 13,2	134
Dortmund	– 4 570	– 12,2	236
Saarbrücken	– 2 611	– 14,5	71
Hamburg	+ 5 749	+ 13,4	335
Frankfurt	+ 5 150	+ 13,4	440
Stuttgart	+ 2 111	+ 5,3	1016
München	+ 14 099	+ 29,4	456

1) Planungsregionen/Oberbereiche

Quelle: Materialien zum Raumordnungsbericht der Bundesregierung 1978

Tabelle 6: Kernstadt-Wanderungsverluste einiger ausgewählter Städte 1971/1976

Kernstädte	Wanderungsbilanzen Binnenwanderungen	Umlandwanderungen	Natürliche Bilanz
Stadt Hamburg			
– 1971	– 17 773	– 16 468 *)	– 8 263
– 1976	– 6 733	– 8 914	– 11 699
Region Hamburg 1976 [1])	(+ 5 749)		
Stadt Frankfurt			
– 1971	– 7 677	– 9 599 *)	– 1 753
– 1976	– 2 797	– 4 010	– 2 851
Region Frankfurt 1976 [1])	(+ 5 150)		
Stadt Stuttgart			
– 1971	– 7 479	– 4 666 **)	+ 462
– 1976	+ 2 267	– 3 571	– 1 166
Region Stuttgart 1976 [1])	(+ 2 111)		
Stadt München			
– 1971	– 376	– 13 803 ***)	– 1 239
– 1976	+ 5 037	– 3 180	– 3 254
Region München 1976 [1])	(+ 14 099)		

*) gleicher BfLR-Bereich

**) mit den Landkreisen Böblingen, Esslingen, Ludwigsburg, Rems-Murr-Kreis

***) mit Oberbayern

1) siehe Tabelle 5 und die dort angegebene Regionsabgrenzung

Quelle: Laufende Raumbeobachtung der BfLR

lichen Räume in den Kernstädten hohe Priorität erhalten. Mit Maßnahmen der Wirtschaftsförderung wird man jedoch die niedrigen Geburtenziffern ebenso wenig beeinflussen können wie die Abwanderung in das Umland, zumal der größere Teil der Umlandwanderer ohnehin seinen Arbeitsplatz in den Kernstädten beibehält.
Als Indikator für regionalwirtschaftliche Strukturschwäche ist also allein die interregionale, auf regionale Arbeitsmärkte insgesamt bezogene Binnenwanderung zulässig. Alle anderen Komponenten der Bevölkerungsentwicklung dagegen sind dafür ohne Aussagekraft.

3 Grundlegende Revision der Fördergebiete?

Aus der Vielzahl der raumwirksamen Maßnahmen in Bund und Ländern hat lediglich die regionale Wirtschaftsförderung eine konkrete und nachprüfbar abgegrenzte Fördergebietskulisse für benachteiligte Gebiete. Verständlicherweise konzentriert sich daher die Auseinandersetzung um veränderte regionalstrukturelle „Bedürftigkeitsmuster" auf die Fördergebiete der Gemeinschaftsaufgabe „Verbesserung der regionalen Wirtschaftsstruktur".

3.1

Die derzeit gültige Abgrenzung stammt im wesentlichen aus dem Jahre 1975. Ihr wird vorgeworfen, sie entspreche nicht mehr den veränderten gesamtwirtschaftlichen und regionalpolitischen Bedingungen. Die peripheren ländlichen Räume würden entgegen ihrer faktischen Situation weiterhin stark begünstigt. Naheliegenderweise vertreten insbesondere das Land Nordrhein-Westfalen, das Saarland und die Stadtstaaten diese Position.
Als handgreiflicher Beweis für die grundsätzliche Überholtheit dieser Fördergebietskulisse wird die gegenwärtige regionale Verteilung der Arbeitslosenquoten angeführt. In der Tat liegen viele Arbeitsamtsbezirke mit 5 % und mehr Arbeitslosigkeit im Mittel der vier zurückliegenden Jahre außerhalb der Fördergebietskulisse der GRW. Sie umfassen immerhin 53 % der Arbeitslosen in Gebieten mit hoher struktureller Arbeitslosigkeit (vgl. dazu Tabelle 7).

Tabelle 7: GRW-Fördergebiete und Arbeitslosigkeit 1979

Arbeitsamtsbezirke mit hoher Arbeitslosigkeit (September 1979 mehr als 5 %)	Arbeitslose	
	abs.	in %
innerhalb der GRW-Fördergebiete	78 826	46,8 %
außerhalb der GRW-Fördergebiete	89 675	53,2 %
Arbeitsamtsbezirke mit hoher Arbeitslosigkeit insgesamt	168 501	100 %

Quelle: Amtliche Nachrichten der Bundesanstalt für Arbeit und eigene Berechnungen

3.2

An dieser Stelle ist daran zu erinnern, daß bei der Abgrenzung der Fördergebiete im Jahre 1975 nach langer Diskussion die Arbeitslosenquote nicht als Abgrenzungsindikator zugelassen wurde. Mit guten Gründen wurden stattdessen die prognostizierten Arbeitskraftreserven in Verbindung mit dem Einkommensniveau und der Infrastrukturausstattung verwendet. Der Arbeitskraftreserve-Indikator ist ein Maß für den mittelfristigen Bedarf an Arbeitsplätzen unter der Zielsetzung, daß niemand wegen Mangel an Arbeit zur Abwanderung gezwungen sein und der Mangel an Arbeitsplätzen darüber hinaus auch das Interesse an einer Erwerbstätigkeit nicht unterdrücken sollte.
Im Arbeitskraftreserve-Indikator sind also offene Arbeitslosigkeit (Arbeitslosenquote), versteckte Arbeitslosigkeit (Erwerbsbeteiligung) und exportierte Arbeitslosigkeit (Wanderungen) zusammengeführt. Wollte man dagegen die Arbeitslosenquote zur Bestimmung der Förderungswürdigkeit heranziehen, müßte man Wanderungen und Erwerbsquoten als zusätzliche Indikatoren hinzuziehen.

3.3

Am Beispiel des Raumes München wird dieser Zusammenhang besonders deutlich. Dort lag die Arbeitslosenquote 1976 bei 4 %. Zum gleichen Zeitpunkt hatte der Raum Niederbayern eine Arbeitslosenquote von rund 10 %. Von dort sind in diesem Jahr außerdem rund 1000 Erwerbspersonen abgewandert. Ohne diese Abwanderung hätte es dort bei gleichem Arbeitsplatzangebot also 1000 Arbeitslose mehr und somit eine Quote von 11 % gegeben. Im Raum München dagegen wurde die Arbeitslosenquote durch die Zuwanderung von etwa 15 000 Erwerbspersonen nach oben gedrückt. Ohne Wanderungsgewinne hätte sie aber nur 2,7 % betragen. Ferner lag die Erwerbsbeteiligung im Raum München bei 49 %, in Niederbayern nur bei 43 %. Zu einem erheblichen Anteil ist die überdurchschnittlich hohe Erwerbsbeteiligung im Raum München eine Folge des vergleichsweise attraktiven Arbeitsplatzangebotes, ebenso wie die unterdurchschnittliche Erwerbsbeteiligung in Niederbayern als Indiz für den Mangel an Beschäftigungsmöglichkeiten anzusehen ist.
Würde man nun im Raum München die Erwerbsquote um 4 % auf ein durchschnittliches Maß absenken, würden rein rechnerisch 130 000 Arbeitsplätze frei, die im Prinzip mit Arbeitslosen besetzt werden könnten. Dann würde ein Arbeitskräftemangel in einer Höhe von 100 000 bestehen. Bei einer Anhebung der Erwerbsquote in Niederbayern auf ebenfalls 45 % würden dagegen 14 000 zusätzliche Arbeitsplätze benötigt. Bei gleichbleibendem Arbeitsplatzangebot würde dann die Arbeitslosenquote von heute 10 % auf 20 % ansteigen (vgl. dazu Tabelle 8).
Jedermann weiß, daß die Prozesse auf dem Arbeitsmarkt komplizierter ablaufen. Das Rechenexempel sollte auch nur die einseitige Fixierung auf die Arbeitslosenquote als Maß für regionalwirtschaftliche Bedürftigkeit problematisieren. Es ist offenkundig, daß die Arbeitslosenquote im Vergleich zum Arbeitskräftereserve-Indikator die großen Agglomerationen begünstigt. Davon auszunehmen sind allerdings die Montanreviere,

Tabelle 8: Modellrechnung zur „expertierten" und „latenten" Arbeitslosigkeit 1976

Indikatoren [1]		Gebietseinheiten [2] München-Rosenheim (GE Nr. 34)	Landshut-Passau (GE Nr. 33)
Arbeitslose 1976	absolut	46 000	26 000
	in %	4 %	10 %
Wanderungen der Erwerbspersonen (Mittel der Jahre 1975/76)		+ 15 000	- 1 000
Erwerbsquote 1974		49,0 %	43,4 %

1) Zahlen stark gerundet

2) Die „Raumordnungsprognose 1990" bezieht sich auf die zwischenzeitlich überholten Gebietseinheiten des Bundesraumordnungsprogramms. GE 34 entspricht damit Oberbayern ohne den Raum Ingolstadt. GE 33 ist in etwa identisch mit dem Regierungsbezirk Niederbayern

Quelle: „Raumordnungsprognose 1990" des Bundesministers für Raumordnung, Bauwesen und Städtebau und Materialien zum Raumordnungsbericht der Bundesregierung 1978

die ebenfalls über Abwanderung Arbeitslosigkeit „exportieren" und bei traditioneller Frauenerwerbstätigkeit insgesamt eine niedrige Erwerbsquote aufweisen.
Zum gegenwärtigen Zeitpunkt liegt keine einigermaßen aktuelle Prognose der Arbeitskraftreserven vor, so daß eine Gegenüberstellung mit der tatsächlichen Arbeitslosigkeit nicht möglich ist.

Bei einem Rückgriff auf die zwischenzeitlich veraltete Raumordnungsprognose des Jahres 1974 wird jedoch die im Rechenexempel dargestellte Tendenz bestätigt. Zwischen aktuellen Arbeitslosenquoten und den für 1990 prognostizierten Arbeitsmarktbilanzen bestehen erhebliche Diskrepanzen. Der relativ größte Arbeitsplatzbedarf tritt demnach in den peripheren ländlichen Räumen auf. Würde man die dortigen Arbeitsmarktbilanzen in Arbeitslosenquoten umrechnen, würden Werte von mehr als 15 % erreicht. Eine derartige Tendenz wird im übrigen auch durch den erst kürzlich vorgelegten PROGNOS-Report Nr. 9[19] bestätigt (vgl. Tabelle 9).

3.4

Diese Betrachtungen zeigen, daß das Grundmuster der regionalen Wirtschaftsschwäche durch die Rezession der Jahre 1974/75 nicht verändert wurde. Dies sollte den Blick jedoch nicht dafür verstellen, daß die Unterschiede innerhalb der ländlichen Räume ebenso wie innerhalb der großen Agglomerationen zugenommen haben. Es gibt heute eine ganze Reihe von ländlichen Räumen, die gegenwärtig und mit großer Wahrscheinlichkeit auch in Zukunft eine vergleichsweise stabile Wirtschaftsstruktur aufzuweisen haben, obwohl sie heute noch zu den Fördergebieten zählen. Niedrige Arbeitslosen-

Tabelle 9: Voraussichtliche Arbeitslosenzahlen in den ländlichen Gebieten 1990

Ausgewählte Regionen (BROP)	Arbeitslose 1977 in 1000	Arbeitslose je 100 der 15–65jährigen Ende 1977	fehlende Arbeitsplätze 1990 absolut in 1000	fehlende Arbeitsplätze auf 100 Einwohner 1990 der 15–65jährigen
Emden	20,0	2,95	– 83,4	19,0
Flensburg	8,9	2,17	– 26,8	10,3
Kassel	14,9	2,04	– 15,0	2,8
Trier	9,9	1,93	– 34,3	12,4
Schweinfurt	23,0	2,09	– 55,0	7,3
Augsburg	28,3	1,65	– 57,0	7,6
Passau	27,4	1,96	– 74,1	14,5
Duisburg	93,9	3,44	– 136,3	5,3
Dortmund	53,9	2,50	– 64,5	3,1
Saarbrücken	28,5	3,68	– 50,5	7,5
Hamburg	50,4	2,22	+ 58,8	Arbeits-
Frankfurt	40,0	1,75	+ 22,5	platz-
München	50,0	1,60	+ 61,8	überschuß

Quelle: Raumordnungsprognose 1990 des Bundesministers für Raumordnung, Bauwesen und Städtebau

quoten, hohe Wanderungsgewinne und eine überdurchschnittliche Erwerbsbeteiligung sind Indizien dafür. Zu diesen Gebieten zählen u.a. die Fördergebiete in dem bayerischen Alpenvorland. Ebenso wird man innerhalb der großen Agglomerationen künftig stärker differenzieren müssen. Auf die Sondersituation in den Montangebieten wurde bereits mehrfach hingewiesen. Es gibt einige Indizien dafür, daß sich die Wirtschafts- und Arbeitsmarktstruktur in den Räumen Hamburg, Bremen und Hannover weniger günstig entwickeln wird als z. B. in Stuttgart oder München (vgl. Tabelle 10). Eine grundlegende – d.h. das Disparitätengefälle umkehrende – Reform der Fördergebiete in der regionalen Wirtschaftsförderung erscheint also wohl nicht gerechtfertigt. Eine Aktualisierung zur Anpassung an die graduell veränderten Verhältnisse ist jedoch notwendig. Die Frage der immer wieder beabsichtigten Einschränkung im Umfang der Fördergebiete ist davon unabhängig.

4 *Einheitsstrategien sind fragwürdig geworden*

Wenn immer bislang in einer Region wirtschaftsstrukturelle Probleme aufgetreten sind, wurde die Einbeziehung in die Gemeinschaftsaufgabe „Verbesserung der regionalen Wirtschaftsstruktur" gefordert. Zum Teil geschah dies mit zeitlich befristeten Sonderprogrammen, wobei die Mittel der Sonderprogramme für die Sondergebiete zusätzlich bereitgestellt wurden. Zu erinnern ist an das VW-Sonderprogramm oder an das Sonderprogramm für das Saargebiet. Dabei kam es stets zu Kontroversen zwischen den Bundesländern. Die Etikette „Sonderprogramm" konnte nämlich nicht darüber hin-

Tabelle 10: Arbeitslosigkeit in ausgewählten Arbeitsamtsbezirken, die in bzw. außerhalb der GRW-Fördergebietskulisse liegen (September 1979)

Arbeitsamtsbezirke	GRW-gefördert	GRW nicht gefördert
Ansbach	1,8 %	
Coburg	2,2 %	
Aschaffenburg	2,5 %	
Landshut	2,6 %	
Würzburg	2,7 %	
Hof	3,0 %	
Hamm		5,0 %
Essen		5,3 %
Dortmund		5,4 %
Bochum		5,6 %
Gelsenkirchen		6,2 %
Duisburg		6,3 %

Quelle: Amtliche Nachrichten der Bundesanstalt für Arbeit

wegtäuschen, daß über Sonderprogramme neue Gebiete als zusätzliche Konkurrenten um die knappen Arbeitsplätze eingeführt wurden. Eine aktuelle Kontroverse dieser Art ist über das „Sonderprogramm Ruhr" entstanden.

Seit dem Bestehen der Gemeinschaftsaufgabe kritisieren die Bundesländer mit einem hohen Anteil an peripheren ländlichen Räumen – Schleswig-Holstein, Niedersachsen und Bayern – die Ausdehnung der Förderung auf Ruhr- und Saargebiet. Dabei wird ziemlich pauschal um Fördermittel und Arbeitsplatzzielzahlen in den Rahmenprogrammen der Gemeinschaftsaufgabe „Verbesserung der regionalen Wirtschaftsstruktur" gestritten.

Die wesentlich wichtigere Frage kommt dagegen erst jetzt allmählich in die Diskussion. Erscheint es überhaupt erfolgversprechend, mit einem vergleichsweise groben Förderinstrumentarium strukturell so uneinheitliche Gebiete wie die Montanreviere und die peripheren ländlichen Räume zu behandeln? Die Gemeinschaftsaufgabe in ihrer bisherigen Ausgestaltung kennt nämlich lediglich die Subventionierung von privaten Investitionen, wenn Dauerplätze und Ausbildungsplätze geschaffen werden. Außerdem werden kommunale Aufwendungen für wirtschaftsnahe Infrastruktur bezuschußt.

Möglicherweise würden größere Effekte erreicht, wenn mit spezifischen Maßnahmekombinationen die sehr unterschiedlichen Aufgaben in den einzelnen strukturschwachen Regionen angegangen würden. Dies setzt allerdings tiefergehende Einblicke in die regionale Wirtschafts- und Arbeitsmarktstruktur voraus. Grobe Indikatoren, wie Arbeitskraftreserve, Arbeitslosenquote und Einkommen reichen dafür nicht mehr aus. Auch erscheinen Planungssysteme wenig geeignet, in denen allgemein gültige Vorstellungen für das ganze Staatsgebiet angestrebt werden und verbindlich gemacht sind.

5 Montanreviere und periphere ländliche Räume im Vergleich

Die aktuelle Diskussion über das „Sonderprogramm Ruhr" legt es nahe, einen differenzierten Vergleich zwischen Montanrevieren und peripheren ländlichen Räumen anzustellen. Damit sind sicherlich nicht alle Strukturtypen regionaler Arbeitsmärkte abgedeckt[20]. Es müßte damit aber die Frage diskutierbar sein, ob überhaupt unterschiedliche Strukturen vorliegen und diese spezifische Förderstrategien rechtfertigen.

5.1

Während der sog. „Ruhrgebietskonferenz" vom Frühsommer dieses Jahres wurden nicht nur Klagen geführt und Subventionen gefordert. Es gab auch Stimmen, die wesentliche Standortvorteile des Ruhrgebiets ins Bewußtsein gerufen haben:

- die reichhaltige Auswahl an Arbeitskräften, insbesondere an Facharbeitern
- die zentrale Lage im westeuropäischen und bundesrepublikanischen Wirtschaftsraum
- die gute Versorgung mit technischer und verkehrlicher Infrastruktur

Auf dieser Grundlage, so war zu hören, müßten die „Selbstheilungskräfte" im Ruhrgebiet wesentlich stärker belebt werden. Von einem „kranken" Revier könne nicht die Rede sein[21].
Im Vergleich dazu liegen die Verhältnisse zumindest bei diesen Standortfaktoren in den peripheren ländlichen Räumen deutlich schlechter. Die Arbeitsmärkte sind klein. Entsprechend schwierig ist die Beschaffung von Arbeitskräften bei Neuansiedlungen oder Betriebserweiterungen. Bei kleinen Arbeitsmärkten ist es insbesondere für größere Betriebe schwierig, innerhalb eines kurzen Zeitraumes eine größere Zahl von Facharbeitern des gleichen Berufsfeldes zu gewinnen. Die Entfernungen zu den großen Wirtschaftszentren in der Bundesrepublik Deutschland und in West-Europa sind groß. Überdies sind die Verkehrsverbindungen vor allem auf der Schiene schlecht. Die technische Infrastruktur ist unterentwickelt. Viele Gebiete haben keine Erdgasversorgung. Die Strompreise liegen im Bereich der Sondertarife bis zu 30 % höher. Leistungsfähige Vorfluter fehlen häufig.

5.2

Ein differenzierter Blick in die Struktur der Arbeitslosigkeit zeigt zunächst eine Reihe von Gemeinsamkeiten. Im Ruhrgebiet und im peripheren ländlichen Raum sind die Anteile der Ungelernten an den Arbeitslosen gleichermaßen hoch. Ebenso sind bei den Arbeitslosen mit „gesundheitlichen Einschränkungen" kaum Abweichungen gegeben. Auch bei den arbeitslosen Frauen und bei den an Teilzeitarbeit Interessierten gibt es keine nennenswerten Abweichungen. Auffallend und bedeutsam ist jedoch der Unterschied bei der Altersstruktur der Arbeitslosen. Im Ruhrgebiet ist eine deutliche Ver-

Tabelle 11: Struktur der Arbeitslosigkeit im Ruhrgebiet und im Emsland 1978

Indikatoren der Arbeitslosigkeit	Ruhrgebiet	Emsland
Deutsche	90,4 %	95,4 %
Ausländer	9,6 %	4,6 %
Angestellte	31,6 %	31,4 %
ohne berufliche Qualifikation	55,2 %	54,0 %
mit gesundheitlichen Einschränkungen	29,3 %	27,4 %
unter 29 Jahren	44,7 %	50,4 %
über 45 Jahre	30,6 %	25,3 %
über 6 Monate arbeitslos	46,8 %	46,7 %

Quelle: Mitteilungen der Bundesanstalt für Arbeit

schiebung in den hohen Altersgruppen zu sehen. Im peripheren ländlichen Raum sind die Jugendlichen und hier vor allen Dingen die Mädchen stärker vertreten (vgl. Tabelle 11).

Schon bei der Konzeption der regionalen Wirtschaftsförderung in den 60er Jahren wurde der „Freizeitwert" als Standortfaktor gesehen. In den Fördergebieten wurden daraufhin u.a. Hallenbäder und Sporteinrichtungen mit Zuschüssen aus der Gemeinschaftsaufgabe geschaffen. Heute vermuten viele nicht ganz zu Unrecht eine „Überversorgung" mit Bädern und Sporteinrichtungen in den Fördergebieten bezogen auf die Versorgungsstandards in den großen Agglomerationen. Wohn- und Freizeitwert sind jedoch wesentlich breiter zu sehen. Langfristig wird es vermutlich weniger darauf ankommen, Wohn-, Bildungs- und Freizeitangebote einschließlich „urbaner Kulturangebote" für die Managementetage der Betriebe anzubieten. Die Wohnbedingungen der Facharbeiter könnten einen wesentlich bedeutsameren Standortfaktor darstellen. Hier sind die peripheren ländlichen Räume erheblich im Vorteil. Niedrige Bodenpreise ermöglichen große Wohnflächen und Wohneigentum zu erschwinglichen Kosten. Land-

Tabelle 12: Wohn- und Umweltsituation im Ruhrgebiet und in ländlichen Räumen

Regionen	Preise für baureifes Land (DM/m² im Mittel der Jahre 1975–77)	Zugang an Eigentümerwohnungen je 1000 Wohnungen (Mittel der Jahre 1975–77)	Siedlungsfläche in m² je Einwohner 1977	Freifläche in m² je Einwohner 1974
Duisburg	69,–	335	372	1 412
Essen	89,–	179	261	876
Dortmund	57,–	330	367	1 650
Emden	20,–	661	989	7 525
Lüneburg	20,–	599	1 208	13 373
Kassel	19,–	590	724	6 101

Quelle: Eigene Berechnungen auf der Grundlage der amtlichen Baulandpreisstatistik und Bodennutzungsordnung

schaftlich attraktive Freiflächen gibt es zur genüge. Sie liegen nahe bei den Siedlungen. Entsprechend kurz sind die Wege in der Tages- und Wochenendfreizeit. Lärm- und Abgasbelastungen sind, von einigen besonderen Wohnstandorten abgesehen, kein großes Problem. Das Spiegelbild dieser Situation findet man im Ruhrgebiet vor (vgl. Tabelle 12).

6 Allgemeine und spezifische Fördermaßnahmen

Die nur knapp ausgeführte Strukturanalyse gibt Anhaltspunkte für eine differenzierte Förderstrategie von Montanrevieren und peripheren ländlichen Räumen. Die tragenden Unterschiede sind:

- Montanreviere: große und differenzierte Arbeitsmärkte, hervorragende wirtschaftsnahe Infrastruktur, schlechte Wohn- und Umweltbedingungen; die Arbeitsmarktprobleme werden in erster Linie von sektoralen Anpassungsschwierigkeiten erzeugt.
- Periphere ländliche Räume: gute Wohn- und Umweltbedingungen, Defizite in der wirtschaftsnahen Infrastruktur, bei insgesamt dünner Besiedlung zu kleine regionale Arbeitsmärkte. Die Arbeitsmarktprobleme sind in erster Linie eine Folge des zu geringen Besatzes mit nichtlandwirtschaftlichen Arbeitsstätten.

6.1

Jenseits dieser Unterschiede gibt es auch Gemeinsamkeiten. Hierzu gehören:

- der Mangel an Arbeitsplätzen im Dienstleistungsbereich,
- das zu geringe Angebot an Teilzeitarbeit,
- der hohe Anteil an ungelernten Arbeitslosen,
- der hohe Anteil an Arbeitslosen mit „gesundheitlichen Einschränkungen".

Neben der Dezentralisierung von privaten und öffentlichen Dienstleistungsbetrieben, von Verwaltungen und Behörden, haben in Montanrevieren und peripheren ländlichen Räumen somit Maßnahmen der Arbeitsförderung, insbesondere der außerbetrieblichen und innerbetrieblichen Umschulung und Rehabilitation eine besondere Bedeutung.

6.2

An spezifischen Maßnahmen für Montanreviere erscheinen erfolgversprechend:

- Die Förderung sektoraler Innovationsprozesse unter Ausrichtung auf Technologien und Verfahren, die in den großbetrieblichen Strukturen von Kohle und Stahl Ansatzpunkte finden.
- Die Aufbereitung von abgewirtschafteten Industrie- und Gewerbeflächen, wobei nur ein Teil einer erneuten gewerblich-industriellen Nutzung zugeführt werden sollte. Langfristig bedeutsam ist die Vermehrung von Frei- und Grünflächen.

- Stadterneuerung, Wohnungsmodernisierung und Wohnumfeldverbesserung vor allem in den dicht bebauten Stadtquartieren.
- Bodenbevorratung mit dem Ziel, preiswertes Wohnbauland zu vermehren; denn Stadterneuerung bedeutet Auflockerung und Absenkung der Siedlungsdichten. Dies führt zu einem erheblichen Mehrbedarf an Flächen für den Wohnungsneubau.
- Entflechtung von störenden Gewerbebetrieben und Wohngebieten.
- Förderung von Umweltschutzinvestitionen, insbesondere von emissionsarmen Produktionsverfahren.
- Arbeitszeitverkürzung, insbesondere Verkürzung der Lebensarbeitszeit, beschränkt auf bestimmte Betriebe und Sektoren. Dies gilt vor allen Dingen für Großbetriebe mit einem hohen Anteil an älteren Arbeitnehmern.

Bei diesem Förderkatalog fällt auf, daß Maßnahmen zur Neuansiedlung von Betrieben nicht enthalten sind. Vorrang sollte die Förderung der Innovationsfähigkeit und die Modernisierung der vorhandenen Betriebe haben. Dadurch müßten genügend Ersatzarbeitsplätze für die Aufnahme von freigesetzten Arbeitnehmern und eine ausreichende Diversifizierung der Sektoralstruktur zu erreichen sein. In den Montanrevieren wird vor allen Dingen ein „qualitatives Wachstum" ohne quantitative Ausdehnung benötigt. Die Neuansiedlung und Erweiterung von Betrieben sollte den peripheren ländlichen Räumen vorbehalten bleiben.

6.3

In den peripheren ländlichen Räumen geht es in erster Linie um die Schaffung von mehr und z.T. auch von besseren Arbeitsplätzen. Ferner bestehen noch Defizite in der Infrastruktur, die insbesondere dann Standortnachteile darstellen, wenn genügend andere Regionen mit hoch entwickelter Infrastruktur die Konkurrenz ausmachen[22]. Das „klassische Instrumentarium" der regionalen Wirtschaftsförderung hat hier noch immer seine Berechtigung.

Bislang viel zu wenig beachtet sind jedoch Maßnahmen der Arbeitsförderung, da auch in peripheren ländlichen Räumen beim größeren Teil der Arbeitslosen spezielle Probleme vorliegen, die eine Wiedereingliederung ohne zusätzliche Hilfen wenig aussichtsreich erscheinen läßt. Ein besonderes Problem ist dabei die Erstausbildung von Fachkräften sowie die Umschulung von sog. „Sackgassenberufen". Bedingt durch die Wirtschaftsstruktur gibt es zu wenige Ausbildungsstätten für zukunftsweisende Berufe. So kommt z.B. der Förderung von überbetrieblichen Ausbildungsplätzen, durch die die traditionell hohe Quote an „Sackgassenberufen" abgebaut werden kann, hohe Bedeutung zu.

Obwohl es bislang keine ausreichenden empirischen Befunde für eine generelle Innovationsverzögerung in peripheren ländlichen Räumen gibt, ist in diesen Gebieten von besonderen Innovationshemmnissen auszugehen. Regionale Präferenzen in der Innovationsförderung sollten daher das Bündel der Maßnahmen wirkungsvoll ergänzen.

6.4

Auffallend an dem Maßnahmebündel für Montanreviere und periphere ländliche Räume ist, daß nur ein geringer Teil der Instrumentarien innerhalb der bisherigen regionalen Wirtschaftsförderung zusammengeführt ist. Da die zeitliche und räumliche Koordinierungsnotwendigkeit wohl kaum jemand bestreiten wird, bieten sich zwei Wege an, die Bündelung zu erreichen: die Ausweitung der Gemeinschaftsaufgabe „Verbesserung der regionalen Wirtschaftsstruktur"; oder die stärkere Regionalisierung der einzelnen Maßnahmen unter Verantwortung des jeweiligen Fachressorts bei externer Koordination durch Raumordnung und Landesplanung.
Über die Zweckmäßigkeit dieser Wege kann hier nicht gesprochen werden. Die bisherige Praxis, regionalisierte Fachprogramme bzw. sektorale Förderhilfen mit regionaler Zielsetzung unkoordiniert nebeneinander zu entwickeln, bringt wahrscheinlich nur suboptimale Erfolge. Das arbeitsmarktpolitische Programm des Bundesministers für Arbeit wurde ohne lange Umschweife auf die 23 Arbeitsamtsbezirke mit 6 % und mehr Arbeitslosigkeit beschränkt. Dabei wurden wenig Überlegungen zur Tauglichkeit dieses Indikators, zur Zweckmäßigkeit von Arbeitsamtsbezirken als Fördergebiete und zur Abschneidegrenze bei 6 % angestellt. Montanreviere und periphere ländliche Räume wurden in einen Topf gegeben. Bei weitreichender gegenseitiger Deckungsfähigkeit der einzelnen Maßnahmen wurde für die regionale Verteilung der Mittel ein ausgeprägtes „Windhund-Verfahren" gewählt. Man darf gespannt sein, welche Gebiete sich aus diesem Förderprogramm am vorteilhaftesten bedient haben.
Ein großer Teil der hier angeführten Maßnahmen ist zum gegenwärtigen Zeitpunkt allerdings nicht regionalisiert. Es liegen kaum Kenntnisse über die regionalen Verteilungen und Wirkungen vor. Der Verdacht ist jedoch begründet, daß ein erheblicher Teil der Fördermittel nicht in die besonders benachteiligten Regionen fließt. In der beruflichen Bildung z. B. gibt es heute bereits wieder Regionen, in denen nur noch jede zweite Lehrstelle besetzt werden kann und darüber hinaus ein breites schulisches Angebot mit Teilzeit- und Vollzeitschulen ständig neue Ergänzungen und Abrundungen erfährt. In der Wohnungsbauförderung und Wohnungsmodernisierung fließt ebenso wie in der Umweltpolitik ein erheblicher Teil der Mittel in die Gebiete mit überdurchschnittlich guter Wohn- und Umweltqualität. Dies gilt insbesondere für die Maßnahmen, die als Steuervergünstigungen ausgestaltet sind. Bei den nicht regionalisierten Maßnahmen sind also erhebliche Fehlallokationen zu unterstellen. Möglicherweise ist der Weg über isolierte regionalisierte Sonderprogramme mit zeitlicher Befristung für extrem benachteiligte Gebiete ein Anfang, um diese Einsicht zu popularisieren. Regionale und zeitlich koordinierte Programme könnten darauf aufbauen.

7 *Statt regionaler Konkurrenz maßgeschneiderte Programme*

Agglomerationen und periphere ländliche Räume neigen dazu, sich gegenseitig auf hohem Abstraktionsniveau Entwicklungspotentiale und staatliche Fördermittel streitig zu machen. Die Diskussion gleitet dabei leicht in eine isolierte Darstellung von Bedürf-

tigkeit und volkswirtschaftlicher Zweckmäßigkeit ab. Im Extremfall verordnen sich beide Seiten wechselseitig eine Strategie der „passiven Sanierung“ [23]. Dies ist ebenso unsinnig wie unrealistisch. Eigenartigerweise haben sich in den letzten Jahren gerade die Kreise in derartige Forderungen verstiegen, die sich besonderer „Realitätsnähe“ und „Utopiefreiheit“ rühmen. Kaum eine Vorstellung würde weniger dem politischen Kräfteverhältnis in einem föderativen Staat entsprechen.
Die totale Mobilität der Produktionsfaktoren Arbeit und Kapital zu unterstellen – und diese wäre eine der wesentlichen Voraussetzungen für Konzepte der passiven Sanierung bzw. einer weitreichenden funktionalen Arbeitsteilung – ist mit Sicherheit eine sehr irreale Annahme.

7.1

Weit unterhalb dieser ideologischen Auseinandersetzung bleibt jedoch die Frage akut, in welchem Umfang etwa in Montanrevieren oder in peripheren ländlichen Räumen Abwanderungen zugelassen sein sollen. Niedersachsen hat dazu unlängst erneut das Reizwort geliefert, indem mit Bezug zu den Abwanderungen aus dem Ruhrgebiet die Forderung erhoben wurde: „Abstimmung mit den Füßen“ sollte man nicht aufhalten [24].
Leitziel von Raumordnungs- und Regionalpolitik ist es jedoch, gerade die „Abstimmung mit den Füßen“, die in den meisten Fällen nicht freiwillig erfolgt, sondern einen harten Mobilitätszwang darstellt, aufzuhalten. Diese Forderung hat a priori für Montanreviere und periphere ländliche Räume gleichermaßen zu gelten. Die Frage ist, ob graduelle Unterschiede zugelassen sein sollten.

7.2

In Montanrevieren stechen die extrem hohen Siedlungsdichten ins Auge. Die Strukturprobleme, insbesondere im Wohn- und Umweltbereich, gehen unzweifelhaft auf übermäßig hohe Dichten zurück. So besteht z. B. ein enger Zusammenhang zwischen hohen Dichten, hohen Bodenpreisen, geringen Eigentumsquoten, schlechter Wohnversorgung, belastetem Wohnumfeld und geringen Freiflächen.
Die Spekulation ist also naheliegend, über Abwanderungen die Dichten abzusenken und auf diese Weise die Beengungen in der Wohnumwelt und die Belastungen in der Umwelt abzusenken. Ohne Betrachtung der Nebenwirkungen und ohne Quantifizierung sind derartige Betrachtungen jedoch unzulässig. Man muß sich die benötigten Größenordnungen und Zeiträume vorstellen, um eine spürbare Entlastung auf dem Wohnungsmarkt und in der Umwelt durch Abwanderung zu erreichen. Die sozialen und politischen Kosten eines derartigen Massen-Exodus wären vermutlich so gewaltig, daß die Phantasie zur Beschreibung nicht ausreicht. Eine Strategie des Nichtstuns und des Gesundschrumpfens würde wohl kaum zu einer zielorientierten Problemlösung führen.

7.3

Auf der anderen Seite sollte man auch nicht überreizt reagieren, wenn in den dicht besiedelten Räumen Abwanderungen auftreten. Die Sozialstruktur wird nicht „ruiniert", wenn graduell mehr und besser Verdienende an der Abwanderung stärker beteiligt sind. Die Infrastruktur wird nicht so schnell „unterausgelastet" sein. Noch sind die Straßen überfüllt, wachsen die Müllhalden, Wasserverbrauch und Abwasserlast. Die Kinder der Ausländer sind im schulischen und beruflichen Bereich noch lange nicht integriert. Die kommunalen Gebietskörperschaften gehen nicht deshalb dem Bankrott entgegen, weil ein paar Einkommensteuer- oder Gewerbesteuerzahler den Rücken kehren. Wohl eher könnten dazu eine Vielzahl von aufwendigen Investitionsprojekten beitragen, die auf falschen regionalpolitischen Strategien und im Geiste eines ruinösen kommunalen Wettbewerbs entstanden sind.

7.4

Wenn Abwanderung von Kapital und Arbeit strukturellen Schaden hervorruft, dann ist dieser in peripheren ländlichen Räumen mit einem geringen Besatz an Betrieben und einer niedrigen Bevölkerungsdichte allemal größer. Die Unterschiede in der Dichte sollte man sich nochmals vor Augen führen. Sie liegt in den Montanrevieren um ein Vielfaches höher (vgl. Tabelle 13).
Daher sollten gerade die Interessenvertreter der großen Agglomerationen zurückhaltender sein bei der Abwertung der Strukturprobleme in den peripheren ländlichen Räumen. Ihre berechtigten Strukturprobleme würden dadurch vermutlich glaubwürdiger, mit Sicherheit würden ihre Forderungen konsensfähiger.

Tabelle 13: Bevölkerung in Montanrevieren und in peripheren ländlichen Räumen 1976

Gebietskategorien	Bevölkerung	Dichte E/km^2
Montanreviere	7,24 Mio.	729
periphere ländliche Räume	6,94 Mio.	110

Quelle: Eigene Berechnungen

Anmerkungen

1 Ein Beispiel dafür ist die bis heute nicht ausgestandene Kontroverse über die zweckmäßige Zahl von Schwerpunktorten innerhalb der Gemeinschaftsaufgabe ,,Verbesserung der regionalen Wirtschaftsstruktur". Der Bund hat hier gestützt durch die ökonomisch ausgerichtete Regionalwissenschaft stets die Auffassung vertreten, daß eine kleinere Zahl von Schwerpunktorten für die Erreichung des Wachstums- und des Ausgleichsziels gleichermaßen förderlich ist. Die Länder – unter dem Druck der Gemeinden und der lokalen Abgeordneten stehend – haben sich aus taktischen Gründen dagegen für eine größere Zahl von Schwerpunktorten stark gemacht.

2 Von dieser Denkstruktur sind u.a. ein Bericht des Deutschen Städtetags mit dem Titel ,,Die Stadt – Wohnort für die junge Generation?" aus dem Jahre 1977, ein Artikel in der Frankfurter Rundschau vom 19. März 1977 mit dem Titel ,,Unsere Großstädte veröden vom Zentrum aus" aus der Feder ,,führender Stadtplaner aus Düsseldorf, Frankfurt, Hamburg, Köln, München und Stuttgart" sowie die Artikelserie in der ,,Welt" mit dem Titel ,,Sind die Städte noch regierbar?" getragen.
Es gibt allerdings auch Gegenauffassungen, wie sie etwa in dem Artikel der ,,Frankfurter Rundschau" vom 16. April 1977 mit dem Titel ,,Warum die Großstädte noch mehr mästen?" zum Ausdruck kommen.

3 Bundesverband Bürgerinitiativen Umweltschutz e.V.: Raumordnung – Stellungnahme zum Bundesraumordnungsprogramm aus der Sicht des Umweltschutzes (Kurzfassung), H. 4, Hannover, o.J., 1975.

4 Vgl. dazu Beitrag H. Afheldt in den ,,Informationen zur Raumentwicklung", H. 4, 1979 über ,,Konsequenzen der internationalen Arbeitsteilung für die Regionalpolitik im Inland".

5 Vgl. dazu Beitrag von K.-H. Hübler in der Zeitschrift ,,Der Landkreis", H. 6/1976 über ,,Chancen und Gefahren für die Entwicklung des ländlichen Raumes".

6 F.W. Scharpf und F. Schnabel: Steuerungsprobleme der Raumplanung. Beiträge der Akademie für Raumforschung und Landesplanung, Band 27, Hannover 1979.

7 F. Naschold: Alternative Raumpolitik. Ein Beitrag zur Verbesserung der Arbeits- und Lebensverhältnisse. Kronberg: Athenäum 1978. Sozialwissenschaft und Praxis, Bd. 2.

8 Diese Auffassung vertrat die Bundesregierung u.a. in Antworten auf Kleine Anfragen des Bundestags. Ausführlich ist der Standpunkt im Raumordnungsbericht 1978 dargestellt; Bundestagsdrucksache 8/2378 vom 11.12.1978.

9 Dies belegen die novellierten Landesentwicklungsprogramme und die im Zeitraum nach 1975 ausgearbeiteten Regionalpläne der Länder.

10 Der Beirat für Raumordnung beim Bundesminister für Raumordnung, Bauwesen und Städtebau befaßt sich in dieser Legislaturperiode mit dem Instrumentarium der Raumordnungspolitik und geht bei der Überprüfung der Leistungsfähigkeit einzelner Maßnahmen von den Leitzielen des Raumordnungsgesetzes, des Bundesraumordnungsprogramms und der Landesentwicklungspläne der Länder aus.

11 Die räumliche Spezialisierung ist im Bereich der raumwirksamen Maßnahmen (in-put-Indikatoren) durchaus sinnvoll, da letztlich auf regionale Chancengleichheit in der Zielsetzung ausgerichtet (out-put-Indikatoren).

12 S. Beirat für Raumordnung: Gesellschaftliche Indikatoren für die Raumordnung. Empfehlungen vom 16. Juni 1976. Veröffentlicht in einer Schrift des Bundesministers für Raumordnung, Bauwesen und Städtebau 1976.

13 H. Weyl: Funktion und Wirkungspotential der Raumordnung im Rahmen der gesellschaftlichen und ökonomischen Entwicklung der Bundesrepublik Deutschland. Erscheint demnächst in einer Schriftenreihe der Akademie für Raumforschung und Landesplanung, Hannover.

14 Das Bruttosozialprodukt ist in den letzten Jahren relativ zwar geringer gewachsen, absolut sind die Steigerungsbeträge jedoch erheblich; die Zahl der ins Erwerbsleben eintretenden Jahrgänge ist in den kommenden Jahren stärker besetzt als früher. Damit wächst auch die Zahl der Haushalte; die Mobilitätsrate privater Haushalte ist nach wie vor beachtlich, wenngleich einige Anhaltspunkte auf eine geringfügige Abnahme hinweisen; die Einnahmen der öffentlichen Hände sind in den letzten Jahren überraschend stark gewachsen, nicht zuletzt konjunkturbedingt sind auch die Ausgaben des Staates und der kommunalen Gebietskörperschaften stark angestiegen.

15 Hohe öffentliche Aufmerksamkeit erzeugt seit einiger Zeit die anhaltende Abwanderung von Haushalten aus den Kernstädten in das Umland der großen Verdichtungsräume. Dieser Prozeß wird sich weiter fortsetzen, auch wenn die Bevölkerung insgesamt abnimmt, da mit wachsenden Ansprüchen an die Wohnflächen und Flächen im Wohnumfeld zu rechnen sein wird. Die „Entdichtung" der Siedlungsstrukturen scheint noch lange nicht abgeschlossen. Vgl. dazu B. Moelle: „Die Stadt als Wohnstandort". Vortrag vor der Mitgliederversammlung der Fördergesellschaft des Instituts für Siedlungs- und Wohnungswesen der Universität Münster vom Mai 1978.

16 O. Brösse: „Ausgeglichene Funktionsräume oder funktionsräumliche Arbeitsteilung durch Vorranggebiete als alternative Konzepte für Regionalpolitik und Umweltpolitik?". Zeitschrift für Umweltpolitik, H. 1, 1978, S. 13–28.

17 So wird z.B. gegenwärtig der Versucht gemacht, für den ländlichen Raum eine günstigere Entwicklung mit einer relativ geringeren Abnahme der Zahl der Industriearbeitsplätze zu belegen. Die Problematik dieses Indikators ist die Frage, ob hier lediglich eine zeitliche Verzögerung im Vergleich zu den Verdichtungsräumen vorliegt.

18 Die Nettoreproduktionsziffer in einigen großen Kernstädten liegt gegenwärtig bei 0,5. Die Geburtenhäufigkeit hat also ein Niveau erreicht, das um 50 % unter dem liegt, das für die Bestandserhaltung der Bevölkerung notwendig wäre.

19 Zu ähnlich hohen potentiellen Arbeitslosenzahlen gelangt eine Studie, die sich mit den regionalen Entwicklungsperspektiven der Bevölkerung und der Arbeitsplätze in den Staaten des Europarates befaßt:
PROGNOS AG, Basel: Tendenzen der regionalen Bevölkerungs- und Arbeitsplatzentwicklung in den Staaten des Europarates 1974–1990. Schriftenreihe „Raumordnung" des Bundesministers für Raumordnung, Bauwesen und Städtebau 1979.

20 Insbesondere innerhalb des großen ländlichen Raumes außerhalb der großen Verdichtungsräume sind die Strukturen sehr uneinheitlich. Die verdichtungsraumnah gelegenen Regionen mit leistungsfähigen Oberzentren (z.B. Bielefeld, Osnabrück, Gießen, Marburg, Würzburg, Heilbronn, Freiburg usw.) haben in den letzten Jahren eine überdurchschnittlich positive wirtschaftliche Entwicklung aufzuweisen.

21 Ein profilierter Vertreter dieser Auffassung ist z.B. H. Landwehrmann, der lange Zeit im Ruhrgebiet wissenschaftlich gearbeitet hat.

22 Von daher erscheint es gefährlich, pauschal von einer abnehmenden Bedeutung der Infrastruktur als Standortfaktor zu sprechen. Von einer pauschalen Sättigung kann also nicht die Rede sein. Vgl. dazu Äußerungen des Deutschen Städtetags: „Eine solche Politik bewirkt, daß angesichts des starken Geburtendefizits der städtischen Räume, diesen nicht nur die für ihre Lebensfähigkeit notwendige Zuwanderung vorenthalten wird, sondern auch eine unzureichende Förderung ihrer Wirtschaftskraft zuteil wird und sie damit schnell zu großen Problemräumen werden können. Die Städte sind für die Erfüllung ihrer Funktion als Pole von Entwicklung und Innovation auf Zuwanderung von Bevölkerung angewiesen." Zitat nach Meyer-Schwickerat: Bevölkerungsentwicklung und ihre Auswirkung auf die Wirtschafts- und Regionalstruktur. In: Der Landkreis, 47 (1977) H. 5. S. 153.

23 Die Gegenposition des Deutschen Städte- und Gemeindebundes: „Man könnte aber auch fragen, muß nicht eine neue Politik her, die den Ballungsgebieten die längst verdiente Atempause gönnt, und einen Schrumpfungsprozeß dieser Gebiete bewußt fördert?" Zitat W. Cholewa aus: „Landesentwicklung in der Krise. Probleme und Chancen für den ländlichen Raum und seine Bevölkerung". In: Innere Kolonisation 25 (1976) H. 1, S. 5.

24 Vgl. dazu die Kritik des Niedersächsischen Wirtschaftsministers am Sonderprogramm für die Ruhr „Frankfurter Allgemeine" vom 4.7.1979 mit dem Titel „Massive Kritik am Sonderprogramm für die Ruhr".

III. Reformmöglichkeiten und -perspektiven

Strukturwandel und Raumordnung

Fragen zum derzeitigen Problemstand

Von Thomas Ellwein

I.

Nach dem Raumordnungsgesetz von 1965 haben Bund und Länder die Aufgabe, in allen Teilen der Bundesrepublik 'gesunde Lebens- und Arbeitsbedingungen' und 'ausgewogene' wirtschaftliche, soziale und kulturelle Verhältnisse zu schaffen, zu sichern und weiterzuentwickeln. Im Bundesraumordnungsprogramm (BROP) von 1975 heißt es dazu, man müsse „mit dem künftig verfügbaren Entwicklungspotential . . . eine ausgewogene Verdichtung von Wohn- und Arbeitsstätten in allen Teilräumen des Bundesgebietes" anstreben, um „eine großräumige Abwanderung aus schwach strukturierten Räumen zu verhindern". Das wiederum setzt nach den Annahmen des BROP voraus, daß „auch hier in erreichbarer Nähe . . . . städtische Lebensformen gewährleistet werden, die den in diesen Gebieten lebenden Menschen ein Verbleiben in der Heimat ermöglichen".[1]

Mit dem genannten Gesetz und dem dazugehörigen Programm – W. Väth analysiert sein Zustandekommen und den dabei obwaltenden Prozeß seiner Ausdünnung[2] – hat eine Aufgabenentwicklung ihre gesetzliche Grundlage erhalten, die unbeschadet ihrer Vorgänger in der Geschichte[3] allgemein an das Sozialstaatspostulat des Grundgesetzes und konkret an dessen Art. 72 Abs. 2 Ziff. 3 anknüpft. Ihmzufolge fällt dem Bund die Gesetzgebungskompetenz zu, wenn „die Wahrung der Rechts- und Wirtschaftseinheit, insbesondere die Wahrung der Einheitlichkeit der Lebensverhältnisse über das Gebiet eines Landes hinaus" das erfordert.

Aufgrund dieser Bestimmung einigte man sich bald nach 1949 auf die Förderung des Zonenrandgebietes und später nach langen Diskussionen auf die Gemeinschaftsaufgabe (Art. 91 a Abs. 1 Ziff. 2 GG) der Verbesserung der regionalen Wirtschaftsstruktur. 'Raumordnung' wurde damit aus einer allgemeinen Staatsfunktion, die immer wirksam wird, wenn politische Maßnahmen gewollt oder nicht räumliche Folgen haben, zu einem konkreten Aufgabenschwerpunkt von Bund und Ländern und zu einem der wenigen staatlichen Tätigkeitsbereiche, für die sich Bund und Länder auf ein gemeinsames Programm verständigen müssen. Das gelang trotz aller Widrigkeiten und sicher nur auf relativ abstraktem Niveau im BROP, welches damit koordinierend neben die einschlägigen Programme der Länder tritt und „als gemeinsame Konzeption von Bund und Ländern für die gesamträumliche Entwicklung des Bundesgebietes gleichwertige Lebenschancen für alle Bürger unseres Landes schaffen und auf Dauer sichern" soll.[4]

Die Qualität der Raumordnungspolitik bemißt sich nach den ihr zugrundezulegenden Zielen, nach der Fähigkeit, die räumliche Entwicklung, ihrerseits eingebettet in den gesellschaftlichen Strukturwandel, zu analysieren und ihren weiteren Verlauf zu prognostizieren, nach dem Vermögen, zwischen den Zielen und dem analytischen Ergebnis eine operationalisierbare Verbindung herzustellen und ein effizientes Instrumentarium bereitzustellen, schließlich nach der Bereitschaft, das Instrumentarium kraftvoll und zweckmäßig einzusetzen. Im Rahmen einer allgemeinen Ernüchterung hinsichtlich der Möglichkeiten und der Durchsetzbarkeit reformerischer und gestaltender, d.h. nicht nur reaktiver Politik stellen sich heute an jede der genannten Voraussetzungen kritische Fragen:

Beginnt man bei den Zielen, so hat zum einen die Politik im Zonenrandgebiet die Abwanderung nicht verhindern können. Das läßt sich in diesem Falle dezidiert feststellen, weil die Förderungsmaßnahmen lange genug andauern, um auf ihren 'Erfolg' hin befragt werden zu können. Am Beispiel: Ende 1976 errechnete man für das Bundesgebiet ein Bevölkerungswachstum seit 1950 in Höhe von 1,3 % und für Bayern eines von 3,1 %. Der bayerische Regierungsbezirk Oberfranken kam auf einen Verlust von 1,7 %. Er ergab sich aber nur, weil einige Städte und Kreise erhebliche Zuwachsraten verzeichnen konnten. Im 'klassischen' Zonenrandgebiet lag die Bevölkerungsabnahme erheblich höher: In der Stadt Hof bei 13,9 %, im Landkreis Hof bei 11,3 % und im benachbarten Landkreis Wunsiedel bei 11,7 %. Raumordnungspolitik kann sich ggf. zusprechen, daß sie die 'großräumige' Abwanderung verhindert, die Wanderungsbewegung in der Hauptsache in Oberfranken 'gehalten' habe. Für Hof und sein Umland ist das aber ein schwacher Trost. Hält man am Ziel der Einheitlichkeit oder Gleichwertigkeit der Lebensverhältnisse fest, so hat man es heute von Hof aus gesehen allenfalls mit einem Fernziel zu tun, angesichts dessen die jeweiligen politischen Maßnahmebündel vorwiegend dazu dienen, sich von diesem Fernziel nicht zu weit zu entfernen.

Zum anderen fragt man auch skeptischer, ob man jene 'Einheitlichkeit' vielleicht etwas fetischisiert, sie zu sehr am jeweiligen Industrialisierungsgrad gemessen und sich politisch mehr zugemutet habe, als sich einlösen läßt. Jedenfalls stellt sich die Frage nach der inneren Gesetzlichkeit und nach dem selbsttätigen Gewicht des 'Strukturwandels', beides Randbedingungen für alle Steuerungsbemühungen. 'Raumordnung' als Querschnittsfunktion der Politik verfügt offenbar nur über begrenzte Steuerungsmöglichkeiten. Die erwähnte Skepsis führt deshalb zu der Frage, ob man die Steuerungsmöglichkeiten nicht optimaler nutzen könnte, wenn man sich mit bescheideneren Zielen begnügte.

Schließlich hat man jenes Globalziel zwar formuliert, sich aber gleichzeitig vom 'Gießkannenprinzip' abgewandt. Deshalb wurde von vorneherein das Ziel der „gleichwertigen Lebenschancen" durch das 'Leitbild' einer Raumordnungspolitik konkretisiert, demzufolge die öffentlichen und privaten Investitionen schwerpunktmäßig konzentriert werden sollen. Dabei will man sich einerseits am System der 'zentralen Orte' und andererseits an Entwicklungsbändern oder Entwicklungsachsen orientieren. Im BROP gibt darüber das Schaubild 'Großräumig bedeutsame Achsen' Auskunft (S. 51). Die Mittelkonzentration erscheint fraglos geeigneter als eine wahllose Mittelstreuung. Sie kann aber in einem großräumigen von Abwanderung bedrohten Gebiet auch bewirken, daß geförderte Entwicklungszentren eine besondere Anziehungskraft ausüben und das zur weiteren Auszehrung des jeweiligen strukturschwachen Umlandes führt. Betrachtet man daraufhin die faktische Raumordnungspolitik in Oberfranken, scheint das an der Entwicklung von Bayreuth belegbar – neben Bamberg eine Art rückwärtige 'Auffangstellung', die offenbar Potential in Oberfranken 'hält', das sonst ganz oder teilweise verloren ginge, die sich aber selbst verstärkt, indem sie das weitere Umland schwächt.

Skeptisch steht man heute weiter dem analytischen Instrumentatium gegenüber, das räumlichen Planungen zugrundeliegt. Auch wenn es in einschlägigen Unterlagen immer heißt, eine Prognose stelle nur ein Hilfsmittel dar, anhand dessen man eine mögliche Entwicklung mit wünschenswerten Entwicklungsvorstellungen konfrontieren könne, so haben solche Prognosen doch weitergehende Wirkungen. Sie werden gegenwärtig an den 'Bevölkerungsrichtwerten' in der Regionalplanung und an der raschen Abkehr von ihnen sichtbar. Der Raumordnungsbericht 1968 der Bundesregierung sei zur weiteren Illustration genannt. In ihm hieß es u.a., es werde um 2000 „etwa 30 % mehr Volksschulanfänger und etwa 43 % mehr Kinder im schulpflichtigen Alter geben als 1965"[5]. Als Personalbedarf des Staates, der Organisationen und der Verbände prognostizierte man gleichzeitig für 1980 im Vergleich zu 1961 nur ein Mehr von etwa 150 000, ein Bruchteil des tatsächlichen Bedarfs[6]. Auch in der Bewertung der räumlichen Entwicklung erwies man sich nicht als sonderlich realitätsnahe, wenn man von der 'Fortsetzung' einiger „für die Raumordnung günstiger Entwicklungstendenzen" der letzten Jahre ausging und dazu „die abnehmende Standortbindung der Industrie infolge der überdurchschnittlichen Beschäftigungsentwicklung der Industrien mit geringer Transportkostenbelastung" rechnete. „Weiterhin sind bei zunehmender Siedlungsdichte und steigendem Wohlstand die Chancen größer, daß neben den großen Verdichtungsräumen auch viele kleinere Ballungskerne für Wirtschaft und Bevölkerung attraktiv werden. Insgesamt wird damit die räumliche strukturelle Entwicklung im Bundesgebiet offener und auch gestaltungsfähiger"[7].

Weniger groß mag die Skepsis gegenüber dem Ressourceneinsatz sein – K. Ganser hält die Raumordnung hier sogar für „überinstrumentiert"[8]. Das erleichtert allerdings die Situation nicht, da ein erheblicher Teil der Ressourcen nur aufgrund raumordnungspolitischer Koordination zum Instrument wird. Mit der Koordination scheint man jedoch eher zu scheitern.[9]

Auf der anderen Seite, um wieder an den Raumordnungsbericht 1968 anzukünpfen, gibt es langfristige Tendenzen, die sich offenbar als unaufhaltsam erweisen und in denen sich der erwähnte Strukturwandel äußert. 1968 schrieb man jedenfalls, die künftige Entwicklung sei gekennzeichnet durch

„ – das weitere Wachsen der Verdichtungsräume,
– den fortschreitenden Verstädterungsprozeß,

– den zahlen- und flächenmäßigen Rückgang der Landwirtschaft,
– das räumliche Ungleichgewicht in der wirtschaftlichen und sozialen Entwicklung des Bundesgebietes,
– die Wanderungstendenzen der Bevölkerung,
– die Zunahme des Dienstleistungssektors,
– die zunehmende Belastung der Landschaft,"[10]

was alles sich auch 1979 noch so sagen läßt, von einer gewissen Verlangsamung im Rückgang der Landwirtschaft einmal abgesehen.

II.

Die bisherige Raumordnungspolitik sieht sich derart vor einer Reihe von Schwierigkeiten. Daß sie gescheitert sei, wäre dennoch ein voreiliger, weil unbeweisbarer Schluß. Die räumliche Entwicklung, eingebettet, in den gesamtgesellschaftlichen Strukturwandel, hat zwar die Bundesrepublik den erklärten Zielen dieser Politik nicht näher gebracht. Niemand vermag aber zu sagen, was sich ohne diese Politik und ihren Mitteleinsatz vollzogen hätte. Daß man dies nicht zu sagen vermag, wirft allerdings ein Licht auf den Rationalitätsgehalt jener Politik und auf die Schwierigkeiten, hier Implementationsforschung durchzuführen. Deshalb gilt es das zunächst theoretische Problem zu sehen, daß das Aufzeigen langfristiger Entwicklungstendenzen im Rahmen des 'technisch-organisatorischen Fortschritts'[11] durchaus gelingt, während die Analyse mittelfristiger Entwicklungen mit erheblichen Fehlermöglichkeiten belastet ist und damit politische Konzepte gefährdet, die auch aus legitimatorischen Gründen mittelfristig Wirkung zeigen müssen. Wenn die Abwanderung aus den sogenannten strukturschwachen Räumen anhält[12]. ist man jedenfalls mit den Analysen und den ihnen folgenden Programmen zur Arbeitsplatzschaffung und zur infrastrukturellen Besserstellung jener Gebiet nicht weitergekommen. Man kann dabei die Frage, was Strukturschwäche eigentlich sei, auch außerachtlassen und sich auf den Wanderungssaldo und seine Signalwirkung verlassen: Eine Region erweist sich als strukturschwach, wenn sie die dort Geborenen nicht zu halten vermag oder sogar wegschicken muß, um sich selbst zu entlasten. Die Auswanderungswelle des 19. Jahrhunderts und ihre ungleiche räumliche Verteilung zeigen das ebenso wie die damaligen Wanderarbeiterströme aus deutschen Teilgebieten in andere Teilgebiete bis hin zu den Schwabenkindern, welche im Sommer aus dem strukturschwachen westlichen Tirol in das damals strukturstarke Allgäu und Oberschwaben zogen, um dort auf dem 'Markt' angeboten zu werden. Andere Regionen erweisen sich demgegenüber als strukturstark und üben eine Anziehungskraft aus, die sich an der Wanderungsbewegung ablesen läßt.

Stellt man derart eine gewisse Schwäche der Raumordnungspolitik fest, ohne das im einzelnen zu belegen, kann man andererseits die 'Stärke' oder besser die Unaufhaltsamkeit des Strukturwandels diagnostizieren. Seine räumliche Wirkungen sind in der Bundesrepublik evident. Seit den 50er Jahren, seit dem Zeitpunkt etwa der weithin vollzogenen Eingliederung der Vertriebenen, finden Verlagerungen aus Teilen der

Bundesrepublik, die sich damit als strukturschwach erweisen, in andere Teile statt, in denen es zu einer immer größeren Verdichtung kommt, die in den Ballungsräumen der Bundesrepublik gipfeln. Im internationalen Vergleich erscheint das nicht gefährlich, was immer man darunter auch verstehen mag, weil die großen Verdichtungsräume um Hamburg, Bremen, Hannover, im Industriegebiet, um Köln, Frankfurt, Mannheim, Stuttgart, Nürnberg und München ebenso über das Gesamtgebiet streuen wie die kleineren Verdichtungsräume von Bremerhaven bis Augsburg, sieht man einmal von einer statistisch nachweisbaren 'Schwäche' der norddeutschen Verdichtungsräume und dem in ihr zum Ausdruck kommenden Süd-Nord-Gefälle ab. Zu den Verdichtungsräumen kommen dann noch zahlreiche kleinere Zentren und insgesamt stößt man auf eine Siedlungsstruktur, welche global jede 'Verödung' auszuschließen scheint, soweit man von ihr überhaupt in einem Land mit einer so hohen Bevölkerungsdichte, wie sie in der Bundesrepublik besteht, sprechen kann. Daran ändert (vorläufig) auch die Bevölkerungsabnahme nichts. Schließt man 'Verödung' aus, muß man allenfalls eine allmähliche soziale und ökonomische und damit im weiteren Verlauf auch kulturelle Ausdünnung erwarten. Von ihr sind heute schon – sichtbar – einige strukturschwache Gebiete bedroht, meist solche, die weitab von den Verdichtungsräumen liegen, die ostbayerischen Gebiete, das Gebiet um Trier oder das Emsland dafür als Beispiele.

An solche, im einzelnen wie in der globalen Statistik nachweisbare Ausdünnungsprozesse knüpfen unsere Überlegungen an.[13] Den äußeren Anlaß für sie bieten ein soeben abgeschlossenes Forschungsprojekt, welches einer begrenzten Frage nachging[14], aber zumindest ansatzweise einige mikroanalytische Untersuchungen erforderte. Sie legen, was niemanden überraschen wird, eine differenziertere Sicht der Dinge nahe, als sie sich z.B. aus dem BROP ergibt. Die Differenzierungsnotwendigkeit soll hier in der Weise nachgewiesen werden, daß wir zuerst den Gebietsbegriff problematisieren, den man benutzt, wenn man von strukturschwachen Gebieten spricht. Anschließend wollen wir die 'Schwäche' näher betrachten und schließlich auch die 'Struktur' selbst. Das Grundkonzept der derzeitigen Raumordnungspolitik wird dabei als sinnvoll unterstellt. Es sollen aber einige Fragen formuliert und begründet werden, welche man wohl mit der Weiterentwicklung der Konzeption beantworten muß. U.E. erweist sich der 'Strukturwandel' als so stark, daß sich das Konzept ihm ständig anzupassen hat. Eine der wichtigsten Anpassungszwänge ergibt sich z.Zt. daraus, daß die reale Bevölkerungsentwicklung einen längerfristig fast drastischen Bevölkerungsrückgang erwarten läßt, angesichts dessen alle vorwiegend wachstumsorientierten Planungskonzepte der baldigen Revision bedürfen. Beim Straßenbau wird das diskutiert; bei den Bevölkerungsrichtwerten hat man Konsequenzen gezogen. Auch die halbleer stehenden Schulen in besonders strukturschwachen Gebieten und andere infrastrukturellen Ruinen oder jedenfalls nicht nachgefragte Einrichtungen stellen augenfällige Beweise für die Notwendigkeit einer Revision dar.

III.

Die Raumordnung geht von Räumen oder Gebieten aus, die zu analytischen Überlegungen wie zu administrativen Zwecken meist in Anlehnung an die Verwaltungsgrenzen gebildet worden sind, sich teils mit geographischen, teils mit historischen Landschaften decken, eine gewisse Strukturähnlichkeit aufweisen und sich unter verschiedenen Aspekten als 'Einheit' oder Raumeinheit auffassen lassen.[15] Diese Gebiete werden kategorial unterschieden, wobei man global eher – die Einschränkung verweist darauf, daß das nicht durchgängig, sondern eben nur überwiegend zutreffen muß – strukturstarke den strukturschwachen Gebieten gegenüberstellt. Der Unterschied wird als (großräumige) Disparität angesprochen, die sich mit den üblichen Indikatoren messen und nachweisen läßt.

Die Bundesforschungsanstalt für Landeskunde und Raumordnung, beauftragt mit dem Aufbau des 'Informationssystems Laufende Raumbeobachtung' geht davon aus, daß private Kapitalinvestitionen und öffentliche Investitionen Raumentwicklungsimpulse auslösen, die sich zunächst auf die Bereiche 'Arbeit', 'Bildung und Ausbildung', 'Energie', 'Ver- und Entsorgung' und 'Verkehr' auswirken. „Die Investitionen in diesen Bereichen steuern im wesentlichen die großräumige Verteilung der Bevölkerung, insbesondere der erwerbstätigen Bevölkerung, in deren Gefolge Wohnungsbedarf entsteht." Daher muß man auch die Bereiche 'Bevölkerung' und 'Wohnung' beobachten. „Subsequente Prozesse im Raumentwicklungsprozess spielen sich in den Bereichen 'Gesundheit', 'Soziales', 'Freizeit und Erholung', 'Flächennutzung' und 'Umwelt' ab. Die Entwicklung in diesen Bereichen beeinflußt ebenfalls die großräumige Verteilung der Bevölkerung. Die 'Raum- und Siedlungsstruktur' ist schließlich das Ergebnis des gesamten Raumentwicklungsprozesses, andererseits aber zum Teil auch dessen Ursache."[16]

Die 'Bereiche' sind untergliedert und „operationalisiert in Form von Indikatoren", von denen es etwa 300 gibt. Analytisch gewährleistet das eine erhebliche Tiefe der Beobachtung. Ihr Problem besteht in der Einteilung der Gebiete und in deren Größe. Dem versucht man zu entsprechen, indem man auf die bloße Gegenüberstellung von strukturstark und -schwach mehr und mehr verzichtet und die vorhandenen Daten auf vier Gebietskategorien bezieht. Als solche Kategorien verwendet die Bundesforschungsanstalt:

- Stark verdichtete Regionen mit einem Zentrum über 250 000 Einwohnern und einem Anteil von Einwohnern in Verdichtungsraumgemeinden über 50 %;
- Regionen mit Verdichtungsansätzen, d.h. mit einem Zentrum über 250 000 Einwohnern und einem Anteil von Einwohnern in Verdichtungsraumgemeinden unter 50 %;
- Regionen mit einem Zentrum über 100 000 Einwohnern;
- Ländliche Regionen mit einem Zentrum unter 100 000 Einwohner.

Einzelnachweise zeigen, daß der Verlauf der räumlichen Entwicklung gemessen an verschiedenen Indikatoren in diesen Kategorien unterschiedlich verläuft. Man kann damit sowohl den Verlauf in einem Gebiet mit der allgemeinen Entwicklung vergleichen als auch überprüfen, wie sich die konkrete Entwicklung zu der der jeweiligen Gebietskategorie verhält. Das Instrumentarium ist damit erheblich verfeinert, was jedenfalls die Beobachtung der allgemeinen Entwicklung und die ihrer regionalen Streuung anlangt. Es verbleibt aber schon aus Erhebungsgründen auf der Ebene jener 'Gebiete'.

Hier setzt die kritische Nachfrage an. Wir gehen dazu von der Hypothese aus, daß in den als eher strukturschwach geltenden Gebieten zum einen der räumliche Entwicklungsprozess unterschiedlich verläuft und zum anderen zwischen den Teilräumen mit unterschiedlichen Entwicklungsprozessen kein förderlicher Austausch stattfindet. Im Sinne der Hypothese kann man nur von einer regional positiven Entwicklung sprechen, wenn die Verdichtungskerne mit eher positiven und durch die Politik stimulierbaren Entwicklungstendenzen auf die übrige Region 'ausstrahlen'. Kommt es dagegen zu dem eher umgekehrten Effekt einer gewissen Auszehrung und Ausbeutung der Region zugunsten ihrer Verdichtungskerne, mag das großräumig positive Folgen haben, weil es die Abwanderung in die 'großen' Verdichtungsräume vermindert. Es 'nützt' dagegen den abgebenden Teilräumen nichts oder doch nur in dem Sinn, daß sie in näherer Nachbarschaft ein 'Angebot' vorfinden, welches längere Wegstrecken erspart. Das ist jedoch regelmäßig nur der Fall, wenn Verdichtungsräume in strukturschwachen Regionen annähernd die Bedingungen von Oberzentren erfüllen. Da dieser 'Fall' eher die Ausnahme darstellt, macht die Einschränkung die Notwendigkeit einer konkreten Betrachtungsweise deutlich; die 'Gebietskategorien' können demgegenüber nur der analytischen Orientierung dienen.[17]

Unsere Hypothese knüpft an ältere Entwicklungen an, die über die rechtliche und soziale Vollunterscheidung zwischen Stadt und Land unter bestimmten, jedoch verbreiteten Bedingungen auch zu einem sozialen Gefälle geführt haben.[18] Unbeschadet vieler älterer Beispiele haben sich diese Entwicklungen vielfach erst im 19. Jahrhundert vollzogen. Kritische Theorien erklären sie deshalb als unvermeidbare Folge der kapitalistischen Wirtschaftsverfassung.[19] Soweit sich das Erklärungsmuster auf die reine Stadt-Land-Beziehung beschränkt, erscheint es im Zuge der allgemeinen Urbanisierung und der in ihrem Gefolge stattfindenden Nivellierung überholt.[20] Im 'Umland' von Kernstädten und in den 'Verdichtungsraumgemeinden' spielt heute die rechtliche Position der Gemeinde keine Rolle mehr. In strukturschwachen Gebieten wird man dagegen jenes Gefälle nicht nur feststellen können; unsere Hypothese geht davon aus, daß es sogar zunimmt, daß sich die traditionellen Stadt-Land-Unterschiede hier in anderer Form, wenngleich vielfach an einen städtischen Kern gebunden als wirksam erweisen und sich damit auch vergrößern.[21]

Die damit angesprochenen Binnendifferenzierung strukturschwacher Gebiete setzt eingehende Mikroanalysen voraus. An ihnen fehlt es noch. Deshalb kann die Hypothese nur vorgetragen und kann erklärt werden, welche Beobachtungen zunächst einmal die Hypothesenbildung zu rechtfertigen scheinen. Wir beginnen dazu mit einem Beispiel, das Unterschiede des Urbanitätsgrades und ihre Folgen illustrieren – nicht belegen! – kann:

Bei einem Vergleich von Industriebetrieben, welche sich nach Zahl der Mitarbeiter und engerer Branche vergleichen lassen, ergibt sich, daß die ggf. für die betriebliche Innovation besonders wichtigen Ingenieure insgesamt in kleineren und mittleren Unternehmen zahlenmäßig meist keine große Rolle spielen. Allerdings arbeiten im Durchschnitt der (befragten) Betriebe in Verdichtungsräumen (hier: Köln, München, Hannover) ziemlich genau doppelt so viele Ingenieure wie in den Betrieben in strukturschwachen Gebieten (hier: Oberfranken, Nordhessen, Ostfriesland). Bei mikroanalytischem Vorgehen zeigt sich jedoch, daß dieser erhebliche Unterschied keineswegs durchgängig besteht. Er kommt lediglich zustande, weil man in Betrieben, die innerhalb der strukturschwachen Gebiete nicht in den dortigen (kleineren) Verdichtungskernen oder ihrer Nähe liegen, fast überhaupt keine Ingenieure antrifft. Zumeist handelt es sich hierbei um Betriebe 'auf dem Land' oder in einigen wenigen kleineren Städten, deren Mangel an Urbanität offenkundig ist – konkret für den sich interessierenden Ingenieur oder (häufiger) für seine Frau in Zusammenhang mit dem Vorstellungsgespräch.

Die in diesen Betrieben hierfür gefundenen Erklärungen erscheinen plausibel: Die Schwierigkeiten, qualifiziertes Personal zu bekommen, sind in den strukturschwachen Räumen größer als in den Ballungsräumen. Innerhalb der ersteren gibt es aber ein klares Gefälle: In Leer, Kassel oder Bayreuth kennt man einschlägige Schwierigkeiten kaum; man sieht sich durch sie auch noch nicht in Papenburg, Arolsen oder Naila behindert. Sie beginnen erst mit einer größeren Wegstrecke von solchen kleineren zentralen Orten entfernt.

Was das Einzelbeispiel illustriert, läßt sich auch aus der amtlichen Statistik ablesen. Nimmt man etwa das Brutto-Inlandssozialprodukt (BIP) je Einwohner als Maßeinheit, über deren Meßqualität freilich zu reflektieren ist, errechnet sich für 1974 in Nordhessen ein großer Vorsprung der Stadt Kassel, welche DM 20 709.– je Einwohner ausweist und damit erheblich über dem bundesdurchschnittlichen BIP von DM 16 130.– liegt. Das besagt zwar für eine Großstadt nicht sonderlich viel, weil der 'Durchschnitt' ja nur angesichts erheblicher Schwankungsbreiten zustandekommt. Immerhin fällt in der Stadt als regionalem Zentrum das BIP gut doppelt so hoch aus wie in den benachbarten Landkreisen. Von ihnen schneiden wieder die etwas besser ab, die wenigstens über ein kleines urbanes Zentrum verfügen, um das herum die Industrieansiedlung nicht nur quantitativ, sondern auch qualitativ relativ 'erfolgreich' war. Der Kreis Waldeck-Frankenberg meldet jedenfalls ein BIP je Einwohner in Höhe von DM 12 103.–, während man im Schwalm-Eder-Kreis oder im Werra-Meißner-Kreis nur auf etwas über DM 10 000.– kommt. Unterschiede von 15 % an muß man in diesem Zusammenhang aber als 'erheblich' bezeichnen.

Als weiteres Beispiel sei der ehemalige niedersächsische Regierungsbezirk Ostfriesland genannt. Er gilt als abwanderungsgefährdet und weist im großräumigen Vergleich erwerbs- und infrastrukturelle Schwächen auf. Mikroanalytisch stößt man auf ein traditionelles soziales Gefälle von der Marsch über die Geest ins Moor, wobei in der Marsch Reich und Arm in spannungsreichem Kontrast miteinander leben mußten, während es in Geest und Moor unterschiedliche, sich aber deutlich voreinander distanzierende Formen der (relativen)Armut gab. Heute zeichnet sich ein starkes Gefälle zwischen dem eher industrialisierten Gebiet um die Emsmündung mit Emden und Leer und dem übrigen Ostfriesland ab, das zwar nicht mehr ausschließlich agrarisch bestimmt, aber eben auch nicht industrialisiert ist. In diesem Teil fehlt es an industriellen

Arbeitsplätzen; die nach dem Krieg versuchte Industrieansiedlung war wenig erfolgreich. Die Arbeitssuchenden müssen oft weite Wege ins Emsmündungsgebiet oder in den Raum Wilhelmshaven auf sich nehmen, wenn sie nicht auswandern wollen.

Die dazugehörige Statistik läßt sich so zusammenfassen: Ostfriesland hatte 1976 etwa 413 000 Einwohner und mit 132 Personen je qkm eine Bevölkerungsdichte weit unter dem Bundesdurchschnitt. Verwaltungsmäßig gliederte sich der damalige Regierungsbezirk – auf die späteren Änderungen gehen wir nicht ein – in die Stadt Emden und in vier Landkreise Leer, Norden, Aurich und Wittmund, von denen der erstere das Gebiet an der Emsmündung und um Emden umfaßt und mit 140 000 Einwohnern mit Abstand der größte war (Wittmund: ca. 50 000). Neben Emden gab es 1976 drei Städte mit mehr als 20 000 Einwohnern. Im Arbeitsamtsbezirk Leer betrug 1976 die Arbeitslosenquote 7,5 %, im Arbeitsamtsbezirk Emden 6,9 %, der Bundesdurchschnitt lag bei 3,5 %. Das bestätigt die 'Strukturschwäche'. Sie hängt unstrittig mit der geringen Industrialisierung zusammen. In Ostfriesland kamen 1976 auf 1000 Einwohner nur 56 in der Industrie Beschäftigte. Hinsichtlich dieses geringen Besatzes muß man die ungünstige Verteilung mitbedenken: Auf die Stadt Emden entfielen 12 774 industrielle Arbeitsplätze, auf den Kreis Leer 5 666 und auf die drei übrigen Kreise 4 774. Entsprechend lag es bei den Industrieumsätzen: Emden kam auf ca. 1 604 Mio DM, der Kreis Leer auf 670 Mio DM, die übrigen drei Kreise kamen nur auf ca. 629 Mio DM.

Da das Gebiet an der Emsmündung statistisch das niedrige Niveau der üblichen Indikatoren nicht ausgleichen kann, zählt Ostfriesland zu den 'ärmeren' Regionen der Bundesrepublik. 1974 betrug, wie erwähnt, in der Bundesrepublik das BIP je Einwohner DM 16 130.–. Im insgesamt strukturschwächeren Niedersachsen kam man auf DM 13 800.– und in Ostfriesland auf DM 11 240.–. Dabei steuerten zur Statistik Emden DM 18 510.– und der Kreis Wittmund DM 8 370.– bei. Alle Kreise Ostfrieslands lagen erheblich unter dem Bundesdurchschnitt. Die statistisch nachweisbare 'Schwäche' wäre also noch deutlicher, wenn nicht Emden – seinerseits ebenfalls strukturgefährdet – einen gewissen Ausgleich brächte.

Sieht man einmal von den örtlichen Problemen Emdens ab, vor allem seiner Abhängigkeit vom Schiffsbau und Schiffahrt und von einem VW-Zweigbetrieb, der ggf. lediglich als Konjunkturpuffer errichtet worden ist, und erfaßt nur die statistisch ermittelte Landesstruktur, trifft man in Ostfriesland auf eine Art Zentrum, mit einer begünstigten Randzone und daneben auf ausgesprochen 'strukturschwache' Gebiete, mitsamt einem, jedenfalls statistisch z.B. bei den Arbeiterlöhnen sich ergebenden sozialen Gefälle von den ersteren zu den letzteren. Das Gefälle ist groß genug, um das gesamte Gebiet an das untere Ende der Bundesstatistik zu drücken.

Unter Verzicht auf weitere, ohnehin beliebige statistische Angaben: In Ostfriesland sind die Verhältnisse historisch begründet. Das Land hat im 19. und 20. Jahrhundert keinen grundlegenden Strukturwandel, sondern nur einen strukturellen Anpassungsprozeß erlebt, in dem es zu einer allmählichen Abkehr von der Landwirtschaft als Haupteinnahmequelle und einer Zuwendung zu anderen Erwerbszweigen gekommen ist, ohne daß einer von ihnen – etwa die Industrie oder das Fremdenverkehrsgewerbe – heute dominiert. Die Landwirtschaft erbringt nur einen geringen Beitrag zum

BIP (etwa 7,6 %). Das darf allerdings nicht falsch eingeschätzt werden, wobei man nur an die Molkereiindustrie oder an die Landmaschinenindustrie zu erinnern braucht. Das BIP spiegelt in erster Linie die Warenproduktion und die Dienstleistungen wider; deshalb kommt es zu der Dominanz Emdens in der ostfriesischen Gesamtstatistik und zu einem klaren Gefälle zwischen Zentrum und Peripherie.

Im Vergleich dazu liegen die Dinge in Oberfranken weniger klar, weil das Gebiet abgesehen von einem deutlichen Unterschied zwischen dem frühindustrialisierten Ost- und dem vielfach erst nach 1945 industrialisierten West-Oberfranken stärker aufgegliedert ist. Dabei stehen einige kleinere Verdichtungsräume neben Gebieten, denen es an entfernungsmäßig zumutbaren Mittelpunktsfunktionen fehlt und für die etwa die erwähnten Personalgewinnungsschwierigkeiten besonders evident sind. Unter den hier entwicklungsbestimmenden Gründen spielt die deutsche Teilung eine große Rolle. Die zwischen Thüringen und Sachsen einerseits und Ost-Oberfranken andererseits bestehende Industrieverflechtung konnte für die Gebiete Oberfrankens mit ungünstiger Verkehrslage kaum ausgeglichen werden – das Gebiet nördlich des Rennsteiges um Ludwigstadt und Tettau dafür als ein herausragendes Beispiel. Außerdem fehlt in Oberfranken das Provinzzentrum. Bamberg und Bayreuth konkurrieren schon traditionell, Coburg spielt seit 1919 eine Sonderrolle und Hof an der Saale fällt seit einigen Jahren zwar deutlich zurück, stellt aber immer noch eine wichtige industrielle Potenz dar. Keine dieser vier Städte kann aber 'Oberzentrum' werden und als solches auf das Umland ausstrahlen. Damit fehlt es möglicherweise an innovatorischem Potential, das man gemeinhin in einem Oberzentrum vermutet, es kann dies aber auch den kleineren Städten eine Chance geben, wie sie in Oberfranken einige – vornean Kulmbach oder Marktredtwitz, Kronach oder Forchheim – genutzt haben.

Oberfranken gilt – mit Recht – als strukturschwach. Das statistische Gesamtergebnis kommt jedoch erst über eine erhebliche Binnendifferenzierung zustande. Sie fällt anders aus als in Nordhessen und in Ostfriesland, weil es kein begünstigtes Zentrum gibt, vielmehr in einigen Städten und kleinere Verdichtungsräumen aus Gründen, die jeweils auf der Hand liegen, die Dinge günstiger liegen als anderswo. Im übrigen handelt es sich hier um ein traditionell industrialisiertes Gebiet. Deshalb liegt das BIP je Einwohner (1974) mit DM 14 102.– etwas höher als in den beiden anderen Gebieten und es gibt nur drei von neun Landkreisen unter der 10 000-Mark-Grenze. Auf der anderen Seite liegen die vier Städte erheblich über dem Bundesdurchschnitt und erreichen vier Landkreise mindestens 80 % des Bundesdurchschnitts. Da einer von ihnen (Wunsiedel) eine besonders hohe Abwanderungsquote meldet, wird noch einmal deutlich, daß das BIP nur unter einem begrenzten Aspekt aussagekräftig ist.

Die genannten Beispiele illustrieren eine erhebliche Binnendifferenzierung. Sie fällt offenkundig in strukturschwachen Räumen stärker aus als in anderen Räumen. Eine der Folgen ist die Abwanderung Einheimischer, nicht zuletzt mit höherer beruflicher Qualifikation: Bekanntlich hat die Verbesserung des Schulwesens auf dem Lande auch zu seiner (sozialen) Ausdünnung beigetragen. Nicht jede infrastrukturelle Förderung bewirkt, was sie bewirken soll.

Sieht man einmal vom BIP ab, demzufolge stets eine Region mit einem relativ hohen Anteil an Landwirtschaft abfällt, wird man das hier angesprochene rauminterne

Gefälle am ehesten untersuchen und darstellen können – das lassen jedenfalls einige mikroanalytische Versuche vermuten –, wenn man Indikatoren heranzieht, die etwas über den Lebensstandard aussagen, also z.B. – noch immer nach Christaller[22] – die Häufigkeit der Telefonanschlüsse, die Verbreitung von Zweitautos in den Haushalten, der Anteil an Hausbesitzern, die Einzelhandelsumsätze, die Urlaubsgewohnheiten, der Anteil der Schüler eines Jahrgangs, der die höhere Schule besucht, die Realsteuerkraft und ähnliches mehr.[23] Geht man so vor, stößt man auf einen deutlichen Stadt-Land-Gegensatz, um einen vereinfachenden Begriff zu verwenden, in strukturschwachen Gebieten.

Entscheidend ist aber, daß zwischen Stadt und Land kein für beide Teile gewinnbringender Austausch stattfindet. Die kleineren Verdichtungskerne profitieren von ihrer näheren Umgebung und erbringen für sie das erforderliche Dienstleistungsangebot; sie geben aber wenig an die Umgebung ab. Die Einpendler spielen schon von relativ geringen Entfernungszonen an keine größere Rolle mehr; der Wohnwert der Umgebung ist – anders als im Umland von Kernstädten – fast durchweg geringer als im Kern selbst. Das Freizeitangebot der Umgebung fällt ökonomisch kaum ins Gewicht, wirft für sie also auch in gutbesuchten Fremdenverkehrsgebieten wenig im Sinne eines Austausch zwischen Kern und Umgebung ab. Der Kern ist schließlich zu klein, um nachfragend ins Gewicht zu fallen, so wie umgekehrt das landwirtschaftliche Angebot der Umgebung meist keinen erheblichen ökonomischen Faktor darstellt. Die Stadt-Umland-Beziehungen – so unsere ergänzende Hypothese – sind in strukturschwachen Gebieten eher einseitig, d.h. weniger auf Austausch hin angelegt, als in den größeren Verdichtungsräumen. Das führt zu einem oft erheblichen sozial wirksamen Gefälle und damit zu einer Beschleunigung des Ausdünnungsprozesses.[24]

IV.

Unsere Hypothese lautet, daß in den als strukturschwach geltenden Gebieten der räumliche Entwicklungsprozeß unterschiedlich verläuft und zwischen den Teilräumen kein Austausch stattfindet, so daß sich die Unterschiede dort längerfristig nur verstärken können. Zu dieser Hypothese wurden bisher nur Begründungen und Überlegungen vorgetragen; zu einer gründlichen Arbeit mit ihr fehlen hier die räumlichen Möglichkeiten und allgemein die Mikroanalysen. In welche Richtung solche Analysen zielen müßten, ist allerdings deutlich.

Erwiese sich die Hypothese als tragfähig, würde das besagen, daß die Unterschiede zwischen den 'großen' Gebietskategorien in der Hauptsache auf extremen Unterschieden in den strukturschwächeren Räumen beruhen. Sie lassen sich ggf. durch das Stadt-Land-Theorem erfassen und führen zu der Frage an die Politik, ob sie bereit und in der Lage ist, sich den betroffenen Teilräumen zuzuwenden, um in ihnen die Unterschiede abzubauen oder aber erträglich zu machen. Werfen wir dazu einen – wiederum ganz vorläufigen Blick – auf die derzeitige Gebietsförderpolitik und fragen, welchen Sinn ein Gebietsfördersystem hat, das einem gesamten Gebiet ohne Rücksicht auf seine internen Unterschiede zugutekommt. Die Rechtfertigung solcher Systeme liegt dabei auf der Hand: Sie ergibt sich aus rechtsstaatlichen und damit legitimatorischen Gründen. Dem Rechtsstaat ist als Gesetzesstaat mit einer besonderen Tradition die individuelle Hilfe fremd. Seine Hilfs- und Fördermaßnahmen müssen abstrakt und generell angelegt und ihrer Rechtsnatur nach so konstruiert sein, daß dem Tatbestand A die rechtlich zulässige oder gebotene Folge der Maßnahme B entspricht. Betriebe, welche in einem bestimmten Gebiet liegen und die Förderkriterien erfüllen, werden gefördert. Individueller vermag der Staat nur zu handeln, wo es um den Einsatz eigener Mittel geht, um Infrastrukturmaßnahmen im weitesten Sinne oder um die Begünstigung eines Ortes in der Ausstattung mit Behörden.

Anders: Nur wo der Staat oder die regionale Verwaltung Standortentscheidungen zu treffen oder begrenzte Mittel auf mittelanfordernde Gemeinden und ihre Projekte zu verteilen haben, gibt es eine gewisse Freiheit in der Planung raumwirksamer Maßnahmen. Sobald sich der Staat dagegen fördernd nach außen wendet, steht er unter dem Zwang, das in einer gerichtlich nachprüfbaren Weise zu tun, sich also an Rechtsprinzipien zu halten. Dabei tritt das Gleichheitsprinzip besonders hervor. Fördermaßnahmen müssen, ggf. gebietlich begrenzt, allen zugutekommen, welche sich in der gleichen Lage befinden oder die normierten Voraussetzungen erfüllen. Insofern kommt die Politik bei Fördermaßnahmen um das 'Gießkannenprinzip' doch nicht herum, es sei denn sie entschließt sich wie im Falle eines Teiles der Forschungspolitik zur direkten Projektförderung. In diesem Falle vermag sie Effizienzgesichtspunkt in den Vordergrund zu rücken, sieht sich aber alsbald dem Vorwurf ausgesetzt, diese Politik begünstige eine kleine Zahl von Branchen und in ihnen nur eine kleine Zahl von Firmen. Das löst dann neue Rechtfertigungsbemühungen aus und führt praktisch dazu, daß man neben die Projekt-, eine eher allgemeine Förderung nicht zuletzt aus legitimatorischen Gründen stellt.

Mit dem auch so sich wieder durchsetzenden Gießkannen-, verbindet sich ein regionales Prinzip. Fördergebiete dürfen nicht zu klein und sie müssen möglichst geschlossen sein. Im anderen Falle handelt man sich den Unmut derer ein, welche an den – zufällig wirkenden – Grenzen liegen und eine Förderung nicht erhalten. Das Bestreben nach größeren Gebieten wird außerdem verstärkt, wenn Bund und Länder zusammenarbeiten. Nur die letzteren könnten ggf. detaillierter arbeiten, d.h. die örtliche Verwaltung dort nutzen, wo abstrakte und generelle Anweisungen nicht weiterhelfen. Der Bund muß anders planen. Er muß sich des Gesetzes oder einer großräumig wirkenden Programmkonzeption bedienen, weil er sonst dem Streit mit einzelnen Ländern nicht entgeht. Streit dieser Art führt in der Bundesrepublik aus konstitutionellen Gründen zur Blockade. Die neuere Diskussion über die 'Politikverflechtung'[25] hat sich gerade mit dieser Entwicklung auseinandergesetzt. Eine ihrer Folgen ist die partielle Unfähigkeit zu gebietlich individueller Förderpolitik. Sie ist im übrigen nicht nur konstitutionell bedingt. Administrative Probleme treten hinzu. Öffentliche Verwaltung hat nur begrenzt die Möglichkeit, aus Kenntnissen Konsequenzen zu ziehen. Die Kenntnis etwa der regionalen Industriebetriebe 'darf' nicht dazu führen, gute Betriebe besonders zu fördern und andere, bei denen die Fördermittel voraussehbar versickern, auszuschließen. Hier fehlt es nicht nur an intersubjektiv verwendbaren Beurteilungskriterien. Solche Kriterien stehen ggf. auch im Widerspruch zur Struktur der Rechtsordnung.

Träfe unsere Hypothese zu, wäre die Konsequenz, daß etwa bei der gebietlichen Industrieförderung durch Investitionshilfen – ein Beispiel, bei dem der Weg zu unterschiedlichen Fördersätzen schon beschritten ist[26] – auch solche Betriebe in den kleineren Verdichtungsräumen strukturschwacher Gebiete gefördert werden, für die sich 'eigentlich' die regionalen Lagenachteile und -vorteile ausgleichen und die insoweit mit einer großen Zahl von Betrieben in Kernräumen oder Randzonen von Ballungsgebieten voll vergleichbar sind. Für sie ergibt sich ein Mitnahmeeffekt, den man legalistisch und administrativ vielleicht nicht vermeiden kann, der aber in der Sache wenig bewirkt. Betreibt man nämlich die Förderung auch regionaler Verdichtungskerne in der Hoffnung, dies führe Auswirkungen im Umland herbei, bewirke Transferleistungen usw., widerspräche das unserer Hypothese. Ihrzufolge fehlt es gerade an diesem Austauscheffekt. Das wiederum provoziert eine weitere Frage:

Von der abwanderungs- und ausdünnungsbedrohten Teilregion Hof aus betrachtet bedarf es einer Förderpolitik aus 'einem Guß', einer gebietsbezogenen Politik, die entweder alle übergreifenden Teilpolitiken vor Ort ortsangemessen 'umsetzt' oder zumindest diese Teilpolitiken in ihrer örtlichen Wirkung voll koordiniert. Praktisch gelingt das jedoch nicht. Förderpolitik vollzieht sich im Wettstreit von Bund und Ländern – durchaus auch mit unterschiedlichen, aber konkurrierenden Programmen – und im Wettstreit verschiedener sektoraler Politiken, welche je eigenen Programmen folgen und unter räumlichen Aspekt gar nicht, nur nachträglich oder allenfalls unzureichend koordiniert werden können. Die 'Steuerungsschwäche' der Raumordnungspolitik ist notorisch. Der 'natürliche' Träger einer wirksam koordinierten Politik 'vor Ort', der Regierungspräsident, ist weitgehend zugunsten der Landesministerien und zugunsten von Fachverwaltungen oder ihres Ersatzes durch Quasi-Behörden ausgeschaltet. Die Struktur, innerhalb derer Fördermaßnahmen zustandekommen, begünstigt derart sektorale gegenüber regionalen Ansätzen. Sie geht von makroökonomischen Erwägungen aus und ordnet in der Makroanalyse Sektoren oder Gruppen – die Groß- oder die sog. mittelständische Industrie – mit entsprechenden Bedürfnissen zu, ohne noch verarbeiten zu können, wie sich das lokal und regional bricht oder widerspiegelt. Die weithin postulierte 'Abkehr vom Gießkannenprinzip' und die Zuwendung zu einer 'gezielten Förderpolitik' auch in regionaler Hinsicht erweist sich derart beim näherem Zusehen als eine Unterstreichung der Handlungsstruktur des politischen Systems. Sie ist aber weniger empfänger- als ressortspezifisch ausgerichtet; sie ist jedenfalls nicht raumorientiert. Daß jene Handlungsstruktur nicht nur die Aufgabenteilung zwischen Bund und Ländern und die Ressortgliederung sowie die Stärke der Fachverwaltungen im Vergleich zur allgemeinen Verwaltung umfaßt, sondern ebenso die dieser Struktur angepaßte Organisation der Klientel, sei hinzugefügt. Der Einfluß der Fachverbände ist stärker als der etwa der regionalen Kammern.

Auch hier müssen wir uns mit einer Andeutung begnügen. Aus der politischen Struktur ergeben sich die politischen Instrumentarien. Die Sektoralisierung der Struktur wirkt sich auf die Instrumentarien aus. Sie 'greifen' demnach im Blick auf die Probleme des Teilraumes Hof nur insoweit, als sie dort Anknüpfungspunkte finden. Fehlt es daran, wird und bleibt es das 'Schicksal' Hofs, an seiner ökonomischen Monostruktur und an seiner Lage unmittelbar an der innerdeutschen Grenze zu leiden und solches

Leiden in einem genau verfolgbaren Ausdünnungsprozeß abzubilden. Daß er voll zu Lasten Hofs, aber nicht voll zu Lasten Oberfrankens geht, weil die 'Auffangstellungen' Bayreuth und Bamberg ihre Funktion erfüllen, wurde schon erwähnt. Es wurde auch hinzugefügt, daß man sich damit in Hof an der Saale kaum trösten kann.

Weniger regional bezogen: Das politische Instrumentarium richtet sich nicht nur nach den Politikerfordernissen, sondern auch nach der politischen Struktur. Sie erscheint für Raumordnungspolitik eher ungünstig. Das wird durch die Präferenz von Wachstumsvorstellungen und durch die allgemeine Unterbelichtung des Interesses für agrarische Räume verstärkt, ist aber auch – trotz Föderalismus und kommunaler Selbstverwaltung – in der politischen Struktur selbst angelegt. Da sie generelle Maßnahmen präferiert, ihr 'Bild' von Wirklichkeit – nicht diese selbst – als Planungsgrundlage nehmen muß, blendet sie individuelle Problemlagen aus. Die Problemlage von Hof ist weitgehend ausgeblendet.

Hof stand hier als – beliebiges – Beispiel dafür, daß in strukturschwachen Gebieten erhebliche innerregionale Unterschiede bestehen, weshalb eine auf das gesamte Gebiet gerichtete Förderpolitik in Hof zumindest nicht im beabsichtigten Umfange greift. Die Unterentwicklungstheorien treffen demgemäß – immer: falls die zugrundeliegende Hypothese Wirklichkeit zureichend erfaßt – weniger auf das globale Verhältnis zwischen strukturstarken und -schwachen Regionen zu, und mehr auf die Auseinanderentwicklung von Verdichtungskernen in den strukturschwachen Gebieten und ihrem Umland. Was sich hier vollzieht, läßt sich aber nur schwer deuten. Was, so muß man fragen, wird im Gegensatz zu den großen Ballungsgebieten oder Verdichtungsräumen in den strukturschwachen Gebieten zu einer 'Bedingung', angesichts derer ein Kleinzentrum oder ein kleinerer Verdichtungsraum fast voll an der allgemeinen Entwicklung teilnimmt, während sich sein Umland einem eindeutigen Ausdünnungsprozeß ausgesetzt sieht? Die Antwort auf diese Frage soll bei dem Begriff der 'Strukturschwäche' ansetzen.

V.

Das Bundesraumordnungsprogramm unterscheidet zwischen vier globalen Formen der Strukturschwäche. Im großräumigen Vergleich hat demnach Berlin (West) aufgrund seiner besonderen Lage solche Schwächen, im übrigen gibt es Strukturschwächen in der Erwerbs- und in der Infrastruktur, solche vorwiegend in der Infrastruktur und solche vorwiegend in der Erwerbsstruktur. Neun von den 38 Gebietseinheiten des BROP, also knapp ein Viertel, zeigen nach den benutzten Indikatoren Strukturschwächen in der Erwerbs- und in der Infrastruktur.

Um diese globale Festlegung zu problematisieren, sei ein – beliebiges – Beispiel gewählt. Zwei jener Gebietseinheiten entsprechen dem Bundesland Schleswig-Holstein. Sein nördlicher Teil gilt nach dem BROP als abwanderungsgefährdet; beiden Einheiten spricht man einen unterdurchschnittlichen Arbeitsplatzzuwachs zu; die Steuerschwäche des Landes gilt als notorisch. Dennoch stand nach dem letzten Index für den Einzelhandelsumsatz (1977)[27] Schleswig-Holstein nach den drei Stadtstaaten, vor allen anderen Flächenstaaten an erster Stelle. Der Umsatz je Einwohner betrug mit DM 6.010 erheblich mehr als der in Baden-Württemberg, das allgemein als das 'reichste' Bundesland gilt,[28] das aber nur auf DM 4.810 kam. Die Statistik verzerrt natürlich die Dinge, weil sie auf die Einwohner umrechnet, so daß ein Land mit relativ wenigen Einwohnern und einem relativ hohen Fremdenverkehrsanteil zwangsläufig in der Statistik nach oben rückt, während etwa in Bayern (DM 4.910) sich der Fremdenverkehr zwar bemerkbar macht, keinesfalls aber derart zu Buche schlägt.

Dennoch gibt der Vergleich ein deutliches Bild: Die Stadtstaaten bilden den urbanen Sonderfall, der in Hamburg mit seinem großen Hinterland voll nutzbar ist (Hamburg: DM 9.060, Berlin: DM 7.490, Bremen: DM 6.990), Schleswig-Holstein bildet den zweiten Sonderfall, bedingt durch den Fremdenverkehr und die Ausstrahlung Hamburgs (Wohnwertvorteil des Umlandes), während Hessen, Nordrhein-Westfalen, Bayern und Baden-Württemberg zu den eher 'reicheren' Ländern zählen (Hessen: DM 5.430) und das Saarland. Niedersachsen und Rheinland-Pfalz (DM 4.530) deutlich abfallen – Hamburg weist einen doppelt so hohen Umsatz aus wie Rheinland-Pfalz.

Der Hinweis auf den Einzelhandelsumsatz dient wieder der Relativierung. 'Strukturschwäche' hat in der einschlägigen Politik wie in den ihr zugewandten Wissenschaften zwar keinen eindeutigen begrifflichen Gehalt. Seine gebräuchliche Verwendung zielt aber einerseits auf industrielle Arbeitsplätze und solche im Dienstleistungssektor, andererseits auf allgemeines Wachstum und auf besondere Wachstumsbranchen und – umgekehrt – auf diejenigen Problemfelder, von denen her sich der Mangel an Arbeitsplätzen überhaupt, der an qualifizierten Arbeitsplätzen, der an funktionalem Mix in der Industrie mit den entsprechenden Lagenachteilen im Gefolge und anderes mehr erklären lassen. Schwäche bedeutet aber nicht unbedingt Hilflosigkeit, weil es nicht bedeuten muß, daß in Notlagen oder auch nur im Falle eines deutlichen Konjunkturrückganges regionale Auffangpotentiale fehlen.

Im Sinne der offiziellen Unterlagen gilt Ostfriesland als strukturschwach, weil es über wenige Arbeitsplätze in Industrie und Handwerk verfügt, die Verteilung dieser Arbeitsplätze innerregional wie nach Branchen ungünstig erscheint und branchenbedingte Fehlentwicklungen nicht oder nur zum Teil von positiven Entwicklungen in anderen Branchen aufgefangen werden können. Die sich hier offenbarende Strukturschwäche erweist sich aber im konkreten Einzelfall häufig nicht als aussichts- oder ausweglos. Als Auffangpotentiale stehen der Besitz von Haus und Garten, von wenig ertragreicher, aber der Selbstversorgung dienender Kleinlandwirtschaft oder auch der Rückgriff auf ältere Erwerbsformen etwa in den Moorkolonien bereit. Arbeitslosigkeit erhält dadurch ein anderes Gesicht als in stark verdichteten Regionen, in denen sich für viele beim Wegfall des Arbeitsplatzes keinerlei Ausweichtätigkeit anbietet, sie also ausschließlich auf die Arbeitslosenunterstützung angewiesen sind.

Mit anderen Worten: Was sich im Vergleich ganz korrekt als Strukturschwäche abbildet, stellt sich gebietlich höchst unterschiedlich dar. In Oberfranken gibt es Industriedörfer, die auf einige wenige Betriebe angewiesen sind und in denen ein sehr geringes Auffangpotential bereitsteht, wenn einer dieser Betriebe in Schwierigkeiten gerät. In Oberfranken ist aber auch die frühe Industrialisierung im Kern nur ein

Versuch, Folgen von Strukturschwäche zu überwinden, weil das anders nicht ging.[29] In Ostfriesland hat es dagegen die 'armen' Moorkolonien gegeben, im übrigen aber eine ertragreiche oder zumindest auskömmliche Landwirtschaft. Einen Zwang zur Industrialisierung gab es hier ebensowenig wie in Schleswig-Holstein. Ohne Industrialisierung kam es auch nicht zum Entstehen größerer Verdichtungsgebiete. Es blieb bei einer Landesstruktur eher traditionellen Gepräges, mit Stadt-Umland-Beziehungen in kleinräumiger Verflechtung. Von Interesse ist, wo es solche Verflechtungen noch gibt und wo sie zu einem förderlichen Austausch führen.

Strukturschwäche stellt sich mithin unterschiedlich dar. Nur zwischen zwei Formen sei hier unterschieden: zwischen der mit und der ohne soziales und ökonomisches Auffangpotential. Gibt es ein solches Potential, kommt es z.B. weniger häufig zu der idealtypisch vermuteten Abwanderung, die bei Fehlen des Potentials unvermeidbar ist. In Oberfranken findet Abwanderung insgesamt statt; sie trifft aber Teilgebiete in besonderem Maße.

In diesem Zusammenhang sollte man auf einen Begriff zurückgreifen, den die amtliche Sprache sorgfältig vermeidet: Armut.[30] Die strukturschwachen Gebiete unterscheiden sich nach dem Maße der in ihnen vorkommenden Armut. Sie tritt dem aufmerksamen Beobachter augenfällig in einigen Gegenden der Bundesrepublik gegenüber. Da das Augenfällige hier nicht weiter erklärt werden kann, verweise ich zur Illustration nur auf Dörfer und Marktflecken in der Umgebung von Hof oder auf Orte im Werra-Meißner-Kreis und ähnlich im Kreis Trier. Armut sei hier verstanden als das Fehlen von sozialen Auffangpotentialen, als unmittelbare Abhängigkeit vom Arbeitsertrag, als die Ausnutzung dieses Abhängigkeitsverhältnisses, die sich dann wieder in gewissem Maße rechtfertigen läßt, weil ggf. nur über die Lohnkosten Standortnachteile auszugleichen sind. Solche Armut kann es auch bei hohen BIP-Zahlen geben, wenngleich sie meist doch eine Industriestruktur signalisieren, in der Ausgleich immer wieder gelingt, verlorengehende Arbeitsplätze sich ersetzen lassen. In diesem Falle erscheint Armut zwar strukturell gegeben, sie bleibt aber unsichtbar, solange es nicht zu Strukturkrisen einzelner Branchen und dann zu Strukturkrisen der betreffenden Region kommt. In solchem Verständnis ist das Ruhrgebiet ein Gebiet mit latenter Armut, das unter dem Zwang steht, durch Strukturpolitik und Wirtschaftswachstum via Branchenwechsel und ständiger Innovation die Armut nicht manifest werden zu lassen. Ginge man einen Schritt weiter, gelangte man zu folgender Unterscheidung strukturschwacher Räume:

a) insgesamt strukturschwache Räume;
b) Räume, in denen der interne Ausgleich (noch) gelingt und
c) Räume mit deutlichem Gefälle zwischen den Teilräumen. In ihnen ist dann weiter zu unterscheiden zwischen
   ca) strukturgefährdeten oder -schwachen Teilräumen mit sozialem Auffangpotential und
   cb) strukturgefährdeten oder -schwachen Teilräumen ohne soziales Auffangpotential,

wobei die Mischung von ca) und cb) die Struktur der Räume des Typus c) bestimmt.

Die Auflistung soll zum einen zeigen, daß das Abheben auf den Faktor und Indikator Arbeit, wenn es vorwiegend zum Erfassen der Arbeitsplätze im warenproduzierenden Gewerbe und im Dienstleistungsbereich führt, zwar 'Schwäche' von Regionen belegt, aber doch nur eine Schwäche unter spezifischem Aspekt. Das Fehlen solcher Arbeitsplätze oder ihr Rückgang treffen auf unterschiedliche soziale Situationen. Sind sie von struktureller Armut gekennzeichnet und gibt es keinerlei Ausgleich, liegen auch politisch andere Maßnahmen nahe als dort, wo es solche Armut nicht gibt und wo es z.B. zu einer nur geringfügigen Industrialisierung gekommen ist, weil dafür eben keine Notwendigkeit bestand. Schleswig-Holstein, ähnlich wie Ostfriesland in einigen Teilen ein ehemals reiches Agrarland, hat sich ein Stück seines Wohlstandes auch im Strukturwandel bewahrt.

Zum anderen zeigt die Auflistung, daß das BIP, indem es ausschließlich Vorgänge erfaßt, die sich in Geldwert ausdrücken lassen, nur bedingt Strukturen transparent macht. Es gibt Regionen, jedenfalls aber Teilräume, die bei relativ geringem BIP genügend endogene Kräfte haben, um abzuwarten, um einen Bestand zu erhalten, der bei Veränderungen des Wandlungsprozesses möglicherweise wieder an Gewicht gewinnt. Die dem Raumordnungskonzept zugrundeliegende Vorstellung von einer zunehmenden Urbanisierung kann sich z.B. in der Realität, d.h. in der Nachfrage abschwächen, 'Provinz' und 'Region' können aufgewertet werden, das 'Leben auf dem Land' kann an Anziehungskraft gewinnen. Der in den letzten Jahrzehnten verfolgbare Strukturwandel ist gewichtig und politisch nur schwer zu steuern; er ist aber nicht eindeutig. Der ökonomische Wandel vom Primär- über den sekundären zum tertiären Sektor mag auch zu einem Gewichtsverlust des Produktionsbereiches führen.[31]

Schließlich ist in Zusammenhang mit dem BIP hier und mit der Zahl der Arbeitsplätze im warenproduzierenden Gewerbe oder nur in der Industrie dort darauf hinzuweisen, daß das so ermittelte Ergebnis nichts über den Lebensstandard, d.h. den relativen Wohlstand auszusagen braucht. Es ist vielmehr evident, daß es zumindest Teilräume gibt, in denen man zwar eine relativ geringe Zahl von industriellen Arbeitsplätzen findet, dennoch die Erwerbsquote insgesamt hoch ist, es häufig mit der Frauenarbeit zur Doppelarbeit in den Familien kommt oder auch die Familie noch eine andere Rolle spielt, so daß das Einkommen aller Familienangehörigen bedingt gemeinsam bewirtschaftet und dazu genutzt werden kann, Bedürfnisse zu befriedigen, die außerhalb der Reichweite des Einzeleinkommens bleiben würden. Der Lebensstandard als soziales Phänomen sagt derart ebenfalls etwas über eine Region aus.

Im Falle Schleswig-Holsteins müßte man z.B. fragen, ob der hohe Einzelhandelsumsatz je Einwohner wirklich nur auf den Fremdenverkehr und nicht auch darauf zurückzuführen ist, daß ein Teil des Landes Umland von Hamburg und ein anderer Teil zwar industriearm, dennoch traditionell 'wohlhabend' ist. In Oberfranken melden die ('Umland'-) Landkreise Bamberg und Bayreuth nur ein weit unterdurchschnittliches BIP je Einwohner (1974: DM 7.233 und 8.338), die Kraftfahrzeugdichte je 1.000 Einwohner liegt hier mit 307 und 308 aber ziemlich genau beim bayerischen Landesdurchschnitt von 309 und nicht sehr viel unter dem Bundesdurchschnitt von 325, was mit Familieneinkommen etwas zu tun haben muß, weil in beiden Landkreisen die Steuerkraft (Gewerbesteuerumlage + Gemeindeanteil an Lohn- und veranlagter Einkommensteuer) je Einwohner mit 289 und 364 Mark relativ gering ist und weit unter dem oberfränkischen Durchschnitt von 485 Mark liegt.[32]

'Strukturschwäche' – als Begriff und analytischer Ansatz sicher unverzichtbar – darf deshalb nicht verabsolutiert, die Gegenüberstellung von unter einem bestimmten Aspekt strukturstarken und strukturschwachen Räumen darf nicht zum alleinigen Anknüpfungspunkt politischer Maßnahmen gemacht werden. Coburg mit einer Steuerkraft, die weit über dem Bundesdurchschnitt liegt, muß nicht gerade eine Schwerpunktförderung genießen. Programme für Gebiete mit endogenen Potentialen, welche eingeschränkt 'günstige', d.h. genügend gemischte industrielle Arbeitsplätze umfassen, müssen anders aussehen als die für Gebiete, welche über solche Potentiale nicht verfügen und in denen ggf. die Ausdünnung unvermeidlich ist, wenn man ihr nicht auf völlig andere Weise begegnet als bisher – im Rückgriff auf alternative Lebensformen z.B., wie er schon manchen niederbayerischen Bauernhof zwar umfunktioniert, aber doch 'erhalten' hat.

Im Ergebnis laufen solche – wiederum vorläufigen – Überlegungen darauf hinaus, neben der von der allgemeinen Industriestruktur abgeleiteten 'Strukturschwäche' den 'Lebensstandard' zureichend zu erfassen und zu berücksichtigen. Dabei kann es sich nicht (nur) um äußere Merkmale einer gewissen Wohlhabenheit handeln, man muß auch die Voraussetzungen der jeweiligen Lebensführung berücksichtigen. Der in keiner Statistik wirklich auftauchende Anteil an Selbstversorgung, der in manchen ländlichen Gebieten zu mangelnder Nachfrage und damit zu einer zunächst unverständlichen Verteuerung des Angebotes führt, gehört zu jenen Voraussetzungen ebenso wie das 'Wohnen' vorwiegend im eigenen oder im elterlichen Haus, das die Nachfrage nach Mietwohnungen und infolgedessen das einschlägige Angebot verringert, was im Kreislauf dann wieder als strukturelle Schwierigkeit erscheint, wenn doch einmal Zuzug erfolgt oder erfolgen könnte.

Unter dem Aspekt Strukturschwäche und Lebensstandard wird z.B. der eigentliche Unterschied zwischen Coburg und Hof deutlich: Das letztere hat zwar mehr Industriearbeitsplätze, aber auch viele Arbeitsplätze mit relativ geringer Entlohnung. Außerdem ist es im Gegensatz zu manchen industrialisierten Landstädten traditionelle (Nur-) Industriestadt mit einem unmittelbaren Bezug von Zahl und Qualität der Arbeitsplätze hier und arbeitender Bevölkerung dort. Fehlt es an dem ersteren, nimmt die letztere ab. Das wiederum geschieht in so unmittelbarer Reaktion, weil es eben keine Auswege gibt, daß man kaum eine größere Neuansiedlung von Industrie vornehmen könnte. Ihr würden die Arbeitskräfte fehlen. Coburg bietet dagegen neben mancherlei anderen Vorteilen der ehemaligen Residenz und des kulturellen Zentrums eine gemischtere Industriestruktur mit günstigeren Betriebsgrößen, die nicht nur Wachstum begünstigt, sondern auch den internen Ausgleich ermöglicht. Das soziale Auffangpotential kommt hinzu.

VI.

In Auseinandersetzung mit der derzeitigen Raumordnungspolitik sind wir zuerst von der Hypothese ausgegangen, es gebe in den strukturschwachen Gebieten ein internes Gefälle, dem wenig Austausch- und Ausgleichsbeziehungen gegenüberstehen, so daß es sich im Rahmen einer das ganze Gebiet erfassenden Förderung, die bevorzugt den strukturell begünstigten Teilgebieten zugutekommt, nur vermehren kann, Das mag zwar zieladäquat sein, wenn innerregional günstige Standorte überregionale Konkurrenzfähigkeit mehren und Abwanderung aus der Region vermindern. Diese Zielkomponente erscheint aber nicht zureichend transparent, solange man eine wünschenswerte Nähe zu „städtischen Lebensformen" anstrebt und ihr offenbar positive Folgen auch für die nichtstädtischen Kleinräume zuspricht.

Kritisch wurde sodann erörtert, daß Raumordnungspolitik von einem Befund struktureller Schwäche ausgeht, der sich zwar statistisch einwandfrei erheben läßt, aber Wirklichkeit und vor allem soziale Wirklichkeit nur unzureichend abbildet. Damit bildet er auch nur unzureichend ab, was in den einzelnen 'strukturschwachen' Gebieten an Kräften vorhanden ist oder fehlt, die hier zum relativen Ausgleich der Strukturschwäche, dort aber zu ihrer ständigen Mehrung und damit zu (weiterer) Verarmung führen. Hier im einzelnen gebietlich zu unterscheiden, mag so schwierig sein, daß schon dies den gegenwärtigen raumordnungspolitischen Ansatz rechtfertigt. Man darf dann aber nicht übersehen, daß Konzepte ggf. die Folge der ihnen zugrundeliegenden Analyse- und Differenzierungsmöglichkeiten und auch der eingebürgerten administrativen Verfahren sind.

Sofern unsere Überlegungen Wirklichkeit treffen, erweist sich das jeweilige strukturschwache Gebiet als eine Summe von unterschiedlichen Teilgebieten und erweist sich Strukturschwäche als räumlich sehr unterschiedliche Konsequenz des Mangels an einem bestimmten Potential. Man muß aber noch in einer dritten Hinsicht relativieren: Die Unterscheidung zwischen solchen Teilräumen von strukturschwachen Gebieten im Sinne des BROP, die am allgemeinen Strukturwandel ohne größere Beeinträchtigung teilnehmen, und den anderen, welche durch den Wandel vorwiegend negativ betroffen sind, ihn also allenfalls durch endogene (soziale) Auffangpotentiale abschwächen können, darf keinesfalls schematisch erfolgen. Auch solche Teilräume sind oft nur zufällige statistische Aggregate. Das Stadt-Umland-Theorem taugt deshalb zur Analyse; ob es vor Ort erklärt, muß vor Ort geprüft werden. Anders ausgedrückt: Der verbreitete Begriff von 'Struktur' führt bei raumbezogenen Überlegungen rasch zu Fehldeutungen, wenn man 'Struktur' als bedingenden Faktor begreift und dabei die jeweilige 'Kultur', d.h. die Geschichte außer acht läßt. Die Geschichte kennt neben den allgemeinen Bedingungen – etwa die Verkehrslage einer Region oder den Zugang zu Rohstoffen oder das Vorhandensein wie das Fehlen von Primärenergie – immer auch deren höchst unterschiedliche Nutzung oder Überwindung. In der Geschichte kommt es hier bei der aus Armut erzwungenen Industrialisierung zur Branchenvielfalt und dort zur später kaum mehr überwindbaren Monokultur. In ihr kommt es hier überhaupt zur Industrialisierung und dort nicht, hier zur Bereitstellung eines Arbeiterpotentials mit hohem Ausbildungsniveau und dort zur bloßen Abgabe des Arbeitskraftüberschusses an andere Regionen.

Was es derart zu betrachten gilt, führt in das Gebiet der Geschichtsphilosophie. Es geht um Zufall, um die persönliche Leistung eines Firmengründers oder einer Stadtverwaltung. also um eine höchst individuelle Zutat, die bei im übrigen vergleichbaren Randbedingungen in nächster Nachbarschaft zu erheblichen Unterschieden führt. Die individuelle Zutat ereignet sich immer wieder neu. In zwei benachbarten, strukturell sehr ähnlichen Industriestandorten muß sich die Managementleistung, welche zur Anpassung an den Strukturwandel führt, nicht gleichmäßig verteilen. Handelt es sich dabei nur um wenige Firmen, können erhebliche Unterschiede rasch entstehen. Geschichtlich läßt sich das auch nachvollziehen. Man kann nur fragen, unter welchen Bedingungen strukturbestimmende Entscheidungen oder Entwicklungen örtlich zustandekamen oder eingeleitet wurden, welches ihre weiteren Auswirkungen waren und in welchem Maße sie sich – zumal in späteren Perioden stärker planmäßigen Vorgehens – als revidierbar, ergänzungsfähig oder als unumstößlich herausstellen. Konsequenzen lassen sich daraus freilich nur schwer ziehen.

Geschichtlich: Ost-Oberfranken ist aus Armut eine besonders städtereiche Landschaft. Über Stadt- und Marktgründungen sollte Gewerbe begünstigt und ein Gegengewicht gegen die Kargheit des Bodens und den Mangel an Bodenschätzen geschaffen werden. In Anlehnung an einige Ressourcen wie Holz oder Kaolin entstanden in den Städten einschlägiges Handwerk und später Industrie, hier stärker gemischt, dort stärker monostrukturell. In diese, immer 'arme' Industrielandschaft strömten nach 1945 viele Vertriebene und ließen die Einwohnerzahlen der Städte und Dörfer oft sprunghaft hochschnellen. Das Arbeitsplatzangebot und die Industrieentwicklung reichten aber nicht aus, um den Zustrom zu integrieren. Ost-Oberfranken ist seit den 50er Jahren ein Abwanderungsland.

Diese Entwicklung verläuft aber wieder unterschiedlich: Hof nahm von 1950 bis 1976 in der Einwohnerzahl von etwa 61 Tausend auf knapp 54 Tausend ab, nachdem es in den 50er Jahren zunächst noch einen Zuwachs hatte. In Münchberg, Schwarzenbach a.d.S. oder Wunsiedel hielt man seine Bevölkerung in etwa. Arzberg verlor fast 2 von 7 Tausend, Selb verlor ebenfalls 2 von allerdings 18 Tausend. Rehau gewann erst und verlor dann wieder in den 70er Jahren, um 1976 auf dem Stand von 1950 anzukommen. Helmbrechts, Marktredewitz, Naila und Selbitz nahmen in größerem Maße zu. Fragt man nach den Ursachen, handelt es sich in der Hauptsache um das unterschiedlich günstige Angebot an industriellen Arbeitsplätzen, um Managementprobleme und – wenigstens zum Teil – um unterschiedliche Urbanisierungsgrade. Auf ganz Oberfranken bezogen wird man so eine Reihe von klimatisch, geologisch und verkehrsgeographisch deutlich abgrenzbaren Räumen feststellen können, in denen vergleichbare Ausgangsbedingungen aber zu relativ unterschiedlichen Entwicklungen geführt haben, die man am Bevölkerungswachstum, an der Steuerkraft, an der ins Auge fallenden Urbanität ablesen und vielfach auch auf bestimmende Entscheidungen und Entscheidungskonstellationen zurückführen kann. 'Struktur' meint mithin allgemeine Randbedingungen wie das Fazit örtlicher Entwicklungen. Der Begriff spricht beeinflußbare und unbeeinflußbare Gegebenheiten ebenso wie die Folgen unwiederholbarer 'Entscheidungen' oder besser: der Optimierung zukunftsträchtiger Möglichkeiten in der Vergangenheit an. 'Strukturpolitik' trifft damit immer nur das

Allgemeine; sie muß deshalb keineswegs überall gleiche oder auch nur vergleichbare Folgen haben.

Wir brauchen dies nicht weiter auszuführen, weil das Ergebnis ohnehin feststeht: Überörtliche Politik hört hier auf. Sie kann trotz der Zuschüsse zu kommunalen Vorhaben und der begrenzten Möglichkeiten, etwa Firmen individuell zu helfen, sich im Kern nur den Rahmenbedingungen zuwenden. Deren Nutzung geschieht weitgehend außerhalb ihres Einflußbereiches. Damit sind der Differenzierung von Politik in dem Sinne einer Anpassung von Zielen und Instrumentarien an lokale und kleinräumliche Gegebenheiten auch von deren Aufnahmebereitschaft und -fähigkeit her Grenzen gesetzt. Raumordnungspolitik ist, wenn dieser ehe literarische Ausdruck erlaubt erscheint, dazu verurteilt, sich auf einer abstraken Planungsebene über der Wirklichkeit steuernd und initiierend zu bewegen, ohne selbst in die Wirklichkeit eindringen zu können. Das gilt für den Bund mehr als für die Länder und es gilt für die Landesministerien mehr als für die Regierungspräsidien. Der verbreitete Ehrgeiz, Entscheidungen nach 'oben' zu ziehen, trägt derart nur zur Verdichtung jener abstrakten Planungsebene bei, auch wenn das Bestreben etwa des bayerischen oder des hessischen Wirtschaftsministeriums, sich selbst bei kleinen Investitions- oder Erstinnovationszuschüssen die Kompetenz vorzubehalten, neben der Eitelkeit (publizistische Aufwertung) auch etwas von der Sehnsucht verraten mag, sich der 'Basis' nicht ganz zu entfremden. Das Mittel taugt allerdings nicht. Der Zuschußvorgang wird zum bloßen 'Fall'; an ihm läßt sich lokale Wirklichkeit kaum rekonstruieren. Über die Fälle aber ereignet sich Zentralisierung. Im Ministerium kann man zwar Unterschiede machen – und macht sie oft auf politischen Druck hin –, kann sie aber kaum rechtfertigen.

VII.

Derart schält sich aus vorläufigen Erörterungen wenigstens ein vorläufiges Ergebnis heraus: Die räumliche Entwicklung vollzieht sich ungleichmäßig. Politik will das verhindern. Ihrer eigenen Struktur entsprechend geht sie dabei einerseits großräumig und andererseits sektoral vor und stellt auf 'Strukturen' ab, die sich großräumig und sektoral abbilden lassen. In ihnen findet sich Wirklichkeit nur abstrakt, nicht konkret wieder. Politik wird deshalb auf einem abstrakten Niveau großräumiger Gebiete konzipiert, die zunächst nur statistische Aggregate sind. Von ihnen kann man einzelne als 'schwach' bezeichnen, weil die Aggregierung größere Unterschiede ausgleichen muß. Ihre 'Struktur' will man auf ebenso abstrakte Zielvorstellungen hin verändern – teils weil analytisch anderes nicht möglich ist, teils weil eine der Wirklichkeit – nehmen wir sie einmal als abbildbar an – entsprechende, stark individualisierende Politik aus der Struktur des politischen Systems heraus nicht möglich wäre. Seine rechtsstaatliche Qualität steht z.B. dem Phänotyp des alten preußischen Kommissars entgegen, der an Ort und Stelle eine Förderpolitik mit den örtlich angemessenen Mitteln betrieb, die nur allgemein auf der politischen Linie seines Königs liegen mußte.

Angesichts ihrer Bedingungen hängt die Qualität solcher raumordnenden Politik davon ab, wie man die Cäsuren im Prozeß der Umsetzung von abstrakter Planung in konkrete Maßnahmen vermindert. Das ist entscheidend auch ein administratives Problem. Die bisherigen Korrekturvorschläge, an denen es angesichts des eingangs erwähnten Erfolgsdefizits der Raumordnungspolitik nicht fehlt, gehen meist an dieser Problemsicht vorbei. Sie zielen eher auf eine weitere Ausdifferenzierung von Maßnahmen ab, mit der bestenfalls eine sektoral bessere Wirklichkeitsanpassung erfolgen kann, nicht aber eine regionale, die immer Maßnahmenbündelung, zumindest wirkliche Koordination voraussetzt. Deshalb soll hier (auch) sehr abstrakt dafür plädiert werden, in der Raumordnungsdiskussion stärker die Administrierbarkeit der sektoralen Politiken ins Auge zu fassen. Das verbindet sich mit der Behauptung, daß diese sektoralen Politiken den sich vollziehenden Strukturwandel bisher vielfach eher verstärken, weil sie stärker klientel- als raumbezogen konzipiert sind.

Die Administrierbarkeit wird sich generell nur verbessern lassen, wenn man die örtlichen Instanzen aufwertet, d.h. Programme entwirft, die im Ansatz generell und abstrakt sind, sich im Vollzug aber örtlich anpassen lassen – durchaus auch in Konkurrenz der örtlichen Instanzen. Diesem Gedankengang stehen sowohl das prinzipielle wie das aktuelle Spannungsverhältnis zwischen Bund und Ländern als auch der oft abstruse Zentralismus in den Ländern entgegen, in denen man Regierungsinstanzen zu Lasten von Verwaltungsinstanzen aufwertet, um den Verlust an politischer Kompetenz auszugleichen, wie er sich durch die Verlagerung zur Gesetzgebungs- und Finanzierungskompetenz des Bundes ergeben hat.

Eine solche, hier nicht weiter zu vertiefende Feststellung bedarf freilich notwendig der Ergänzung: Die eingeschränkten Möglichkeiten der Administrierbarkeit ergeben sich nicht nur aus der Kompetenzverteilung, wären also nicht einfach durch andere Formen der Kompetenzverteilung, vor allem durch die Aufwertung der Mittelinstanz, erweiterbar. Sie spiegeln auch die Strukturen des politischen Systems, eine spezifische Verfaßtheit wider, welche eher 'ordnungspolitisch' als 'strukturpolitisch' zu denken zwingt und damit auch faktische Strukturpolitik von den konkreten Strukturen abbiegt, um auf einem abstrakten Planungsniveau eine Fülle von Strukturmerkmalen als Ordnungselemente ansprechen zu können. Dem Rechtsstaat ist individuell die Kasuistik und räumlich die konkrete Förderung zuwider; das Gesetz als das wichtigste Führungsmittel im Rechtsstaat geht von Umschreibungen aus, von der Konstruktion von Tatbestandsmerkmalen, die unabhängig von örtlichen Relativierungen sein müssen. Daran ändert nahezu jede denkbare Erweiterung von Fördermaßnahmen nichts oder doch nur wenig. Sie stellen sich insgesamt im Effekt als ein Teil der Umverteilung im Sozialstaat dar, ohne daß sich diese Umverteilung – an der Forschungsförderung wird das besonders deutlich – auf transparente Grundmuster von reich und arm, zur Selbsthilfe fähig und hilfsbedürftig bezieht und beziehen kann, weil sich hier verschiedene Staatsfunktionen miteinander bis zur Ununterscheidbarkeit vermischen.

Wirksame Raumordnungspolitik müßte – so unsere abschließende These – mit differenziertem Mitteleinsatz der differenzierten räumlichen Entwicklung begegnen. Sie müßte sich dazu von bestimmten Grundvorstellungen von Gleichzeitigkeit und Gleichheit lösen können, müßte stärker auf Entscheidungen beruhen, die sich auf konkrete Räume beziehen und dort die Dinge beim Namen nennen. Man könnte sie dazu instandsetzen, wenn man sie entweder wirklich zu Koordination befähigt, es ihr also ermöglicht, ihre differenzierten Konzepte in die Konzention von (neuen) Fachplanungen einzubringen, oder aber wenn man sie den Fachplanungen vorordnet. Der tatsächliche Stellenwert der Raumordnungspolitik – hier nicht weiter untersucht –, ablesbar auch an ihrer Amtsausstattung, verweist demgegenüber auf eine ergänzende Förderpolitik, die man 'auch noch' betreibt. Derart halbherzig läßt sich dem Strukturwandel aber nicht begegnen. Er vollzieht sich in jedem Falle. Damit ist – pathetisch – das Urteil über den Teilraum Hof gesprochen, wenn nicht die Harmonieannahmen zutreffen, denenzufolge sich der Ausgleich von selbst einstellt, wenn man nur lange genug wartet. Treffen sie nicht zu, wovon wir ausgehen, muß man den Stellenwert und das Instrumentarium der Raumordnungspolitik von Grund auf überdenken oder aber den Zielkatalog verändern und sich mit dem bescheideneren Ziel zufrieden geben, wenigstens das Schlimmste zu verhüten.

Anmerkungen

1 BROP S. 3, zit. nach der Ausgabe in der 'Schriftenreihe „Raumordnung" des *Bundesministers für Raumordnung*, Bauwesen und Städtebau' 06.002/1975

2 Vgl. dazu die Beiträge *W. Väths* in diesem Sonderheft der PVS und in *Th. Ellwein* (Hrsg), Expertise über die raumstrukturellen Wirkungen der Forschungs- und Technologiepolitik des Bundes. Vorläufige Berichtsfassung als Manuskript Juni 1979; endgültige Berichtsfassung als Manuskript vervielfältigt durch den Bundesminister für Raumordnung 1980.

3 Vgl. z.B. die Benutzung des Begriffs Raumordnung bei *K. Bosl*, Raumordnung im Aufbau des mittelalterlichen Staates, in: *ders.*, Oberpfalz und Oberpfälzer. Kallmünz 1978, sowie die Einzelveröffentlichungen 'Historische Raumforschung' innerhalb der Veröffentlichungen der *Akademie für Raumforschung und Landesplanung*, bes. die Bände XXX und XXXI 'Raumordnung im 19. Jahrhundert'. Hannover 1965 und 1967.

4 BROP S. II.

5 Raumordnungsbericht 1968 der *Bundesregierung*, Bundestagsdrucksache V/3958, Bonn 1969, S. 28.

6 Ebenda S. 35; tatsächlich vermehrten sich die 'Vollbeschäftigten' nur in der Verwaltung der Gebietskörperschaften von 1,58 Mio im Jahre 1960 auf 2,208 Mio im Jahre 1970 und ergab sich die in der Prognose für 1980 angenommene Zahl schon zu zwei Dritteln aus der Vermehrung nur der Teilzeitbeschäftigten von 1960 - 1970. Vgl. dazu *Th. Ellwein/R. Zoll*, Zur Entwicklung der öffentlichen Aufgaben in der Bundesrepublik Deutschland, in: Studienkommission für die Reform des öffentlichen Dienstrechts. Band 8. Baden-Baden 1973.

7 Ebenda S. 45.

8 *K. Ganser*, Referat im WZB. Manuskript Berlin 1977, und: Raumbedeutsame Instrumente für ein BROP, in: Informationen zur Raumentwicklung 1/1978 S. 49 ff.

9 Vgl. dazu das in Anm. 2 erwähnte Projekt und die Mitteilungen darüber in diesem Heft.

10 Raumordnungsbericht 1968 a.a.O. S. 47.

11 Vgl. dazu Kap. 2 der in Anm. 2 erwähnten Expertise.

12 Am Beispiel des Regierungsbezirks Oberfranken: 1939 hatte der Bezirk etwa 788 000 Einwohner; nach dem Krieg kamen rund 300 000, meist Sudetendeutsche, dazu. Danach verlangsamte sich der Zuwachs in den 60er Jahren – zwischen 1960 und 1970 stieg die Einwohnerzahl noch einmal um rund 2 Prozent, was im Vergleich zum übrigen Bayern einen geringen Zuwachs bedeutet. Von 1970 an kam es dann zum kontinuierlichen Bevölkerungsrückgang. Er belief sich bis 1977 wieder auf 2 Prozent, wobei fast ausschließlich die Region Ost-Oberfranken betroffen war. Eine Umfrage des Regierungspräsidenten ergab, daß vorwiegend berufliche Gründe zur Abwanderung führen. Unter den Abwanderern dominieren die Angestellten, vor allem die leitenden. Vgl. Süddeutsche Zeitung vom 18.4.1979.

13 In der Hauptsache ist auf die laufende Berichterstattung in den 'Informationen zur Raumentwicklung' der BFLR zu verweisen.

14 Vgl. Anm. 2. Die Frage lautete, ob sich die Tatsache, daß Forschungsmittel des Bundes kaum in die strukturschwachen Räume fließen, aus Besonderheiten dieser Räume oder aber daraus erklären läßt, daß mittelgroße Industriebetriebe wenig forschen und in den genannten Räumen in der Regel die Großindustrie fehlt. Alternativ: Hat der nicht erfolgende Mittelabfluß in strukturschwache Räume raumspezifische oder betriebsstrukturelle Gründe?

15 Vgl. dazu *E. Lauschmann*, Grundlagen einer Theorie der Regionalpolitik. 3. Aufl. Hannover 1976.

16 *Bundesforschungsanstalt* für Landeskunde und Raumordnung, Regionale Disparitäten im Bundesgebiet. Ergebnisse aus dem Indikatorensystem zur 'Laufenden Raumbeobachtung'. Manuskript vom 26.10.1978/J 3 - 232, hier S. 2 f.

17 Theoretisch beziehe ich mich dabei zunächst auf *G. Myrdal*, Ökonimische Theorie und unterentwickelte Regionen. Dt. Ausgabe Stuttgart 1959, der sich mit den „Mängeln unserer ererbten Theorien", vor allem mit der Annahme vom stabilen oder sich immer wieder stabilisierenden Gleichgewicht auseinandersetzt und dem die These entgegensetzt, daß in der sozialen und räumlichen Entwicklung wohl Ausgleichsfaktoren gegenüber bestimmenden Tendenzen wirksam werden, „das freie Spiel der Kräfte gewöhnlich (aber) eher zu einer Vergrößerung als zu einer Verkleinerung der Ungleichheiten zwischen verschiedenen Regionen führt".

18 Vgl. zu den Methoden und Ergebnissen von raumwirtschaftlichen Ex-Post-Analysen *O. Boustedt/ H.Ranz*, Regionale Struktur- und Wirtschaftsforschung. Aufgaben und Methoden. Bremen 1957.

19 Vgl. dazu *W. Hein*, Zur Theorie der regionalen Differenzierung kapitalistischer Gesellschaften in der industriellen Revolution, in: *G. Zang* (Hrsg.), Provinzialisierung einer Region. Regionale Unterentwicklung und liberale Politik in der Stadt und im Kreis Konstanz im 19. Jahrhundert. Frankfurt/M. 1978.

20 Die 'allgemeine Urbanisierung' läßt sich an dem Tatbestand illustrieren, daß in den zwanziger Jahren viele deutsche Städte eine erhebliche 'Verwaltungsdichte' (Relation Einwohner: Verwaltungspersonal – ohne Betriebspersonal von Post, Bahn, öffentl. Betrieben usw.) hatten, die insgesamt niedrige Verwaltungsdichte sich mithin daraus erklärte, daß ein größerer Teil der Bevölkerung in Kleinstädten und auf dem Lande lebte. Auch noch in den sechziger Jahren gab es Unterschiede im Blick auf die Verwaltungsdichte; sie bauten sich aber erkennbar ab, weil der Anteil der Bevölkerung, welcher in größeren oder kleineren Verdichtungsgebieten lebte, ständig zunahm. Zum Ende dieses Jahrzehnts kam es dann zu einem Entwicklungssprung, verursacht durch die kommunale Gebietsreform, deren erklärtes Ziel es u.a. war, die 'kleinen' Gemeinden aufzulösen, um insgesamt 'Verwaltungskraft' zu mehren und das urbane Angebot zu erweitern. Das Ziel wurde erreicht, was in den siebziger Jahren einen enormen Zuwachs an Verwaltungspersonal bedingte; die Verwaltungsdichte vermehrte sich entsprechend. Ergebnis: Einem immer größeren Teil der Bevölkerung stehen öffentliche Dienstleistungen unmittelbar zur Verfügung. Das bedeutet noch nicht insgesamt 'Urbanisierung', stellt aber einen wichtigen Indikator für sie dar. Einzelheiten dazu u.a. bei *Th. Ellwein/R. Zoll* a.a.O. und – bearbeitet von *W. Kriesel* – bei *denselben*, Berufsbeamtentum – Anspruch und Wirklichkeit. Düsseldorf 1973.

21 Dies wird hier nicht weiter theoretisch verfolgt, weil es unsere Absicht ist, praktische Problemfelder darzustellen, also nicht den Diskussionsstand dazu aufzuarbeiten. Es erscheint aber der Hinweis angebracht, daß unsere Hypothese auch deshalb erforderlich wird, weil nicht nur Politik, vielmehr neben ihr entschieden auch Wissenschaft Stadt und Urbanisierung mitsamt der stadttypischen Produktionsweise sowie dem urbanitätstypischen Dienstleistungsangebot immer thematisch bevorzugt und die Entwicklung in agrarisch strukturierten Räumen – was bekanntlich nicht heißen muß, daß in ihnen Landwirtschaft ökonomisch dominiert – vernachlässigt haben. Das gilt auch für diejenigen kritischen Theorien, die sich ganz auf die industrielle Revolution, ihre Ursachen, ihren Verlauf und ihre Erscheinungsweisen konzentrieren, um damit 'Räume' zuletzt nach ihrer Produktionsstruktur einzuordnen.
Die neuere 'praktische' Entwicklung ändert daran nichts: Wenn man großräumige Ordnungskonzepte entwickelt und das eine Gebiet zum Erholungsgebiet für das andere ausweist – raumordnerisch selbstverständlich ein sinnvolles Verfahren –, ordnet man das agrarische Gebiet funktional dem industrialisierten zu und erhofft sich einen 'Ausgleich' nicht von einer anderen Bewertung von 'Arbeit', sondern davon, daß der durchschnittlich höhere Ertrag von Industriearbeit zu einem Teil in Räume 'abfließt', in denen man vom durchschnittlich niedrigeren Ertrag von Landarbeit leben und deshalb auf 'Nebeneinnahmen' sinnen muß. Das Konzept 'funktioniert' fraglos im südlichen Umland von München, auch wenn der Fremdenverkehr in der Alpen-

region durch die Münchner nur zusätzliche Impulse erhält. Es 'funktioniert' aber eben nicht in den eher strukturschwachen Gebieten, in denen Austausch kleinräumiger stattfinden müßte.

22 *W. Christaller*, Die zentralen Orte in Süddeutschland. Eine ökonomisch-geographische Untersuchung über die Gesetzmäßigkeit der Verbreitung und Entwicklung der Siedlungen mit städtischen Funktionen. Jena 1933. Vgl. dazu den Reader von *P. Schöller* (Hrsg.), Zentralitätsforschung. Darmstadt 1972.

23 Hierher gehört selbstverständlich auch das Problem, daß traditionell die Frauenarbeit etwas über allgemeine Einkommensschwäche aussagt, in Gegenden mit hoher Frauenarbeit sich aber heute die Haushalte mit mehreren Einkommen häufen, was sich dann in der Einkaufsstatistik oder in den Urlaubsgewohnheiten niederschlagen kann.

24 Einen Hinweis darauf gibt die Entwicklung der Steuereinnahmekraft. Sie betrug je Einwohner in Oberfranken von 1971 (100) bis 1976 79 Punkte, wobei der Landkreis Bayreuth mit 92 den höchsten Zuwachs hatte und die Stadt Hof mit 55 den geringsten. Überdurchschnittlich verlief die Entwicklung in den Städten Coburg und Bamberg und in den Landkreisen Forchheim (Nähe des Ballungsraumes um Nürnberg), Kronach (Industrieansiedlung), Lichtenfels usw.. Unterdurchschnittlich verhielten sich fast nur die Gebiete im engeren Ostoberfranken.

25 Vgl. zuletzt *J. J. Hesse* (Hrsg.), Politikverflechtung im föderativen Staat. Baden-Baden 1978.

26 Im Rahmen der Gemeinschaftsaufgabe 'Verbesserung der regionalen Wirtschaftsstruktur' werden Investitionen in den Fördergebieten subventioniert; der Subventionswert reicht bis 25 %, wobei die Orte mit einem bestimmten Subventionswert nach einigen Indikatoren ausgewählt werden. In Oberfranken haben einen Subventionswert von 25 % nach dem 7. Rahmenplan der genannten Gemeinschaftsaufgabe: Hof mit Oberkotzau und Schwarzenbach/Saale, Marktredwitz und Wunsiedel, Naila und Selb im östlichen Oberfranken, sowie Kronach, Kulmbach, Stadtsteinach/Mainleus, Ludwigstadt und Neustadt b. Coburg. Rehau dagegen, Hof unmittelbar benachbart und augenscheinlich mit mehr Problemen behaftet als etwa Selb oder Marktredwitz, kommt nur auf 15 %. Die 'Individualisierung' stößt mithin sogleich auf Kritik. Sie knüpft besonders daran an, daß nach dem System der zentralen Orte Dörfer mit Industrie praktisch nicht in die Förderung einbezogen sind, man regional mithin die Zentralisierung eher unterstützt.

27 Quelle: Süddeutsche Zeitung vom 28.8.1978.

28 Vgl. z.B. *F. Spies*, Baden-Württemberg hat immer noch die beste Industriestruktur aller Bundesländer, in: ebenda 26.1.1979.

29 Zur Illustration: 1975 kamen im Juni nach einer Untersuchung der BfA die industriellen Arbeitnehmereinkommen in Oberfranken auf 75 % des Bundesdurchschnittes, was das untere Ende der Statistik bildete, während man im südlichen Teil Schleswig-Holsteins auf 98 % und in der Region Ems, der Ostfriesland angehört, auf 97 % kam. Die Gebietseinheit Köln mit 118 %, die Stadt Hamburg und die Gebietseinheit Frankfurt-Darmstadt mit je 114 % bildeten in dieser Übersicht die Spitze.

30 Vgl. allgemein *F. Klanberg*, Materielle Armut in Perspektive, in: *H.-J. Krupp/W. Glatzer* (Hrsg.), Umverteilung im Sozialstaat. Empirische Einkommensanalysen für die Bundesrepublik. Frankfurt 1978 und *W. Zapf* (Hrsg.), Lebensbedingungen in der Bundesrepublik. Sozialer Wandel und Wohlfahrtsentwicklung. Frankfurt 2. Aufl. 1978.

31 Außerdem kann die Entwicklung der Kommunikationstechnik räumliche Wirkungen haben. Spezifische Qualifikationen können z.B. auch bei einem Arbeitsplatz in der Wohnung oder jedenfalls außerhalb des Betriebes betrieblich genutzt, Wegstrecken und damit Lagenachteile können wenigstens z.T. anders ausgeglichen werden als heute. Dies braucht weder zu einem Szenario entfaltet noch in seiner Exemplarität gewürdigt zu werden, weil nur daran erinnert werden soll, daß die noch immer zunehmende Beschleunigung des sozialen und technischen Wandels in ihren Folgen nicht abzusehen ist.

32 Während in Anm. 24 von der 'Entwicklung' die Rede war, ist hier von der realen Steuereinnahmekraft die Rede. Real zeichnet sich in Oberfranken eine eindeutige Rangordnung ab: 1) Stadt Coburg, 2) Stadt Bamberg, 3) Stadt Bayreuth, 4) Stadt Hof, 5) Kreis Lichtenfels, 6) Kreis Coburg, 7) Kreis Kulmbach; die übrigen 6 Kreise liegen unter dem Durchschnitt des Regierungsbezirkes.

Dezentralisierung der Raumordnungspolitik

Von Dietrich Fürst / Joachim Jens Hesse

1. Einführung

Die Defizite der in der Bundesrepublik praktizierten Raumordnungspolitik unterliegen einer intensiven Diskussion und können hier als bekannt vorausgesetzt werden (Ganser, 1979; Kommission für wirtschaftlichen und sozialen Wandel, 1977, S. 305 ff.). Benannt werden: ein trotz einer Vielzahl von Programmen und Plänen offenkundiges Vollzugsdefizit; ein hoher vertikaler und horizontaler Koordinationsbedarf, der auch durch die weitgehend abgeschlossene Gebiets- und Funktionalreform nicht wesentlich reduziert wurde; eine zunehmende Kritik an zentralstaatlichen Koordinationsbemühungen (etwa im Bereich des sich intensivierenden Planungs- und Finanzierungsverbundes zwischen Bund und Ländern sowie im Zuge der sich allmählich schließenden Kette von Entwicklungsplanungsansätzen auf allen gebietskörperschaftlichen Ebenen), die durch Proteste der um ihre (relative) Autonomie fürchtenden kommunalen Gebietskörperschaften noch verstärkt wird; schließlich der Verweis darauf, daß regionale Disparitäten bislang nicht wirksam abgebaut werden konnten, eine Kritik, die die Raumordnungs- und Regionalpolitik seit ihrer Übernahme in den staatlichen Aufgabenbereich begleitet.

Die Reaktion der offiziellen Raumordnungspolitik bestand bisher darin, das Anspruchsniveau durch Veränderungen der Raumordnungskonzeption an das real Machbare anzupassen: Von der flächendeckenden "aktiven Sanierung" wurde der Anpassungsprozeß über eine Konzentrationspolitik der Zentralen Orte zur Maßstabsvergrößerung der Politik des "großräumigen Disparitätenabbaus" (Bundesraumordnungsprogramm) bis hin zu aktuelleren Ansätzen der funktionsräumlichen Arbeitsteilung geleitet (die letztgenannten Ansätze finden sich bereits im Bundesraumordnungsprogramm, insbesondere aber in der Landesplanung Nordrhein-Westfalens). Seit Neuerem wird Raumordnungspolitik zudem immer stärker mit der Umweltschutzpolitik verbunden. Dieser Rückzug der Raumordnungspolitik über konzeptionelle Veränderungen unterliegt zunehmender Kritik, denn "Machbarkeit" definiert sich auch nach den verfügbaren Potentialen des Staates, Raumstrukturen zu verändern. Hier seien – nach Einwendungen der Kritiker – die Handlungsmöglichkeiten der Raumordnungspolitik noch keineswegs erschöpft.

Als *Potentialreserven* werden diskutiert

- *auf verwaltungswissenschaftlicher Seite:* Möglichkeiten, die Fachplanungen stärker auf eine gemeinsame Raumordnungspolitik zu verpflichten und die territorialen Verteilungskämpfe dadurch zu reduzieren, daß die anspruchssteigernden (verbindlichen) Pläne zugunsten problemorientierter Konfliktlösungsstrategien an Bedeutung verlieren;

- *auf politikwissenschaftlicher Seite:* Möglichkeiten, politische Allianzpartner im außeradministrativen Bereich zu gewinnen, um mit deren Hilfe politisch-administrative Verteilungskämpfe zugunsten der peripheren und strukturschwachen Regionen zu entscheiden;
- *auf ökonomischer Seite:* Möglichkeiten, die raumrelevanten Anreiz-Strukturen so zu verändern, daß die Raumallokationsprozesse wieder stärker dem Markt überlassen, die sozialpolitisch unerwünschten Verteilungswirkungen hingegen über den Staat kompensiert werden können.

Diese Ansätze thematisieren jeweils Teilaspekte eines komplexen gesellschaftlichen Problemfeldes: verwaltungswissenschaftliche Vorschläge sehen die administrative Steuerungsschwäche und interpretierten Raumordnungsprobleme demzufolge als Steuerungsprobleme; politikwissenschaftliche Ansätze definieren das Raumordnungsproblem als gesellschaftliches Verteilungsproblem, das – ausgelöst durch die strukturelle Ungleichheit der politisch-administrativen Interessenvertretung und die Dominanz von Kapitalverwertungsinteressen – durch Korrekturen der politischen Interessenvertretung und -durchsetzung zu korrigieren wäre; ökonomische Vorschläge schließlich interpretieren die raumpolitischen Defizite als Probleme der marktallokativen Steuerung, die am ehesten durch den Abbau marktbehindernder staatlicher Interventionen aufzulösen seien.

Die folgenden Ausführungen suchen zunächst diese partialanalytischen Ansätze näher zu umreißen und – der vorliegenden Problemstruktur gegenüber – auf ihre Reichweite hin zu untersuchen (2). Dem wird dann ein Modell gegenübergestellt, das die (relative) Isolierung einzelner Analyseansätze durch die Verbindung politischer, administrativer und konzeptionell-instrumenteller Problemebenen zu umgehen sucht (3). Nach einer Zusammenfassung des dabei konzipierten Dezentralisierungskonzeptes (4), das als Regionalisierung und Sektoralisierung der Raumordnungspolitik gekennzeichnet werden kann, schließt die Prüfung einzelner, mit der Umsetzung des Modells möglicherweise verbundener Dezentralisierungsprobleme diese Untersuchung ab (5).

2. *Vorliegende Untersuchungsansätze zur Erhöhung der Steuerungskapazität der Raumordnungspolitik*

Die unter den neueren *verwaltungswissenschaftlichen* Ansätzen hervorzuhebende Analyse von *Scharpf* und *Schnabel* (1979) steht im Kontext der seit etwa Beginn der 70er Jahre vorgelegten verwaltungswissenschaftlichen Arbeiten zur politischen Planung oder generell zur Erhöhung der gesamtstaatlichen Problemverarbeitungskapazität.

Für den Bereich der Raumordnung gehen die Autoren davon aus, daß nur durch eine "aktive staatliche Raumordnungspolitik" die absehbaren Tendenzen der Raumentwicklung verändert und eine massive Umverteilung der Entwicklungspotentiale erreicht werden könnten. Nach einer Diskussion der (begrenzten) Reichweite des hierzu einsetzbaren direkten und indirekten Steuerungsinstrumentariums der Raumentwicklung sowie der Benennung der im wesentlichen bekannten Durchsetzungsprobleme der Raumordnungspolitik (horizontale und vertikale Koordinationsprobleme, Konkurrenz zwischen der territorialen und der sektoralen Perspektive, Begrenzungen durch vertikale Politikverflechtung im kooperativen Föderalismus, instrumentelle Probleme) definieren die Autoren Konsensbildungs- und Konfliktregelungskapazitäten als den eigentlichen Engpaß einer planvollen staatlichen Raumordnungspolitik und formulieren demgegenüber eine Anzahl "strategischer Alternativen" (a.a.O., S. 24 ff.):

- eine mögliche Symbiose der Raumordnungspolitik mit etablierten Planungssystemen (Finanzplanung, Fachplanungen), um gleichsam die Konsensbildungskapazität und das Durchsetzungsinstrumentarium anderer Planungssysteme zu leihen,
- eine klientelorientierte und problembezogene Spezialisierung (selektive krisenorientierte Vorgehensweise anstelle flächendeckenden Anspruches),
- eine Verminderung des Konsensbedarfes (durch die Aufgabe des Verbindlichkeitsanspruches von Planungssystemen)
- und schließlich eine aktive Durchsetzung der Raumordnungspolitik durch die Institutionalisierung zusätzlicher Instrumente wie die Schaffung positiver finanzieller Anreize zugunsten der Durchführung raumordnungsrelevanter Projekte und Vorhaben.

Der umfassende und ausdifferenzierte Ansatz ist, da er die Durchsetzungsprobleme der Raumordnungspolitik problematisiert, in seiner innovativen Problemperspektive und seiner systematisierenden Übersicht zweifelsohne ein Gewinn. Zu fragen ist jedoch nach der Reichweite der "strategischen Alternativen", wobei dem eingangs formulierten Anspruch folgend zu untersuchen ist, ob dem sektoralen, regionalen und politisch-administrativen Problembesatz des hier diskutierten Politikbereichs entsprochen wird.

Scharpf und Schnabel thematisieren im wesentlichen die politisch-administrativen und hier wiederum primär die administrativen Aspekte der raumordnungspolitischen Problemverarbeitung. Sie stellen darauf ab, daß die aufgezeigten Defizite durch Maßnahmen der Planungsreorganisation, problembezogene Aushandlungsprozesse sowie politische und administrative Entflechtungsformen abgebaut werden könnten. Diese – aus ihrer Untersuchung anderer Politikbereiche bekannte – Argumentation scheint uns für den Bereich der Raumordnungspolitik jedoch begrenzt.

Die in den alternativen Vorgehensmustern angelegten Ausdifferenzierungsprozesse rücken die Querschnittsaufgabe der Raumordnung in die Nähe einer Fachplanung. Eine klientelorientierte Spezialisierung führt – verbunden mit der Verminderung der aus Gründen der Konsensbeschaffung reduzierten Zahl der Beteiligten – zwar zu einer politisch-administrativen Entlastung des Politikbereiches, andererseits jedoch dürften damit verstärkt institutionelle Eigeninteressen der Beteiligten mobilisiert werden. Dies impliziert sinkende Handlungsspielräume. Wie innerhalb dieser Strukturen und einer auf wesentliche Fachplanungselemente reduzierten Querschnittsebene ein Bewußtsein für das Kollektivgut Raumordnung entwickelt und politisch umgesetzt werden soll, verbleibt unklar: "Regionales Krisenmanagement" ist mit umfassender Ordnung des Raumes nicht identisch. Dies gilt insbesondere außerhalb von Krisensituationen, in Phasen politischer Routinen also, wo eine Aufmerksamkeitssteigerung für die Querschnittsaufgabe Raumordnung durch politisch-administrative Organisationsreformen eher unwahrscheinlich sein dürfte. Zumindest aber werden die von den Autoren benannten Alternativstrategien vermutlich solange wirkungslos bleiben oder doch zumindest keine strukturell greifende Aufmerksamkeitssteigerung für den Politikbereich der Raumordnungspolitik induzieren, als die Analyse auf der aggregierten Problemverarbeitungs-Ebene verbleibt, die Lösung materieller Verteilungskämpfe (regional wie sektoral) hingegen bestenfalls additiv hinzugefügt wird. Reorganisationsansätze im Bereich der Raumordnungspolitik müßten daher nicht nur als administrative Therapieformen, sondern vielmehr auch und gerade als gesellschaftliche Reorganisationsaufgaben (mit einer erweiterten Sicht der damit verbundenen Verteilungskämpfe) begriffen werden. Das unter (3) zu skizzierende Modell wird auf diese Überlegungen Bezug nehmen.

Eine im engeren Sinne *politikwissenschaftliche* Analyse der Steuerungsprobleme der Raumordnungspolitik gibt *Naschold.* Die "Alternative Raumpolitik – Ein Beitrag zur Verbesserung der Arbeits- und Lebensverhältnisse" (1978) sucht aus der Kritik an den vorliegenden Erklärungsansätzen zur (relativen) Wirkungslosigkeit der Raumplanung und Raumordnungspolitik eine arbeitnehmerorientierte und trendumlenkende Konzeption der regionalen Struktur- und Raumordnungspolitik zu entwickeln. Zentrale These der Untersuchung ist dabei, daß die (alle) vorliegenden Konzeptionen deshalb zu kurz greifen, weil sie die gegebenen Herrschaftsverhältnisse, d.h. die Dominanz der Kapitalinteressen, die sich in räumlicher Zentralisierung und politisch-administrativen Allokationsprozessen durchsetzen, nicht in Frage stellen. Eine alternative Raumpolitik hätte demgegenüber die Aufgabe, über eine Mobilisierung der von der raumstrukturellen Entwicklung Betroffenen Gegenmacht-Potentiale aufzubauen. Damit könnte nach den Erwartungen des Autors nicht nur der Politikbereich der Raumordnung aufgewertet werden. Auch die Interessen der "Raumopfer" (Arbeitnehmer in peripheren Räumen, Gruppierungen des traditionellen handwerklichen und kaufmännischen Kleinbürgertums, kleinere und mittelgroße Einzelkapitale in der Peripherie, periphere Gebietskörperschaften) würden als politisch-ökonomische Basis einer raumbezogenen Gegenmachtbildung fungieren und entsprechend in den politischen Prozeß und damit die raumordnende Politikformulierung einbezogen werden.

Dieser auf den ersten Blick innovative, weil das Problem einer der Raumordnung fehlenden politischen Klientelgruppe aufnehmende Analyseansatz läßt allerdings zentrale Fragestellungen offen. Dies gilt insbesondere für den formulierten Ansatz der Gegenmachtbildung. Die von Naschold benannten "Raumopfer" setzen sich aus derart heterogenen gesellschaftlichen Gruppen zusammen, daß eine homogene Problemdefinition oder auch nur Interaktion außerordentlich schwierig, wenn nicht unmöglich sein dürfte. Die implizite Vermutung des Autors, daß die Stärke des Problemdrucks gemeinsames oder gar solidarisches Handeln der Betroffenen stimulieren dürfte, bleibt zumindest solange Vermutung, als entsprechende Prozesse in peripheren Räumen weder erkennbar noch nach den Erfahrungen mit Prozessen der Gegenmachtbildung in anderen Politikbereichen erwartbar sind. Die umstandslose Gleichsetzung von Interessen "auch mittlerer Kapitale" mit denen beschäftigungsloser Arbeitnehmer bleibt unverständlich. Auch die den Gewerkschaften zugedachte Trägerschaft des Mobilisierungsprozesses ist mit bislang vorliegenden empirischen Befunden kaum zu vereinbaren und demnach wohl eher als Strategieempfehlung des Autors an den Gewerkschaftsbereich zu interpretieren. Zwar sind innerhalb korporatistischer Willensbildungsstrukturen sowohl auf Arbeitnehmer- wie auf Arbeitgeberseite Regionalisierungsansätze zu beobachten; diese aber haben bislang der dominant zentralstaatlichen Orientierung der Verbände nicht entgegenwirken können.

Neben diese eher an der inneren Logik und der politischen Realisierbarkeit der "alternativen Raumpolitik" ansetzenden Bedenken treten materielle Einwendungen. Dabei ist zunächst darauf zu verweisen, daß die ausschließlich räumlich gesehene und begründete Dezentralisierung nicht deshalb bereits als „arbeitnehmerfreundlich" zu kennzeichnen ist. Der Autor müßte vielmehr ihren sektoralen Ansatz und ihre inhaltliche Konkretisierung nachliefern, um eine solche Kennzeichnung zu rechtfertigen. Diese „Umsetzung"-Komponente fehlt bislang jedoch nahezu durchgängig. So sind von den mit der Realisierung jeder Raumordnungspolitik verbundenen strukturellen, prozessualen und inhaltlichen Problemen lediglich die prozessualen Machtaspekte (ohne Problematisierung ihrer gesellschaftsstrukturellen Begrenzungen) thematisiert. Der Ansatz bleibt daher trotz des interessanten Hinweises auf die (im engeren Sinne) politische Dimension der Raumordnungspolitik noch weitgehend unverbindlich und beliebig.

Der wirtschaftswissenschaftlich geprägte „Dezentralisierungsansatz" begreift Raumordnungsprobleme als marktliche Allokationsdefizite, die einmal auf einen ungenügenden Steuerungszugriff des Marktes („externe Effekte", unzureichende Wirksamkeit des Verursacherprinzips), andererseits auf die zunehmende Interventionsbereitschaft des Staates zurückgeführt werden, wobei der Staat mit Marktinterventionen den Marktmechanismus zunehmend außerkraft setze. Grundelemente der Therapie sind folglich: Stärkung des ordnungspolitischen Rahmens marktlicher Allokationsvorgänge, wobei vor allem dem Verursacherprinzip über die Internalisierung externer Effekte mehr Steuerungspotenz verliehen werden soll (insbesondere in Ballungsgebieten: Ballungsabgabe); Begrenzung der staatlichen Interventionen auf Entwicklungsstrategien zum Abbau von Engpässen, zur Entfaltung regionaler Entwicklungspotentiale („potentialorientierte Raumordnungspolitik") und zur Milderung von Friktionen des Strukturwandels; Rückzug des Staates aus Allokationsvorgängen durch striktere Trennung von Allokations- und Verteilungsprozessen, wobei Verteilungsvorgänge im Wege der Sozialpolitik bzw. der Gruppenkonflikte den Allokationsvorgängen nachgeordnet sein sollen. Dieser „Entpolitisierung" des Marktes dient eine stärkere Betonung des ökonomischen Föderalismus-Gedankens zum Abbau politischer Monopole durch Wettbewerbskonzeptionen.

Die Schwächen dieser Ansätze sind offenkundig. Sie liegen in den „idealtypischen" Prämissen, sowohl im Hinblick auf die Realitätsbeschreibung als auch die normative Basis. Die Realitätsbeschreibung verkennt unseres Erachtens dreierlei:

- Die zunehmende Verflechtung von „Politik" und „Markt" signalisiert sicher keinen Verfall freiheitlich-demokratischer Interaktion, sondern ist vielmehr als ein typisches Merkmal ausdifferenzierter industrieller Gesellschaftssysteme mit wachsendem marktlichem Steuerungs-Immobilismus zu kennzeichnen (Dominanz von Großorganisationen; Bindung der Marktparameter durch außermarktliche Verteilungskämpfe; wachsende Mobilitäts- und Flexibilitätskosten als Folge der zunehmenden Kapitalintensität, Spezialisierung und Dominanz nicht-allokativer Werte etc.). Die Korporatismus-Diskussion, Beobachtungen zur „mixed economy", Argumente zum Marktversagen u.ä. können in diesem Zusammenhang angeführt werden.
- Der marktlich steuerbare Bereich der Ressourcen- und Güterallokation wird strukturell (und nicht prozessual) immer enger: Groß-Organisationen gestalten Allokationsvorgänge immer mehr als „In-sich-Geschäfte", „Marktvermeidungsstrategien" (Abbau von Wettbewerb; leichterer Zugang zu politischen Verteilungsmechanismen) und sinkender Mobilitätsdruck (intensives statt extensivem Wachstum) verstärken diese Tendenz.
- Mit wachsender Ausdifferenzierung der Gesellschaft und zunehmender Einbindung des Systems in internationale ökonomische, politische und administrative Bezüge nimmt schließlich der Anteil der „kollektiv" zu bearbeitenden Probleme („Kollektivgüter") zu; dies gilt auch für Raumstrukturen, die nicht marktlich-inkremental entwickelt, sondern in längerfristigen mehrdimensionalen Bezügen geplant werden müssen.

Hinzu kommt, daß die normative Ausgangsbasis des Ansatzes die gesellschaftliche „Richtigkeit" marktlicher Allokationsprozesse verabsolutiert, eine Annahme, die angesichts der zunehmenden Kritik am Entwicklungspfad hochindustrialisierter Gesellschaften und zunehmender Korrekturbedarfe an herrschenden Allokationsprozessen zweifelhaft erscheint.

3. Ein Dezentralisierungsmodell

Wenn die entscheidenden Einwände gegen die in der Literatur vorgetragenen Handlungsempfehlungen zur Erhöhung der Steuerungskapazität der Raumordnungspolitik darauf zielen, daß damit ein komplexes Problemfeld nur in Ausschnitten thematisiert, nicht aber umfassend angegangen wird und daß folglich die benannten Korrekturansätze durch Widerstände und konterkarierende Strukturen in den „nichtbehandelten" Problembereichen behindert oder sogar aufgehoben werden können, dann muß ein weiterführender Ansatz von einer Verbindung der einzelnen Problem- und Analyseebenen ausgehen.

Wir legen unseren Überlegungen folgende *Prämissen* zugrunde:

- Ausdifferenzierte industrialisierte Gesellschaftssysteme bilden arbeitsteilige Produktionsverhältnisse und segregierte Lebensverhältnisse (soziale Gruppensegregation; Lebensphasensegregation; Funktionssegregation) räumlich ab - die funktionsräumliche Arbeitsteilung mit der räumlichen Zentralisierung von politischen und ökonomischen Steuerungsstellen, der räumlichen Dezentralisierung von Produktions- und Wohnfunktionen ist eine Realität, die zwar räumlich „geordnet" werden, nicht aber aufgehoben werden kann.

– Ausdifferenzierte Industriegesellschaften tendieren zu einer Überbewertung der sektoralen/funktionsgebundenen Interessendurchsetzung unter Überlagerung und faktischer Zurückdrängung der territorialen Kollektiv-Interessen.
– Sektorale Interessendurchsetzung begünstigt einerseits korporatistische Interaktionsbeziehungen zwischen dem Staat und gesellschaftlichen Gruppen, andererseits binnenföderale vertikale Politik-Kartellierungsprozesse im Sinne der „Ressort-Versäulung" und der Politikverflechtung.
– Die zunehmende Einbindung des Staates in Verteilungs-/Interessenpolitiken der gesellschaftlichen Großgruppen sowie die wachsenden Freiräume der Gruppen gegen staatliche Zwangsmittel (Verweigerungsformen über politische Protestbewegungen, Investitionszurückhaltungen, Androhung von Kapitalflucht etc.) reduzieren das Interventionspotential des Staates: Autoritative Eingriffe werden zunehmend von Instrumenten der Tausch- und Verhandlungsstrategien zwischen Staat und Gruppen ersetzt, so daß diese Interaktionsbeziehungen zunehmende Aufmerksamkeit verdienen (Scharpf, 1978; Lehmbruch, 1979).
– Trotz der weiteren Aufwertung sektoraler Interessendurchsetzung bleibt Raumordnung eine wichtige gesellschaftliche Steuerungsaufgabe: Raumordnung kann – über räumliche Distanzen – Funktions- und Ineressenkonflikte reduzieren, die politische Integration erhöhen und die Allokationseffizienz steigern (Reduktion sozialer Kosten der räumlichen Ungleichgewichte; Ausnutzung von regionalen Allokationspotentialen).
– Raumordnung ist schließlich nicht auf räumliche Kapitallenkung reduzierbar; sie ist Steuerung der räumlichen Inzidenz aller politischen und marktlichen Allokationsvorgänge, d.h. konkret: aller staatlichen Politikbereiche und privaten Entscheidungen. Sie ist insofern „systemische" Politik, als sie in integrierten Landesentwicklungsplanungen ansatzweise zum Ausdruck kommt – dort fehlt allerdings die Zuordnung privater raumrelevanter Entscheidungen.

Diese Prämissen machen deutlich, daß einer funktionsfähigen Raumordnungspolitik ein enger Rahmen gezogen ist. Ihre Funktionsfähigkeit könnte durch Zielverzichte in anderen Bereichen (politische und ökonomische Kosten der Raumordnungspolitik) erkauft werden. Faktisch aber handelt es sich nur zum Teil um unveränderbare Prämissen. Unser Ansatz geht davon aus, daß Handlungsspielraum für eine funktionsfähige Raumordnungspolitik gewonnen werden kann, indem die Prämissen – sofern sie die Raumordnungspolitik behindern – durch politische und administrative Institutions-Veränderungen abgeschwächt oder durch eine neue Problemdefinition der Raumordnungspolitik in ihrer Wirksamkeit reduziert werden.

Die Argumentationsrichtung unseres Ansatzes geht deshalb dahin, den dominanten Sektoralisierungs- und Zentralisierungstendenzen in politisch-administrativen Allokationsprozessen durch eine *wirksamere Abbildung von Territorialinteressen* zu begegnen. Die Aufwertung der Territorialinteressen ist identisch mit der Re-Intensivierung bestehender Strukturen, denn sie entspricht dem klassischen Grundgedanken des Föderalismus. Die Crux moderner föderaler Systeme liegt ja gerade darin, daß die territoriale Komponente von der sektoralen Komponente der Allokationsprozesse dominiert wird. Dies führt zu einer zunehmenden Aushöhlung des föderalstaatlichen Modells über Konstrukte des sogenannten „kooperativen Föderalismus", der faktisch Territorialinteressen immer stärker ausblendet. Auch das Verhältnis zwischen Bund und Ländern ist inzwischen eher als „funktionaler" denn als „territorialer" Föderalismus zu interpretieren.

Die stärkere Einbindung der territorialen Komponente kann jedoch nicht auf administrativ-organisatorische Modifikationen reduziert werden. Sie bedarf darüber hinaus der zusätzlichen Politisierung durch den Einbezug bisher vernachlässigter, aber sich seit einiger Zeit ohnehin verstärkt artikulierender Interessen. Die *Aufwertung der Regionalebene* eröffnet hier politische Gestaltungspotentiale für zentralstaatlich (d.h. durch Bund und Länder) eher vernachlässigte Interessen. Wir meinen damit primär „reproduktionsorientierte" Interessen, aber auch Interessen der „Raumopfer" im Sinne Nascholds. Derzeit zeichnet sich ab, daß diese Interessen am ehesten auf der lokalen Ebene Berücksichtigung finden, wobei sie in Verdichtungsräumen (aufgrund der höheren föderalen Durchsetzungspotentiale der Großstädte) wirksamer an staatliche Allokationsvorgänge angeschlossen werden als entsprechende Interessen in peripheren Räumen. Mit der Institutionalisierung einer wirksameren regionalen Interessenvertretung würde nicht nur der territorialen Komponente zusätzliche Aufmerksamkeit verschafft, sondern auch ein wirksamerer Ausgleich der institutionellen Interessenabbildung peripherer Räume bewirkt.

Die *Aufwertung der Territorialkomponente* bliebe ohne Wirkung, wenn sie nicht in den drei Dimensionen der politischen Interessendurchsetzung, der administrativen Problemverarbeitung und Politikumsetzung sowie der konzeptionell-instrumentellen Orientierung komplementäre Korrekturen fände *(normative Ebene)*:

– Im Bereich der *politischen Interessendurchsetzung* kann durch eine Regionalisierung von Raumordnungskompetenz erreicht werden, daß regionale Kollektivinteressen politisch artikuliert („voice" im Sinne Hirschmans) und nicht über „erzwungene Mobilität" individualisiert und damit ausgeblendet werden („exit"). Eine damit notwendigerweise verknüpfte regionale Bündelung von Sektorpolitiken kann die Interaktion zwischen Region und Zentralstaatsebene intensivieren, d.h. eine wirksamere Regionalverteilung der Sektorpolitiken schaffen;
– im Bereich der *administrativen Verarbeitung und Umsetzung* kann die Regionalebene einerseits Komplementärfunktionen zu zentralstaatlichen Steuerungsaufgaben übernehmen, indem die vertikalen Sektoralisierungstendenzen staatlicher Politikverarbeitung durch eine Regionalisierung erschwert, gleichzeitig die autoritative zentralstaatliche Steuerung (gegenüber der Lokalebene) durch ein territoriales Kooperations- und Interaktionsmuster im Sinne des Umlaufschen „Gegenstromprinzips" ersetzt werden. Analoge Beziehungen haben sich im Bund-Länder-Verhältnis für einzelne Fachplanungen aufgrund der hohen Vetomacht der Länder längst eingestellt (für die Verkehrsplanung: Mäding, 1978, S. 195 f). Zudem wird über die administrative Aufwertung der Regionalebene der zentralstaatliche Koordinations- und Steuerungsbedarf reduziert („dezentralisiert");

– im Bereich der *konzeptionell-instrumentellen Orientierung* schließlich sollte Raumordnungspolitik von einer einfachen Raumverteilungskonzeption zu einer territorial-sektoralen Integrationskonzeption führen, andererseits aber die Umsetzung der Konzeption auf politisch-administrative Interaktionsprozesse übertragen (statt auf einseitig autoritative Interventionen zu vertrauen).

Diese normativen Elemente sind untereinander interdependent. Die Regionalebene gewinnt politische Aufmerksamkeit nur, wenn ihr Entscheidungskompetenzen und eigene Ressourcen zugeführt werden. Dies wiederum verlangt, daß administrative Reorganisationen komplementär eingreifen, indem Aufgaben dezentralisiert, die vertikale Politikverflechtung soweit wie möglich funktional entflochten und der Regionalebene administrative Vetopotentiale zugeleitet werden. Dies wiederum gelingt nur, wenn Problemdefinition und Konzeption der Problemverarbeitung überhaupt Handlungsperspektiven für die Regionalebene zulassen.

Das *Modell einer „funktionsfähigen Raumordnungspolitik"* muß folglich vom Zusammenspiel von konzeptionell-instrumenteller, administrativ-aufbauorganisatorischer sowie politisch-institutioneller Um-Orientierung getragen werden *(Umsetzungsebene):*

– Auf der *konzeptionell-instrumentellen Ebene* wäre Raumordnungspolitik insofern verändert zu formulieren, als die funktionsräumlichen Zwänge zentralstaatlich als Problem der Wirtschaftspolitik, regional hingegen als Probleme der Symbiose von produktions- und reproduktionsorientierten Interessen im Raum interpretiert werden. Das heißt: Zentralstaatlich ist Raumordnungspolitik als Verbindung von regionaler und sektoraler Wirtschaftsstrukturpolitik und als Steuerung der regionalen Inzidenz der sektoralen Wirtschaftspolitik zu sehen (Sektoralisierung der Raumordnungspolitik); eine unternehmensorientierte Standortpolitik reicht bei weitem nicht mehr aus, regionale Arbeitsmarktprobleme und regionale Verdichtungsprozesse wirksam zu beeinflussen. Zudem ist die Zentralstaatsebene am ehesten in der Lage, ihr Steuerungspotential durch korporatistische Bezüge zur Privatwirtschaft aufzuwerten (Wechsel des Instrumentariums von einseitig autoritativen Eingriffen zu Verhandlungs- und Tauschstrategien). Auf der Regionalebene hingegen werden reproduktionsorientierte Bedarfe leichter zu befriedigen sein als auf der – von produktionsorientierten Interessen dominierten – Zentralstaatsebene. Folglich wäre die regionale Politik der Steuerung funktionsräumlicher Arbeitsteilungen eher an Wohn- und Freizeitwerten zu orientieren und instrumentell stärker auf die räumliche Verteilung und wechselseitige Zuordnung der materiellen Infrastruktur auszurichten.
– Im Bereich der *politisch-administrativen Verarbeitungs- und Umsetzungsprozesse* wäre der Regionalebene eine größere Entscheidungs- und Dispositions-Autonomie einzuräumen. Zwei Ansätze sind denkbar: Erstens lassen sich nahezu alle Sektorpolitiken wenigstens teilweise dezentralisieren, indem stärker zwischen soft-ware und hard-ware-Komponenten getrennt wird. „Soft-ware" bedeutet – bezogen auf Sektoralpolitiken – die programmatische Rahmenaussage zur Steuerung des Politikfeldes. Sie kann auf Normen der „Einheitlichkeit der Lebensverhältnisse", der Funktionserfordernisse des Politikfeldes sowie auf raumunabhängige Konfliktfelder

bezogen sein. Für den Bildungsbereich gehören z.B. dazu: Aussagen über Lehrinhalte, Lernschritte und Lernziele. Demgegenüber bezieht sich die „hard-ware" auf die materielle Umsetzung der Politik: organisatorische Fragen, räumliche und zeitliche Prioritäten, Zuordnung der Politikfelder im Raum und in der konkreten Planung etc.. Hard-ware kann dezentralisiert und regionalisiert werden, soft-ware behandelt raumunabhängige Entscheidungsprämissen, die zentralstaatlich zu regeln sind. Zwischen soft-ware und hard-ware bestehen enge Beziehungen, aus denen Störpotentiale (Regionalebene), aber auch Steuerungspotentiale (Zentralebene) resultieren können. So ungewöhnlich ist der Ansatz nicht. Im Verhältnis von Bund zu Ländern ist eine ähnliche Arbeitsteilung verfassungsrechtlich vorgesehen. Der Bund besitzt lediglich Kompetenzen in sektorspezifischen Rahmenregelungen, jedoch – mit einzelnen Ausnahmen – keine Vollzugskompetenz in der „hard-ware", die bei den Ländern liegt.

Zweitens hat die Sektoralisierung der politisch-administrativen Allokations- und Distributionsprozesse zu einer Überverflechtung und Überzentralisierung der Politikbereiche geführt. Hier sind offenbar beträchtliche Dezentralisierungspotentiale gegeben (vgl. die ökonomische Föderalismus-Diskussion). Daß in diesem Kontext die aktuellen Diskussionen zur Funktionalreform so geringe Ergebnisse erbringen, dürfte nicht auf sachliche Unmöglichkeit, sondern auf institutionelle Eigeninteressen und Probleme des gebietskörperschaftlichen Zuschnitts resp. entsprechende Verteilungskämpfe zurückzuführen sein.

– Seine wesentliche Abstützung findet das Modell jedoch durch die *politische Aufwertung der Regionalebene,* d.h. dadurch, daß – via Entscheidungskompetenz, eigener Ressourcenkontrolle und Störpotentialen gegenüber dem Zentralstaat (hard-ware/soft-ware-Komplementarität; „Raumordnungsverfahren" etc.) – die Regionalebene für politische Allokationsprozesse interessant wird. Davon sind Anreize zu erwarten, auch politische Entscheidungsprozesse zu dezentralisieren, zumal auf der Regionalebene sich Interessen artikulieren können, die zentralstaatlich eher nachrangig berücksichtigt werden. Schon heute wirken z.B. die kommunalverfaßten Regionalverbände in Baden-Württemberg in einigen Fällen wie kommunale Kartelle gegenüber der Landesadministration. Mit dieser Institutionalisierung politischer Allokationsprozesse auf der Regionalebene könnten neue Verteilungsstrukturen geschaffen werden, wobei insbesondere hier auch reproduktionsorientierte Interessen besseren Zugang zu politisch-administrativen Allokations- und Verteilungsvorgängen bekommen könnten.

Denn die politische Aufwertung der Regionalebene als Allokations- und Verteilungsstelle könnte Anreize schaffen, reproduktionsorientierte Interessen politisch wirksamer zu organisieren. Bereits heute haben gesellschaftliche Gruppen auf der Ebene der Regionalplanung über „Beiratskonstruktionen" entsprechende Einwirkungsmöglichkeiten. Andererseits aber ist auch die Gefahr nicht auszuschließen, daß Interessen, die sich regional nicht durchzusetzen vermögen, über Einflußnahmen auf zentralstaatliche „soft-ware"-Politiken die Regionalebene zu disziplinieren versuchen. Eine solche Entwicklung ist mit keinem Modell auszuschließen. Dagegen wirkt letztlich nur ein gesellschaftlicher Grundkonsens, die gruppenspezifischen

Eigeninteressen in einem Mindestmaß einer regionalen (und damit auch sozialen) Ausgleichspolitik unterzuordnen, sowie die Vermutung, daß eine institutionalisierte funktionsräumliche Arbeitsteilung auch das gesamtgesellschaftliche Interesse an einer Funktionserhaltung der Einzelräume erhöht.

Die Aufwertung der Regionalebene könnte einerseits zu einer Einschränkung der kommunalen Selbstverwaltung im traditionellen Verständnis führen, andererseits überregionale Raumordnungskonzepte konterkarieren. Das erste – bereits gegebene – Problem wird durch unser Modell nicht verschärft. Denn die funktionsräumliche Arbeitsteilung (als *reale* und nicht normative Abbildung der vorliegenden Raumstrukturierungsprozesse) sowie die Sektoralisierung politisch-administrativer Allokationsvorgänge (zulasten der territorialen Interessen) haben die kommunale Selbstverwaltung „funktionalisiert": Der wirklich eigenständig entscheidbare Raum der Kommunen wird immer geringer. Die Bedeutung der Kommunalebene liegt stattdessen in der Mitwirkung bei der Realisierung der (von den Gemeinden vertretenen) Territorialinteressen und zunehmend auch der Reproduktionsinteressen in föderalen Allokationsvorgängen („Ressourcenmobilisierung von unten"; kommunale Mitwirkungsrechte auf staatlicher Ebene etc.). Die Regionalebene des hier vorgetragenen Modells würde demgegenüber die Vertretung kommunaler Interessen im föderalen System eher stärken.

Schwerer wiegt der Einwand, daß die politische Aufwertung der Regionalebene die zentralstaatliche Raumordnungspolitik konterkarieren könnte; gemeint ist, daß territoriale Verteilungskonflikte damit wirksamer in die Raumordnungspolitik hineingetragen werden, mit der Folge, daß das politische „Gießkannenprinzip" dominiert. Wir schätzen diese Gefahr jedoch als nicht sehr groß ein. Zum einen sind die kommunalen Interessenstrukturen als Folge der problematischen Attraktivität von Industrieansiedlungen und der Höherbewertung von Wohnwert-Konzeptionen heterogener geworden und offener für Problemdefinitionen, die auch Nicht-Nullsummenspiele zulassen (regionales Kooperationsverhalten bei zunehmender funktionsräumlicher Arbeitsteilung). Zweitens wäre es falsch, der gegenwärtigen Raumplanung trotz niedrigerer Vetomacht der Territorialinteressen eine wirkungsvolle räumliche Schwerpunktbildung attestieren zu wollen. Vielmehr gehen wir davon aus, daß regionale Entscheidungsbefugnisse über die räumliche Allokation von Ressourcen auch das kommunale Verantwortungsbewußtsein für die Region erhöhen – die Politiken der Kreise, aber auch einzelner kommunalorientierter Regionalplanungsverbände deuten darauf hin. Zum dritten sollte nicht übersehen werden, daß die längere landesplanerische Tradition und Professionalisierung der Kommunalpolitiker das Bewußtsein für größerräumige und systematische Zusammenhänge vertieft haben und engstirnig-kommunalegoistische Strategien eher die Ausnahme als die normale Verhaltensweise der Kommunen darstellen.

Das von uns skizzierte *Modell* wird von derzeit *ablaufenden politisch-administrativen Entwicklungsprozessen gestützt:*

– Die vorgeschlagene Entkoppelung und Entflechtung von Politikbereichen wird sich – entgegen den Beobachtungen zur zunehmenden Politikverflechtung – um so leichter administrativ umsetzen lassen, je wirksamer die pluralistische Interessenstruktur hochindustrialisierter Gesellschaften politisch-administrativ abgebildet wird. Denn die beobachtbare Politikverflechtung ist eine ressourcenbezogene Verflechtung, eine Kartellierung aus institutionellen Eigeninteressen. Politische Interessen artikulieren sich jedoch outputbezogen und würden dann die inputbezogene föderale Kartellierung erschweren.

- Die Dezentralisierung politisch-administrativer Allokations- und Distributionsvorgänge wird von aktuellen Bewegungen zur Entbürokratisierung, zur intensiveren Partizipation der betroffenen Interessen und zur höheren Transparenz politischer Entscheidungen (auch bei hochkomplexen Fragen wie der der Kernenergie) mitgetragen.
- Die Regionalisierung der Sektoralpolitiken wird über zunehmende territoriale Verteilungskonflikte im Produktions- wie im Reproduktionsbereich begünstigt. Dies verdeutlichen einmal die faktische Regionalisierung der Konjunkturpolitik (siehe die regionale Arbeitsmarktpolitik), regionale korporatistische Tendenzen wie in der aktuellen „Ruhrgebietskonferenz" sowie die zunehmende Bedeutung der Städte (im Stadt-Staat-Verhältnis) bei der Gewährleistung reproduktionsorientierter Interessen (Umweltschutz; soziale Infrastruktur), zum anderen die räumliche Segregation von Produktions- und Reproduktionsvorgängen (Raum als konfliktabsorbierende Dimension).
- Die Gegenmachtbewegung der Reproduktionsinteressen gegenüber den Produktionsinteressen auf der Regionalebene zeigt sich in den zahlreichen „Verweigerungsstrategien" regionaler Initiativgruppen gegenüber zentralstaatlichen Wachstumspolitiken (Kernkraftgegner; Autobahngegner; Interventionen gegen unternehmerische Investitionsvorhaben aus Umweltschutzgründen etc.). Sie werden aufgenommen von den Regionalorganisationen der Gewerkschaften (siehe Stellungnahmen von Landesbezirken zu strukturschwachen Regionen) und Parteien und verschaffen der territorialen Komponente auf nationaler Ebene größere Aufmerksamkeit.

4. Fazit

Das vorgestellte *Modell einer dezentralisierten Raumordnungspolitik* ist durch eine *Regionalisierung der politischen Willensbildung* und durch eine *Territorialisierung der Sektorpolitiken* gekennzeichnet.

Dabei scheint uns bedeutsam, daß die einzelnen Elemente des Modells nicht grundlegend neue Konzeptionen für eine wirksame Raumordnungspolitik in der Bundesrepublik beinhalten, sie vielmehr aktuelle und zum Teil bereits längerfristig wirksame Entwicklungstendenzen im Bereich der Willensbildung aufnehmen, resp. – hinsichtlich der politisch-administrativen Problemverarbeitung – eine Verbindung der Territorialpolitiken mit etablierten und „bewährten" Problemverarbeitungsmustern angestrebt wird (siehe hierzu auch Scharpf/ Schnabel, a.a.O.), d.h. „inkrementale" Veränderungen vorgeschlagen sind.

So ist die hier konzipierte *Regionalisierung der politisch-administrativen Willensbildung* zum Teil nur Nachvollzug ohnehin existenter Verschiebungen der politischen

Artikulationsstruktur; sie kann mithin als außeninduziert gelten. Diese Argumentation stellt ab auf die Vielzahl von dezentralen politischen Willensäußerungen, die – innerhalb wie außerhalb der legitimierten Institutionen des demokratisch-parlamentarischen Entscheidungsprozesses – als Reaktion auf bislang nicht oder nur unzureichend abgearbeitete horizontale und vertikale Disparitäten zu kennzeichnen sind und – über diese aktuellen Bezüge hinaus – eine längerfristige Umorientierung der gesellschaftlichen Werthaltungen signalisieren. Die dem gegenüberstehenden Verarbeitungsansätze auf der politisch-administrativen Ebene haben dieser von uns als Strukturveränderung resp. -verschiebung der Willensbildung begriffenen Entwicklung bislang offensichtlich nicht zu entsprechen vermocht. Während die zentralstaatlichen Steuerungsversuche von den benannten Implementations- und Vollzugsdefiziten geprägt sind, bleibt die kommunale Ebene aufgrund ihrer meist ausschließlich lokalen Orientierung offensichtlich ungeeignet, eine Ausgleichsfunktion bei konfligierenden Territorialansprüchen wahrzunehmen. Der Regionalebene käme daher – als gleichermaßen *Ausgleichs-* und *Bündelungsinstitution* – eine zentrale Rolle zu. Und dies nicht nur im Bereich der öffentlichen, sondern auch der privaten Willensbildung. Die aufgezeigten Regionalisierungstendenzen innerhalb der gesellschaftlichen Großgruppen und insbesondere innerhalb der korporatistischen Strukturen (auf Arbeitgeber- und Arbeitnehmerseite) deuten in diese Richtung.

Die konzipierte *Territorialisierung der Sektorpolitiken* geht davon aus, daß die strukturell gegebene Benachteiligung von Querschnittspolitiken gegenüber Fachpolitiken auch durch organisatorische Verbesserungen der politisch-administrativen Problemverarbeitung nicht aufhebbar ist. Da umgekehrt auch eine ausschließlich politische Aufwertung der Raumordnungspolitik demgegenüber zu kurz greift, weil sie durch die etablierten Routinen des Verwaltungsvollzugs weitgehend nivelliert werden dürfte, scheint uns die hier vorgeschlagene Dezentralisierung der Raumordnungspolitik und Regionalisierung (Territorialisierung) der Sektoralpolitiken der vorliegenden Problemstruktur insofern zu entsprechen, als damit zum einen die methodische Verbindung territorialer Planungen mit den dominanten Fachplanungsverfahren gewährleistet werden kann (vgl. die hier positiven Beispiele auf kommunaler Ebene) und zum anderen den häufig beklagten Verselbständigungstendenzen bei den Fach- resp. Sektoralplanungen entgegenzuwirken ist. Auch damit wird den ohnehin in der Bundes- und Landesplanung angelegten Integrationsbemühungen gegenüber Fachplanungen („Lan desentwicklungsplanung") Rechnung getragen.

Es könnte den Anschein haben, daß die hier verfolgte Dezentralisierung der Raumordnungspolitik deren (weiteren) Bedeutungsverlust impliziert. Die institutionelle, materielle und politische Konvergenz mit anderen, insbesondere sektoralen Politikbereichen könnte – angesichts der hier etablierten Verarbeitungsstrukturen – die regionale Perspektive zu einem eher *additiven* Element innerhalb der gesamtstaatlichen Problemverarbeitung werden lassen. Bei dieser Einschätzung sei jedoch auf die derzeitige Ausgangssituation verwiesen. Da die Raumordnungspolitik in der Gefahr steht, aufgrund fehlender Steuerungskapazitäten weder bestehende Disparitäten nachhaltig abzubauen noch regionale Verteilungswirkungen zu entfalten und damit zu einem eher symbolischen Politikbereich zu werden, ist die hier angestrebte politisch-administrative Aufwertung der Territorialkomponente als Bedeutungsgewinn zu werten. Die Gefahr, die zentralstaatliche Koordinations- und Steuerungsfunktion auszublenden, wird dadurch reduziert, daß über die Regionalisierung der Sektorpolitiken und Dezentralisierung der Raumordnungspolitik „konstruktive Konflikte" in das politisch-administrative Verarbeitungssystem eingebaut werden und darüberhinaus die zentralstaatliche Rahmenplanung der Raumordnung bewahrt bleibt.

Kritischen Einwendungen gegen die Umsetzbarkeit des Modells (Verweis auf damit verbundene Funktional- und Gebietsreformen und deren geringe Gestaltbarkeit) wäre entgegenzusetzen, daß das Modell an bestehenden Verarbeitungsmustern ansetzt und zudem von politischen Kräften getragen werden kann, während binnenadministrative Reformen (ohne politische Unterstützung) von der Dominanz institutioneller Eigeninteressen blockiert werden (Ellwein, 1979 und 1976). Raumordnungspolitik kann nur funktionsfähig sein, wenn private und öffentliche Entscheidungen raumbezogen interagieren, wenn also von räumlichen Entwicklungsprozessen Betroffene institutionelle Formen der Interessendurchsetzung erhalten und staatliche Raumordnungspolitik von autoritativen Interventionen zu Tausch- und Verhandlungsstrategien übergeleitet wird. Eine Dezentralisierung und Regionalisierung politisch-administrativer Problemverarbeitung ohne eine politische Unterstützung würde lediglich Kräfte mobilisieren, die sich zentralstaatlich stärker durchzusetzen bemühen, damit die Konzeption schwächen und eher repressive Gegenstrategien des Zentralstaates provozieren könnten.

5. *Zur Reichweite des Modells*

Abschließend ist zu fragen, ob die vorgeschlagene Dezentralisierung der Raumordnungspolitik nicht durch kontraproduktive Effekte fragwürdig wird, die aus eben dieser Dezentralisierung resultieren könnten.

Auf der *politischen Ebene* (hier im Bereich der politischen Willensbildung) werden gegen eine Dezentralisierung resp. eine gegenüber der jeweiligen Ausgangssituation weitergehende Dezentralisierung in der Regel zwei – zum Teil gegenläufige – Argumente vorgebracht:

- Zum einen wird auf die mit einer Dezentralisierung notwendigerweise verbundene *Komplexitätserhöhung* (als Folge der Ausweitung der Zahl der Entscheidungsbeteiligten) verwiesen, die den Vorteilen einer durch Dezentralisierungsmaßnahmen erweiterten Partizipation der Beteiligten am politischen Willensbildungs- und Entscheidungsprozeß gegenüberzustellen ist;
- zum anderen kann Dezentralisierung durch die damit verbundene Segmentierung von Politikfeldern *strukturelle Konservativität* begünstigen.

Beide Dezentralisierungsprobleme konterkarieren das oben skizzierte Modell nicht. Der Komplexitätserhöhung durch Erhöhung der Zahl der beteiligten Akteure und Interessen steht eine Komplexitätsreduktion durch stärkere Segmentierung von Problemfeldern unter Wahrung funktionaler Zusammengehörigkeiten gegenüber. Zudem wird mit der Entscheidungsdezentralisierung keine neue Institution geschaffen, sondern zunächst nur eine Gewichtsverlagerung zwischen bereits bestehenden Institutionen angestrebt. Denn die Regionalebene ist – mit Ausnahme der keine Mittelinstanz kennenden Bundesländer Saarland und Schleswig-Holstein – bekanntlich Bestandteil der Raumplanungssysteme der Länder, im privaten Sektor sind sowohl die Arbeitgeber- wie die Arbeitnehmerorganisationen auch regional differenziert.

Das Argument einer möglichen strukturellen Konservativität erscheint uns aus drei Gründen wenig wahrscheinlich. Wohl ist richtig, daß regionalisierte Aufgaben-, Ressourcen- und Entscheidungsstrukturen Handlungsspielräume festschreiben und mit ihnen Verteilungsstrukturen; die Regionalebene hat aber im vorstehenden Modell nur komplementären Charakter und schließt überregionale Reproblematisierungen von Verteilungsstrukturen nicht aus. Zweitens ist die mit der Regionalisierung der Willensbildung und Entscheidung verbundene Politikentflechtung sowohl gegenüber den in letzter Zeit intensiv beklagten Verflechtungsprozessen auf der zentralstaatlichen Ebene als auch gegenüber den korporatistisch kartellierten privaten Willensbildungsstrukturen eher als Erweiterung von Entscheidungsmöglichkeiten zu begreifen. Drittens kann auf den erweiterten Einbezug und die verbesserten Durchsetzungsmöglichkeiten reproduktiver Interessen verwiesen werden: Da produktionsorientierte Interessen sich unseren Überlegungen zufolge eher zentralstaatlich festzumachen suchen, resultiert aus der hier angestrebten Dezentralisierung auch eine politische Aufwertung jener Anspruchsebenen und Werthaltungen, die die materielle Basis der von uns konstatierten Potentialverschiebung zugunsten dezentraler politischer Akteure ausmachen. Nicht strukturelle Konservativität, sondern vielmehr Aufwertung bislang eher nachrangig berücksichtigter gesellschaftlicher Interessen könnte demnach Folgewirkung der hier vorgelegten Überlegungen sein.

Auf der *Ebene der politisch-administrativen Umsetzung* dezentralisierter Raumordnungspolitik sind folgende Dezentralisierungsprobleme denkbar:

- zunehmende *Kartellierungsprozesse* im Bereich der Fach- oder Sektoralpolitiken,
- eine *Intensivierung nicht legitimierter*, unkontrollierter *Klientelzugriffe* auf territorialisierte Sektoralpolitiken,
- eine *Beeinträchtigung der gesamtstaatlichen Steuerungspolitiken* in den Bereichen der Verteilung, Stabilisierung und Allokation
- sowie generell eine *Beeinträchtigung der übergreifenden Koordinationsfunktion des Zentralstaates.*

Die angestrebte Territorialisierung der Sektoralpolitiken könnte in der Tat durch Kartellierungstendenzen im Bereich der politisch-administrativen Problemverarbeitung unterlaufen werden, zumal Alternativen zu den etablierten, in der Regel die differenzierte gesellschaftliche Problemstruktur aufnehmenden Sektoralpolitiken und -planungen nicht erkennbar und auch kaum vorstellbar sind, da sie als durchaus funktionale, arbeitsteilig ansetzende Verarbeitungsmuster interpretiert werden können. Jedoch kann gerade hier die dezentrale, regionalisierte Willensbildung im öffentlichen wie privaten Sektor im Wege der Gegenmachtbildung Kartellierungstendenzen aufbrechen. Die angestrebte Verbindung von politisch-administrativer und materieller Dezentralisierung scheint geeignet, den politischen wie materiellen Verflechtungs- und Kartellierungstendenzen entgegenzuwirken.

Auch die Gefahr eines eher noch verstärkten, unkontrollierten Klientelzugriffs auf einzelne Sektoralpolitiken erscheint durch die formulierte Interdependenz politischer, administrativer und materieller Dezentralisierung weitgehend konterkariert. Die in der Dezentralisierung angelegte Maßstabsverkleinerung der Problemstrukturen und Problemtherapien dürfte in aller Regel zu einer Transparenzerhöhung und damit zu einer verstärkten politischen Kontrollmöglichkeit führen.

Schwieriger zu beurteilen sind die beiden letztgenannten Dezentralisierungsprobleme. Dabei ist zunächst nach Politikbereichen zu differenzieren. Während einzelne, für die Stabilität und Steuerung des politischen Gesamtsystems zweifelsfrei zentrale Aufgabenbereiche nur zentralstaatlich wahrgenommen werden können und daher auch ihre raumrelevanten Bezüge der zentralstaatlichen Steuerung unterliegen (Verteidigung; Stabilitäts- und Wachstumspolitik; Sozialpolitik u.ä.) haben die Diskussionen zur föderalen Struktur sichtbar gemacht, daß das sachliche Dezentralisierungspotential größer als angenommen ist und darüber hinaus durch politische und organisatorische Vorkehrungen ungewünschte Dezentralisierungsfolgen vermieden werden können.

Zudem ist auf die Komplementaritätsbeziehung zwischen der Regional- und der Zentralstaatsebene zu verweisen, so etwa auf die Unterscheidung in soft-ware und hard-ware-Bezüge der Sektoralpolitiken und den territorial verfaßten kooperativen Föderalismus und schließlich sollte das Subsidiaritätsprinzip zur Abstützung der Dezentralisierung Berücksichtigung finden, nicht – wie häufig – zur Begründung zunehmender Zentralisierung benutzt werden. Danach sind nur diejenigen raumrelevanten Aufgaben zu zentralisieren, die nicht adäquat von den dezentralen Ebenen wahrgenommen werden können. Da die kommunale Ebene aufgrund ihres in der Regel ausschließlich lokalen Bezuges räumliche Ausgleichsfunktionen nicht wahrzunehmen vermag, verbleibt die regionale Ebene als primärer Träger dieser Aufgabenbereiche.

Allerdings bleibt einzuräumen, daß die hier konzipierte Dezentralisierung der Raumordnungspolitik die übergreifende Koordination territorialpolitisch relevanter Politiken erschwerden dürfte. Die Koordination betrifft einmal die territorialen „spill-over"-Probleme, die im vorliegenden Fall jedoch kaum problematischer sein dürften als im Zuge der laufenden Raum- und Kommunalplanungen. Zum anderen ist auf den Ausgleich infrastruktureller Versorgungsgrade und Lebenschancen zu verweisen. Dieses Problem ist nicht mit dem Argument des „voting-by-feet" (Tiebout) ausräumbar, weil „erzwungene Mobilität" als sozialpolitisch unzumutbar gilt und zudem räumliche Mobilität nicht nur an Wohn- und Versorgungswerten orientiert ist, sondern entscheidend durch arbeitsmarktbezogene Restriktionen beschränkt wird.

Bei zunehmend ubiquitärer Ausstattung mit allgemeiner Infrastruktur wird der Arbeitsmarkt zum entscheidenden Engpaß im „Ausgleich der Lebenschancen". Dabei stößt Raumordnungspolitik jedoch nicht nur auf der Regionalebene, sondern prinzipiell auch auf der zentralstaatlichen Ebene an ihre Grenzen.

Da der Arbeitsmarkt nicht über die Nachfrage-, sondern nur über die Angebotsseite steuerbar ist, impliziert die Forderung nach einer wirksamen Arbeitsmarktpolitik eine räumliche Kapitalsteuerung, die jedoch nach der Wirtschaftsverfassung der Bundesrepublik nur indirekt über Anreizstrukturen initiiert werden kann und sich bisher als weitgehend wirkungslos erwiesen hat (Mitnehmereffekte). Damit stößt die Raumordnungspolitik an spezifische Systemgrenzen, die prinzipiell, d.h. auch nicht über dezentralisierte Raumordnungspolitiken aufhebbar sind. Immerhin wird aber im vorgeschlagenen Modell durch die skizzierte Interdependenz politischer, administrativer und materieller Dezentralisierung eine Einwirkungsmöglichkeit dahingehend geschaffen, daß über regionalisierte korporatistische Strukturen ein Interaktionszwang für die Arbeitgeber- und Arbeitnehmerorganisationen auftritt, der durch komplementäre zentralstaatliche Hilfen (etwa nach dem Muster der französischen DATAR, vgl. Schmitges 1979) problemorientiert und der korporatistischen Struktur entsprechend unterstützt werden könnte und dennoch nicht zu einer einfachen Abbildung der Interessen der gesellschaftlichen Großgruppen führt.

Zusammenfassend bleibt festzustellen, daß die Realisierung des hier notwendigerweise stark aggregierten Ansatzes entscheidend davon abhängig ist, welche Kompetenzen, Ressourcen und institutionalisierten Interessenvertretungen dezentral, d.h. hier auf regionaler Ebene zugeordnet werden können. Dabei gilt das primäre Interesse Modellen, die durch die Verbindung von Planung und Vollzug gekennzeichnet sind, wie dies etwa im Rahmen der Gebietsreform bereits für die sogenannten „Groß-Kreise" resp. „Regionalkreise" diskutiert wurde.

Bei deren räumlicher Abgrenzung und dem notwendigen Aufgabenzuschnitt gilt es dabei, die inzwischen bekannten, zur Selbstblockade tendierenden Konfliktbereiche der in der Bundesrepublik praktizierten Organisationsformen im Stadt-Umland-Bereich zu vermeiden. Hinsichtlich der Regionalkreis-Konzeption etwa war durchaus zu konstatieren, daß gegenüber dem herrschenden Zustand der föderalen Gliederung und Politikbearbeitung keine zusätzlichen Widerstände und unkontrollierten Filterstellen zu Lasten staatlicher Politiken aufgebaut würden. Unzulässig wäre es deshalb, die aus der Föderalismusdiskussion bekannten Argumente undifferenziert auf diese Modelle übertragen zu wollen. Es macht einen Unterschied, ob mit Bezug auf das Bund-Länder-Verhältnis oder das Länder-Kommunen-Verhältnis diskutiert wird.

Literatur

Ellwein, Th., Organisationsprobleme in Ministerien, in: Die Betriebswirtschaft, 39 (1979), S. 73–88

Ellwein, Th., Entstaatlichung und Dezentralisierung als Mittel zur besseren Konfliktlösung im politischen Prozeß, in: Wagener, F. (Hrsg.), Regierbarkeit? Dezentralisation? Entstaatlichung? Bonn 1976 (Schriften der Dtsch. Sekt. d. Int. Inst. f. Verw., Bd. 3), S. 217-232

Fürst, D., Hesse, J.J., Zentralisierung oder Dezentralisierung der politischen Problemverarbeitung? Zur Krise der Politikverflechtung in der Bundesrepublik, in: Hesse, J.J. (Hrsg.), Politikverflechtung im föderativen Staat. Studien zum Planungs- und Finanzierungsverbund zwischen Bund, Ländern und Gemeinden, Baden-Baden 1978, S. 191-204

Dies., Die Funktion von Verdichtungsräumen im Prozeß der Politikverflechtung. Ansätze zu einer Theorie gebietskörperschaftlicher Interaktion unter Bedingungen stagnierenden oder rückläufigen wirtschaftlichen und demographischen Wachstums (Forschungs- und Sitzungsberichte der Akademie für Raumforschung und Landesplanung, Hannover 1979; im Erscheinen)

Ganser, K., Kommunales Finanzsystem im Widerspruch zu Stadtentwicklung und Raumordnung?, in: Die öffentliche Verwaltung, 32, (1979), S. 8-17

Hirschman, A.O., Exit, voice and loyality, Cambridge/Mass. 1970

Kommission für wirtschaftlichen und sozialen Wandel. Gutachten, Göttingen 1977

Lehmbruch, G., Wandlungen der Interessenpolitik im liberalen Korporatismus, in: U.v. Aleman, R.C. Heinze (Hrsg.), Verbände im Staat. Vom Pluralismus zum Korporatismus, Köln und Opladen 1979, S. 50-71

Mäding, H., Infrastrukturplanung im Verkehrs- und Bildungssektor. Eine vergleichende Untersuchung zum gesamtstaatlichen Planungsprozeß in der Bundesrepublik Deutschland, Baden-Baden 1978 (Schriften zur öffentlichen Verwaltung und öffentlichen Wirtschaft, Bd. 41)

Naschold, F., Alternative Raumpolitik. Ein Beitrag zur Verbesserung der Arbeits- und Lebensverhältnisse, Kronberg/Ts. 1978

Ritter, E.-H., Regionale Entwicklungsplanung zwischen staatlicher Steuerung und kommunaler Autonomie, in: Innere Kolonisation, Heft 4/1978, S. 130-134

Scharpf, F.W.,, Die Rolle des Staates im westlichen Wirtschaftssystem: Zwischen Krise und Neuorientierung, Berlin 1978 (discussion papers des IIMV, dp/78-81)

Ders., *Schnabel, F.*, Steuerungsprobleme der Raumplanung, Hannover 1979 (Beiträge der Akademie für Raumforschung und Landesplanung, Bd. 27)

Schmitges, R., Raumordnung als Koordinierungsaufgabe – das französische Modell, Kronberg/Ts. 1979

Tiebout, Ch. M., Eine ökonomische Theorie fiskalischer Dezentralisierung, in: Kirsch, G. (Hrsg.), Föderalismus, Stuttgart und New York 1977, S. 36-50

Wagener, F., System einer integrierten Entwicklungsplanung im Bund, in den Ländern und in den Gemeinden, in: Politikverflechtung zwischen Bund, Ländern und Gemeinden, Berlin 1975 (Schriftenreihe der Hochschule Speyer, Bd. 55), S. 129-165

Möglichkeiten einer wirksameren Raumordnungs- und Regionalpolitik

Von Folkwin Wolf

I. Begriffliche Abgrenzung

Die Vielzahl unterschiedlicher Definitionen und Abgrenzungen von Raumordnungs- und Regionalpolitik erfordert für die nachstehenden Ausführungen vorab eine begriffliche Festlegung.

Müller[1] bezeichnet Raumordnungspolitik als „Transformation der Raumplanung in Verwaltungshandeln". Nach Storbeck ist Raumordnungspolitik im wesentlichen Gesellschaftspolitik, Regionalpolitik ganz allgemein eine „räumlich orientierte Politik"[2].

Auf detailliertere Ausführungen und bestehende Auffassungsunterschiede in der Literatur sei verzichtet. Im folgenden wird keine Gleichsetzung von Raumordnungspolitik und Regionalpolitik vorgenommen.

Als *Raumordnungspolitik* soll im folgenden verstanden werden die Gesamtheit administrativer Maßnahmen sowohl investiver wie nichtinvestiver Art, die unmittelbar und gezielt darauf ausgerichter sind, räumliche Fehlentwicklungen zu verhindern und regionale Entwicklungs- und Versorgungsdisparitäten abzubauen. Dies kann zum einen durch eine Umverteilung von Entwicklungsressourcen zugunsten weniger entwickelter Räume geschehen, zum anderen – und zwar zugleich – durch eine verbots-, gebots- und auflagenorientierte, primär flächensteuernde Raumnutzungsplanung.

Raumordnungspolitik ist integrierter Bestandteil der Landesentwicklungspolitik. Sie enthält – im Gegensatz zur koordinierenden Landesentwicklungspolitik – noch keine in *monetären* Größen quantifizierte Investitions- und Finanzplanung.

Regionalpolitik kann zum einen interpretiert werden als regionale Wirtschaftsstrukturpolitik, zum anderen – in einem umfassenderen Sinn nach Storbeck – als räumlich orientierte Politik aller Politikbereiche. Diese Politik läuft im Prinzip auf eine regionale Förderungspolitik hinaus, wobei nur wenige Politikbereiche – nennenswert ist hier nur die regionale Wirtschaftspolitik – unmittelbar regional gezielt vorgehen. Aus diesem Grund erfolgt in der Literatur auch überwiegend eine Gleichsetzung der Regionalpolitik mit regionaler Strukturpolitik bzw. regionaler Wirtschaftspolitik.

Wegen der instrumentellen Bedeutung der regionalen Wirtschaftspolitik wird in diesem Beitrag der Begriff Regionalpolitik – trotz methodischer Vorbehalte – auf diesen Politikbereich begrenzt.

II. Ziele und Grundsätze der Raumordnungs- und Regionalpolitik

Die *Ziele der Raumordnung* sind in § 1 des Raumordnungsgesetzes (ROG)[3] festgelegt. Sie sind jedoch extrem global, vielseitig interpretierbar und für die praktische Handhabung unergiebig. Konkreter sind hingegen die in § 2 ROG genannten „Grundsätze der Raumordnung". Deren praktisches Anwendungsproblem liegt darin, daß sie nach § 2 Abs. 2 „gegeneinander und untereinander nach Maßgabe des § 1 abzuwägen sind".

Eindeutigere und deutlichere Zielformulierungen ergeben sich im Bundesraumordnungsprogramm (BROP)[4] von 1975. Das BROP geht von der Analyse grundsätzlicher, den Zielen und Grundsätzen des ROG zuwiderlaufenden räumlichen Entwicklungstendenzen aus, welche das Ziel der Verbesserung und Sicherung der Lebensqualität in allen Teilräumen bedrohen: zum einen weist es darauf hin, daß sich in einigen Verdichtungsräumen die Umweltbedingungen einer kritischen Belastungsgrenze nähern, zum anderen betont es den ökonomischen Entwicklungs- und infrastrukturellen Ausstattungsrückstand weiter Teile des ländlichen Raumes.

Das BROP geht davon aus, daß die Ziele der Raumordnungspolitik Teile des gesellschaftlichen Leitzieles „Verbesserung der Lebensqualität" sind. Die Realisierung dieser Zielvorstellung setzt gleichwertige Lebensbedingungen in allen Teilräumen voraus. Diese sind gegeben, „wenn für die Bürger in allen Teilräumen des Bundesgebietes ein quantitativ und qualitativ angemessenes Angebot an Wohnungen, Erwerbsmöglichkeiten und öffentlichen Infrastruktureinrichtungen in zumutbarer Entfernung zur Verfügung steht und eine menschenwürdige Umwelt vorhanden ist ...".

Ausgehend von den festgestellten räumlichen Entwicklungs- und Versorgungsdisparitäten sieht das BROP die Hauptansatzpunkte der Raumordnungspolitik in der Verbesserung der
- Infrastruktur
- Umweltpolitik
- regionalen Wirtschaftsstruktur.

Eine besondere Bedeutung kommt hinsichtlich des Ziels des Abbaus großräumiger Disparitäten nicht nur der Förderung der entwicklungsschwachen Räume, sondern auch dem Entgegenwirken unerwünschter Expansionsprozesse in stark belasteten Verdichtungsgebieten zu.

Das ROG formuliert in § 2 Abs. 1 Nr. 6:
„Der Verdichtung von Wohn- und Arbeitsstätten, die zu ungesunden räumlichen Lebens- und Arbeitsbedingungen sowie zu unausgewogenen Wirtschafts- und Sozialstrukturen führt, soll entgegengewirkt werden."

Im BROP heißt es:
„In stark belasteten Räumen ist ein weiterer Anstieg der Gesamtbelastung der Umwelt zu verhindern."[5]

Weiterhin fordert das BROP:
„In industriell stark entwickelten Gebieten soll jedoch einer Expansion der Wirtschaft entgegengewirkt werden, wenn dadurch eine Überlastung der Umwelt bzw. der Infrastruktur einzutreten droht."[6]

Und schließlich:
„In stark belasteten Verdichtungsräumen soll einer weiteren Zunahme von Bevölkerung und einer Zunahme von Arbeitsplätzen entgegengewirkt werden, soweit dies zu einer Verminderung des Entwicklungspotentials in schwach strukturierten Teilen des Bundesgebietes führen oder soweit hierdurch die Qualität der Lebensbedingungen in Verdichtungsräumen beeinträchtigt würde."[7]

Das BROP bringt deutlich zum Ausdruck, daß die regionale Wirtschaftsstrukturpolitik als ein Instrument der Raumordnungspolitik verstanden wird. Zugleich ist – wie der Rahmenplan der Gemeinschaftsaufgabe (GA) „Verbesserung der regionalen Wirtschaftsstruktur" betont[8] – die regionale Strukturpolitik „ein Bestandteil der gesamten Wirtschaftspolitik".

Die *Ziele der regionalen Strukturpolitik* sind[9]:
- Wachstumsziel (Mobilisierung von Wachstumsreserven in den Problemgebieten, um den Beitrag dieser Gebiete zum gesamtwirtschaftlichen Wachstum zu erhöhen)
- Stabilisierungsziel (Reduzierung der konjunkturellen und strukturellen Anfälligkeit von Regionen)
- Ausgleichsziel (Verminderung interregionaler Unterschiede hinsichtlich der Möglichkeiten zur Einkommenserzielung und „in gewissem Maße" auch hinsichtlich der Versorgung mit öffentlichen und privaten Dienstleistungen).

Gemäß dem 8. Rahmenplan der GA ist regionale Strukturpolitik Investitionsanreizpolitik zur mittelbaren Beeinflussung der regionalen privaten Investitionstätigkeit sowie Infrastrukturförderungspolitik zur Verbesserung der wirtschaftsnahen Infrastruktur.

III. Berücksichtigung der raumordnungspolitischen Ziele in den Landesentwicklungsplänen und -programmen

Nach § 3 ROG gelten die Grundsätze der Raumordnung (§ 2 ROG) unmittelbar für die Landesplanung in den Ländern.

Bei der Durchsicht der von den Ländern aufgestellten Pläne und Programme[10] läßt sich erkennen, daß die Länder zwar die in § 2 ROG genannten globalen Grundsätze übernommen haben, aber hinsichtlich der Durchsetzung überwiegend wenig konkrete Anhaltspunkte nennen. Der Grundsatz in § 2 Abs. 1 Nr. 6 ROG, daß der Verdichtung von Wohn- und Arbeitsstätten, die zu ungesunden räumlichen Lebens- und Arbeitsbedingungen .... führt, entgegengewirkt werden soll, ist in einigen Landesprogrammen bzw. Planungsgesetzen wiederzufinden (so in Bayern[11], im Saarland[12], in Rheinland-Pfalz[13]). Die weitergehenden und zukünftig fundamentale Bedeutung erlangenden Zielaussagen, wie sie im Hinblick auf die expandierenden Verdichtungsräume im BROP genannt werden (vgl. hierzu die Ausführungen in Kapitel II dieses Beitrages), wird man – selbst in den mittlerweile fortgeschriebenen – Plänen und Programmen vergeblich suchen.

Die Pläne und Programme der Länder gehen z.T. noch von Entwicklungsbedingungen aus, wie man sie Ende der 60er Jahre für die Zukunft unterstellte. Sie sind insofern längst überholt. Und selbst jene Programme, die nach dem von der Ministerkonferenz für Raumordnung (MKRO) 1975 beschlossenen BROP fertiggestellt oder fortgeschrieben wurden, tragen den Vorgaben des BROP (und dem bereits 1973 durch die MKRO erfolgten „Beschluß über das Verhältnis zwischen den Verdichtungsräumen und anderen Räumen") hinsichtlich des *Entgegenwirkens* gegenüber Expansionsprozessen in stark belasteten Verdichtungsgebieten – wenn überhaupt! – nur völlig unzulängliche Rechnung.

Nahezu vergeblich sucht man in bezug auf die Verdichtungsgebiete den Vollzug jener – bereits im Februar 1975 beschlossenen – Forderung des BROP, daß „die für die Raumordnung und Landesplanung zuständigen Minister der Länder ... darauf hinwirken, daß die Programme und Pläne der Länder an die Zielaussagen und Schwerpunktbestimmungen dieses Programms nach Maßgabe des Landesplanungsrechts angepaßt werden."[14]

IV. Räumliche Entwicklungstendenzen und ihre Ursachen

1. Entwicklungstendenzen

Das BROP konstatierte u.a.: „Großräumige Konzentrationsprozesse auf der einen und Entleerungsprozesse auf der anderen Seite werden auch bei rückläufiger Bevölkerungsentwicklung die künftige raum- und siedlungsstrukturelle Entwicklung der Bundesrepublik Deutschland bestimmen, wenn dieser Entwicklung durch die Raumordnungspolitik von Bund und Ländern nicht wirksamer als bisher entgegengewirkt wird."[15]

Der Raumordnungsbericht 1978 gelangt zu der Feststellung: „Die strukturschwachen Gebiete sind trotz raumordnerischer Einflußnahme und der Fortschritte in der Infrastrukturversorgung insbesondere wegen der ungünstigen Arbeitsmarktsituation auch weiterhin als Problemgebiete anzusehen ...

Auch die Probleme der Verdichtungsräume haben sich wegen der zunehmenden Verflechtung mit dem Umland weiter verschärft (Verstädterung). Die Abwanderung der Bevölkerung aus den Städten ins Umland und deren Folgen sind in den Mittelpunkt des stadtentwicklungspolitischen und raumordnungspolitischen Interesses gerückt."[16]

Der 8. Rahmenplan der GA betont in seiner Analyse die verringerte Dezentralisierungsbereitschaft der Industrie und die für die Strukturpolitik daraus resultierende zunehmende Schwierigkeit, eine ausgewogenere regionale Verteilung der industriellen Investitionstätigkeit zu bewirken. Die Tendenz, daß die industrielle Entwicklung in der Bundesrepublik zunehmend von Agglomerations-Standortvorteilen abhängig ist, „dürfte die Chance der regionalen Strukturpolitik erschweren, zukunftsträchtige Investitionen in wirtschaftsschwache Regionen zu bringen."[17]

Der tertiäre Bereich wird hier gar nicht mehr angesprochen, da er einerseits von Förderungsmaßnahmen der GA wenig tangiert wird und andererseits regionale Steuerungsversuche über Anreizförderung hier von vornherein wenig Aussicht auf Erfolg haben.

Die Analyse des Raumordnungsberichtes 1978 läßt erkennen, daß offenbar in einer Mehrzahl von Verdichtungsgebieten jene Situation erreicht ist bzw. sich abzeichnet, für die das BROP ausdrücklich fordert, einer weiteren Zunahme von Bevölkerung und einer Zunahme von Arbeitsplätzen *entgegenzuwirken*[18].

2. Ursachen der räumlichen Entwicklungsprobleme

a) Die Ursachen der räumlichen Disparitäten und die sich abzeichnende Verschärfung der regionalen Probleme liegen primär, ja sogar nahezu ausschließlich im ökonomischen Bereich. Sie ergeben sich aus den unterschiedlichen, für die wirtschaftliche Nutzung – bis hin zur exzessiven Ausnutzung – geeigneten oder ungeeigneten Standortgegebenheiten und den sich ändernden Standortanforderungen. Dies mag zwar zunächst eine triviale Feststellung sein, hat aber für die zu ergreifenden raumordnungspolitischen und regionalpolitischen Maßnahmen fundamentale Bedeutung. Die raumbezogenen Aktivitäten der regional entwicklungsbestimmenden Wirtschaftseinheiten orientieren sich nämlich daran, inwieweit die alternativen Standortgegebenheiten Engpaßfaktoren, kostenwirksam und/oder gewinnbeeinflussend sind. Selbst hohe Standortkosten in den Verdichtungsgebieten können aufgrund der Fülle von Agglomerationsvorteilen im Vergleich zu den Gewinnerwartungen von untergeordneter Bedeutung sein – dies trifft insbesondere für Wirtschaftsbereiche bzw. Unternehmen zu, die sich durch monopolistisches und oligopolistisches Verhalten auszeichnen.

b) Eine gravierende Verschärfung der regionalen Probleme resultiert zudem aus der Tatsache, daß eine nicht nur direkte Standortkostensubventionierung (z.B. in den Fördergebieten, aber auch – vor allem durch gewerbesteuerinteressierte Kommunen – in den Verdichtungsgebieten) stattfindet, sondern auch eine indirekte insofern, als die von den Wirtschaftseinheiten direkt und indirekt verursachten Kosten diesen z.T. nicht zugerechnet und angelastet werden. Gerade letzteres hat in den Verdichtungsgebieten entscheidende Bedeutung. So werden einerseits die Betriebe nicht zu den von ihnen mitverursachten, sich kumulierenden und überproportional steigenden „Ballungskosten" herangezogen. Diese Kosten werden, zumeist auch aufgrund des Problems der Zurechenbarkeit, von der Allgemeinheit getragen. Zum anderen werden durch die öffentliche Hand (d.h. einschließlich der Kommunen!) in einem Ausmaß „bedarfsorientierte" infrastrukturelle Vorleistungen zugunsten eines möglichst reibungslosen Ablaufs des „Wirtschaftslebens" der „Wirtschaftsmetropolen" getätigt, die weit über das hinausgehen, was gezielt an regionalen Wirtschaftsförderungsmitteln in die strukturschwachen Gebiete fließt.
Durch die fehlende Zurechnung der social costs (wozu auch die Vernichtung bzw. nachhaltige Beeinträchtigung natürlicher Ressourcen zählt) und die Standortkostensubventionierung ergibt sich der in der Regel zugunsten der Unternehmen in den Verdichtungsgebieten gehende Effekt einer erheblichen Diskrepanz zwischen volks-

wirtschaftlichen und betriebsbezogenen Kosten (bzw. Nutzen), die an räumlich differenzierten Standorten entstehen.
Es ergibt sich somit die schizophrene Situation, daß die aus subjektiver Sicht durch die Unternehmen erfolgende Standortbeurteilung und -bewertung betriebswirtschaftlich durchaus sinnvoll sein kann, volkswirtschaftlich jedoch häufig unhaltbar und falsch ist, wobei sowohl durch Bund und Länder als auch – last not least – durch die (auf die Gewerbesteuer angewiesenen) Kommunen dieses Mißverhältnis in Teilbereichen verschärft wird.

c) Auch der Staat mit seinen Einrichtungen und Unternehmen sowie die parafiskalischen Organisationen treffen Standortentscheidungen wie die Privatwirtschaft, obwohl für sie – soweit sie nicht mit privatwirtschaftlichen Unternehmen konkurrieren – keine Notwendigkeit zu einem Verhalten besteht, das zu einem Rückzug aus ländlichen Gebieten und verstärkten Zentralisierungsprozessen in expandierenden Verdichtungsgebieten oder dazu führt, daß raumordnungspolitisch notwendige überregionale Institutionen nicht in geeigneten Standorten der Fördergebiete, sondern in Verdichtungsgebieten errichtet oder erweitert werden. Statt beispielhaft nachahmenswerte Akzente zu setzen, verhalten sich selbst staatliche und halbstaatliche Einrichtungen ohne raumordnungspolitische Rücksichtnahmen wie gewinnorientierte Konzernbetriebe. Letztere können immerhin noch Gründe für ihr Verhalten geltend machen, die sich aus dem System der Wettbewerbswirtschaft ergeben.

d) Das bodenrechtliche Instrumentarium ist mangelhaft und beeinträchtigt vor allem in den Verdichtungsgebieten in gravierendem Ausmaß die – nach dem ROG angestrebte – Minderung ungesunder Bedingungen und unausgewogener Strukturen. So ist z.B. in Anbetracht exorbitanter Grundstückspreise eine humane Städtebaupolitik zugunsten der *Wohn*bevölkerung in den Ballungskernen kaum noch durchführbar und auf wenige Ansatzpunkte begrenzt, wobei – zumeist aus gewerbesteuerlichen Gründen – oft auch nur halbherzig verfahren wird und mit Ausnahmegenehmigungen u.ä. die ursprünglich zugunsten der Einwohner gehenden Planungen wieder aufgehoben werden.

3. Schlußfolgerungen

Bevor detaillierte Überlegungen zur Wirksamkeit oder Unwirksamkeit raumordnungspolitischer Maßnahmen, den zugrundeliegenden Wirksamkeitsbedingungen und notwendigen Aktivitäten angestellt werden können, sei folgendes Resümee gezogen:

– Die globalen Ziele der Raumordnungspolitik sind im BROP im Prinzip deutlich formuliert, aber nicht im Detail konkretisiert bzw. definiert. Es ist letztlich Aufgabe entweder der Länder, diesen Rahmen *konkret* auszufüllen oder des Bundes, dies in einem Bundesentwicklungsplan zu vollziehen.
– Die regionalen Entwicklungstendenzen sind klar erkannt und beschrieben – sowohl im BROP als auch im Raumordnungsbericht 1978.

- Die konzeptionellen Folgerungen sind im Raumordnungsbericht 1978 erneut gezogen, die erforderliche Marschrichtung ist unmißverständlich aufgezeigt.
- Es fehlt jedoch eine einheitliche Festlegung jener Kriterien bzw. Indikatoren, welche eine eindeutige Definition „ungesunder räumlicher Lebens- und Arbeitsbedingungen" ermöglichen.
- Es fehlt die Festlegung bzw. verbindliche Vereinbarung jener Instrumente, die nicht nur Förderungscharakter haben, sondern als flankierende Maßnahmen im Zusammenwirken mit Förderinstrumenten es überhaupt erst ermöglichen, die gesteckten raumordnungspolitischen Ziele zu erreichen. Bisher besteht Raumordnungspolitik im Prinzip aus dem Versuch, Einfluß auf die Förderpolitik einzelner Ressorts zu nehmen, sowie aus Flächenschutzpolitik und Raumnutzungsplanung. Es fehlt jedoch ein verbindliches Instrumenten*bündel*, das hinreichend geeignet ist, nicht nur die Fördergebiete mit Infrastruktur auszustatten und Investitionsanreize zu bieten, sondern dort auch „autonom" Arbeitsplätze zu schaffen und in stark belasteten, expandierenden Verdichtungsgebieten einer weiteren Zunahme von Bevölkerung und Arbeitsplätzen, die auf Kosten der schwach entwickelten Gebiete geht, entgegenzuwirken.
- Es besteht aber nicht nur ein partielles (jedoch raumordnungspolitisch entscheidendes) instrumentelles Defizit, sondern auch ein politisches Willensdefizit, die fehlenden Instrumente festzulegen und anzuwenden.

V. Ursachen für das instrumentelle Defizit und die mangelnde Durchsetzbarkeit raumordnungspolitscher Ziele und Grundsätze

Die wesentlichen Ursachen für das in Kapitel IV beschriebene Instrumentendefizit und das daraus resultierende Unvermögen, die raumordnungspolitischen Ziele und Grundsätze durchzusetzen, sind folgende:

a) *Gewerbesteuersystem,* das u.a. zu kommunalen Konkurrenzkämpfen mit der Folge einer räumlichen Fehlsteuerung von Produktionsfaktoren führt. Das derzeitige Gewerbesteuerverteilungssystem macht die Kommunen in z.T. erheblichem Umfang immer noch von der Gewerbesteuer abhängig, hat sie zwangsweise dazu verleitet, steuerlichen Aspekten eine Vorrangfunktion einzuräumen auf Kosten einer sozialen Erosion der Ballungskerne und einer Zersiedelung der Ballungsrandgebiete. Es begünstigt eindeutig die expandierenden, wirtschaftsstarken Räume, konterkariert die Raumordnungspolitik und trägt wesentlich zu deren Scheitern bei
b) *Länderegoismus und föderalistische Konkurrenz* bewirken, daß die dringend notwendigen raumordnungspolitischen Maßnahmen — vor allem im Hinblick auf die expandierenden Verdichtungsgebiete — entweder überhaupt nicht oder nur halbherzig erfolgen, zumal kein einheitliches und verbindliches Instrumentarium besteht, und auch der Bund weder über geeignete Instrumente noch über Durchgriffsmöglichkeiten verfügt, um z.B. den Überlastungstendenzen in expandierenden Verdichtungsgebieten entgegenzuwirken. Bevor ein Bundesland ein wachstumsträchtiges Unternehmen an ein benachbartes — womöglich noch von einer anderen Partei

politisch geführtes – Bundesland verliert, ermöglicht es schon eher dessen Ansiedlung oder Expansion selbst in einem stark belasteten Verdichtungsgebiet. In Anbetracht des geschrumpften Ansiedlungspotentials und der sich ändernden Bedeutung von Standortfaktoren, die zunehmend zur Präferierung von Verdichtungsgebieten führen dürfte, ist sogar zu befürchten, daß die Länder erhebliche Anstrengungen zur ökonomischen Attraktivitätssteigerung ihrer Verdichtungsgebiete unternehmen werden. Von einem „ Entgegenwirken" gegenüber Expansionsprozessen dürfte dann kaum noch die Rede sein.

c) *Druck der wirtschaftlichen, politischen und kommunalen Lobby* auf Regierung und Parlament. Dabei versuchen die Gruppenmitglieder in Einzel- oder Verbandsaktivitäten mit mehr oder weniger massivem Einsatz ihre eigenen Interessen durchzusetzen, ohne die Interessen anderer Gruppen, die weniger gut organisiert sind oder politisch weniger Einfluß haben, als gleichberechtigt oder gar als wichtiger zu respektieren. Diese Taktik kann sich insbesondere dort für die ländlichen Räume als gravierender Nachteil auswirken, wo die Vertreter der Verdichtungsgebiete politisch stärkeren Einfluß haben als die der ländlichen Räume (z.B. im Parlament, politischen oder Verbandsgremien).

d) *Ressortdenken und mangelnde Einbeziehung raumordnungspolitischer Grundsätze in die Gesetze und Fachpolitiken.* Sowohl der Gesetzgeber als auch die Fachressorts berücksichtigen selbst bei jenen Entscheidungen, die sich räumlich differenziert auswirken, in einem zu geringen Maß die Ziele und Grundsätze der Raumordnungspolitik. Es gibt zwar eine Reihe positiver Beispiele, wo die Fach- und Raumordnungspolitik sehr intensiv zusammenwirken (solche Beispiele finden sich bei regional orientierten und motivierten Förderungs- und Investitionsprogrammen oder bei regionalen Raumordnungsplänen); aber es überwiegen eindeutig die mangelhaften oder gänzlich fehlenden Abstimmungen, insbesondere im investiven Bereich. Nicht minder bedeutsam ist die Tatsache, daß Gesetze, Verordnungen u.a. erlassen bzw. durchgeführt werden, die nicht nur einen Mangel an Koordinierung oder an Berücksichtigung raumordnungspolitischer Aspekte aufweisen, sondern sogar die Ziele der Raumordnungspolitik unterlaufen. Daher betont der Raumordnungsbericht 1978: „Hauptanliegen raumordnungspolitischer Aktivitäten ist auch weiterhin die Verankerung von klaren raumordnungspolitischen Anforderungen in Fachgesetzen."[19] Dieses Anliegen sollte – wie negative Erfahrungen belegen – gerade auch gegenüber Finanzpolitikern und den Finanzressorts, nicht zuletzt im Hinblick auf die Steuergesetzgebung, mit Nachdruck vertreten werden!

Für die Raumordnungspolitik bestehen erhebliche Durchsetzungsschwierigkeiten u.a. darin, daß sie weder mit finanziellen Mitteln „Wohltaten" verbreiten kann, noch über politische Tradition verfügt, sondern in unterschiedlicher Weise und mit sporadischem Wechsel der Ressortzugehörigkeit (jüngstes Beispiel: Hessen) erst ihren politischen „Stammplatz" erkämpfen muß. Die Durchsetzung raumordnungspolitischer Grundsätze hängt dann von der politischen Durchsetzungsfähigkeit der jeweiligen Ressortchefs ab, zumal zwischen raumordnungspolitischen und anderen fachspezifischen Zielvorstellungen ebenso Konflikte entstehen wie zwischen den Ressorts oder sogar innerhalb der Ressorts. Gerade in einer Phase konjunktureller

Instabilität oder strukturellen Wandels mit der Folge stagnierender Beschäftigung läuft die Raumordnungspolitik Gefahr, bei dem Versuch, ihren Zielen und Grundsätzen Geltung zu verschaffen, ignoriert oder gar als „investitions- und wachstumshemmend" diskriminiert zu werden. Aktivitäten der für Landesplanung und Raumordnung zuständigen Ressorts zugunsten vorausplanender Investitionskoordinierung und zugunsten regionaler Prioritätensetzung werden von den anderen Ressorts häufig für einen unerwünschten Eingriff in die Ressortkompetenz gehalten.

Im Bereich der *regionalen Strukturpolitik* ist weniger ein instrumentelles Defizit zu registrieren als vielmehr eine unflexible, ungleichgewichtige und unzulängliche Handhabung des – im Prinzip umfangreichen und geeigneten – Instrumentariums.

VI. Bedingungen für eine wirksame Raumordnungspolitik

Eine wirksame Raumordnungspolitik setzt im politisch-planerischen Bereich folgende Bedingungen voraus:

1. Politische Einsicht in die Notwendigkeit raumordnungspolitischer Maßnahmen und den Willen zur Beachtung der raumordnungspolitischen Ziele und Grundsätze durch alle Fachressorts beim Vollzug der Fachpolitik.
2. Verbindliche Festlegung eines *umfassenden,* geeigneten Instrumentariums und die regions- und zieladäquate *Anwendung* dieses Instrumentariums als *Instrumentenbündel.* Die Festlegung und Anwendung dieses Instrumentenbündels muß nach bundeseinheitlichen, harmonisierten Kriterien erfolgen und räumlich differenziert, aber konsequent eingesetzt werden.
3. Raumordnungspolitik muß – auch organisatorisch – integrierter Bestandteil der Landes- (bzw. Bundes-) Entwicklungspolitik sein. Ihre volle und optimale Wirkung kann die Raumordnungspolitik erst entfalten im Rahmen einer Entwicklungsplanung, welche Aufgaben-, Investitions-, Raumordnungs- und Finanzplanung organisatorisch und methodisch aufeinander abstimmt und zusammenfaßt[20]. Ohne diese organisatorische Einbindung bleibt Raumordnungspolitik ein Torso, dessen Tätigkeit sich auf die Vorgabe von raumordnerischen Kategorien und Flächensteuerung durch Raumnutzungsplanung beschränkt.
4. Kooperationsbereitschaft aller Ressorts, Durchsetzungsfähigkeit und -willen der koordinierenden und für die Landesentwicklungsplanung zuständigen obersten Landesplanungsbehörden ist gerade in einem solchen umfassenden, von seiner Konzeption her äußerst anspruchsvollen Planungssystem Grundbedingung für dessen Funktionsfähigkeit.

Ein Vergleich zwischen diesen Bedingungskonstellationen und der planungs- und raumordnungspolitischen Praxis dürfte sehr schnell zu der Erkenntnis führen, daß die Erfüllung raumordnerischer Ziele noch in weiter Ferne liegt. Die Raumordnungspolitik sieht sich – abgesehen von der Raumnutzungs- und Flächensteuerungsplanung der Länder – in der Regel gezwungen, auf (meist unvollkommene) regionale Engpaßstrategien auszuweichen, denen aber – siehe Raumordnungsbericht 1978 – bisher ebenfalls wenig Erfolg beschieden ist, weil auch die beiden erstgenannten Bedingungen nur zum geringen Teil oder nicht erfüllt sind und der Einfluß der Raumordnungspolitik gerade auf Bundesebene äußerst gering ist.

Einem Fehlschluß sollte man allerdings – auch in Anbetracht der partiellen Wirkungslosigkeit der Raumordnungspolitik – nicht unterliegen: daß die Raumordnungspolitik dadurch entbehrlich würde. Denn die gleiche Schlußfolgerung müßte man dann auch im Hinblick auf die regionale Wirtschaftsförderung, die Umweltpolitik, die problemgruppenbezogene Arbeitsmarktpolitik, die Ausländerpolitik, die Städtebaupolitik und andere Politikbereiche ziehen, die durch Gruppeninteressen, politische Kurzsichtig- oder Unwilligkeit an einer optimalen Wirkungsentfaltung gehindert werden.

VII. Maßnahmen für eine wirksamere Raumordnungs- und Regionalpolitik

Maßnahmen für eine wirksamere Raumordnungs-und Regionalpolitik müssen an den festgestellten räumlichen Entwicklungstendenzen und deren Ursachen (also auch Rahmenbedingungen) ansetzen, soweit diese Entwicklungstendenzen eine Abweichung von den angestrebten raumordnungspolitischen Zielen enthalten. Das bedeutet: es müssen auch andere als spezifisch raumordnungspolitische Maßnahmen erfolgen, wenn erst dadurch die Voraussetzung für eine wirksamere Raumordnungspolitik geschaffen wird.

Als wesentliche, von raumordnungspolitischen Zielen abweichende Entwicklungstendenz ergibt sich eine anhaltende Entwicklungsdisparität insbesondere zwischen den stark belasteten, von weiterem Ballungsdruck betroffenen expandierenden Verdichtungsgebieten einerseits und den peripheren, aufgrund ungünstiger Erwerbs- (und z.T. Infra-) struktur von Entleerungsprozessen bedrohten ländlichen Räumen andererseits, welche die Erreichung des Ziels ,,Verbesserung und Sicherung gleichwertiger Lebensverhältnisse in allen Teilräumen'' in diametraler Weise gefährden.

Die Ursachen dieser Entwicklungsprozesse liegen primär im ökonomischen Bereich: zum einen in den als exogener Faktor wirkenden infrastrukturellen und institutionellen (natürlich auch geographischen) Standortbedingungen und ihrer Bewertung durch die Wirtschaftseinheiten, zum anderen in dem als endogener Faktor zu betrachtenden regionsansässigen Bevölkerungs- und Wirtschaftspotential.

Der Ansatz zur Lösung der raumordnerischen Probleme liegt daher auch primär im Bereich der regionalen ökonomischen Aktivitäten.

Hierbei geht es einerseits darum, das Ansiedlungs-, Verlagerungs- und Erweiterungsverhalten sowohl der privaten als auch staatlichen und halbstaatlichen Wirtschaftseinheiten durch eine Vielzahl aufeinander abgestimmter Maßnahmen direkt oder indirekt zu beeinflussen – sei es durch positive, z.B. standortverbessernde und Engpaßfaktoren beseitigende Anreize in den Fördergebieten, sei es durch ansiedlungshemmende Maßnahmen in stark belasteten, expandierenden Verdichtungsgebieten.

Andererseits müssen aber auch das Potential und die Potenz ansässiger Wirtschaftseinheiten in jenen Regionen mit Vorrang und nachhaltig gestärkt werden, die wirtschaftlich noch weiterentwickelt werden sollen.

Auf einen kurzen Nenner gebracht bedeutet Raumordnungspolitik (und zwar in einem umfassenden Sinn, nämlich als integrierter Bestandteil der Landesentwicklungspolitik) *somit primär die nachhaltige Beseitigung oder aber Schaffung standortbedingter Engpaßsituationen und die Bereitstellung oder aber das Vorenthalten zusätzlicher Standortattraktionen.*

Gemäß den Konzeptionen des BROP geschieht dies bisher durch Infrastruktur-, Umwelt- und regionale Wirtschaftspolitik. Dieser Katalog ist jedoch unzureichend und es ist daher auch nicht überraschend, daß seine Anwendung nicht zu den gewünschten Ergebnissen führt. Das BROP ist wegen der mangelhaften Benennung umfassend geeigneter Instrumente insofern für den Raumordnungspolitiker wenig hilfreich. Es führt nicht ein einziges konkretes Instrument auf, das geeignet sein könnte, z.B. in stark belasteten Verdichtungsräumen einer weiteren Zunahme von Bevölkerung und Arbeitsplätzen entgegenzuwirken. In diesem Punkt läßt das BROP den Raumordnungspolitiker schlicht und einfach im Stich.

Die in den folgenden Ausführungen dargestellten Maßnahmenvorschläge sind nicht als alternativ durchführbare Maßnahmen zu verstehen, sondern als simultan anzuwendender Maßnahmenkomplex, der auf bundeseinheitlichen Vorgaben bzw. Rahmenbedingungen basieren sollte.

Jener Katalog an raumwirksamen Förderungsmaßnahmen, den insbesondere die regionale Strukturpolitik, aber auch die anderen Fachpolitiken bisher anwenden, soll hier nicht wiederholt werden. Im folgenden wird jener Komplex an Maßnahmen vorgestellt, der zusätzlich erforderlich ist oder – wie im Fall der regionalen Strukturpolitik – hinsichtlich seiner Handhabung einer Änderung bedarf. Er beinhaltet nicht ausschließlich Maßnahmen der Raumordnungsressorts, zumal die Raumordnungsressorts, wenn sie nicht organisatorisch in die umfassende, koordinierende Landesentwicklungsplanung eingebunden sind, primär die Aufgabe haben, die raumordnerischen Rahmenbedingungen zu liefern sowie Raumnutzungsplanung zu betreiben[21].

1. Änderung des Steuerverteilungs- und Finanzausgleichssystems

Das Gewerbesteuersystem ist wegen der – trotz Gemeindefinanzreform und in Anbetracht der jüngsten Senkung der Gewerbesteuerumlage – nach wie vor gegebenen Abhängigkeit der Gemeinden von der Gewerbeertragsteuer eines der wesentlichsten Hemmnisse und konterkarierende Kraft bei der Durchsetzung raumordnungs-, regional- und städtebaupolitischer Zielvorstellungen[22]. Das derzeitige Gewerbesteuerverteilungssystem wirkt als Akzelerator im Hinblick auf die Zunahme regionaler Entwicklungsdisparitäten.

Aus diesem Grund ist eine Änderung des Steuerverteilungs- und Finanzausgleichssystems erforderlich, um einerseits die Kommunen unabhängig von der – im Prinzip ein historisches Relikt darstellenden – Gewerbeertragsteuer zu machen, sie andererseits aber durch eine veränderte und verbesserte Finanzausstattung finanziell zu stärken: über einen regional gezielten funktionellen Finanzausgleich und z.B. eine Beteiligung an der Mehrwertsteuer sowie über einen höheren Einkommensteueranteil. Damit würden auch zugleich die *stetige* kommunale Finanzkraft und die Selbstverwaltungsfähigkeit abgesichert und gestärkt. Die Regionalpolitik würde vor allem nicht ständig durch die standortattraktiven Gemeinden im Verdichtungsgebiet unterlaufen.

Der Wegfall der bundesdeutschen Spezialität Gewerbeertragsteuer würde zwar zahlreiche Gemeinden veranlassen, sich um keine neuen Industrieansiedlungen mehr zu bemühen. Gerade dieser Effekt ist jedoch eine Chance und geeigneter Ansatzpunkt für die Durchsetzung optimaler raumordnerischer Konzeptionen, für die Entlastung von Ballungsgebieten und eine Stärkung strukturschwacher Gebiete in entwicklungsfähigen Schwerpunktgemeinden. Durch staatliche Beihilfen zur Schaffung und zum Ausbau zentraler Infrastruktureinrichtungen (einschließlich Geländebeschaffung und -erschließung) in gewerblichen Entwicklungsschwerpunkten sowie durch deren Berücksichtigung im Rahmen des vertikalen Finanzausgleichs (z.B. durch besondere Ergänzungsansätze in Finanzausgleichsgesetzen) kann sichergestellt werden, daß die durch den Abzug der Gewerbesteuer hervorgerufenen finanziellen Nachteile vollständig aufgewogen werden. Diese Lösung bietet den Vorteil, daß eine an regionalen und sachlichen Prioritäten ausgerichtete Entwicklungs- und Strukturpolitik erfolgen kann, die nicht aus gemeindefinanzwirtschaftlichen Gründen konterkariert wird.

Eine Umstellung des Steuersystems (Entzug der Gewerbeertragsteuer, Beteiligung am Einkommen- und Umsatzsteueraufkommen) bringt für die Gemeinden insgesamt keine finanzwirtschaftlichen Einbußen, weil ja lediglich eine – unregelmäßig fließende, stark konjunktur- und wirtschaftsstrukturabhängige – Steuerquelle durch andere, relativ stetig fließende ersetzt wird. Es müssen jedoch entwicklungsfähige Schwerpunkte durch Finanzausgleichs- und Infrastrukturzuschuß-Regelungen in die Lage versetzt werden, die ihnen raumordnungspolitisch zugedachten Funktionen erfüllen zu können.

2. Ansiedlungshemmende Maßnahmen in den expandierenden Verdichtungsgebieten über eine verschärfte Regional- und Bauleitplanung

Die im folgenden aufgeführten Möglichkeiten ansiedlungshemmender Maßnahmen setzen voraus, daß sie im Prinzip von den Bundesländern gleichermaßen (aufgrund bundeseinheitlicher Vorgaben/Rahmenbestimmungen) angewendet werden. Die Kommunen werden von sich aus – solange noch das antiquierte Gewerbesteuersystem mit seiner unsinnigen Verteilungsregelung besteht – ebensowenig *wirkungsvolle* ansiedlungshemmende Maßnahmen ergreifen wie die Länder.

a) *Flächensteuerung*

Die Entscheidung insbesondere produzierender Gewerbebetriebe für die Ansiedlung an einen bestimmten Standort ist prinzipiell abhängig von der Verfügbarkeit geeigneter Flächen. Stehen diese nicht zur Verfügung, ist – abgesehen z.B. von der Übernahme bereits genutzter Gewerbeflächen und Gebäude – eine Ansiedlung mangels Fläche nicht möglich. Diesen Sachverhalt muß die Raumordnungsplanung nutzen und dementsprechend in den Verdichtungsgebieten das Flächenangebot verknappen[23] bzw. in den gewerblichen Entwicklungsschwerpunkten und Entlastungsorten attraktive Flächen ausweisen. Ein wesentliches Steuerungsmittel sind in dieser Hinsicht Regionalpläne/regionale Raumordnungspläne. In ihnen werden die Flächennutzungsmöglichkeiten bzw. Flächennutzungsverbote als für die kommunale Bauleitplanung verbindliche Ziele der Raumordnung und Landesplanung vorgegeben. Denn nach § 1 Abs. 4 BBauG hat sich die Bauleitplanung den Zielen der Raumordnung und Landesplanung anzupassen. In den Regionalplänen kann dann festgelegt werden, in welchen Standorten noch Flächen für die Ansiedlung insbesondere gewerblicher Produktionsbetriebe ausgewiesen werden können. Außerhalb dieser – in einer Standortliste genannten – Orte/Ortsteile dürfen gewerbliche Flächen dann nur noch für den Eigenbedarf (z.B. Erweiterung, Verlagerung) der in der Gemeinde ansässigen Betriebe ausgewiesen werden[24]. Ausnahmen können z.B. zugelassen werden für

– Betriebe, die Güter und Dienstleistungen für den lokalen Bedarf erstellen, oder die aufgrund ihres speziellen Produktions-/Absatzprogramms (insbesondere im Tertiären Bereich) auf bestimmte Standorte existenziell angewiesen sind (z.B. sogen. „metropolitane Funktionen", „head-quarter-Funktionen");
– Betriebe, die überwiegend Frauen beschäftigen oder durch Rohstofflager oder wegen Emissionen standortgebunden sind;
– Standortausweisungen in unmittelbarer Nähe von gewerblichen Entwicklungsschwerpunkten, Entlastungsorten u.a., wenn diese über keine ausreichenden und geeigneten Flächen verfügen.

In der Praxis ergibt sich ein Effizienzproblem insbesondere aus der Tatsache, daß zahlreiche Gemeinden in den Verdichtungsgebieten bzw. außerhalb der genannten „privilegierten" Standorte bereits über rechtskräftige Bebauungspläne verfügen, die – wegen möglicher Schadensersatzforderungen gegenüber der Landesplanung – unangetastet bleiben. Unproblematischer ist allerdings die Reduzierung bereits vorhandener Flächennutzungspläne, da diese nur vorbereitende und nicht – wie die Bebauungspläne – verbindliche Bauleitpläne sind.

b) *Auflagen bzw. Genehmigungen*

Aufgrund von festgelegten kumulierten Grenzwerten für Schadstoffemissionen können z.B. Ansiedlungs- „Sperrgebiete" oder gezielte Auflagen für die Ansiedlung von Betrieben festgelegt werden (unabhängig von den übrigen geltenden umweltschutzrechtlichen Bestimmungen). Das Problem besteht hierbei allerdings in der Festlegung der Grenzwerte, die letztlich politisch entschieden werden müssen und bei generell zu erwartenden Beschäftigungsproblemen und der Verständnislosigkeit der meisten Politiker gegenüber Raumordnungsfragen dementsprechend niedrige – und somit kaum wirksame – Schwellenwerte erreichen dürften.

Eine weitere Möglichkeit der Ansiedlungssteuerung besteht in einer Politik von *Ansiedlungskontrollen/Genehmigungsverfahren,* wie sie z.B. im Vereinigten Königreich, in Frankreich und in den Niederlanden angewandt werden – überwiegend offenbar mit Erfolg[25], wobei dieser letztlich natürlich von der Durchsetzungsbereitschaft und Durchsetzungsfähigkeit der Entscheidungsinstanzen abhängt. Diese wiederum ergeben sich aufgrund von ökonomischen und politischen Bedingungen, die von Nation zu Nation sehr unterschiedlich sein können. So ergibt sich z.B. im Vergleich zu den o.g. Ländern in der Bundesrepublik ein wesentlicher Unterschied aufgrund des föderalen Konkurrenzdenkens sowie aufgrund der Gewerbesteuerabhängigkeit der Gemeinden.

c) *Agglomerationssteuern/-abgaben?*

Solche Maßnahmen beinhalten nicht nur steuersystematische Probleme, sondern sie erscheinen auch kritisch im Hinblick auf die geeignete Ausgestaltung und ihre Wirkung.

So stellt sich z.B. das Problem der Bemessungsgrundlage. Falls die Investitionssumme als Bemessungsgrundlage herangezogen und eine einmalige ,,Ansiedlungsabgabe" erhoben wird, besteht die Gefahr entweder einer z.B. zeitlichen Manipulation der Investitionen oder eines komplizierten Kontrollverfahrens. Eine einmalige Abgabe wäre zudem wenig sinnvoll, wenn sie nicht extrem hoch angesetzt würde. Aber selbst dann könnte sie gewinnträchtige Investoren nicht von einer Ansiedlung zurückhalten, wenn keine flankierenden Ansiedlungsgenehmigungsverfahren erfolgen.

Eine laufende laufende Agglomerationssteuer birgt das Problem, ob sie nur ansiedelnde Betriebe oder alle erfassen soll — bei letzterer Lösung mit der Konsequenz, daß eine u.U. ungerechtfertigte Belastung alteingesessener Betriebe erfolgt, die eine zunehmende Verdichtung nicht zu vertreten, aber nunmehr dafür zu bezahlen haben.

Eine Agglomerationssteuer oder -abgabe enthält die grundsätzliche Gefahr des Ausweichens in die Randzonen der Verdichtungsgebiete. Sie ist daher nur dann anwendbar, wenn sie gleichzeitig durch Ansiedlungsgenehmigungsverfahren außerhalb bestimmter privilegierter Standorte abgesichert wird.

Anhand der beispielhaft aufgeführten Probleme erscheint daher die Installierung einer Agglomerationssteuer bzw. -abgabe als keine sinnvolle Maßnahme.

3. Standortlenkung öffentlicher und parafiskalischer Einrichtungen in Schwerpunkte der Fördergebiete

Es ist eine fragwürdige Praxis, wenn einerseits erhebliche Förderungsmittel mit dem Ziel eingesetzt werden, Ansiedlungen und Verlagerungen von gewerblichen Betrieben in die Fördergebiete zu bewerkstelligen, andererseits aber Bund und Länder einschließlich ihrer nachgeordneten oder von ihnen abhängigen Behörden, Institutionen u.ä. zuwenig Anstrengungen unternehmen, um ihrerseits die durchaus mögliche Verlagerung, Erweiterung, Neuerrichtung oder Umorganisation ihrer Dienststellen und Einrichtungen in die bzw. in den Schwerpunkten von Fördergebieten durchzuführen. Es gibt zwar bemerkenswerte Ansätze für die Installierung öffentlicher Einrichtungen in struktur- und entwicklungsschwachen Gebieten seitens der Länder (z.B. Hoch- bzw. Fachhochschulen; Auslagerung von Teilaufgaben großer Behörden); aber es werden weit weniger Anstrengungen unternommen, als dies sachlich zu vertreten und regionalpolitisch dringend erforderlich wäre.

Bundes- und Länderparlamente sollten ihre Regierungen beauftragen, jede überregional wirkende Behörde und Einrichtung, die durch die öffentliche Hand finanziert wird, darauf zu überprüfen, ob und in welchem Umfang Verlagerungen, Erweiterungen oder – da in einigen Bereichen auch zusätzlicher Bedarf besteht – Neuerrichtungen in den *Schwerpunkten von Fördergebieten* möglich sind.

Von den Mitgliedern dieser potentiell zu verlagernden Einrichtungen und gerade auch von den Gewerkschaften wird natürlich das Argument vorgebracht werden, eine Verlagerung sei unsozial. Man sollte jedoch z.B. bedenken, daß es noch unsozialer ist, wenn in weitaus größerem Umfang Erwerbspersonen aus den entwicklungsschwachen Gebieten mangels geeigneter Arbeitsplätze meist gegen ihren Willen gezwungen werden, in die Verdichtungsgebiete abzuwandern, wobei ihnen noch nicht einmal von vornherein jene Arbeitsplatzsicherheit geboten wird, wie sie im öffentlichen Dienst die Regel ist.

Der Raumordnungsbericht 1978 führt die beabsichtigten Verlagerungen und Neugründungen von Bundeseinrichtungen und Einrichtungen mit Bundesbeteiligung auf. Weder von der Standortplazierung noch von den Beschäftigtenzahlen her stellen sie raumordnungspolitisch eine Offenbarung dar. Es ist sogar die für einen Raumordnungsbericht schon beinahe peinliche Feststellung zu treffen, daß eine Vielzahl von Einrichtungen ausgerechnet in expandierenden Verdichtungsgebieten installiert wird[26]. Die im Raumordnungsbericht 1978 genannten „betriebswirtschaftlichen" Argumente und „fachlichen Erfordernisse"[27], welche die Einflußnahme auf Standortentscheidungen begrenzen, sind nicht selten Scheinargumente. Vor allem beinhalten sie die Gefahr, daß dann weiterhin einer tradierten Standortwahl von Behörden u.ä. Einrichtungen Vorschub geleistet wird und Verlagerungen vorwiegend aus betriebsinternen und rein lokal bedingten, aber nicht auch aus gezielt raumordnungspolitischen Gründen vorgenommen werden.

Bei Neugründungen wird in der Regel vom regionalen „Bedarf" ausgegangen. Dabei wird übersehen oder aufgrund der Einflußnahme der Lobby ignoriert, daß die Erweiterung einer Einrichtung in einem Verdichtungsgebiet zu einer Verschärfung der raumpolitischen Situation beiträgt (typisches Beispiel der Vergangenheit: Hochschulen), der Verzicht auf Erweiterung im Verdichtungsgebiet und Neugründung in einem Oberzentrum eines entwicklungs- und strukturschwachen Gebietes jedoch wesentliche regionale Entwicklungsimpulse auslöst.

Bei allen Standortentscheidungen über Einrichtungen des Bundes und der Länder bzw. von Einrichtungen, an denen diese beteiligt sind, müssen daher nicht nur die fachlichen und betriebswirtschaftlichen, sondern vor allem auch die gesamtwirtschaftlichen und raumordnungspolitischen Gesichtspunkte beachtet werden. Gerade unter diesem Aspekt ist die vorerwähnte Überprüfung aller überregionalen Einrichtungen aufgrund eines parlamentarischen Auftrags notwendig.

4. Modifizierung der regionalen Strukturpolitik

Die regionale Strukturpolitk ist derzeit eines der wichtigsten raumordnungspolitischen Instrumente, weil es regional gezielt eingesetzt wird.

Die regionale Strukturpolitik hat ihre Ziele nur bedingt erreicht und läuft Gefahr, daß die Leistungsfähigkeit der Förderung, wie sie derzeit erfolgt, hinter den selbstgestellten Ansprüchen und Zielen immer weiter zurückbleibt.

Die Gründe liegen zum einen in den Rahmenbedingungen, welche eine effiziente regionale Strukturpolitik konterkarieren. Beispielhaft seien nur erwähnt der ungebrochene Sog der expandierenden Verdichtungsgebiete und das Gewerbesteuerverteilungssystem.

Sie ergeben sich zum anderen aus der unflexiblen und einseitigen Handhabung des im Grunde vielseitig einsetzbaren Instrumentariums und der Verfolgung überholter Konzeptionen.

„Im Vordergrund der regionalen Strukturpolitik steht die Beeinflussung der regionalen Investitionstätigkeit ..."[28]. Dies geschieht „über räumlich konzentrierte und in ihrer Intensität abgestufte Investitionsanreize für private Unternehmen sowie über gezielte Verbesserungen der wirtschaftsnahen Infrastruktur."[29]

Die regionale Strukturpolitik verharrt also weiterhin in der althergebrachten Schablone, bei der betriebsbezogenen Wirtschaftsförderung fast ausschließlich Investitionsanreizpolitik mittels Investitionszuschüssen und Investitionszulagen zu betreiben, obwohl diese – wie es selbst im Rahmenplan heißt – „nur mittelbar Einfluß auf die regionale Investitionstätigkeit" ausübt und – wie empirische Untersuchungen belegen – nicht sonderlich erfolgversprechend ist, schon gar nicht in Zeiten verminderten Wirtschaftswachstums, struktureller Wandlungen und verstärkter Rationalisierungsmaßnahmen.

Die regionale Strukturpolitik (speziell die Wirtschaftsförderung im Rahmen der GA) ignoriert die sich gerade im Hinblick auf zukünftige Entwicklungen immer massiver abzeichnende Notwendigkeit der Steigerung der unternehmerischen Leistungs- und Konkurrenzfähigkeit der in strukturschwachen Gebieten ansässigen Klein- und Mittelbetriebe.

Gerade für die Zukunft gilt, daß die Entwicklung der Fördergebiete in entscheidendem Maß von ihrem eigenen Potential abhängt. Ansiedlungsimpulse von außen sind auf absehbare Zeit kaum noch zu erwarten. Aus diesem Grund ist eine Politik zur Förderung der Anpassungs- und Innovationsfähigkeit in den Fördergebieten notwendiger denn je zuvor.

Der potentiell wirksamste Bereich der betriebsbezogenen Wirtschaftsförderung liegt bei den ansässigen Betrieben. Dies wurde bisher zu wenig beachtet, und demgemäß ist die Anwendung des GA-Instrumentariums unter Effizienzgesichtspunkten zu grob und zur Verbesserung der Qualität der Arbeitsmärkte unzulänglich, z.T. sogar ungeeignet.

Die staatlichen Finanzierungshilfen üben auf die aktuellen Investitionsentscheidungen für Erweiterungsvorhaben und damit auch auf die Qualität der Arbeitsplätze primär keinen oder nur geringen Einfluß aus. Erweiterungsvorhaben werden – von kostspieligen und risikobehafteten Projekten abgesehen – in der Regel unabhängig von Förderungsmaßnahmen durchgeführt.

Von größerem Einfluß auf Investitionsentscheidungen dürften staatliche Hilfen bei der Durchführung von Produktionsumstellungen, Rationalisierungen u.ä. gerade solcher Betriebe sein, die keinen Konzern im Rücken haben.

Eine Förderung ansässiger Betriebe, wenn sie zukünftig weniger pauschal, sondern in differenzierter Form erfolgt, ist aus folgenden Gründen gerechtfertigt:

1. zur Steigerung der unternehmerischen Leistungs- und Wettbewerbsfähigkeit, insbesondere gegenüber den in wirtschaftsstarken Regionen ansässigen Unternehmen, sowie zur Verminderung von Risiken bei Zukunftsinvestitionen
2. als „indirekter" Anreiz für Ansiedlungsinteressierte,
3. zum Ausgleich regionsspezifischer Kostennachteile.

Die Standortnachteile lassen sich allerdings mit betriebsbezogenen Fördermaßnahmen nicht beseitigen. Nur ihre Auswirkungen können erträglicher gestaltet werden.

Der entscheidende Ansatzpunkt für die Förderung ansässiger Betriebe liegt in der nachhaltigen, nicht nur kurzfristigen Stärkung ihrer Leistungsfähigkeit, um damit langfristig sichere und qualifizierte Arbeitsplätze zu schaffen oder zu sichern.

Aufgabe der Wirtschaftsförderung muß es daher auch sein, vorbeugende Maßnahmen durchzuführen, um damit Arbeitsplätze langfristig zu sichern.

Bei Überschreiten einer bestimmten Förderungshöhe in Abhängigkeit von der Betriebsgröße sollte Voraussetzung jeder Förderung eine Betriebsanalyse sein, erforderlichenfalls verbunden mit einer Betriebsberatung, um die Förderung nach den betriebsindividuellen Erfordernissen ausrichten zu können[30].

Zahlreiche Untersuchungen haben gezeigt, wo die Probleme neugegründeter und die Stillegungsursachen kleinerer und mittlerer Betriebe liegen. So wurden z.B. die Insolvenzen mittelständischer Betriebe überwiegend durch „innerbetriebliches Fehlverhalten" herbeigeführt, wie: mangelhafte Unternehmerqualität, ungenügende Führungskenntnisse, unzureichender Informationsstand.

Die Förderung neu zu gründender, insbesondere kleiner Betriebe sollte daher von einigen Mindestvoraussetzungen hinsichtlich der unternehmerischen Fähigkeiten der Betriebsinhaber abhängig gemacht werden. Eine analoge Regelung besteht übrigens bei der GA „Verbesserung der Agrarstruktur". Denn es gibt zu denken, daß z.B. 1976 74 % der Insolvenz-Betriebe noch keine 8 Jahre alt waren. Wer die geforderten fachlichen Voraussetzungen als Betriebsinhaber bei der Neugründung nicht besitzt, sollte aber nicht automatisch von der Förderung ausgeschlossen, sondern durch geförderte Lehrgänge u.ä. systematisch geschult und auf seine unternehmerische Aufgabe vorbereitet werden.

Ein besonderes Handicap stellt für die mittelständischen Betriebe der peripher gelegenen Räume das Problem der Marktferne dar. Dadurch können auch viele Kommunikations- und Informationsmöglichkeiten nicht optimal genutzt werden.

Es ist daher erforderlich, mit allem Nachdruck die infrastrukturellen und institutionellen Voraussetzungen zu schaffen und auch seitens des Staates zu fördern, um insbesondere durch umfassende (also sowohl kaufmännische wie technologische) Beratungshilfen z.B. die Entwicklung neuer Produkte für den Markt verwertbar zu machen. Gerade der Bereich der Innovationsförderung ist durch die regionale Wirtschaftsförderung bisher vernachlässigt worden.

Wegen der besonderen Situation der ländlichen Gebiete mit hohem Anteil mittlerer und kleiner Produktionsbetriebe bei gleichzeitig peripherer Lage wäre es dringend erforderlich, in den Oberzentren der Fördergebiete Informations- und Beratungszentren für das mittelständische Gewerbe zu installieren. Als gemeinsame Träger dieser Zentren in kooperativer Form kämen vor allen in Betracht: Kammern, Verbände, RKW, Wirtschaftsförderungsgesellschaft (mit Bankfunktion) des jeweiligen Landes. Dabei sollte auch z.B. eine Zusammenarbeit mit externen Forschungsinstitutionen erfolgen. Die Aufgaben sollten primär folgende Bereiche umfassen:

- Betriebsanalysen
- Information
- Beratung in den Bereichen Rechnungs-, Finanzwesen, Unternehmensorganisation, Marketing, Technologie, Innovation
- Abwicklung der betriebsbezogenen Wirtschaftsförderung.

Entscheidend für ein Funktionieren und eine optimale Wirkungsentfaltung solcher Zentren ist jedoch, daß man die bestehenden Hemmungen bei der Mehrzahl der ländlichen Betriebe gegenüber solchen Beratungsinstitutionen abbaut und die Betriebsinhaber zur Inanspruchnahme dieser kostenlosen bzw. geförderten Serviceleistungen gezielt anspricht und damit motiviert.

Der Rechtsanspruch für die Gewährung der allgemeinen I-Zulage in den GA-Gebieten sollte aufgegeben werden, weil er keinen Beitrag zur Steigerung der unternehmerischen Leistungsfähigkeit bringt. An seine Stelle sollte ein modifizierter Rechtsanspruch auf eine gestaffelte Mindestförderung für intensive und vor allem vielfältige Betriebsberatungen in mehrjährigen Abständen treten.

Im übrigen sollte man generell so verfahren, daß bei bestimmten bundesweit geltenden Zuschuß- oder Steuererleichterungsprogrammen (z.B. für energiesparende, umweltverbessernde u.a. *zukunftsgerichtete* Investitionen) für die Fördergebiete eine zusätzliche Vergünstigung gewährt wird, evtl. auch durch zusätzliche Sonderabschreibungen.

Die Subventionswerte (Förderwerte) sollten zukünftig danach differenziert werden, in welcher Weise eine qualitative Verbesserung des Arbeitsplatzangebotes erfolgt. Ein wichtiger Schritt ist die GA-Regelung, einen Ausbildungsplatz als doppelten Arbeitsplatz zu werten.

Eine Differenzierung sollte außerdem danach erfolgen, ob es sich z.B. um einen Zweigbetrieb ausschließlich mit Produktion oder um einen Betrieb auch mit dispositiven Funktionen handelt. Nicht sinnvoll erscheint dagegen eine Differenzierung nach Industriebranchen, weil sie nicht sinnvoll praktizierbar ist.

Eines muß jedoch bedacht werden: je differenzierter die Förderung, und je mehr Auflagen, Bedingungen usw. mit der Förderung verbunden werden, um so mehr besteht der Zwang zu Kontrollen.

Hier liegt auch die Gefahr einer zu differenzierten Förderungspolitik, die allen Wünschen gerecht werden will. Eine direkte staatliche Kontrolle wäre bei der Vielzahl der Betriebe und Fördertatbestände sehr aufwendig. Daher wäre denkbar, daß bestimmte Kontrollen im Interesse der Arbeitnehmer der begünstigten Betriebe im Rahmen der betrieblichen Mitbestimmung erfolgen[31]. Dies kann gerade bei konzernangehörigen Betrieben von besonderer Bedeutung sein, weil hier nach und nach wichtige geförderte Funktionen aus dem Betrieb gezogen werden könnten.

5. Verschärfte Anwendung und Kontrolle von Umweltschutzauflagen; Zurechnung externer Kosten nach dem Verursacherprinzip

Die starke Konzentration von Betrieben in den Verdichtungsgebieten führt direkt (z.B. produktionsbedingte Emissionen) und indirekt (z.B. Verkehrsaufkommen, Inanspruchnahme von Freiflächen) zu einer erheblichen Umwelt- und Wohnwertbeeinträchtigung, wobei sich die negativen Auswirkungen kumulieren. Daher ist es notwendig, daß zum einen über verschärfte Umweltbestimmungen die Schadstoffkonzentrationen begrenzt und zum anderen durch eine Kostenzurechnung die Verursacher der externen Kosten (welche bisher von Dritten mitgetragen werden müssen) finanziell belastet werden.

In diesem Zusammenhang müßten z.B. auch die erheblichen Verkehrsaufwendungen für die Verdichtungsgebiete Berücksichtigung finden sowie die Schäden, die durch eine exzessive Nutzung von natürlichen Ressourcen (z.B. Wasser) hervorgerufen werden.

6. Verbesserung der Standortbedingungen in den peripheren ländlichen Gebieten

Zahlreiche ländliche Räume sind z.B. aufgrund des regionalen Energiepreisniveaus gegenüber den Verdichtungsräumen eindeutig benachteiligt. Dadurch ist die Ansiedlung stark energiekostenabhängiger Betriebe wenig aussichtsreich. Die ansässigen Produktionsbetriebe – oft auch durch höhere Transportkosten bereits „vorbelastet" – müssen Kostennachteile in Kauf nehmen, die durch einmalige Investitionsbeihilfen langfristig nicht ausgeglichen werden können. Daher ist es notwendig, daß eine *regionale Angleichung der Energiepreise* erfolgt.

Um eine nachhaltige Verbesserung der infrastrukturellen Versorgung in den Fördergebieten – auch unter dem Aspekt der Anreizwirkung für das noch vorhandene Ansiedlungspotential – zu gewährleisten, müßten *umfassende (d.h. Infrastruktur bündelnde) ressortkoordinierte Standortentwicklungsprogramme* unter Berücksichtigung kleinräumlicher und lokalspezifischer Besonderheiten für wenige *ausgewählte* gewerbliche Entwicklungsschwerpunkte erarbeitet werden. Als solche Schwerpunkte kämen primär die nach dem BROP vorgesehenen, von den Ländern festzulegenden Entwicklungszentren in Betracht[32].

7. Regionale problemgruppenbezogene Arbeitsmarktpolitik

In Regionen mit branchen- und/oder betriebsstrukturbedingten hohen Arbeitslosenquoten haben sich Konjunktur- u.a. Sonderprogramme zwar evtl. wirtschaftsbelebend ausgewirkt, aber überwiegend ist die Arbeitslosigkeit auf die Dauer nicht stärker und nicht nachhaltiger gesunken als im Durchschnitt der anderen Regionen[33]. Die regionalen Arbeitsmarktprobleme werden vor allem dann deutlich, wenn man die Struktur der Arbeitslosen regional analysiert. Dabei muß berücksichtigt werden, daß die Arbeitslosenstatistik sehr unvollkommen ist und z.B. bestimmte Gruppen (vor allem Jugendliche!) nur zu einem Teil erfaßt werden. Zudem macht sich das Fehlen regionaler gruppenspezifischer Arbeitslosenquoten als eklatanter Informationsmangel bemerkbar.

Da die globalen Wirtschaftsförderungsmaßnahmen hinsichtlich der Eingliederung von Problemgruppen relativ bedeutungslos sind, ist eine regionsspezifisch ausgerichtete problemgruppenbezogene Arbeitsmarktpolitik erforderlich. Der erste wichtige Schritt hierzu erfolgte im Mai 1979 seitens der Bundesregierung durch das „Arbeitsmarktpolitische Schwerpunktprogramm für Problemregionen". Es leidet allerdings unter dem Mangel, daß es sich nur an den globalen Arbeitslosenquoten orientiert und regionale gruppenspezifische Arbeitslosenquoten nicht berücksichtigt.

8. Verbesserung des bodenrechtlichen Instrumentariums

Die gravierenden, insbesondere städtebaulichen Fehlentwicklungen in den Verdichtungsgebieten resultieren u.a. aus der Tatsache, daß spekulativ in die Höhe getriebene Grundstückspreise den Kommunen kaum noch eine Chance lassen, die notwendigen innerstädtischen Bedingungen für ein humanes Wohnen zu schaffen.

Da der Boden im Gegensatz zu anderen Gütern nicht vermehrbar ist und die bebaubaren Flächen gerade in den zentralen Orten immer knapper werden, werden die raumordnerischen und städtebaulichen Ziele im Hinblick auf eine optimale Siedlungsstruktur aufgrund der steigenden Grundstückspreise massiv unterlaufen. Es ist daher dringend erforderlich, daß – z.B. durch wesentliche Änderungen im Bodenrecht und/oder Steuerrecht (z.B. Bodenwertzuwachssteuer, Erfassung der leistungslosen Veräußerungsgewinne durch die Einkommensteuer) – insbesondere Maßnahmen erfolgen, durch welche vor allem die Kommunen in den stark belasteten Verdichtungskernen in die Lage versetzt werden, humane Wohnbedingungen zu schaffen, ohne bereits vor dem Problem extremer Grundstückspreise zu kapitulieren.

VIII. Schlußbemerkungen

Die vorstehenden Ausführungen sollten verdeutlichen, welche Ursachen dafür maßgebend sind, daß die Raumordnungspolitik ihre Ziele erst zu einem geringen Teil (z.B. in bestimmten infrastrukturellen Bereichen) erfüllt hat, welche Bedingungen für eine effiziente Raumordnungspolitik gegeben sein müssen und welche Maßnahmen erforderlich sind, um die Raumordnungspolitik und Regionalpolitik wirksamer zu gestalten.

Dabei zeigt sich, daß das Kardinalproblem der Durchsetzung raumordnungspolitischer Zielsetzungen weniger in der Auffindung geeigneter Instrumente liegt als vielmehr in der fehlenden politischen Bereitschaft und der mangelnden Fähigkeit, die geeigneten Instrumente gebündelt und stringent anzuwenden.

Anmerkungen

1 G. Müller: Raumordnungspolitik. In: Handwörterbuch der Raumforschung und Raumordnung, Hannover 1970.
2 D. Storbeck: Zum Verhältnis zwischen Raumordnung und regionaler Wirtschaftspolitik – theoretische Aspekte. In: Arbeitsmaterial der ARL, Nr. 9/1978, S. 23 ff.
3 Raumordnungsgesetz vom 8.4.1965, BGBl. 1965, Teil I, S. 306.
4 Raumordnungsprogramm für die großräumige Entwicklung des Bundesgebietes (Bundesraumordnungsprogramm), Bundestagsdrucksache 7/3584 vom 30.4.1975.
5 BROP, a.a.O., Kapitel I, 1.2.
6 BROP, a.a.O., Kapitel I, 1.3.
7 BROP, a.a.O., Kapitel I, 3.
8 Vgl. Achter Rahmenplan der Gemeinschaftsaufgabe „Verbesserung der regionalen Wirtschaftsstruktur", BT-Drucksache 8/2590, vom 20.2.1979, S.5.
9 Vgl. Achter Rahmenplan der Gemeinschaftsaufgabe, a.a.O., S. 5 f.
10 Vgl. Raumordnungsbericht 1978, BT-Drucksache 8/2378, Anlage 2.
11 Landesentwicklungsprogramm Bayern (Anlage zur Verordnung über das Landesentwicklungsprogramm Bayern vom 10.3.1976), Kapitel II, 2.5.
12 Saarländisches Landesplanungsgesetz vom 17.5.1978, § 2 Nr. 4.
13 Landesgesetz für Raumordnung und Landesplanung (Landesplanungsgesetz) vom 8.2.1977, § 2 Nr. 2.
14 BROP, a.a.O., Kapitel IV, 1.3.
15 BROP, a.a.O., Kapitel II, 4.4.4.
16 Raumordnungsbericht 1978, BT-Drucksache 8/2378, Vorwort.
17 8. Rahmenplan der GA, a.a.O., S. 7.
18 Vgl. BROP, a.a.O., Kapitel I, 3. Vgl. hierzu auch Raumordnungsbericht 1978, a.a.O., S. 12.
19 Raumordnungsbericht 1978, a.a.O., S. 46.
20 Vgl. hierzu: Herbert Schirrmacher: Landesentwicklung in Hessen, In: Besiedlung und Landschaft in Hessen, herausgegeben vom Hessischen Ministerium für Landwirtschaft und Umwelt, Wiesbaden 1978.
21 Dazu gehören vor allem die Ausweisung von Zentralen Orten, Entwicklungsachsen und -zentren, Raumordnungskategorien, Siedlungs- u.a. Flächen mit Vorrangnutzung, die Durchführung von Raumordnungsverfahren, der Erlaß raumordnerischer Richtlinien u.ä.
22 Zu Einzelheiten siehe: F. Wolf: Gewerbesteuer – Volkswirtschaftliche Verschwendung und regionale Fehlentwicklung. In: Wirtschaftsdienst 1977/X, S. 518 ff.
23 Aus der Flächenverknappung resultierende Preissteigerungen entsprechen dem marktwirtschaftlichen System von Angebot und Nachfrage. Will man dies verhindern, so ist eine Änderung der z.Z. geltenden bodenrechtlichen Regelungen erforderlich.
24 Die hier beschriebene Regelung wird z.Z. aufgrund eines Erlasses der obersten Landesplanungsbehörde in Hessen angestrebt.
25 Vgl. hierzu R.W. Wettmann: Regionale Disincentives als Instrumente der Deglomerationspolitik. In: Informationen zur Raumentwicklung, Heft 11/12, 1978, S. 989 ff.
26 Siehe Raumordnungsbericht 1978, a.a.O., S. 52. Die z.B. für Hessen vorgesehenen Standorte von Bundeseinrichtungen liegen ausschließlich im expandierenden Verdichtungsgebiet Rhein-Main.
27 Ebenda, S. 20.
28 8. Rahmenplan der GA, a.a.O., S. 6
29 Ebenda.
30 Eine solche Betriebsanalyse, Betriebsberatung und darauf aufbauende betriebsindividuelle Förderung könnte – wie dies z.B. in Hessen geschieht – durch eine landeseigene Gesellschaft veranlaßt und/oder durchgeführt werden, die sowohl treuhänderisch Wirtschaftsförderungs- (Bankinstitut) als auch Beratungs- und Forschungsaufgaben erfüllt.
31 Z.B. durch den nach dem Betriebsverfassungsgesetz in Unternehmen mit über 100 Beschäftigten vorgeschriebenen Wirtschaftsausschuß.
32 Vgl. BROP, a.a.O., Kapitel III 2.1. Obwohl das BROP nunmehr 4 Jahre existiert, gibt es auch für diesen Punkt bis heute noch keinen Vollzug.
33 Die günstige Arbeitsmarktentwicklung der Fördergebiete Ende der 60er und Anfang der 70er Jahre war offenbar nur ein „Zwischenhoch", das aus der allgemeinen wirtschaftlichen Prosperität resultierte und die Durchführung strukturpolitischer Maßnahmen erleichterte.

Die Raumordnungs- und Regionalpolitik der Zukunft – Unsicherheit über Ziele, Mittel und Wirkungen

Von Dieter Bullinger

1. *Die bisherige Regionalpolitik in der Bundesrepublik Deutschland*

1.1 Der Problemhintergrund

Die Euphorie ist gewichen: Was einstmals von Wissenschaft und Praxis als neues, innovatives Politikfeld begriffen wurde, nämlich die Regional- und Raumordnungspolitik, gerät zunehmend in Verruf. Noch vor 10 Jahren als Ansatz- und Mittelpunkt für eine Koordinierung aller staatlichen Politiken betrachtet, steht die Raumordnungspolitik heute ,,mit den Rücken zur Wand".[1] Man verzeichnet einen weitgehenden Stillstand und den ,,relativ raschen Niedergang der ‚Karriere eines Politikfeldes'.[2] Seit die Auflösung des entsprechenden Bundesministeriums von Politikern gefordert wird, ist die Diskussion über den Kreis der eigentlichen Fachleute hinaus öffentlich geworden.

Diese Ernüchterung hat vielerlei Gründe. An Gründen werden u.a. genannt:[3]

- allgemeine Reformabneigung/Planungsernüchterung
- Abkehr von programmintensiven Politikbereichen aus persönlichkeits- und durchführungsbedingten Motiven
- politisch höhere Bedeutsamkeit anderer Politikfelder
- administrationsinterne Organisationsprobleme (teilweise als Ausfluß einer zunehmenden Planungs- und Programm-Phobie der ,,Machergeneration" bei Bundeskanzler und Ministerpräsidenten)
- unzureichende materiell-formale Kompetenzen und Budgetansätze
- verstärkte Ressortegoismen mit dem Ergebnis mangelhafter Koordination (Ressortkumpanei)
- Klientelabsenz – und, falls dennoch vorhanden: mangelnde Sanktionsfähigkeit der Klientel – in diesem Politikbereich
- unzureichende oder unbegründete Annahmen über die Steuerbarkeit im Bereich der Raumordnung
- aufgrund von binnenorganisatorischen und externen Restriktionen auf Ineffizienz angelegte Thematisierungs- und Implementationsstrategien usw.

Welches auch immer die Gründe sein mögen und welches Gewicht jeder der Gründe hat, so scheinen doch zwei Dinge deutlich zu sein:

- Es verbreitet sich zunehmende Unsicherheit darüber, ob die Raumordnungs- und Regionalpolitik, so wie sie angelegt ist und heute praktiziert wird, überhaupt erfolgversprechend sein kann. Das betrifft die Problemerkennung und -gewichtung, die Zustandsanalyse, die Zielformulierung und die Mittel-, Maßnahmen- und Konzeptauswahl ebenso wie die zugrundegelegten Annahmen über Wirkungszusammenhänge und -intensitäten, die Organisations- und Implementationsstruktur und die politische Durchsetzbarkeit und Legitimierbarkeit der beschlossenen und ausgeführten Politiken.
- Es besteht – wieder einmal – die Gefahr, daß auf *wissenschaft*licher Ebene die fundierte Analyse der strukturell und prozessual bedingten Defizite soviel Arbeitskapazität bindet, daß der Blick auf mögliche durchsetzungsfähige Perspektiven verstellt ist. Auf der anderen Seite der „*Praktiker*" hingegen besteht die Gefahr, daß einmal mehr mit der Stange im Nebel herumgestochert wird, indem marginale Verbesserungsvorschläge erarbeitet und z.T. auch durchgesetzt werden, wobei jedoch die übergreifenden Zusammenhänge und Restriktionen (meist unbewußt, weil unbekannt oder unverstanden) übersehen werden. So werden dann zwar – aus der notwendig begrenzten Perspektive der in der Verwaltung Eingebundenen durchaus rationale und erfolgversprechende – Prozeßoptimierungen erzielt, die jedoch häufig eher kontraproduktiv wirken und den Zielerreichungsgrad im gesamten Politikfeld eher verringern.

Deshalb bleibt die Frage aktuell, welche Konsequenzen sich aus der Misere eines ganzen Politikbereichs für eine Neukonzipierung der Raumordnungs- und Regionalpolitik ergeben und welcher Lösungsbeitrag von derzeit diskutierten Modellen künftiger Politikstrategien zu erwarten ist.

1.2 Die Ziele bisheriger Raumordnungs- und Regionalpolitik

Was ist Raumordnungs- und Regionalpolitik?
Gängigen Definitionen zufolge wird *Raumordnung* als bewußte Gestaltung des Verhältnisses der Gesellschaft zum Natur-, Lebens- und Arbeitsraum im Hinblick auf die Gesamtbedürfnisse der Gesellschaft betrachtet. Dieses Verhältnis ist wegen der unterschiedlichen räumlichen Gegebenheiten a priori keineswegs optimal, so daß sich globale Maßnahmen (z.B. Fiskal- oder Geldpolitik) in den Teilräumen eines Staatsgebiets nicht gleichzeitig und auch nicht gleichartig niederschlagen und auswirken.[4] Somit ist es nur folgerichtig, daß neben globalen staatlichen Maßnahmen auch gezielte räumliche Aktionen durchgeführt werden, d.h. daß *Raumordnungspolitik* betrieben wird. Bei einem unbeeinflußten Wirken der Marktkräfte müßte nämlich in Kauf genommen werden, daß eventuell – den Myrdalschen Überlegungen zufolge – wirtschaftliche Entwicklungen und Wachstumsprozesse in einzelnen Teilräumen ungleich vor sich gehen. Dabei könnten räumliche Spannungen aufgrund der Entwicklungsunterschiede entstehen und sich dann eine mögliche Entleerung der benachteiligten Gebiete verstärken. Darüber hinaus aber wäre zu erwarten, daß – wegen des wahrscheinlichen

Überwiegens der Sicker- über die Ausbreitungseffekte des Wachstums – ein kumulativer Prozeß der Vergrößerung der räumlich-wirtschaftlichen Disparitäten in Gang gesetzt wird.[5]

Während deshalb durch die Raumordnungspolitik (als einer umfassenden gesellschaftspolitisch ausgerichteten übergeordneten Raumgestaltungspolitik) räumlich diskriminierende Interventions- und Anreizversuche durchgeführt werden, wird *Regionalpolitik* bzw. regionale Strukturpolitik im wesentlichen als jener Teilbereich einer solchen Raumordnungspolitik verstanden, der „sich primär auf die Gestaltung des ökonomischen Objektbereichs konzentriert."[6]

Was will Raumordnungspolitik?

In der Wissenschaft besteht ein deutlicher Trend zur Betonung der Notwendigkeit, qua Regionalpolitik für eine „möglichst effiziente Ausnutzung der in den einzelnen Teilgebieten einer Volkswirtschaft vorhandenen Produktions- und Entwicklungspotentiale sowie (für den) Abbau interregionaler Unterschiede im wirtschaftlichen Entwicklungsniveau"[7] zu sorgen. Damit ist zugleich die *wachstumspolitische* wie auch die *verteilungspolitische* Dimension angesprochen, über die eine ganze Reihe von teilweise sehr differenzierten, aber keineswegs immer ausreichend konkreten Literaturvorschlägen vorhanden ist.[8] So groß jedoch auch die Literaturfülle ist, so ist es doch „heute fast communis opinio, daß die aus einem gesellschaftspolitischen Leitbild abgeleiteten Zielbestimmungen der Raumordnung bis hin zum ..... Bundesraumordnungsprogramm Leerformeln bleiben."[9] Als schlagender Beweis für diese Leerformelhaftigkeit werden sodann üblicherweise die Zielbestimmungen des Raumordnungsgesetzes in dessen § 1 sowie die Grundsätze des § 2 genannt, die mit fast jeder Ordnung des Raumes zu vereinbaren seien. Der politische Zweck solcher Leerformeln ist eindeutig: sie sind mit Vorteilen für das politische System verbunden, das dadurch gegenüber verschiedenen Interessengruppen besser anpassungsfähig wird.

Damit aber wird Raumordnungs- und Regionalpolitik reaktiv und läuft tendenziell ins Leere, weil sie nicht mehr steuernd wirkt.

1.3 Instrumente und Wirkungen bisheriger Raumordnungspolitik

Daß eine weitergehende Konkretisierung der vorhandenen leerformelhaften Ziele bislang nicht erfolgte, ist insoweit nur konsequent. Dadurch ist einerseits ein gewisser Voluntarismus bei der Wahl der Instrumente ermöglicht worden und beobachtbar, andererseits sind lediglich die aus der allgemeinen Wirtschafts- und Gesellschaftspolitk bekannten Instrumente zur Anwendung gelangt – über einen eigenen Instrumentenkasten verfügt die stark regionalpolitisch, d.h. ökonomisch ausgerichtete Raumordnungspolitik in der Bundesrepublik bislang kaum.

Da sind zunächst die rahmensetzenden *Ordnungsmittel* (formale Gestaltungsmittel)[10] zu nennen, d.h. die Einteilung des Raumes in und Festlegung von Zentralen Orten, Entwicklungszentren, Siedlungs- und Entwicklungsachsen, Förder- und Vorranggebieten. Die damit erfolgende Raumgliederung trägt formalen Charakter, sie leistet jedoch noch keinen direkten Beitrag zur Veränderung der raumstrukturellen Gegebenheiten. Einen Ansatzpunkt für das In-Gang-Bringen einer Entwicklungsdynamik bietet sich nicht, denn das auf den Arbeiten von Walter Christaller fussende System der Zentralen Orte (und Entwicklungsachsen) geht von der Versorgung und Alimentierung eines nicht näher definierten Verflechtungsbereiches durch einen in seiner Zentralität nicht näher definierten Schwerpunktort aus. So stellt sich zurecht die Frage, „ob das Zentrale-Orte-Konzept in seiner theoretischen Begründung für die Raumordnungspolitik überhaupt noch geeignet ist."[11]

Daß eine solche Raumeinteilung nicht zu einer Identifizierung von potentiell förderungs*würdigen* Gebieten ausreicht, mußte eigentlich erwartet werden. Allerdings hat bislang auch eine Gliederung entsprechend der Förderungs*bedürftig*keit nicht funktioniert. Dies hat sich etwa bei der Abgrenzung der Fördergebiete bei der Gemeinschaftsaufgabe „Verbesserung der regionalen Wirtschaftsstruktur" gezeigt, wo Gesichtspunkte der Besitzstandswahrung prioritär sind. Die Bundesrepublik leistet sich ein Fördergebietsvolumen, das – gemessen an den Anteilen an der Staatsfläche und Bevölkerung – die Förderregionen-Einteilung in allen anderen EG-Staaten überbietet.[12] Erzielt wird damit schon allein durch die Flächeneinteilung ein starker „Kleckereffekt", der dadurch multipliziert wird, daß der noch verbleibende Flächenrest zu einem großen Teil von Länderprogrammen erfaßt wird.

Dieses „Kleckern" im Sinne eines Gießkannenverfahrens setzt sich bei den mit der Gemeinschaftsaufgabe verbundenen Investitionshilfen fort. Für sie konnte eine den gestaffelten Fördersätzen entsprechende gestaffelte Verhaltensbeeinflussung auf Seiten der Unternehmen „bislang nicht empirisch nachgewiesen"[13] werden, vielmehr „haben sich die verschiedenen finanziellen Fördermaßnahmen als relativ wenig wirksame Instrumente erwiesen: Als symptomorientierte Subventionen sind sie kaum in der Lage, infrastrukturelle und/oder arbeitsmarktbezogene Mängel des Standorts in größerem Maße auszugleichen und damit die Industrialisierung gemäß den Zielen der Regionalpolitik zu steuern."[14]

Damit wird am Beispiel der Subventions-Finanzmittel klar, was auch für die anderen Arten von Anreiz-, Anpassungs- und Abschreckungsmitteln (regionale Steuer-, Tarif-, Vergabepolitik) gilt: Problematisch sind besonders drei Punkte, die den Interventions- und Verhaltensänderungserfolg dieser Mittel beeinträchtigen:

– die Verbindung mit anderen Maßnahmen
– die Neigung der Angesprochenen, sich tatsächlich anreizen oder abschrecken zu lassen
– die Dosierung des Mitteleinsatzes.

Besonders deutlich zeigt sich dies auch im Bereich der Infrastrukturausstattung (Bereich der *„Gestaltungsmittel"*): trotz umfangreicher Forschungen über Infrastrukturwirkungen sind „generelle Aussagen über die geeignete Infrastruktur ... nicht zu machen"[15], da über die raumrelevanten Wirkungen der Infrastruktur „kaum wissenschaftliche Analysen vorliegen."[16] Und obgleich allenthalben auf die Notwendigkeit von Infrastrukturbündeln hingewiesen wird, da „die isolierte Erstellung einer einzelnen

Infrastruktureinrichtung ... keine optimale ökonomische Entscheidung"[17] darstellt, ist es „nicht ganz ausgeschlossen, daß sich Infrastrukturprojekte ... gerade deshalb so großer Beliebtheit erfreuen, weil korrelierend zum universellen Erfolgsverdacht ein empirischer Nachweis für Mißerfolge nahezu ausgeschlossen ist."[18]

Dieses Handeln in Unwissenheit über die Wirkungen gilt im Prinzip auch für einen weiteren Teilbereich der *„weichen" Instrumente*, nämlich die Informations-, Kommunikations- und Beratungsmittel: Es fehlt nicht nur an aktuellen, umfassenden und dennoch nicht zur Informationsüberlastung führenden Darstellungen, sondern sie sind im Unternehmensbereich auch zu wenig auf verschiedene Betriebstypen und spezifische betriebliche Problemlagen zugeschnitten.

Und auch für die *Instrumente der „harten" Verhaltenssteuerung* (Zwangsmittel: Gebote/Verbote) läßt sich eine solche in der Tendenz eher kontraproduktive Wirkung deutlich feststellen. Darüber hinaus stehen wirklich massiven globalen Zwangsmitteln ordnungspolitische Bedenken entgegen. Dies gilt etwa für eine stärkere regionale Investitionslenkung, die ebenso wie regionalisierte Ansiedlungsverbote derzeit politisch außerhalb jeglicher Diskussion stehen. Einzig eine regionalisierte Ausländerpolitik sowie in Einzelfällen Ansiedlungsverbote sind bislang durchgeführt worden. Exemplarisch zeigt sich das Schicksal harter Vorgaben im Bereich der Raumordnungspolitik an den Bevölkerungsrichtwerten, die – aufgrund mangelnder inneradministrativer Durchsetzbarkeit - ihre Steuerungswirkung inzwischen in nahezu allen Bundesländern fast völlig verloren haben.[19]

Zusammengefaßt ergibt sich folgendes Bild: Eine marktlich gesteuerte Raumentwicklung hat Strukturen hervorgebracht, die zu Interventionsversuchen mittels Raumordnungs- und Regionalpolitik zwingen. Die Ziele dieser Politik bleiben im Leerformelhaften. Man mag dies kapitalismuskritisch-agenturtheoretisch oder auch mit dem Credo des Liberalismus begründen, der staatliche Eingriffe in die Entscheidungsfreiheit der einzelnen Wirtschaftssubjekte weitgehend ablehnt und – wenn überhaupt – so gering wie möglich halten will. Jedenfalls ist die Instrumentengestaltung und der Mitteleinsatz so, daß wohl interveniert wird – und zwar „weit über die von der liberalen Theorie postulierten Grenzen hinaus" –, daß aber dieser Mitteleinsatz „von der wirtschaftspolitischen Praxis mit schlechtem Gewissen, unsystematisch und theorielos vollzogen wird."[20]

Soll *künftig* der Steuerungsanspruch der Raumordnungs- und Regionalpolitik eingelöst werden, so sind einige Modifikationen nötig:

- Es muß klar werden, welche räumlichen Konsequenzen der wirtschaftliche Strukturwandel der kommenden Jahre mit sich bringt.
- Es müssen realisierbare, d.h. genügend konkrete Ziele für eine künftige erwünschte Raumstruktur gefunden werden.
- Es müssen Handlungskonzepte und Steuerungsinstrumente gefunden werden, die zielerreichende Wirkungen besitzen. Hierzu ist insbesondere eine stärker am Verhalten und den verhaltensbeeinflussenden Faktoren der Steuerungsobjekte orientierte Politikplanung nötig.
- Und das Ganze muß inneradministrativ und nach außen hin durchsetzbar sein.

2. *Überlegungen zur Regionalpolitik der Zukunft*

2.1 Räumliche Konsequenzen veränderter Rahmenbedingungen

Die Konzipierung einer Regionalpolitik für die Zukunft wird erschwert durch den weltwirtschaftlichen Strukturwandel, der gänzlich neue Rahmenbedingungen für den räumlichen Entwicklungsprozeß setzt.[21] Daraus läßt sich zumindest soviel schließen:

Wird auf Interventionen in diesen Entwicklungsprozeß verzichtet, so ist auch für die Zukunft nicht zu erwarten, daß sich der säkulare Agglomerationsprozeß und die mit ihm einhergehende Entleerung peripherer Räume wesentlich verändert. „Die weitere Entleerung bestimmter Räume zugunsten weniger Verdichtungsgebiete ist vorprogrammiert."[22] Die Raumordnungsprognose 1990 rechnet damit, daß „der Bevölkerungsrückgang in ländlich geprägten Gebietseinheiten, in denen kein Verdichtungsraum liegt, mit 11,3% bedeutend größer als im übrigen Bundesgebiet" ist.[23]

Infolge der wachsenden Erwerbspersonenzahlen müßten – um eine Vollbeschäftigung in den abwanderungsgefährdeten Problemräumen im Sinne des Bundesraumordnungsprogramms zu erreichen – über 1/2 Million Arbeitsplätze *zusätzlich* in diesen Räumen geschaffen werden.[24] Erwartet aber wird ein globaler Arbeitsplatzverlust, der sich regional wieder zulasten der ländlichen Räume auswirkt: „Die Gebietseinheiten, für die eine Arbeitsplatzabnahme von mehr als 3% vorausgeschätzt wird, liegen alle innerhalb der Schwerpunkträume mit besonderen Strukturschwächen."[25] Die zugrundeliegenden Zahlen (Bundesdurchschnitt -1,0%, Maximalwert -10,8% von 1974 - 1990) sind voraussichtlich sogar noch beschönigend.: Selbst die strukturschwachen Gebietseinheiten des BROP enthalten fast immer ein mehr oder weniger ausgeprägtes Zentrum. Liegen mehrere strukturschwache Gebietseinheiten nebeneinander, so sind die wirklich schwachen und deshalb stark schrumpfenden Gebiete jene, die sich zwischen diesen Zentren befinden.

Diese drohenden starken Ungleichgewichte auf dem Arbeitsmarkt haben mehrere Gründe:

- Standortverlagerungen machen dabei den geringsten Anteil aus. Vielmehr schrumpft der Markt für Ansiedlungen beträchtlich. Verlagerungen spielen sich fast nur noch im kleinregionalen Rahmen ab.
- Entscheidender ist die Zusammensetzung der Arbeitsplätze nach Wirtschaftssektoren und Branchen mit ihren unterschiedlichen Wachstums- und Schrumpfungsarten: Durch den erwartbaren Rückgang im Produzierenden Bereich wird der „als Industriepolitik praktizierten Regionalpolitik die Manöveriermasse entzogen" und damit die Position der so gefährdeten schwachen Gebiete weiter geschwächt, da sie „zur konjunkturellen Knautschzone für die Regionalpolitik der Konzerne geworden"[26] sind.
- Gleichzeitig kann sich auch der Staat den Agglomerationstendenzen nicht entziehen, sondern er unterstützt sie tendenziell durch die Konzentrationen im Rahmen der Gebietsreformen und des „Rückzugs aus der Fläche".

Allerdings sind die Schrumpfungsprozesse – da zum größten Teil sektoral bedingt – nicht auf die ländlichen Gebiete beschränkt. Strukturschwach sind auch verdichtete Regionen, die auf wenig zukunftsträchtigen Branchen „sitzengeblieben" sind: etwa das Ruhrgebiet oder das Saarland[27], auch wenn dort die erwarteten Arbeitsplatzdefizite und Arbeitslosenquoten nicht die erschreckende Höhe der Zahlen für die wenig verdichteten Räume annehmen. Und wo einseitig strukturierte Räume mit unklaren wirtschaftlichen Zukunftserwartungen sich selbst nicht durch wachstumsträchtige Branchen zur Diversifikation verhelfen, da muß auf die Dauer ebenfalls mit Problemen gerechnet werden.

Selbst unter Zugrundelegung alternativer weltwirtschaftlicher und machtpolitischer Konstellationen zeigt sich eine starke Fortsetzung der räumlichen Konzentrationstrends, zumindest jedoch eine starke Zunahme der Probleme in nicht-verdichteten Gebieten mit einem parallel laufenden Bedeutungsgewinn der Ballungsgebiete[28].

2.2 Neue Konzepte und ihre Ziele

Unter diesen Vorbedingungen
- unklares Zielsystem der Raumordnungspolitik,
- mangelnder Erfolg der bisherigen Raumordnungs- und Regionalpolitik,
- veränderte Rahmenbedingungen der weltweiten Wirtschaftsentwicklung,

ist man allenthalben auf die Suche nach neuen Konzepten gegangen, „ohne allerdings im instrumentellen Bereich bisher Überragendes anbieten zu können."[29]

Die Gefahr besteht jedoch, daß das Kind mit dem Bad ausgeschüttet wird, da man sich andernfalls im heißen Wasser die Finger verbrennen könnte: Da es aufgrund der gesellschaftspolitischen Polarisierung der letzten Jahre offenbar zunehmend schwerer geworden ist, sich über die Konkretisierung von Leerformeln zu unterhalten, wird hierzu im Bereich der Raumordnung auch kein Anlauf mehr unternommen. Je nach Gusto bleiben die bisherigen Ziele der Raumordnung unverändert bestehen (so etwa verständlicherweise für die Bundesregierung[30], die ja wohl schlecht erklären kann, sie halte das Raumordnungsgesetz von 1965 nicht mehr für zielsetzend), ohne daß man sich näher über ihre Operationalisierung ausläßt – oder aber es werden Konzeptionen entwickelt, die den Charakter von Auffang- und Anpassungspositionen haben, weil man der Meinung ist, aufgrund der Erfahrungen der letzten Jahre gäbe es wohl kaum eine Möglichkeit, dem räumlichen Konzentrationsprozeß wirksam entgegenzusteuern[31]. Interessanterweise ist hier – wie auch in anderen Bereichen der wissenschaftlich-publizistischen Diskussion[32] – derzeit kein dezidiert linker kapitalismuskritischer Ansatz zu finden, wie er vor Jahren noch ansatzweise vorhanden war[33].

So lassen sich derzeit drei Grobkonzepte ausmachen:
- das Konzept funktionsräumlicher Arbeitsteilung mit der möglichen Folge großräumiger Passivsanierung
- das Konzept des Mittleren Weges zu ausgeglichenen Funktionsräumen
- das dezentrale Konzept der kleinräumigen regionalen Stabilisierungsansätze.

Im wesentlichen geht es dabei um die Konfrontation von wachstumspolitisch und verteilungs-sozialpolitisch orientierten Ansätzen sowie im dritten Falle um eine Konzeption, die im Optimalfall zu einer Variante des „small is beautiful" gereichen könnte, d.h. von einem Notfälle korrigierenden „Statisficing" zu einem das Auskommen sicherenden „Satisfying".

2.3 Funktionsräumliche Arbeitsteilung – das trojanische Wachstumspferd der Raumordnungspolitik?

Nicht zuletzt durch die Einrichtung eines Arbeitskreises der Akademie für Raumforschung und Landesplanung sowie durch eine Empfehlung des Beirats für Raumordnung vom 16.6.1976 hat das Konzept der funktionsräumlichen Arbeitsteilung mehr politische Bedeutung erlangt. Diskutiert worden war es allerdings schon wesentlich früher. Die Grundüberlegung ist, daß das Bundesgebiet „ein räumlich und funktional differenziertes System (darstellt), das jeweils wieder aus räumlich und funktional differenzierten Subsystemen besteht".

Diese verschiedenen Subsysteme (Teilräume) bilden eine arbeitsteilige Kette, in der „jedes die Funktion wahrnehmen (soll), für die es aufgrund seiner Eignung oder Entwicklungsfähigkeit, kurz: seiner komparativen Vorteile besonders günstige Voraussetzungen mitbringt bzw. diese Voraussetzungen besonders günstig geschaffen werden können", so daß „durch wachstumsoptimale Integration der räumlich und funktional differenzierten Teilleistungen der einzelnen Subsysteme die Erfüllung aller forderlichen Funktionen – insgesamt gesehen – am besten erreicht werden kann."[34] Es wird von unterschiedlicher Begabung einzelner Räume für die Wahrnehmung bestimmter gesellschaftlicher und wirtschaftlicher Funktionen gesprochen.

Was den konkreten Umgang mit diesen unterschiedlichen Begabungen angeht, so sind zwei Versionen in der Diskussion. Die *erste Version* geht davon aus, „daß in einer Volkswirtschaft alle Funktionen (und nicht nur die ökonomischen) erfüllt und gesichert werden müssen, und die entsprechende Zuweisung der Funktionen anhand der besonderen Eignung der Räume zu erfolgen hat."[35] Eine solche Einteilung in Funktionsräume und Vorranggebiete (für nur eine einzige dominate Funktion) habe nicht alternativ, sondern nur ergänzend zur bisher praktizierten Politik zu erfolgen[36], sie habe ökonomische und soziale wie ökologische Postulate gleichwertig zu berücksichtigen (da sonst zu starke Ausgleichsleistungen erforderlich würden), habe nur dann einzusetzen, wenn das Gerechtigkeits- und Gleichwertigkeitsziel der Raumordnungspolitik durch entsprechende „Mindeststandards" verwirklicht sei, und sie habe sich auf überregionale Funktionen, sozusagen oberhalb der regionalen Mindeststandards, zu beziehen.[37]

Die *zweite, rigidere Auffassung* geht davon aus, daß die regionalen Mindeststandars inzwischen ohnehin überall im Bundesgebiet vorhanden seien, daß angesichts der mangelnden Erfolge bei der Förderung der strukturschwachen Räume mit dem dabei verbundenen Kampf mit dem Drachen „Ungleichheit zwischen Regionen" eine Neuinterpretation des Gleichwertigkeitsleitbildes nötig sei. Diese habe insbesondere auch die internationale Wettbewerbsstellung der Bundesrepublik zu berücksichtigen, so daß eine Förderung strukturprägender (ökonomischer) Funktionen in den einzelnen Teilräumen an die Stelle der bisherigen Politik zu treten habe, die auf die strukturelle Ausgewogenheit der Teilräume gezielt habe.

Dabei sei neben oder statt der Förderung strukturschwacher Räume eine Förderung gerade auch in starken Gebieten, insbesondere in Verdichtungsräumen, zu betreiben, denn dort haben sich bestimmte ökonomische Schwerpunkte herausgebildet, die besonders viele Agglomerationsvorteile schaffen (und auch selbst nutzen) und die durch ein kostengünstiges Zusammenspiel von funktions- und strukturbedingten Effekten beste Voraussetzungen auch für die künftige ökonomische Entwicklung dieses Gebietes böten.

Sollte sich diese rigide Konzeption durchsetzen, so wäre in der Tat der Grundgedanke der gesamten staatlichen Raumordnungspolitik in ihr staatlich gefördertes Gegenteil verkehrt: Per Staatsintervention würde der sich aus marktwirtschaftlichen Unzulänglichkeiten ergebende räumliche Konzentrationsprozeß (mit einem entsprechenden Entleerungsprozeß auf der Kehrseite der ländlichen Gebiete) explizit gefördert; zugunsten des Erhalts der weltwirtschaftlichen Position und um eventuelle Standortverlagerungsabsichten von Großunternehmen in andere Staaten zu verhindern, würde in Kauf genommen, daß die Umweltbelastung in den Verdichtungsräumen erheblich anstiege und daß ökonomisch nicht funktionsfähige Regionen einfach stillgelegt würden. Doch selbst der wohlwollende Hinweis, daß man dann wohl, da man die Konsequenzen sozio-ökonomischer Ungleichgewichtigkeit zwischen den Teilräumen bewußt in Kauf nehme, verstärkte interne Ausgleichsmechanismen entwickeln und Transferzahlungen leisten müsse, wirkt eher beunruhigend: angesichts der komplizierten ökologischen Regelkreise dürfte das Kompensationsgeld wohl kaum von vielen Reichen, aber Vergifteten in den Ballungsgebieten zu wenigen Armen, aber Gesunden in den ökologischen Rest-Ausgleichsräumen gehen. Vielmehr ist aufgrund der weitreichenden Zusammenhänge im Umweltbereich zu erwarten, daß die Bewohner dieser Resträume nicht nur arm, sondern ebenfalls gesundheitlich gefährdet sind. Ganz abgesehen davon, daß eine solche weltmarkt- und großkonzern-orientierte Konzeption wohl auch verheerende Folgen für den Vorsorgungsleistungen anbietenden Mittelstand hätte, der starke räumliche Konzentrationsprozesse (Entstehung von Versorgungsgroßbetrieben) offenbar ebensowenig verträgt wie starke Zersiedlungs- und Entleerungsprozesse (Sterben der Tante-Emma-Läden).

Wenn man folglich diesem Horrorszenario entgehen will, dann wird man sich wohl andere Konzepte einfallen lassen müssen.

2.4 Ausgeglichene Funktionsräume – das legitimatorische Sieb der Raumordnung?

Angesichts des Mißerfolgs der bisherigen Raumordnungspolitik – der weniger ein Scheitern als vielmehr ein Ergebnis unvollständiger Implementationsüberlegungen war – konzentriert sich die offizielle Raumordnungspolitik der Bundesrepublik auf einen anderen, nämlich den „mittleren Weg" zu „ausgeglichenen Funktionsräumen". Diese

Konzeption geht davon aus, daß die Ziele des Raumordnungsgesetzes weiterhin gelten, d.h. daß gleichwertige Lebensbedingungen in allen Räumen des Bundesgebietes erreicht werden sollen. Es soll deshalb keine monofunktionalen Lebensräume geben. Vielmehr sollen die verschiedenen Funktionen in den einzelnen Räumen erhalten werden, dabei sollen jedoch die unterschiedlichen Entwicklungspotentiale der einzelnen Räume wirkungsvoller entfaltet werden.[38] Konkret heißt dies insbesondere, daß künftighin nicht mehr die Absicht besteht, die ländlichen Gebiete um jeden Preis zu industrialisieren, um dadurch Abwanderungen zu verhindern. Wobei der Begriff „um jeden Preis" insoweit zu relativieren ist, als dieser Preis höchstens 25 % der Industrieinvestitionen (in Schwerpunktorten im Zonenrandgebiet) beträgt.

Damit stellt das Konzept der ausgeglichenen Funktionsräume eine bewußte Abgrenzung zur rigiden Auffassung der funktionsräumlichen Arbeitsteilung dar. Die Affinität zur „weichen" Auffassung der raumfunktionalen Arbeitsteilung ist jedoch auffällig, wobei der Unterschied vor allem in der Zahl der zugewiesenen Funktionen[39] sowie in jedem „neuen" Prinzip der Bundesraumordnungspolitik besteht, daß Abwanderungen möglichst vermieden werden sollen.

Andererseits stellt der „mittlere Weg" nur eine marginale Abweichung vom bisherigen Weg dar. Der bisherige Weg war insbesondere von Regions-, Schwerpunktorte- und Entwicklungsachsen-Einteilungen sowie von Subventionsvergaben gekennzeichnet. Davon wird beim Konzept der ausgeglichenen Funktionsräume allem Anschein nach lediglich im Bereich der Ausweisungen abgegangen: ausgeglichene Funktionsräume, d.h. Räume mit mehreren Funktionen, gruppieren sich um regionale Entwicklungszentren/Wachstumspole, wobei interessanterweise die Wachstumspole weniger dynamisch im Sinne Perroux's als vielmehr im Sinne einer Verbesserung bereits vorhandener Ausstattungen in bereits entwickelten Zentren verstanden werden.[40] Ansonsten bleibt der Ansatz systemimmanent: das „unübertroffene marktwirtschaftliche Koordinationsinstrument Preismechanismus"[41] soll ausdrücklich beibehalten, jedoch durch raumordnungspolitische Zielvorgaben ergänzt werden.

Die *Umsetzung* bleibt bislang im Diffusen. So wichtig die retrospektiv-analytisch angelegten Vorarbeiten (wie etwa die Regionalisierung ex post der raumwirksamen Investitionen des Bundes) und die prospektiven Arbeiten (etwa die Abgrenzung entsprechender Regionen oder die Festlegung von Merkmalen geschlossener Funktionsräume[42]) sind, so dürftig sind bislang die Aussagen zu den *Instrumenten*, um gleichwertige Lebensbedingungen in diesen ausgeglichenen Funktionsräumen zu erreichen. So werden – abgesehen von dem mehr kaschierenden als verändernden „Instrument" der Regionseinteilung – vorgeschlagen:

- straffere Flächennutzungsplanung und eventuell progressiv steigende Belastungen für wirtschaftliche Tätigkeiten in Ballungsgebieten
- eine dezidierte Urbanisierungspolitik in ländlich-peripheren Gebieten
- eine polarisationsbewußte Industrieansiedlungspolitik unter besonderer Berücksichtigung komplementärer privater Dienstleistungsbetriebe
- konzentrierter Einsatz öffentlicher Mittel zur Erstellung bzw. Verbesserung des Infrastrukturbesatzes
- Förderung qualitativ hochwertiger Industriearbeitsplätze bei der Ansiedlungspolitik

– Verbesserung der Umschulungs- und Ausbildungsmöglichkeiten zur Verringerung der regionalen und Vergrößerung der beruflichen Mobilität.

Das Kardinal*problem* der gesamten Konzezption dürfte wohl darin bestehen, daß sie – wie aus den angesprochenen Maßnahmen deutlich wird – keineswegs einen mittleren Weg zwischen Wachstums-, Versorgungs- und Stabilitätsaspekten darstellt, sondern grundsätzlich weiterhin wachstumspolitisch ausgerichtet ist. Damit bleiben allenfalls wachstumsfördernde Instrumente diskutierbar, die den marktwirtschaftlichen Entwicklungsprozeß fördern können, aber nicht behindern dürfen. Aus diesem Grund gab es bislang auch keine Umsetzung der genannten Instrumente, die zwischen Verdichtungs- und nicht verdichteten Gebieten anders oder gar stärker diskriminieren würden als dies bisher der Fall war. Entsprechend blieben die raumstrukturellen und raumwirtschaftlichen Folgen auch völlig aus.

Insofern ist der *Vorwurf* berechtigt, daß die Raumordnungspolitik der ausgeglichenen Funktionsräume sich vor allem als legitimatorische Rückzugsbasis darstellt: mit ihr wird wohl für eine dezentrale Konzentration in den Entwicklungszentren der ausgeglichenen Funktionsräume plädiert, faktisch aber kann die Hauptwirkung einer derartigen Konzeption darin bestehen, „die weitere Verödung unterentwickelter Gebiete zu legitimieren und die Niederlassung bestimmter Zweitwerke von Großunternehmen in den Entwicklungszentren zu subventionieren."[43] Welcher Art die Produktionsstruktur und die Raumverhältnisse innerhalb der Funktionsräume sein sollen, bleibt ungekennzeichnet. Sollte dieses Konzept jedoch durchgesetzt werden – wozu vorläufig die Instrumente fehlen – so wird dies sicher zu einer innerregionalen Bevölkerungs- und Wirtschaftskonzentration führen müssen: „Der Abbau unfreiwilliger interregionaler Mobilität erfordert unfreiwillige innerregionale Mobilität"[44] – dezentrale Konzentration mit Passivsanierung außerhalb der De-Zentren.

Der empirische Beweis für die Notwendigkeit und Zweckmäßigkeit einer solchen Raumordnungspolitik der ausgeglichenen Funktionsräume steht bislang aus.

Wo sich globale Konzeptionen wegen ihrer Einengung auf wenige Instrumente als unbrauchbar, weil zur Steuerung der Raumentwicklung unfähig erwiesen haben, stellt sich die Frage nach Alternativen, die an spezifischen Engpässen, Verhaltensweisen und Gegebenheiten ansetzen.

2.5 Dezentrale Steuerung der räumlichen Entwicklung – endlich ein Konzept mit wirkungsvollen Instrumenten?

Die bisherigen Ansätze zur Raumordnungspolitik leiden hauptsächlich an zwei Ausblendungen:

– sie sind zu stark ökonomisch-rational ausgerichtet und lassen deshalb andere, soziokulturelle wie auch politisch-durchsetzungsorientierte Aspekte außer acht,
– sie gehen von globalen Zielsetzungen und Instrumenten aus, die dementsprechend auch eine zentrale Politikausführung erfordern – sie sind also keineswegs födera-

listisch, sondern tendenziell immer auf eine Bevormundung der regionalen und lokalen Ebene angelegt.

Diese sachliche und räumliche Einäugigkeit wird auch durch das neue Konzept der „innovationsorientierten Regionalpolitik" nicht grundsätzlich durchbrochen.[45]

Angesichts einer weitentwickelten Industrialisierung der Bundesrepublik und eines aufgrund weltwirtschaftlicher Krisenerscheinungen gering gewordenen gesamtwirtschaftlichen Wachstums- und Mobilitätspotentials einerseits, sowie angesichts des nur beschränkten Erfolgs zentral erdachter und gesteuerter Anreizpolitiken zur Korrektur kleinräumig manifester Disparitäten marktwirtschaftlichen Ursprungs stellt sich die Frage nach dem Aussehen, den Instrumenten und der Wirksamkeit *dezentraler* Konzepte. Kennzeichen derartiger Konzepte ist, daß sie zwar von einem globalen Zielsystem ausgehen, jedoch auf eine globale Mittelkonzipierung verzichten. Vielmehr soll eine Vielzahl von einzelnen Instrumenten eingesetzt werden, um jeweils spezifische Probleme der räumlichen Entwicklungsprozesse zu korrigieren.

Die Eckpunkte eines globalen *Zielsystems* eines solchen Ansatzes könnten sein:

- Intervention in die, bestenfalls Umlenkung der Konzentrationsprozesse von Wirtschaft und Bevölkerung,
- langfristig ausgewogene Nutzung von Entwicklungspotentialen verschiedener Räume, d.h. Förderung des Strukturwandels derart, daß wirtschaftliches Wachstum in wenigen Räumen und/oder Zentren nicht letztlich zur Alimentierung der verödenden anderen Räume dienen muß,
- langfristige Sicherung von diversifizierten Ausbildungs- und Arbeitsmöglichkeiten mit möglichst geringen Entfremdungserscheinungen und möglichst geringen räumlichen Mobilitätserfordernissen an möglichst vielen Standorten.

Damit unterscheidet sich das Zielsystem bewußt nur geringfügig von Zielsystemen anderer Konzeptionen. Die Unterschiede zeigen sich in den *Instrumenten*kombinationen.

Es kann wohl nicht nur auf die Gewerbesteuer zurückgeführt werden, daß die Kommunen noch keine „richtige" Einstellung zur Wirtschaftsförderung gefunden haben. Die Gewerbesteuer ist sicher mitschuldig an einem exzessiven Wettbewerb der Gemeinden um Neuansiedlungen und damit an einer Flächenausweisungspolitik, die mancherorts jegliches Augenmaß verloren hat. Dabei ging es für die Gemeinden oft genug lediglich um die Steuereinnahmen, während die mit Neuansiedlungen verbundenen neuen Arbeitsplätze nur in geringem Maße die Wertschätzung der Verwaltung fanden. Mit der Diskussion um die Abschaffung der Gewerbesteuer tritt nun glücklicherweise neuerdings der Aspekt der Arbeitsplatzschaffung für die ortsansässige Bevölkerung mehr in den Vordergrund. Dies gilt besonders im Verdichtungsraum-Umland, wo Großkonzerne starke Arbeitsplatzattraktivitäten aufweisen – und deshalb wiederum den Gemeinden nahezu jede Neuansiedlung recht und billig ist, ohne Rücksicht auf damit entstehende Monostrukturen; es muß nur ein quantitatives Angebot (an Arbeitsplätzen und Gehalt) vorhanden sein. Dabei muß jedoch berücksichtigt werden, daß der regionalpolitische Effekt der Neuansiedlungen schon immer gering war: Selbst in den Spitzenjahren 1964 und 1969 sind weniger als ein halbes Prozent der bestehenden Arbeitsplätze durch Standortverlagerungen (Fort-/Zuzüge) umverteilt worden.[46]

Diese Analyse muß langfristig Konsequenzen für eine neue, dezentrale Konzeption und deren Instrumente haben. Diese Konzeption müßte sich auszeichnen durch die *Kombination* mehrer „kleiner" Ansätze, die eher zu Wirkungen (und Nebenwirkungen) führt als die bisherige verabsolutierende Umsetzung eines einzelnen Ansatzes mit nur wenigen Instrumenten.

Ein wichtiger Teilaspekt einer veränderten Regionalpolitik wäre es, die Gemeinden verstärkt für ortsansässige Gewerbe- und Industriebetriebe zu interessieren. Dabei geht es einerseits natürlich um die *Gewerbebestandspflege,* da hier sowohl Versorgungsleistungen für die örtliche Bevölkerung, aber auch über den lokalen und regionalen Bereich hinausgehende Leistungen erbracht werden. Vielfach hat die Industrieansiedlungspolitik der vergangenen Jahre dazu geführt, daß dem ortsansässigen Gewerbe nicht nur Arbeitskräfte entzogen wurden, die aus vielerlei Gründen lieber an konjunkturell problematischen „verlängerten Werkbänken" unter ganz anderen Bedingungen und Qualifikationsmöglichkeiten arbeiteten. Darüber hinaus haben die Gemeinden – genauso wie die zentralen staatlichen Institutionen – die kleinen und mittleren Gewerbebetriebe und die für das Überleben dieser gewerblichen Struktur erforderlichen Hilfeleistungen einfach „vergessen". Dies fängt bei der tendenziellen Vernachlässigung der nötigen Ausbildungsinfrastruktur (Berufsschulen) an und endet bei der für Gewerbebetriebe unangemessenen Parzellierung von neu ausgewiesenen Flächen. Es ist sicherlich kein Zufall, daß in Berlin, wo Industrieflächen nur in beschränktem Umfang zur Verfügung stehen, zuerst die Idee einer Gewerbesiedlungsgesellschaft entstand, die durch die Einrichtung von Gewerbehöfen die Voraussetzungen für die Verlegung von Gewerbebetrieben schafft. Damit können einerseits stadtplanerische Zielsetzungen verwirklicht werden (z.B. Verlegung störender Gewerbebetriebe), andererseits werden den Gewerbebetrieben Möglichkeiten angeboten, durch geringe Gebäudeinvestitionen Mittel für die Kapazitätenerweiterung und Anlagenmodernisierung freizubekommen und damit die regionalpolitisch gewünschte Erhaltung einer „gesunden" Gewerbestruktur zu erreichen.

Einen neuen Akzent in derselben Richtung setzen neuerdings einige Kommunen im Ruhrgebiet, die sich mit dem Gedanken tragen, Sanierung sozusagen unter umgekehrtem Vorzeichen durchzuführen. Die Vorstellungen zielen auf eine Verlegung von Wohnungen aus stark von Gewerbe durchsetzten Gebieten, um die Überlebensfähigkeit der Gewerbebetriebe im Strukturwandel zu sichern. Dies bedeutet nicht eine völlige Vertreibung der Wohnungen, sondern soll zu einer den Bedürfnissen beider Nutzungsarten besser gerecht werdenden Mischung führen.

Diese neuen Tendenzen führen zu der Überlegung, ob es eine sinnvolle Strategie sein kann, in peripheren, sogenannten „strukturschwachen" Gebieten die bisherige Entwicklungskonzeption umzukehren. Diese Konzeption orientierte sich an der Export-Basis-Theorie: es wurden Infrastruktur-Vorleistungen erbracht, um dadurch industrielle Neuansiedlungen anzuziehen (zusätzliches Anreizinstrument: Investitionssubventionen), die wiederum das nachfolgende Wachstum des gewerblich-kleinbetrieblichen Versorgungsbereichs induzieren sollten. Die Umkehrung bestünde in einer gezielten Förderung der *vorhandenen* Betriebsstrukturen (finanzielle, Flächen-, technologische Angebote), um dadurch Arbeitsplätze und Verdienstmöglichkeiten sowie eine diversifizierte, entwicklungsfähige gewerbliche Struktur zu sichern.

Damit ist keineswegs eine Ansiedlungs- oder gar Industriefeindlichkeit verbunden. Bislang jedoch steht der Umfang der Industrie- und Gewerbe*bestands*förderung in krassem Gegensatz zum Ausmaß der „Industrie*erwerbs*förderung" (traditionelle Ansiedlungsförderung) – ohne daß man sich offenbar Gedanken über die regionalökonomischen Wirkungen gemacht hat. Und selbst diese Industrieerwerbsförderung litt unter der Globalität ihrer Ansätze: man bot Flächen und räumlich differenzierte Subventionen an. Was fehlte, war eine an den Erfordernissen einzelner Betriebe (mit unterschiedlichen Branchenzugehörigkeiten, Größenklassen, Verflechtungsintensitäten, Umweltbeanspruchungen) orientierte Analyse der Standort- und Flächenqualitäten einzelner Regionen und Standorte. So wußten die Kommunen genauso wenig wie zentrale Stellen, welche Standorte und Regionen für welche Betriebsarten geeignet sind, wo die Voraussetzungen für die Ansiedlung einzelner Betriebsarten vorhanden sind, wo Stärken und Schwächen einzelner Standorte liegen und wo Standort-Entwicklungspotentiale durch gezielte öffentliche Maßnahmen freigelegt und der Nutzung zugeführt werden können.

Derzeit wird erstmalig ein derartiges, die Standorterfordernisse einzelner Unternehmensarten sowie die Standorteigenschaften einzelner Standorte analysierendes und daraus konkrete Maßnahmenvorschläge zur Verbesserung von Standorteigenschaften ableitendes *„Standortvorsorgeprogramm"* für Niedersachsen erarbeitet und praktisch erprobt.[47] Auch hierdurch kann eine die Entwicklungspoteniale einzelner Regionen und Standorte besser nutzende Regionalpolitik in die Wege geleitet werden. Auch sie hat – wie die Maßnahmen zur Gewerbebestandsentwicklung und -sicherung – den Vorteil, daß die dezentralen Stellen direkt beteiligt sind.

In diesem Zusammenhang ist auch von Bedeutung, daß gerade die dezentral Agierenden zunehmend die Bedeutung des *Immateriellen* im Bereich der Wirtschaftsförderung erkennen. Dies betrifft einerseits das *Image* der Region:

Wer sich selbst als „strukturschwacher Raum" präsentiert, kann kaum gesunde und zukunftsweisende Branchen für eine Ansiedlung gewinnen. Insofern ist die Industrieansiedlungswerbung der Standorte „mit höchster Förderpräferenz" oder „im Zonenrandgebiet" eventuell ein Schuß nach hinten. Und es besteht die nicht geringe Gefahr, daß die neue groß angelegte Rettungsaktion für das Ruhrgebiet ebenfalls eher kontraproduktiv wirkt – mit allen unangenehmen Folgen für die Raumstruktur.

Darüber hinaus hat eine solche Negativdarstellung der Region auch für die Ansässigen einen eher demotivierenden und höchstens zur Verbissenheit Anlaß gebenden Effekt. Umgekehrte Wege geht deshalb ein durchaus strukturschwaches Bundesland mit dem Slogan „Dynamisches Niedersachsen". Auf kommunaler Ebene hat im Südostzipfel von Baden-Württemberg eine Gemeinde Erfolge gehabt, die unter dem Motto „Arbeiten wo andere Urlaub machen" Ansiedlungswerbung betrieb und damit die Strukturschwächen überspielte (Kisslegg im Allgäu, Landkreis Ravensburg). Ein weiteres Beispiel einer unkonventionellen Darstellung ist Steinfurt, das mit dem Motto „Kleinste Gemeinde in Nordrhein-Westfalen" wirbt.

Ein zweiter Aspekt besteht in der von den Unternehmen immer wieder hervorgehobenen Wichtigkeit der Art und Weise, wie sie von der örtlichen *Verwaltung* behandelt werden. Auch hier haben die Gebiete außerhalb der Verdichtungsräume und insbesondere abseits der Großstädte ihre regionalpolitischen Chancen noch bei weitem nicht erkannt: Eine kompetente Wirtschaftsförderungsstelle, die sich innerhalb der Verwaltung initiativ-koordinierend durchsetzen kann (was nur bei noch relativ kleinen, überschaubaren Verwaltungen funktionieren kann), ist für die regionale Wirtschaftsentwicklung letzlich von erheblich größerer Bedeutung als finanzielle Förderangebote, deren „Mitnahmeeffekt" hinreichend bekannt ist.

Daß gerade die Zentralverwaltungen viel zu wenig regionalpolitisch denken, wird insbesondere an der Wahl der *Behördenstandorte* deutlich. Bislang sind lediglich Hochschulgründungen unter raumordnerischen Aspekten in peripheren Gebieten erfolgt und haben dort auch Wirkungen gezeigt.[48] In nahezu allen anderen öffentlichen Leistungsbereichen jedoch zeigen sich nach wie vor Agglomerationstendenzen, die regionalpolitischen Zielsetzungen häufig widersprechen. Dabei spielt die dezentrale Konzentrationsbewegung aufgrund der Kreis- und Gemeindereformen der letzten Jahre eine eher untergeordnete Rolle, so schmerzlich sich die Zentralitätsverluste für einzelne Standorte auch ausgewirkt haben. Aufgrund des Publikumsverkehrs sind sicherlich eine ganze Reihe von Behörden an zumindest mittelgroße Städte gebunden. Weshalb jedoch Landesbesoldungsämter, Zusatzversorgungskassen, Patentämter, Postscheckämter, Oberfinanzdirektionen, Oberlandesgerichte, Wehrbereichsverwaltungen, Landesvermessungsämter, Fernmeldegebühren-Buchungsämter u.a.m. nahezu ausschließlich in Landeshauptstädten anzutreffen sind, ist raumordnungspolitisch sicher nicht zu erklären. Hier könnte durch eine Dezentralisierung zur Veränderung der Arbeitsmarktsituation in nicht-verdichteten Gebieten beigetragen werden.

Dabei ergäbe sich gleichsam als Nebeneffekt die Möglichkeit, die oftmals mit solchen Behörden zusammenhängenden Forschungsaktivitäten (nachgeordnete Institutionen, z.B. Bundesinstitut für Berufsbildungsforschung, Materialprüfungsämter usw.) gemeinsam mit privaten oder bildungsbezogenen (Universitäten) Forschungsstätten sowie den an solchen Forschungen interessierten Betrieben zu *technologieorientierten Komplexen* (TOK) zusammenzufassen. Ein Schritt in diese Richtung wird derzeit in Südostniedersachsen unternommen.[49]

Hierbei bieten sich nicht nur Möglichkeiten, in engem Kontakt von Forschungs- und Produktionsstätten den technologischen Wandel vorzubereiten und zu steuern. Vielmehr wird dadurch auch angestrebt, eine Basis für eine stärkere Diversifizierung und damit stärkere konjunkturelle Stabilität der Wirtschaftsstruktur zu schaffen.

Dabei geht es auch um eine an den spezifischen Engpässen in den Unternehmen und auf dem Arbeitsmarkt ansetzende Politik der Verbesserung und *Humanisierung der Arbeitsplätze*. Mit ihr kann nicht nur (viel eher als durch Erstellung monotoner Fließbandhallen) ein Anstoß zum In-Gang-Bringen einer sich selbst weiterentwickelnden regionalen Wirtschaftsstruktur gegeben werden, sondern es wird zugleich eine entfremdende Arbeitswelt vermieden. Nicht zuletzt hat sich inzwischen auch gezeigt, daß durch derartige Humanisierungsbemühungen, z.B. durch Einrichtung kleinerer Arbeitsgruppen, die für die Abwicklung vollständiger (d.h. nicht völlig zerlegter) Arbeitsprozesse selbstverantwortlich sind, auch erhebliche Produktivitätszuwächse erzielt werden, die zur Stabilisierung der Bewegungen auf den regionalen Arbeitsmärkten beitragen.

Hier liegen auch die Chancen einer räumlich diskriminierenden, differenzierten *innovationsorientierten Regionalpolitik*: bislang ist die räumliche sowie die betriebsgrößenspezifische Aufteilung der öffentlichen Fördermittel im Forschungs- und Technologiebereich raumordnungspolitischen Dezentralisierungszielen zuwiderlaufend, die Mittel konzentrieren sich im wesentlichen auf Großbetriebe in den Ballungskernen.[50] Mit entsprechenden Anreizen und/oder Auflagen könnte hier langfristig durchaus eine stärkere regionalpolitisch orientierte Dezentralisierung erreicht werden, wobei neben rein finanzieller Förderung auch und vor allem Informations- und Beratungsangebote durch private, erwerbswirtschaftlich arbeitende Stellen oder gemeinnützig organisierte Innovationsberatungsstellen[51] denkbar sind. In diesem Zusammenhang empfiehlt sich auch die Einbeziehung der bisher ausgeschlossenen Dienstleistungsunternehmen in die Regionalförderung.[52]

Dies alles sind nur *Bausteine* eines solchen neuen Konzepts der dezentralen Steuerung räumlicher Einrichtungen.

Woran es bislang fehlt, sind umfassende empirische Erfahrungen mit den vorgeschlagenen dezentralen Ansätzen. Angesichts der ausgebliebenen Erfolge mit globalen Ansätzen dürfte jedoch klar geworden sein, daß Raumordnungspolitik in Zukunft *stärker dezentral* konzipiert werden muß, und zwar in dreierlei Form:

- einmal durch stärkere Einbeziehung und Verantwortung der unteren Verwaltungsebenen,
- zweitens durch stärkere Orientierung an Verhaltensweisen der zu beeinflussenden Objekte (Betriebe),
- drittens durch stärkere Konzentrierung auf einzelne Standorte und deshalb Verzicht auf Anwendung gleichartiger Maßnahmen für große Flächen.

Allerdings gilt auch für eine solche Kombinationsstrategie, daß derzeit kaum noch *präzise* Aussagen über Wirkungszusammenhänge gemacht werden können. Vielmehr sollten „schnelle und damit kurzfristig sichtbare Erfolge ... nicht erwartet werden".[53] Insofern wäre möglicherweise der entscheidende Durchbruch schon gelungen, wenn die Raumordnungs- und Regionalpolitik der Zukunft in stärkerem Maße als bisher als ein (immer noch) *„lernendes System"* begriffen würde – mit allen Konsequenzen, die sich damit für den Steuerungsanspruch einer solchen Politik ergeben.

Anmerkungen

1 Jochen Schulz zur Wiesch, Austerity in der Raumordnungspolitik?, *in:* arch +, Nr. 39, August 1978, S. 2.

2 Werner Väth, Raumordnungspolitik: Programmverbund und Vollzugspartikularismus, *in:* Politikverflechtung im föderativen Staat, hrsg. von Joachim Jens Hesse, Baden-Baden: Nomos 1978, S. 167.

3 Vgl. ebd.

4 Vgl. Dietrich Storbeck, Stichwort „Raum", *in:* Staatslexikon, Band 6, Freiburg: Herder 1961, Sp. 604ff, vgl. auch Gottfried Müller, Stichwort „Raumordnung", *in:* Handwörterbuch der Raumforschung und Raumordnung (HdRR) Band 3, Hannover: Jaenecke 1970, Sp. 2460 ff.

5 Vgl. hierzu Gunnar Myrdal, Oekonomische Theorie und unterentwickelte Regionen, Frankfurt: Fischer Taschenbuch 1974, S. 34 ff.

6 Dietrich Fürst/Paul Klemmer/Klaus Zimmermann, Regionale Wirtschaftspolitik, Tübingen/Düsseldorf: J.C.B. Mohr (Paul Siebeck)/Werner 1976 (= wisu texte), S. 5. Die Autoren stellen dabei fest, daß die Raumordnungspolitik der Bundesrepublik aufgrund ihrer regionalisierten Betrachtungsweise zunehmend den Charakter einer Regionalpolitik erhält. Vgl. auch die Unterscheidungen bei Dietrich Storbeck, Stichwort „Regionale Wirtschaftspolitk", *in:* HdRR Band 3, Sp. 2623 ff, und Harald Jürgensen, Antinomien in der Regionalpolitik, *in:* Jahrbuch für Sozialwissenschaft, Band 14 (1963), S. 401.

7 Fürst/Klemmer/Zimmermann, S. 5

8 Genannt seien hier nur folgende Quellen: Fürst/Klemmer/Zimmermann, S. 91 ff, Friedrich Buttler/Knut Gerlach/Peter Liepmann. Grundlagen der Regionalökonomie, Reinbek: Rowohlt 1977, S. 123 ff, Ulrich Brösse, Ziele in der Regionalpolitik und in der Raumordnungspolitik, Berlin: Duncker & Humblot 1972, Elisabeth Lauschmann, Grundlagen einer Theorie der Regionalpolitik, Hannover: Jaenecke 1973, S. 258 ff, Jürgen Baudler, Die Zielbestimmung in der regionalen Wirtschaftspolitik, *in:* Mitteilungen aus dem Institut für Raumordnung, Heft 81, Bonn: Bundesforschungsanstalt für Landeskunde und Raumordnung 1974, Horst Zimmermann, Zielvorstellungen in der Raumordnungspolitik des Bundes, *in:* Jahrbuch für Sozialwissenschaft, Band 17 (1966), S. 225 ff, Frido Wagener, Ziele der Raumordnung nach Plänen der Länder, *in:* Mitteilungen aus dem Institut für Raumordnung, Heft 71, Bonn: Bundesforschungsanstalt für Landeskunde und Raumordnung 1972, sowie: Zielsystem für die räumliche Entwicklung der Bundesrepublik Deutschland, (Empfehlung des Beirats für Raumordnung vom 28.10.1971), und: Zielsystem zur räumlichen Ordnung und Entwicklung der Verdichtungsräume in der Bundesrepublik Deutschland, (Empfehlung des Beirats für Raumordnung vom 14.9.1972), beide abgedruckt im Anhang zum Raumordnungsbericht 1972 der Bundesregierung, Bundestags-Drs. VI/3793, S. 154 ff.

9 Buttler/Gerlach/Liepmann, S. 123, vgl. auch Dietrich Storbeck, Zur Operationalisierung der Raumordnungsziele, *in:* Kyklos, 23. Jg. (1970), S. 104.

10 Brösse, Raumordnungspolitik, Berlin: de Gruyter 1975, S. 58f.

11 Brösse, a.a.O., S. 70.

12 Vgl. Brösse, a.a.O., S. 119 f, Fürst/Klemmer/Zimmermann, S. 148; zum Vergleich: in der BRD umfassen die Agrargebiete ca. 10% der Bevölkerung auf ca. 30% der Fläche, die Ballungsgebiete ca. 45% der Bevölkerung auf ca. 13% der Fläche (vgl. Vincenzo Apicella, Die Regionalpolitik in der Europäischen Gemeinschaft, *in:* Euro-Cooperation, Beiträge zur Europäischen Wirtschaft, Nr. 10/11, Hrsg. von Europartners (Banco di Roma/Banco Hispano Americano/Commerzbank/Credit Lyonnais), Lyon 1975, S. 46), die Verdichtungsräume entsprechend der MKRO-Abgrenzung umfaßten 1970 auf 7,3% der Fläche 45,5% der Bevölkerung (vgl. Raumordnungsbericht 1974 der Bundesregierung, Bundestags-Drs. VII/3582, S. 24), vgl. auch Bericht über die regionalen Probleme in der erweiterten Gemeinschaft, Hrsg.: Kommission der Europ. Gemeinschaften, Dok.KOM (73) 550 endg., Brüssel 1973, S. 213 ff.

13 Brösse, a.a.O., S. 109.

14 Fürst/Klemmer/Zimmermann, S. 165.

15 Rene L. Frey, Infrastruktur, Tübingen/Zürich: J.C.B. Mohr/Polygraphischer Verlag 1972, S. 43.

16 Brösse, a.a.O., S. 123.

17 Klaus Töpfer, Regionalpolitik und Standortentscheidung, Bielefeld: Bertelsmann 1969, S. 118.

18 Knut Borchardt, Die Bedeutung der Infrastruktur für die sozialökonomische Entwicklung, *in:* Grundfragen der Infrastrukturplanung für wachsende Wirtschaften, Hrsg.: Helmut Arndt/Dieter Swatek, Berlin: Duncker & Humblot 1971, S. 25.

19 Vgl. hierzu Prognos AG (Martin Sättler/Jürgen Müller-Trimbusch/Peter Schiffer/Reinhard Urban), Städtebauliche Entwicklung in Siedlungsschwerpunkten, Basel, März 1979, S. 92.

20 Fritz W. Scharpf, Die Rolle des Staates im westlichen Wirtschaftssystem: Zwischen Krise und Neuorientierung, Discussion Paper dp/78-71 des Internat. Instituts für Management und Verwaltung, Berlin: Wissenschaftszentrum, Sept. 1978, S. 7

21 Vgl. den Beitrag von Heik Afheldt, in diesem Band

22 Schulz zur Wiesch, S. 2.

23 Raumordnungsprognose 1990, Hrsg.: Bundesminister für Raumordnung, Bauwesen und Städtebau, Schriftenreihe 06.012, Bonn 1977, S. 35.

24 Ebd, S. 27 f.

25 Ebd, S. 26.

26 Schulz zur Wiesch, S. 2.

27 Vgl. Heik Afheldt, Konsequenzen der internationalen Arbeitsteilung für die Regionalpolitik im Inland, *in:* Informationen zur Raumentwicklung Nr. 4/79, April 1979, S. 211.

28 Vgl. hierzu die Aussagen zu den Agglomerationstrends in der zusammenfassenden tabellarischen Übersicht bei Reinhart W. Wettmann/André Farki, Internationale Arbeitsteilung und Raumentwicklung in der Bundesrepublik Deutschland – Szenarien zur Regionalpolitik, Hrsg.: Bundesminister für Raumordnung, Bauwesen und Städtebau, Schriftenreihe 06.021, Bonn 1978, S. 45, vgl. auch die für einzelne Raumkategorien differenzierte Darstellung im Trendszenario bis 1990 in der Prognos-Vorstudie „Alternative Szenarien zur räumlichen Entwicklung in der Bundesrepublik Deutschland" (Hans Bülow/Kurt Schlögl/Dieter Schröder), im Auftrag des Bundesministers für Raumordnung, Bauwesen und Städtebau, unveröff. Manuskript, Basel, Frühjahr 1977, S. 67 ff.

29 Schulz zur Wiesch, S. 2.

30 Antwort auf eine Kleine Anfrage der CDU/CSU-Fraktion im Deutschen Bundestag, BT-Drs. 8/275 vom 12.4.1977

31 Vgl. Werner Ernst, Gleichwertige Lebensbedingungen – Aufgabe der Raumordnung, *in:* Beiträge zum Konzept der ausgeglichenen Funktionsräume, Hrsg.: Institut für Siedlungs- und Wohnungswesen der Uni Münster, Münster 1977, S. 21.

32 Vgl. Scharpf, S. 1.

33 Vgl. hier besonders Adalbert Evers/Michael Lehmann, Politisch-ökonomische Determinanten für Planung und Politik in den Kommunen der Bundesrepublik, Offenbach: Verlag 2000/ Sozialistisches Büro 1972. Dieses Buch zeigt aber schon vom äußeren Aufbau exemplarisch die Schwierigkeiten, die sich bei einer nicht systemimmanenten Diskussion der Probleme dann ergeben, wenn marxistische Analyse in konkrete Handlungskonzepte zur Steuerung der räumlichen Entwicklungsprozesse umgesetzt werden soll.

34 Zitate aus: Detlef Affeld, Raum- und siedlungsstrukturelle Arbeitsteilung als Grundprinzipien zur Verteilung des raumwirksamen Entwicklungspotentials, *in:* structur Nr. 9/1972, Sept. 1972, S. 198 ff.

35 Ulrich Brösse, Ausgeglichene Funktionsräume oder funktionsräumliche Arbeitsteilung durch Vorranggebiete als Alternative Konzepte für Regionalpolitik und Umweltpolitik?, *in:* Zeitschrift für Umweltpolitik, 1. Jg. (1978) Nr. 1, Mai 1978, S. 15.

36 Vgl. ebd.

37 Vgl. hierzu die im Arbeitskreis „Funktionsräumliche Arbeitsteilung" der Akademie für Raumforschung und Landesplanung verlaufenen Diskussionen.

38 Vgl. Hans-Peter Gatzweiler/Engelbert Recker, Notwendigkeit und Chancen einer Politik für den ländlichen Raum, *in:* Innere Kolonisation 27. Jg. (1978) Nr. 6, Nov./Dez. 1978, S. 212.

39 Vgl. hierzu Brösse, Ausgeglichene Funktionsräume, S. 18 f.

40 Vgl. Schulz zur Wiesch, S. 2.

41 Detlef Marx, Zur Konzeption ausgeglichener Funktionsräume als Grundlage einer Regionalpolitik des mittleren Weges, *in:* Ausgeglichene Funktionsräume, Hrsg.: Akademie für Raumforschung und Landesplanung, Hannover: Jaenecke 1975, S. 1.

42 Vgl. hierzu Dietrich Bartels, Zur Abgrenzung von Planungsregionen in der BRD, *in:* Ausgeglichene Funktionsräume, S. 102 ff.

43 Schulz zur Wiesch, S. 2, der hier auf die Forschungsgruppe Produktivkraftentwicklung Nordhessen (Probleme einer arbeitsorientierten Regionalpolitk, Kassel 1978, S. 51 f.) Bezug nimmt.

44 Dietrich Storbeck/Michael Lücke, Die gesellschaftspolitische Relevanz regionalpolitischer Ziele, *in:* Ausgeglichene Funktionsräume, S. 33.

45 Dies zeigen etwa die Beiträge im Themenheft „Innovationsorientierte Regionalpolitik" der Informationen zur Raumentwicklung, Hrsg.: Bundesforschungsanstalt für Landeskunde und Raumordnung, Heft 7/1978, ebenso wie die einschlägigen Beiträge von Wettmann/Ewers und Bruder/Ellwein in diesem Band.

46 Franz-Josef Bade, Der Beitrag von Standortveränderungen zum Abbau regionaler Unterschiede, *in:* Informationen zur Raumentwicklung Nr. 7/1978, S. 556.

47 Prognos AG (Franz Bingemer/Klaus P. Reuter/Konrad Roesler/ Karl Schilling), Untersuchung zum Standortvorsorgeprogramm Niedersachsen, Phase II (2 Bände), Basel, Sept. 1978.
48 Vgl. Dietrich Fürst, Die Universität als Wirtschaftsfaktor einer Region, *in:* Konstanzer Blätter für Hochschulfragen, Heft 61, Febr. 1979,S. 50 ff., Helmut Knepel/Günter Poser, Regionalwirtschatliche Bedeutung der Technischen Hochschule Darmstadt, THD Schriftenreihe Wissenschaft und Technik 13, Darmstadt 1978.
49 Vgl. die Werbebroschüre „Braunschweig – a TOC (Technology Oriented Complex)'', Hrsg.: Stadt Braunschweig 1977.
50 Vgl. hierzu Tab. 8 bei Carl Flore, Statistische Informationen, *in:* Informationen zur Raumentwicklung Nr. 7/1978, S. 577 und die empirischen Angaben in dem Beitrag von Bruder in diesem Sonderheft.
51 Vgl. H. Hinz, Innovationsberatungsstellen (IBS) – zum IBS-Konzept der IG Metall, *in:* WSI-Mitteilungen, 29. Jg. (1976) Nr. 10, S. 617 ff.
52 Vgl. Jürgen Hogeforster, Förderungssysteme neu überdenken, *in:* Handelsblatt Nr. 77 vom 20./21.4.1979, S. 68.
53 Johannes Frerich, Dienstleistungspotential und innovationsorientierte Regionalpolitik, *in:* Informationen zur Raumentwicklung Nr. 7/1978, S. 544.

IV. Regionalisierung von Fachpolitiken als räumliche Lösungsstrategie

Innovationsorientierte Regionalpolitik und räumliche Entwicklungspotentiale – zur Raumbedeutsamkeit der Forschungs- und Technologiepolitik des Bundes

Von Wolfgang Bruder

1. Problemstellung

In den letzten Jahren wurde in der Raumordnungspolitik in zunehmendem Maße die Frage diskutiert, wie durch eine Erweiterung bzw. Umorientierung bestehender Politiken das weitgehende Nichtgreifen staatlicher Bemühungen in diesem Bereich behoben werden könnte.

Die Ursachen dieser relativen Erfolgslosigkeit staatlicher Raumordnungsaktivitäten, welche sich im Weiterbestehen gravierender erwerbs-, siedlungs- und infrastruktureller Disparitäten äußert, wurden in einigen Beiträgen innerhalb dieses Bandes anhand ausgewählter Teilprobleme dargestellt; im Rahmen des vorliegenden Beitrags stellt diese konstatierte Steuerungsschwäche der Raumordnungspolitik deshalb ein Fixum dar, das aufgrund der vorangegangenen Diskussionsschwerpunkte nicht mehr inhaltlich begründet zu werden braucht.

Ein zentrales Strategieelement einer Wirksamkeitssteigerung raumordnerischer Maßnahmen wurde in den vergangenen Jahren in zunehmendem Maße darin gesehen, die volumenmäßig relativ eng begrenzten Aktivitäten innerhalb von Raumordnung und regionaler Strukturpolitik auf neue, bisher unter räumlichen Gesichtspunkten nur wenig genutzte Politikbereiche auszudehnen.

Diese veränderte Schwerpunktsetzung der Raumordnungspolitik wurde deutlich in einem verstärkten Engagement z.B. in der Frage von Standortzuweisungen bei Bundes- und Landesbehörden[1], wie auch in einer verstärkten Thematisierung der räumlichen Auswirkungen von Standort- und Kapazitätsplanungen im Hochschulbereich[2].

In jüngster Zeit gerät nun verstärkt die Forschungs- und Technologiepolitik (FuT-Politik) in den Blickwinkel raumordnerischer Überlegungen. In Ergänzung zu der herkömmlichen, eher mobilitätsorientierten Regionalpolitik verbindet sich mit der Strategie einer innovationsorientierten Regionalpolitik die Vorstellung, daß dem Faktor ‚organisatorisch-technisches Wissen' für teilräumliche Entwicklungsprozesse eine verstärkte Bedeutung zukomme. Folgerichtig versucht diese qualitativ neue Raumordnungsstrategie, über eine Stimulierung von Forschung, Entwicklung und Innovation vor allem in kleinen und mittleren Betrieben, welche in strukturschwachen Gebieten dominieren, insgesamt eine Modernisierung der Wirtschaftsstruktur in Problemregionen zu initiieren, um auf diese Weise positive teilräumliche Folgewirkungen realisieren zu können.

Im Rahmen dieses Beitrages soll anhand einer Politikfeldanalyse der FuT-Maßnahmen des Bundes aufgezeigt werden, wie sich das mögliche einschlägige Steuerungspotential aufgrund der bestehenden Ressourcenlage darstellt, welche konkreten Wirkungslinien die bisherige FuT-Politik ausübt und abgeleitet hiervon, wie letztendlich die Raumbedeutsamkeit der FuT-Politik des Bundes einzuschätzen ist[3].

2. *Überblick über die Struktur des Politikbereiches*

Bevor wir in eine materielle Analyse bestehender Instrumente und Implementationsformen der FuT-Politik einsteigen, wollen wir im folgenden einen kurzen Überblick über die finanzielle Ausgestaltung und die Schwerpunkte des Politikfeldes geben, um auf der Basis dieser Angaben eine Begründung für unser weiteres Vorgehen leisten zu können.

Entsprechend den Veröffentlichungen des Bundesministeriums für Forschung und Technologie ergibt sich folgendes Gesamtbudget für Forschung und Entwicklung in der Bundesrepublik Deutschland für 1978.

Tabelle 1

Gesamtbudget für Forschung und Entwicklung

a) Mittelbereitstellung

Staat		Wirtschaft
Bund	Länder	
8,5 Mrd.	5,6 Mrd.	15,3 Mrd.
ca. 48 %		52 %

b) Mittelverwendung

Hochschulen	außeruniversitäre Forschungseinrichtungen	Wirtschaft
5,3 Mrd.	5,8 Mrd.	19,3 Mrd.
17 %	19 %	64 %

Quelle: Bundesforschungsbericht VI

Die Ausgaben für FuE-Vorhaben in der Bundesrepublik wurden demnach 1978 zu 48% vom Staat, zu 52% von der Wirtschaft und von sonstigen inländischen und ausländischen Institutionen finanziert.

Diese Ausgaben stiegen von 4,3 Mrd. DM im Jahr 1962, über 12,3 Mrd. DM (1969) auf 30,4 Mrd. DM im Jahre 1978, was einer durchschnittlichen Zuwachsrate von 13 % entspricht.

Der Anteil der FuE-Ausgaben am Bruttosozialprodukt stieg von 2,1 % (1969) auf den Höchststand von 2,4 % (1975). Er belief sich 1978 auf 2,3 %.

Am öffentlichen Gesamthaushalt stieg der Anteil der staatlichen FuE-Ausgaben von 3,3 % (1969) auf 4 % 1973, wobei seit 1975 mit ca. 3,4 % eine Stagnation zu verzeichnen ist [1978 = 3,2 %].

Von diesen Ausgaben wurden

- für die Wirtschaft (Unternehmen und Einrichtungen der Gemeinschaftsforschung) 19,4 Mrd. DM = 64 % der gesamten FuE-Fördermaßnahmen
- für die Hochschulen 5,3 Mrd. DM (17 %)
- für ca. 300 außeruniversitäre Forschungseinrichtungen insgesamt 5,8 Mrd. DM (19 %) bereitgestellt.

Die FuE-Bemühungen des Bundes konzentrieren sich ihrerseits schwerpunktmäßig auf die Wirtschaft (3,6 Mrd. DM) und auf außeruniversitäre Forschungseinrichtungen, vor allem auf die angeführten Großforschungseinrichtungen (ca. 4,0 Mrd. DM). Sieht man von den verteidigungsbezogenen FuE-Ausgaben des Bundes ab, die überwiegend im BMVtg ressortieren und im Jahre 1977 ca. 1,3 Mrd. DM betrugen (46 % der gesamten FuE-Aufwendungen des Bundes an die Wirtschaft), ergibt sich bei den zivilen FuE-Ausgaben eine starke ressormäßige Konzentration: dabei vereinen das BMFT allein ca. 86 %, BMFT und BMWi zusammen sogar 95 % aller Fördermittel des Bundes für diesen Bereich auf sich.

Tabelle 2

Verteilung der Forschungsmittel des Bundes nach Förderungsschwerpunkten

Förderungsschwerpunkt	1977 Mio. DM	1977 %	1978 Mio. DM	1978 %	1979 Mio. DM	1979 %
I. Allgemeine Forschungsförderung	1324,6	18,4	1497,7	17,8	1497,7	17,8
Information und Dokumentation	62,0	0,9	70,0	0,9	78,0	1,0
II. Sicherung der Energie- und Rohstoffversorgung	1446,6	20,1	1721,5	20,5	2128,5	23,3
Informationstechnologien und Technische Kommunikation	363,6	5,0	447,1	5,3	459,0	5,0
Elektronik und andere Schlüsseltechnologien	391,9	5,4	490,5	5,9	550,4	6,0
Weltraumforschung und Weltraumtechnologie	560,0	7,8	593,0	7,1	644,0	7,1
III. Forschung im Dienste der Gesundheit und Ernährung	514,3	7,1	504,1	6,0	517,2	5,7
Humanisierung des Arbeitslebens	180,4	1,1	100,8	1,2	103,4	1,1
Gestaltung der Umwelt	331,4	4,6	468,5	5,6	483,4	5,3
Transport- u. Verkehrswesen	370,2	5,1	561,4	6,7	682,1	7,5
IV. Erhaltung der äußeren Sicherheit	1594,0	22,8	1707,0	20,3	1728,0	18,9

Quelle: Bundesforschungsbericht VI, S. 40 und S. 107

Analysiert man nun neben der institutionellen Schwerpunktlegung die Verteilung der FuE-Ausgaben auf die einzelnen Förderschwerpunkte der Bundesregierung, zeigt sich folgendes Verteilungsmuster (siehe Tabelle 2).

Sichtbar wird anhand der Tabelle eine Schwerpunktlegung der Förderbemühungen des Bundes in ausgewählten Programmbereichen – so z.B. bei der Sicherung der Energie- und Rohstoffversorgung mit fast 1/4 der Gesamtausgaben, wobei insgesamt auf den übergeordneten Schwerpunktbereich ‚Steigerung der wirtschaftlichen Leistungs- und Wettbewerbsfähigkeit' (Förderschwerpunkte unter II) rund 40 % der gesamten FuE-Ausgaben des Bundes entfallen.

Um die Frage nach der Raumbedeutsamkeit der FuT-Politik des Bundes im vorgegebenen Rahmen adäquat beantworten zu können, erscheinen angesichts des bisherigen Überblicks folgende Eingrenzungen angebracht:

Wegen der höheren Innovationsrate bei FuE-Ausgaben in der und an die Wirtschaft und wegen der Schwerpunktbildung von Förderaktivitäten des Bundes in diesem Bereich, klammern wir erstens bei unserer Analyse die FuE-Ausgaben an Hochschulen und an außeruniversitären Forschungseinrichtungen aus (z.B. Großforschungseinrichtungen, Bundes- und Landesanstalten). Zur Begründung führen wir an, daß jene Einrichtungen vorwiegend der Grundlagenforschung dienen und daher innovations- und diffusionsspezifische Funktionen im Neuerungsprozeß weitgehend vernachlässigen. Deshalb treten keine direkten räumlichen Wirkungen solcher Fördermaßnahmen auf. Die indirekten Wirkungen – z.B. über die Schaffung qualifizierter Arbeitsplätze – hätten zu einem früheren Zeitpunkt bedacht werden müssen. Heute kann unter raumordnungspolitischen Zielvorstellungen nur generell darauf hingewiesen werden, daß auch bei der Einrichtung staatlich geförderter Forschungsstätten die eher strukturschwachen Gebiete bevorzugt werden müssen, selbst wenn das für die in jenen Regionen tätigen Wissenschaftler gewisse Fühlungsnachteile mit sich bringen kann.

Aus forschungsstrategischen Gründen (z.B. wegen schwieriger Zugangsmöglichkeiten) grenzen wir zweitens die militärischen FuE-Aufwendungen des Bundes aus. Die – zivilen – Anteile machten 1970 etwa 37,5 % der Gesamtaufwendungen des Bundes auf diesem Gebiet aus und stiegen bis 1977 auf etwa 54 % an. Dieser Anteil an zivilen FuE-Ausgaben des Bundes an die Wirtschaft wird zur Zeit zu etwa 86 % vom BMFT und zu etwa 95 % vom BMFT und BMWi zusammen verwaltet.

Auf dieser zweifachen Eingrenzung wird klar, daß im Rahmen unserer Untersuchungsfrage nach den räumlichen Wirkungen der FuT-Politik des Bundes mögliche Interdependenzen, z.B. durch die vorherrschende Standortpolitik der öffentlichen Hand, außer Betracht bleiben. Hierbei wird das Dilemma sichtbar, daß die offizielle Forschungspolitik des Bundes in keiner Weise die gesamte, aus Bundesmitteln geförderte oder ermöglichte Forschung und auch nicht die in diesem Bereich gegebene ‚Zuständigkeit des Bundes' abdeckt. Dies impliziert, daß z.B. raumordnungsrelevante Forschungsförderungsmaßnahmen der Bundespost oder der Bundesbahn, aber auch anderer Politikbereiche (z.B. Verteidigung), bisher außerhalb des einschlägigen politischen Problemrasters bleiben; d.h. bisher nicht in ausreichendem Maße auf ihre bestehenden raumordnungsrelevanten Auswirkungen bzw. auch auf ihre potentiellen Möglichkeiten zur Unterstützung raumordnungspolitischer Ziele hin analysiert wurden.

Sehr geehrter Leser,

diese Karte entnahmen Sie einem
WV -Buch

Als Verlag mit einem internationalen Buch- und Zeitschriftenprogramm informiert Sie der Westdeutsche Verlag gern regelmäßig über wichtige Veröffentlichungen auf den Sie interessierenden Gebieten.
Deshalb bitten wir Sie, uns diese Karte ausgefüllt zurückzusenden.

Wir speichern Ihre Daten und halten das Bundesdatenschutzgesetz ein.

Wenn Sie Anregungen haben, schreiben Sie uns bitte.

Bitte nennen Sie uns hier Ihre Buchhandlung:

bitte
frei-
machen

Westdeutscher Verlag GmbH

Postfach 58 29

D-6200 Wiesbaden 1

Herrn/Frau/Fräulein

Bitte füllen Sie den Absender mit der Schreibmaschine oder in Druckschrift aus, da er für unsere Adressenkartei verwendet wird. Danke!

Ich bin:

- ☐ Dozent
- ☐ Student
- ☐ sonst. Interessent
- ☐ Praktiker
- ☐ Wissenschaftlicher Mitarbeiter

an der:

- ☐ Universität
- ☐ PH
- ☐ Fachhochschule
- ☐ Gesamthochschule
- ☐ Fachschule
- ☐ ....

Diese Karte entnahm ich dem Buch:

Bitte informieren Sie mich über Ihre Neuerscheinungen auf dem Gebiet:

- ☐ Soziologie/Kommunikationsforschung
- ☐ Politik/Geschichte
- ☐ Philosophie/Wissenschaftstheorie
- ☐ Literaturwissenschaft/Linguistik
- ☐ Naturwissenschaft/Technik
- ☐ Architektur/Bauwesen

Ich möchte zugleich folgende Bücher bestellen

Anzahl	Autor und Titel	Ladenpreis

Datum

Unterschrift

Festzuhalten bleibt somit, daß die im Rahmen unserer Untersuchung vorgenommene Eingrenzung auf eine Analyse der raumstrukturellen Wirkungen von zivilen FuE-Ausgaben des BMFT – und eingeschränkt des BMWi – an die Wirtschaft nur als ein erster Analyseschritt betrachtet werden kann. Hierauf aufbauen muß eine systematische Analyse der räumlichen Auswirkungen bestehender Implementationsformen in verschiedenen Politikbereichen mittels einer detaillierten Untersuchung von horizontalen Politikverflechtungsstrukturen. Wir wollen uns im folgenden darauf beschränken, anhand einer Untersuchung von Instrumentenebene und Vollzugformen erste Hinweise auf mögliche räumliche Wirkungen dieses Politikfeldes zu bekommen.

3. *Instrumente der FuT-Politik und ihre Adressatenorientierung*

3.1 Instrumente und Wirkungsweise

Innerhalb der bisher vorhandenen, einschlägigen wissenschaftlichen Literatur lassen sich für den Bereich Analyse der forschungspolitischen Instrumentenebene zahlreiche Systematisierungsversuche feststellen[4], die vor allem in der Frage der Zuordnung einzelner Maßnahmenpakete auf übergeordnete instrumentelle Funktionsbereiche deutliche Unterschiede aufweisen.

Folgt man dem im VI. Forschungsbericht der Bundesregierung zum ersten Male unternommenen Versuch einer detaillierteren Systematisierung der forschungspolitischen Instrumente, läßt sich vereinfacht folgende Unterscheidung treffen:

Die Diskussion über die unterschiedliche Wirkung von direkten und indirekten Instrumenten der Forschungsförderung beschränkt sich bisher in der wissenschaftlichen wie auch politischen Auseinandersetzung meist auf die Darlegung jeweils manifester Interessen. Sichtbar wird in dieser öffentlich zunehmend kontroverser geführten Auseinandersetzung[5] über die instrumentelle Ausgestaltung – und damit auch indirekt über die spezifischen Implementationsformen der Forschungspolitik – eine weitgehende Unsicherheit über den realen Lenkungsbedarf bzw. das vorhandene administrative Lenkungspotential.

Die indirekte Förderung – vor allem die indirekte Globalförderung – wird dabei aufgrund ihres nichtselektiven Charakters insbesondere von Industrieverbänden gefordert. Sie hat besonders bei solchen Neuerungsaktivitäten eine Relevanz, bei denen keine exakte staatliche Zielbestimmung möglich oder auch wünschbar ist, d.h. eine stärkere Dezentralisierung der Zielrealisierung angestrebt wird.

Der gravierende Nachteil indirekter Förderungsformen liegt demgegenüber besonders in ihrem geringen Anreizpotential zur Aktivierung von betrieblichen Neuerungsaktivitäten und in ihrem nicht selektiven Charakter (Gießkannenprinzip), der kaum Steuerungsansätze für die Forschungsadministration ermöglicht.

Aus diesem Wirkungsmechanismus ergibt sich als zentrales Problem, daß indirekte Förderungsformen – wie z.B. die bis 1974 gültige Möglichkeit der Sonderabschreibung für FuE-Investitionen – in erster Linie schon geplante und durchgeführte FuE-Investitionen der Unternehmen erleichtern, aber wegen ihres geringen Umfangs kaum neue betriebliche FuE-Vorhaben zu stimulieren vermögen.

Im Gegensatz hierzu präferiert die Forschungsadministration aus Gründen einer verbesserten Kontroll- und Lenkungsmöglichkeit eindeutig eine direkte Forschungsförderungsstrategie. Mit dem Einsatz des direkten Instrumentariums ist dabei die Annahme verbunden, daß der Staat in einem konkreten Programmbereich über operationalisierbare Ziele verfügt, die es ihm ermöglichen, eine weitgehende Kontroll- und Lenkungsfunktion zumindest bei der Adressatenauswahl, aber auch bei der inhaltlichen Zielbestimmung der Förderprogramme zu realisieren.

Problematisch erscheint das für die Bundesrepublik noch in den letzten Jahren feststellbare gravierende Mißverhältnis zwischen indirekten und direkten Förderungsformen[6], da zu einem funktionsgerechten Einsatz des direkten Instrumentariums ein leistungsfähiges administratives Diagnose- und Prognosesystem notwendig ist, das politisch-administrative Entscheidungsträger instandsetzt, eine vergleichende Bewertung von technologischen, wirtschaftlichen und gesellschaftlichen Auswirkungen alternativer Technologiekonzepte vornehmen zu können. Angesichts der bestehenden, im Rahmen dieses Beitrags aus Platzgründen nicht thematisierten[7] strukturellen Defizite des Politikfeldes hinsichtlich seiner informationellen Abhängigkeit und seiner fehlenden methodisch-inhaltlichen Kapazitäten, wird aber dieser von der Forschungsadministration immer noch aufrechterhaltene Steuerungsanspruch in der Praxis zweifelhaft.

Zumindest in den zentralen Förderschwerpunkten steht die Forschungsadministration heute vor einer Situation, daß sie sich einer Interessen- bzw. Unternehmensidentität bei Beratern und Auftragnehmern gegenüber sieht, in welcher die Administration tendenziell zu einem übergeordneten Programmsachwalter degeneriert, ohne eine nennenswerte inhaltliche Steuerungs- und Planungskapazität zu besitzen[8].

Die in der Realität nicht im erforderlichen Maße vorhandene Programmplanungs-, Kontroll- und Steuerungskapazität der Forschungsadministration scheint dabei – neben inhaltlichen, technologiespezifischen Gründen – eine der zentralen Ursachen dafür zu sein, daß der überwiegende Teil der direkten staatlichen Fördermaßnahmen an Großunternehmen geht. Die administrativen Planungs-, Steuerungs- und Kontrollanforderungen können bei diesem Adressatenkreis auf einem relativ niedrigen Niveau verharren, da die langfristigen Interaktionserfahrungen der Unternehmen mit der Forschungsadministration bzw. ihre umfangreichen FuE-Kapazitäten für die staatliche Seite eine weitgehende Risikominimierung implizieren. Demgegenüber steigen die Problemlösungs- und Koordinierungsanforderungen an die Forschungsadministration bei einem Adressatenkreis von kleinen und mittleren Unternehmen überdurchschnittlich an, da diese in den wenigsten Fällen über einen ausreichenden Erfahrungsschatz in bezug auf die Forschungsadministration verfügen.

Festzuhalten bleibt somit an dieser Stelle, daß die Schwerpunktlegung auf direkte Förderungsinstrumente in der forschungspolitischen Praxis zu einer starken Bevorzugung von Großunternehmen führt, während kleine und mittlere Unternehmen eher vernachlässigt werden. Versucht man nun, das forschungspolitische Instrumentarium nach abgrenzbaren Schwerpunktbereichen zu differenzieren, ergibt sich folgende Unterscheidungsmöglichkeit:

Die institutionelle Förderung kommt überwiegend staatlichen und halbstaatlichen Forschungseinrichtungen (Hochschulen, Max-Planck-Gesellschaft, Großforschungszentren) zugute. Ziel der institutionellen Förderung ist die Gewährung von finanziellen Hilfen, die ein Mindestmaß an kontinuierlichen FuE-Aktivitäten im jeweiligen Aufgabengebiet gewährleisten sollen. Daneben wird dieser Adressatenkreis noch durch die programmbezogene FuE-Förderung unterstützt (vgl. unten).

Bei der institutionellen Förderung steht die Forschungsadministration unter Steuerungsgesichtspunkten vor dem Problem, daß hier durch das vorherrschende System der Mischfinanzierung eine hohe Hürde für die Durchsetzbarkeit forschungspolitischer Ziele des Bundes eingebaut ist. Darüber hinaus handelt es sich bei der institutionellen Förderung um einen Bereich, der sich durch gewachsene und weithin autonom wirkende Strukturen und daraus resultierend, einer scheinbar objektivierbaren Sachgesetzlichkeit bei der Mittelvergabe, einer differenzierten Steuerung des Bundes weitgehend entzieht. Allenfalls über die Möglichkeit von über den vertraglich fixierten Rahmen hinausgehende Zusatzfinanzierungen und durch die schon erwähnte programmbezogene Förderung eröffnen sich im Bereich der institutionellen Förderung effektive Steuerungsmöglichkeiten für den Bund. Im übrigen handelt es sich eher um die Pflege eines ‚gewachsenen' und weithin autonom wirkenden Bereiches.

Im Gegensatz zur institutionellen Förderung besitzt die Forschungsadministration bei der Projektförderung grundsätzlich ein umfangreicheres Steuerungspotential. Sie verfügt in diesem Bereich über eine differenzierte instrumentelle Ausstattung und besitzt – bis auf wenige Ausnahmen – grundsätzlich einen vergleichsweise großen Handlungsspielraum in ihrer konkreten Adressatenorientierung.

Der größte Teil der projektbezogenen Förderungsbemühungen des Bundes liegen im Bereich der programmgebundenen Förderung (ca. 80 %), also in jenen FuE-Schwerpunkten, die wir im vorhergehenden Abschnitt schon angesprochen haben. In diesem Bereich, der gegenüber anderen Förderungsarten seit 1974 die höchsten Zuwachsraten aufweist (1974 = 3,2 Mrd. DM; 1978 = 4,4 Mrd. DM), und dessen Anteil an den gesamten FuE-Ausgaben des Bundes gegenwärtig bei ca. 52 % liegt[9], befindet sich ebenfalls das Schwergewicht der unternehmensbezogenen FuE-Förderungsmaßnahmen. Dabei zeigt sich bei der programmgebundenen Förderung einerseits eine starke sektorale Konzentration (Energie 48 %, Datenverarbeitung 13 %, Transport- und

Verkehrswesen 10 %; alles für 1977)[10] und andererseits eine Schwerpunktbildung der Förderungsbemühungen bei großen Unternehmen[11].

Neben programmfeldspezifischen Gründen – im Bereich z.B. der Datenverarbeitung spielen eben nur wenige, relativ große Unternehmen eine beherrschende Rolle – kommt hier somit trotz grundsätzlich bestehendem Steuerungspotential eine weitgehende Handlungsunsicherheit der Forschungsadministration zum Ausdruck. Mangels vor allem ausreichender administrativer Evaluierungskriterien und Indikatoren ist im Bereich der Programmförderung eine administrative Verhaltensweise vorherrschend, die unter dem Primat der Risikominimierung i.d.R. eine Adressatenorientierung hin zu größeren Unternehmen vornimmt und damit wenigen Großunternehmen über das Instrumentarium der Projektförderung eine quasi-institutionelle Förderung zukommen läßt.

Die nicht-programmgebundene Projektförderung, die sich verstärkt an kleine und mittlere Unternehmen wendet, spielt ihrem finanziellen Volumen nach (z.B. Erstinnovationsprogramm: 18 Mio.; FuE-Förderung in der Berliner Industrie: 6 Mio.) demgegenüber nur eine bescheidene Rolle. Materiell unterscheidet sie sich von der Programmförderung darin, daß die Initiative eines Förderungsverhältnisses ausschließlich von den antragstellenden Unternehmen kommt und die Ausgestaltung des zu fördernden Projektes inhaltlich nicht von Seiten der Forschungsadministration qua bestehender Programmkonzeptionen festgelegt ist.

Im Gegensatz zur direkten Projektförderung, bei der auf die anzustrebenden Ziele von betrieblichen FuE-Aktivitäten Einfluß genommen wird, bleibt bei der indirekten Globalförderung die jeweilige Zielrichtung von FuE-Bemühungen eines Unternehmens unbeeinflußt. Die Förderung erfolgt z.B. über generelle Zulagen (Investitionszulagengesetz). In jüngster Zeit wurde diese globale Förderung von FuE-Investitionen erweitert um eine Förderung auch der Personal-Investitionen im FuE-Bereich. Diese Erweiterung des indirekten Förderungsinstrumentariums zielt dabei vor allem auf kleine und mittlere Unternehmen, bei denen größenspezifisch die Personalausgaben im FuE-Bereich einen höheren Prozentsatz an den gesamten betrieblichen FuE-Ausgaben einnehmen, als bei Großunternehmen.

Neben der indirekten Globalförderung stehen im Politikfeld Forschung noch eine Vielzahl *indirekt-spezifischer Förderungsinstrumente* zur Verfügung, die jedoch hinsichtlich ihrer finanziellen Ausstattung nur ein vergleichsweise bescheidenes Volumen erreichen[12]. Dieses Instrumentenpaket beinhaltet vor allem Informations- und Beratungshilfen nicht-finanzieller Art (z.B. Managementhilfen und Beratung über IHKs, RKW etc.) und ist überwiegend auf kleine und mittlere Unternehmen hin ausgerichtet.

3.2 Adressatenorientierung der Instrumente

Bei unserer Fragestellung nach den raumstrukturellen Wirkungen der FuT-Politik kommt der Teilfrage besondere Bedeutung zu, ob und wenn ja, mit welchem Ergebnis die Struktur des bestehenden forschungspolitischen Instrumentariums eine selektive Adressatenorientierung und -auswahl bewirkt. Eine Antwort erfordert eine detaillierte

Analyse des Instrumentariums unter der Fragestellung, in welchen Phasen des Neuerungsprozesses (Inventions-, Innovations- oder Diffusionsphase) die jeweiligen Instrumente schwerpunktmäßig ansetzen und ob sich daraus eine selektive ‚Betroffenheit' iher Adressaten ergibt.

Graphisch vereinfacht dargestellt ergibt dies folgenden Problemzusammenhang[13]

Schaubild 1

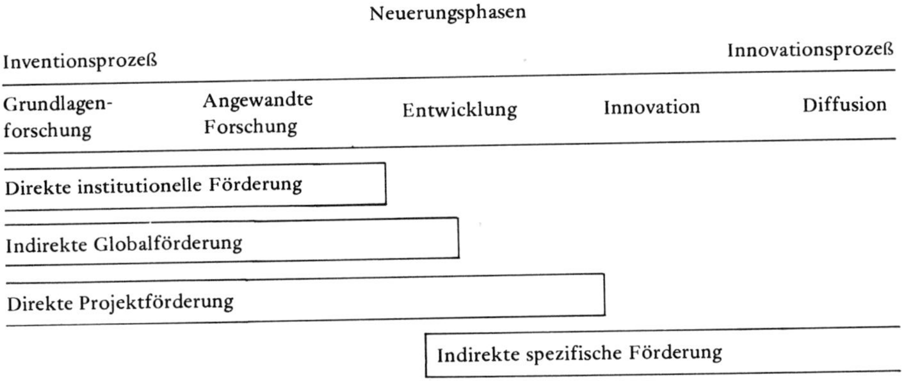

Schaubild 1 zeigt, daß die überwiegende Mehrzahl an programmgebundenen Förderungsmaßnahmen, welche den Hauptteil an den gesamten Förderungsbemühungen des Bundes ausmachen (ca. 52 %), sich im Bereich der Grundlagen- und der angewandten Forschung bewegen. Sie reichen nur vereinzelt in die Innovationsphase hinein, während Diffusionsaspekte bei den vorherrschenden Programmschwerpunkten keine Berücksichtigung finden.

Mit solcher Schwerpunktlegung auf spezifische Neuerungsphasen ist eine wichtige Vorentscheidung verbunden: Potentielle Adressaten im Bereich der programmgebundenen Projektförderung finden sich überproportional stark bei größeren Unternehmen, da nur sie eine systematische Grundlagen- bzw. angewandte Forschung betreiben können, während dies mittleren und kleinen Betrieben aus betriebsstrukturellen Gründen – i.d.R. fehlt die für eine erfolgreiche FuE-Tätigkeit notwendige Mindestausstattung – nur in Einzelfällen möglich scheint. Folge hiervon ist eine Konzentration der Förderungsbemühungen in diesem Schwerpunkt auf wenige Zuwendungsempfänger und verbunden damit eine räumliche Konzentration[14].

Zwar gelang es, die starke Konzentration der Förderungsmaßnahmen auf wenige Zuwendungsempfänger in den vergangenen Jahren wenigstens optisch abzumildern (Zunahme der geförderten Betriebe von 266 = 1972 auf 572 Betriebe = 1978). Insgesamt konnte aber der Anteil der kleinen und mittleren Unternehmen an der gesamten Projektförderung des BMFT nur von 5 % (1972) auf ca. 9 % (1976 = 119 Mio. DM absolut) gesteigert werden[15], so daß letztendlich die insgesamt starke Ausrichtung der Förderungsbemühungen auf Großunternehmen, welche unter neuerungsspezifischen Gesichtspunkten natürlich begründbar ist, weiterhin bestehen bleibt.

Demgegenüber sind die Instrumentarien der nicht-programmgebundenen direkten Förderung, sowie diejenigen der indirekten Förderung stärker auf jene Phasen des Neuerungsprozesses abgestellt, in denen verstärkt kleine und mittlere Unternehmen ihre originären FuE-Arbeitsschwerpunkte besitzen, d.h. im Innovations- und Diffusionsbereich.

Für die vergangenen Jahre läßt sich in diesen Förderbereichen eine verbesserte finanzielle Ausstattung der Instrumentenbündel feststellen. Festzuhalten bleibt jedoch, daß trotz der Betonung der Notwendigkeit, kleine und mittlere Unternehmen stärker zu fördern, sich die jeweiligen Anteile nur marginal verändert haben. Auch heute noch entfallen ca. 47 % der Ausgaben des Bundes für zivile FuE-Förderungsmaßnahmen in der Wirtschaft auf wenige große Programmbereiche[16] und damit auch auf wenige Großunternehmen[17], „weil nur sie in der Lage sind, das hohe technische und wirtschaftliche Risiko von langfristigen FuE-Projekten zu tragen und die erforderlichen Eigenleistungen aufzubringen“[18].

Zusammenfassend läßt sich somit für den Instrumentenbereich der FuT-Politik festhalten, daß durch die vorhandene Schwerpunktbildung innerhalb ihres Instrumentenbündels die FuT-Politik des Bundes eine selektive Adressatenorientierung hin zu Großunternehmen vornimmt. Diese Förderungsstrategie steht hinsichtlich ihrer konzentrationsfördernden Auswirkungen im Widerspruch zum Zielsystem des BROP und seinem Postulat nach Abbau großräumiger Disparitäten. Die FuT-Politik des Bundes spricht mit ihrer Schwerpunktlegung in der Tendenz schon vorhandene Forschung an. Sie übt insoweit innovationsspezifische Verstärkungs- und Optimierungseffekte aus, verstärkt aber zugleich ohnehin schon ablaufende Tendenzen zu betriebsstruktureller wie räumlicher Konzentration.

4. *Wirkungslinien der FuT-Politik des Bundes*

Vor dem Hintergrund unserer Analyse des FuT-politischen Instrumentariums wollen wir im folgenden Kapitel auf der Basis öffentlich zugänglicher Materialien[19] sowie aufgrund eigener Feinauswertungen aus dem BMFT-Datensystem ‚DAVOR‘[20] eine konkrete Analyse der FuE-Aufwendungen des Bundes unter verschiedenen Fragestellungen leisten.

4.1 Regionale Schwerpunkte

Analysiert man die FuE-Zuwendungen des Bundes an Private, ergibt sich unter regionalen Verteilungsmustern folgender interessanter Problemzusammenhang. 1977 betrug die Förderungsgesamtsumme des BMFT an Private 1.355,7 Mio. DM. Sie wurde auf 166 Kreise des Bundesgebietes verteilt. Davon erhielten (Rangfolge nach Volumengröße der Förderung; neuere Zahlen liegen noch nicht vor):

Die ersten drei Kreise:
541,6 Mio. DM = 39,95 % der Gesamtsumme;
die ersten fünf Kreise:
682,6 Mio. DM = 50,36 % der Gesamtsumme;
die ersten zehn Kreise:
862,5 Mio. DM = 63,64 % der Gesamtsumme.

In den ersten zehn Kreisen mit dem höchsten Förderungsvolumen wurden insgesamt 919 Vorhaben gefördert (1976 = 797 Vorhaben). Das entspricht einem Anteil von 39,1 % aller vom BMFT 1977 geförderten Vorhaben (insgesamt geförderte Vorhaben in Unternehmen: 1977 = 2.350, 1976 = 2.068), wobei dies gleichzeitig einen Anteil von 63,64 % an der gesamten Förderungssumme ausmacht. Die räumliche Konzentration der Fördermittel des BMFT auf wenige Kreise ist damit überdeutlich.

Wegen der starken Mittelkonzentration auf vergleichsweise wenige Kreise erscheint es angebracht, die Aufteilung der Forschungsförderung des BMFT an Private auch nach Bundesländern getrennt zu betrachten. Dabei ergibt sich folgendes Bild:

Tabelle 3
Aufteilung der BMFT-Forschungsförderung an Private nach Bundesländern

Land	Kreise insgesamt	Kreise mit Förderungsempfängern absolut	Kreise mit Förderungsempfängern in % an der Gesamtzahl der Kreise
Schleswig-Holstein	15	7	47
Niedersachsen	46	19	41
Nordrhein-Westfalen	55	43	78
Hessen	26	20	77
Rheinland-Pfalz	36	10	28
Saarland	6	2	33
Baden-Württemberg	44	35	80
Bayern	96	30	31

Quelle: Eigene Berechnungen

Der Anteil der geförderten Kreise an der Gesamtzahl der Kreise bewegt sich demnach in einer Bandbreite von 31 % bis 80 % (Bayern bzw. Baden-Württemberg). Auffällig ist, daß jene Bundesländer mit einem hohen Anteil der geförderten Kreise durchweg auch Länder mit einem hohen Verdichtungsraumanteil am gesamten Landesgebiet sind (Nordrhein-Westfalen, Hessen, Baden-Württemberg). Dagegen weisen die Länder mit einen geringen Anteil an geförderten Kreisen einen starken Anteil von peripheren oder Randgebieten auf. Der prozentuale Anteil an Verdichtungsgebieten an der gesamten Landesfläche erweist sich also als ein wesentlicher Bestimmungsfaktor für den Umfang der staatlichen FuT-Förderung in den jeweiligen Bundesländern. Hierin wird die schon angesprochene Tendenz deutlich, daß sich die FuT-Politik des Bundes mit ihren vor-

Tabelle 4

‚Hochvolumige' Forschungsförderung nach Kreisen und Bundesländern

Land	1 Kreise insgesamt	2 Kreise mit Förderungs-empfängern	3 davon hohes abs.	4 Volumen in % von 1	5 insgesamt	6 Forschungsförderung hoh. Vol.	7 in % von 5
Schleswig-Holstein	15	7	2	13	13 Mio.	11 Mio.	85
Niedersachsen	46	19	4	9	39 Mio.	20 Mio.	51
NRW	55	43	13	24	542 Mio.	419 Mio.	77
Hessen	26	20	6	23	90 Mio.	83 Mio.	92
Rheinland-Pfalz	36	10	1	3	5 Mio.	2 Mio.	40
Saarland	6	2	1	17	26 Mio.	25 Mio.	96
Baden-Württemberg	44	35	12	29	231 Mio.	216 Mio.	94
Bayern	96	30	4	4	307 Mio.	287 Mio.	93

Stand: 1977
Quelle: BuFo VI und eigene Berechnungen

herrschenden Förderkonzeptionen primär an Großunternehmen richtet, die wiederum überproportional häufig ihren Standort in Verdichtungsgebieten haben.

Da eine Auswertung des Anteils der geförderten Kreise an der Gesamtzahl der Kreise in einem Bundesland nur erste, sehr grobe Aussagen über eine selektive Bedienung der verschiedenen Regionen mit staatlichen FuT-Mitteln an Unternehmen zuläßt, wird im folgenden versucht, über das Kriterium ‚Kreise mit hohem Förderungsvolumen' eine weitere Differenzierung der bereits oben erhaltenen Ergebnisse zu erreichen. Ermittelt wurden dabei Kreise, in denen im Jahr 1977 die Zahl der geförderten Vorhaben über zehn und in denen die Gesamtsumme der staatlichen Förderung des BMFT über 1 Mio. DM lag.

Tabelle 4 zeigt, daß in allen Flächenstaaten eine starke Konzentration der Förderungsmaßnahmen des Bundes auf wenige Kreise erfolgt, die zugleich den überwiegenden Anteil des gesamten Förderungsvolumens auf sich ziehen. Die Übersicht zeigt weiter, daß in Bundesländern mit einem hohen Verdichtungsraumanteil ein höherer Prozentsatz an Kreisen unter unser Auswahlkriterium fällt, als in mehr strukturschwachen Bundesländern (z.B. Hessen: 23 % und Baden-Württemberg: 29 %; dagegen Niedersachsen: 9 % und Bayern: 4 %).

Damit bestätigt sich, ohne hiermit schon eine politische Wertung zu implizieren, daß die FuT-Politik des Bundes ihre Ansprechpartner vorwiegend in Ballungsgebieten findet, während strukturschwache Gebiete mit einem höheren Anteil an Klein- und Mittelunternehmen eher vernachlässigt werden. Forschungspolitisch immanent wird dieser Tatbestand scheinbar rational damit begründet, daß „eine Förderung von FuT-Vorhaben nur dort einsetzen (kann), wo entsprechende Kapazitäten und Initiativen bei ... der Wirtschaft vorhanden sind"[21].

Um noch detailliertere Anhaltspunkte für diesen raumordnungspolitisch negativ einzuschätzenden Entwicklungstrend erhalten zu können, soll der global analysierte Tatbestand anhand von vier ausgewählten Bundesländern spezifiziert werden. Wir vergleichen dazu in *Tabelle 5* Baden-Württemberg mit einem relativ hohen Anteil der beiden Ballungsgebiete ‚Mittlerer Neckar' und ‚Rhein-Neckar' am Landesgebiet sowie Nordrhein-Westfalen mit dem großen Verdichtungsraum ‚Ruhrgebiet/Rheinland' mit Rheinland-Pfalz, das nur an der östlichen Landesgrenze in geringem Umfang die Ballungsräume ‚Rhein-Main' und ‚Rhein-Neckar' berührt, und Bayern. Für die Typisierung der Kreise wählten wir das gängige raumordnungspolitische Erklärungsschema, welches eine Differenzierung in vier Kategorien vorsieht[22].

Die aus *Tabelle 5* ablesbare Tendenz, derzufolge ein Großteil der Fördermittel in Verdichtungsgebiete fließt, wird verstärkt durch die Fördervorhaben von Unternehmen mit relativ hohem Volumen. Ein wesentlicher Unterschied in der Steuerung der Fördermittel in den untersuchten Bundesländern zeigt sich darin, daß das ‚Förderungsgefälle', also die Differenz im Anteil der geförderten Kreise zwischen den Kategorien A und B in einem Land mit einem hohen Verdichtungsraumanteil, wie in unserem Fall Baden-Württemberg, deutlich geringer ist als in einem Land mit einem geringen Verdichtungsraumanteil (Bayern).

Zusammenfassend läßt sich somit ein regionales Verteilungsmuster der FuT-Politik ermitteln, das die Schwerpunkte der Förderung an Private räumlich in Ballungs- oder

Tabelle 5

Ländervergleich der Verteilung von Förderungsmitteln nach unterschiedlichen Regionen

1 Land/Kategorie	2 Kreise abs.	 in %	3 FoFö erhalten abs.	 in % v. 2	4 hohe FoFö erh. abs.	 in % v. 2
Baden-Württemberg						
A 1	10	23	8	80	5	50
A 2	4	9	3	75	1	25
B 1	23	52	18	78	3	13
B 2	7	16	6	86	3	43
Nordrhein-Westfalen						
A 1	40	73	34	85	13	33
A 2	10	18	4	40	0	0
B 1	5	9	3	60	0	0
B 2	0	0	0	0	0	0
Rheinland-Pfalz						
A 1	8	22	5	63	0	0
A 2	8	22	3	38	1	13
B 1	20	56	5	25	0	0
B 2	0	0	0	0	0	0
Bayern						
A 1	22	23	8	36	4	18
A 2	5	5	3	60	0	0
B 1	16	17	3	19	0	0
B 2	53	55	16	30	0	0

Quelle: Eigene Berechnungen

Verdichtungsgebieten und betrieblich bei Großunternehmen setzt. Das zeigt sich z.B. deutlich an der räumlichen Verteilung der direkten Forschungsförderung des Bundes, wo ca. 3/4 aller Mittel in stark verdichtete Gebiete fließt (A 1-Kategorie) (vgl. hierzu *Tabelle 6*). Demgegenüber vereinen die peripheren Regionen, die einen Anteil von 10 % aller Beschäftigten und ca. 11 % der Gesamtbevölkerung besitzen, nur einen Anteil von knapp 4 % der direkten Förderungsmittel auf sich.

Allerdings fällt in diesem Zusammenhang auf, daß in den Bundesländern mit einem hohen Anteil an Verdichtungsgebieten die dort strukturschwachen Regionen stärker von den Forschungszuwendungen profitieren als die strukturschwachen Gebiete in insgesamt verdichtungsärmeren Bundesländern. Daraus ergibt sich insofern eine in diesem Rahmen nicht zu beantwortende Untersuchungsfrage, als diese Diskrepanz auch auf Unterschiede in der mittelständischen Industrie verweisen kann, die in strukturschwachen Gebieten nahezu allein als Förderungsempfänger in Frage kommt (Mittelstandsproblematik). Sollte sich ein deutlicher Unterschied anhand ausgewählter betriebsstruktureller Faktoren in der mittelständischen Industrie generell oder wenigstens branchenweise zwischen Verdichtungs- und peripheren Gebieten nachweisen lassen, würde eine stärkere Orientierung der Förderungsmaßnahmen an kleine und

Tabelle 6

Regionalisierung der direkten Forschungs- und Technologiefördermittel 1974 bis 1976 in Mio. DM*) bzw. %

Gebietskategorien	1974	1975	1976
Stark verdichtete Regionen (A 1)	1.963,9 77,0 %	2.261,4 76,0 %	2.158,9 75,4 %
Regionen mit Verdichtungsansätzen (A 2)	380,9 14,9 %	444,6 14,9 %	491,6 17,2 %
Regionen mit Großstadtzentrum (B 1)	95,4 3,7 %	114,9 3,9 %	115,4 4,0 %
Ländliche Regionen (B 2)	111,0 4,4 %	153,6 5,2 %	97,9 3,4 %
Bundesgebiet**)	2.551,3 100,0 %	2.974,6 100,0 %	2.863,8 100,0 %

*) Ohne institutionelle Förderungen an DFVLR, GSF, GWD, MPG, FHG
**) Differenzen in den Summen durch Runden

Quelle: BMFT-DAVOR

mittlere Unternehmen allein noch keine veränderte Wirkungen von FuTP in räumlicher Hinsicht mit sich bringen.

Auf der anderen Seite kann das Gefälle in der Förderintensität zwischen Verdichtungs- und peripheren Gebieten seine Ursachen auch in raumstrukturellen Komponenten haben (z.B. Fehlen unternehmensnaher Infrastruktureinrichtungen in den Randregionen). Damit könnte die Innovationsbereitschaft speziell von kleinen und mittleren Unternehmen, einmal abgesehen von den gängigen Erklärungsfaktoren (Unternehmensorganisation, Persönlichkeitsstruktur von Mitarbeitern) wesentlich auch von regionsspezifischen ‚Fühlungsvorteilen' abhängen.

Festzuhalten bleibt zunächst jedenfalls, daß bei eindeutiger Konzentration der FuT-Förderung auf Verdichtungsgebiete die strukturschwächeren Gebiete insgesamt, aber in unterschiedlicher Weise benachteiligt werden.

Folge dieser Orientierung der FuT-Politik an schon bestehenden Kapazitäten und Initiativen der Forschungsadressaten ist eine Schwerpunktbildung der Förderungsbemühungen bei Großunternehmen und, damit verbunden, eine Unterstützung und Verstärkung ohnehin ablaufender wirtschaftlicher und räumlicher Konzentrationsprozesse.

Wenn die offizielle FuT-Politik dieses materielle Politikergebnis mit dem Argument verteidigt, die FuE-Aufwendungen des Bundes an Private betrügen nur ca. 10 % der gesamten FuE-Aufwendungen der Wirtschaft und die negativen raumstrukturellen Folgewirkungen der FuT-Politik seien durch die restlichen 90 % vorgezeichnet, kommt das einem Verzicht auf einen politischen Steuerungs- und Gestaltungsanspruch der Forschungsadministration in diesem Bereich gleich oder – statt des Verzichtes –, dem Eingeständnis, daß man sich unbeschadet aller genannten Ziele weitgehend mit einer Optimierungsfunktion begnügen müsse.

Ohne daß wir an dieser Stelle der Frage nachgehen wollen, ob eine qualitativ veränderte Adressatenorientierung insgesamt zu einer Steigerung des Rationalitätsgehaltes der FuT-Politik beitragen könnte – oder ob mit einer angestrebten Breitenwirkung nicht ein Effizienzverlust verbunden wäre – bleibt festzuhalten, daß eine FuT-Politik angesichts verbreiteter Sachzwangargumente (der Forschungsadministration) sich oftmals auf den Vollzug von extern gesetzten Zielen verkürzt, während man ggf. gleichzeitig die Möglichkeiten und Notwendigkeiten einer qualitativ neuen forschungspolitischen Implementationspraxis weitgehend vernachlässigt.

4.2 Betriebsstrukturelle Schwerpunkte

Im Zusammenhang mit der räumlichen Schwerpunktlegung staatlicher Förderungsbemühungen läßt sich, wie mehrfach erwähnt, auch eine starke Konzentration auf Großunternehmen feststellen.

Tabelle 7 zeigt, daß es seit 1976 zu einem geringfügigen Abbau der vorherrschenden Konzentration der staatlichen FuE-Aufwendungen an Private kam. Aber auch nach einer seitens der Forschungsadministration vorgenommenen Akzentverschiebung zugunsten kleinerer und mittlerer Unternehmen erhalten immer noch knapp 10 % aller Zuwendungsempfänger ca. 47 % der gesamten einschlägigen Fördermittel des BMFT, um damit etwa 50 % der insgesamt geförderten Vorhaben durchzuführen.

Tabelle 7

Vergabe von Fördermitteln nach Zuwendungsempfängern und Anzahl der Vorhaben (1976 und 1977)

Es erhielten die	Anzahl der Vorhaben		Mio. DM		Anteil an der Industrieförderung in %	
	1976	1977	1976	1977	1976	1977
5 größten ZE	172	169	477	460	36,6	33,9
10 größten ZE	451	471	664	637	51,0	46,9
25 größten ZE	694	790	878	865	67,4	63,1
50 größten ZE	1.011	1.025	1.034	1.029	79,4	75,9
alle weiteren (1977 = 649)	1.075	1.325	269	326	20,6	24,1

Quelle: Bundesforschungsbericht VI, S. 84.

Staatliche Fördermittel, die einzelne Zuwendungsempfänger erhalten, verteilen sich häufig auf einzelne Firmenstandorte des jeweiligen Unternehmens. Inwieweit dabei betriebsstrukturelle und regionale Ungleichgewichte auftreten, scheint gerade für den Bereich der zehn größten Zuwendungsempfänger, die ca. 47 % der Gesamtförderung erhalten, besonders interessant.

Tabelle 8 zeigt, daß neben der Konzentration eines großen Teils der Fördermittel auf wenige Unternehmen auch eine Konzentration der Mittel auf wenige Firmenstandorte erfolgt. Die Fördermittel an die zehn größten Zuwendungsempfänger verteilen sich entsprechend den jeweiligen Forschungseinrichtungen auf lediglich 26 Inlandsstandorte, von denen aber nur eine wesentlich kleinere Zahl den Hauptteil der Förderung erhält. Die 26 Standorte liegen etwa zur Hälfte in Ballungsgebieten. Lediglich sechs können ihrer Lage nach einem peripheren Gebiet der Bundesrepublik zugeordnet werden.

Die Konzentration der Fördermittel auf wenige Betriebsstandorte mit Sitz in Ballungsgebieten läßt sich exemplarisch am zweitgrößten BMFT-Zuwendungsempfänger aufzeigen. Er erhält 98 % der Fördermittel für zwei Betriebe mit Sitz in Verdichtungsräumen, während in sieben Zweigbetrieben – unter ihnen solche mit Sitz in strukturschwachen Gebieten – lediglich 2 % der Mittel verbraucht werden.

Tabelle 8

Die Verteilung der Fördermittel (gemäß Förderkatalog) auf Firmenstandorte der zehn größten Zuwendungsempfänger

Unternehmen	Standorte	Anteil des Standortes an der Förderung des Unternehmens in %
1. Unternehmen A*	nur 1 Standort genannt	100,0
2. Unternehmen B	B 1	82,6
2. Unternehmen B	B 2	15,4
2. Unternehmen B	B 3	0,6
2. Unternehmen B	B 4	0,6
2. Unternehmen B	B 5–B 9	0,9
3. Unternehmen C	nur 1 Standort genannt	100,0
4. Unternehmen D	nur 1 Standort genannt	100,0
5. Unternehmen E	nur 1 Standort genannt	100,0
6. Unternehmen F	nur 1 Standort genannt	100,0
7. Unternehmen G	G 1	64,9
7. Unternehmen G	G 2	27,5
7. Unternehmen G	G 3	6,3
7. Unternehmen G	G 4	0,8
7. Unternehmen G	G 5	0,4
8. Unternehmen H	H 1	99,9
8. Unternehmen H	II 2	0,1
9. Unternehmen I	I 1	32,4
9. Unternehmen I	I 2	31,9
9. Unternehmen I	I 3	21,1
9. Unternehmen I	I 4	14,5
9. Unternehmen I	I 5	0,1
10. Unternehmen J	J 1	95,9
(Ausland)	J 2	4,1

Quelle: BMFT-DAVOR und eigene Berechnungen

* Die Buchstaben A–J stellen die geförderten Unternehmen in der Rangfolge dar; die dazugehörenden Zahlen kennzeichnen die jeweiligen Betriebsstandorte.

5. *Zusammenfassung*

Unsere Analyse über die konkrete Ausgestaltung und Wirkungsweise der herrschenden FuT-Politik des Bundes ergab folgende zentrale Merkmale:

Im Bereich der forschungspolitischen Instrumente erfolgt eine qualitative Schwerpunktlegung auf Formen der programmgebundenen Projektförderung. Mit der vorherrschenden Orientierung dieses Instrumentenbündels an bestimmten Phasen des Neuerungsprozesses – Grundlagen- bzw. angewandte Forschung – verbindet sich eine starke Selektivität der Adressatenorientierung. Überproportional stark werden durch die programmgebundene Projektförderung größere Unternehmen angesprochen, da i.d.R. nur sie eine systematische Grundlagen- bzw. angewandte Forschung betreiben können. Mittleren und kleineren Betrieben fehlt dagegen aus betriebsstrukturellen Gründen meist die für eine derartige FuE-Tätigkeit notwendige Mindestausstattung. Unmittelbare Folge der vorherrschenden FuT-politischen Ausrichtung des Bundes ist somit eine Konzentration des Hauptteils an Förderungsmaßnahmen auf wenige Zuwendungsempfänger; das Gros der kleinen und mittleren Unternehmen hat in diesem Bereich nur marginale Bedeutung.

Hinsichtlich der räumlichen Entwicklungslinien der FuT-Politik des Bundes läßt sich, abgeleitet hiervon, festhalten, daß sich die Mittel der Programmförderung schwerpunktmäßig in den zentralen Verdichtungsgebieten der Bundesrepublik konzentrieren. Die FuT-Politik unterstützt und verstärkt damit – durch eine politikfeldimmanent durchaus als rational zu bezeichnende Schwerpunktlegung ihrer Förderungsbemühungen auf ausgewählte Programmbereiche und damit auch Wirtschaftszweige – ohnehin ablaufende wirtschaftliche Konzentrationsprozesse zugunsten bestehender Ballungsgebiete.

Unbeschadet der Frage danach, ob eine andere Politik möglich wäre zeigt sich somit, daß sich die FuT-Politik des Bundes gegenüber den erklärten raumordnungspolitischen Zielen weitgehend dysfunktional verhält und ohnehin ablaufende Agglomerationsprozesse eher verstärkt.

Anmerkungen

1 Hierzu exemplarisch: *Duphe, S. / Ganser, K.*, 1975.

2 Informativ hierzu das einschlägige Schwerpunktheft 3/4/1977 der ‚Informationen zur Raumentwicklung'.

3 Die nachfolgenden Ausführungen folgen inhaltlich weitgehend den Überlegungen, die wir im Rahmen unserer Projektstudie angestellt haben; vgl. hierzu ausführlich: *Ellwein/Bruder/Väth* 1979, S. 79 ff.

4 Exemplarisch hierfür: *G. Bräunling/D. Harmsen* (1975), Kommission (1976), *G. Mensch* (1976) und *K. Schmitz* et al. (1976).

5 Vgl. hierzu exemplarisch den Beitrag von *K. Rudzinski* (1979) in der FAZ.

6 Die Kommission für wirtschaftlichen und sozialen Wandel kommt dabei in ihrem Schlußgutachten für das Jahr 1975 auf ein Verhältnis von 20:1 zugunsten der direkten Förderungsformen; vgl. Kommission 1976, S. 251. Nach dem neuesten Bundesforschungsbericht VI liegt das aktuelle Verhältnis nur noch bei 3:1; vgl. BMFT-Mitteilungen, Juli 1979.

7 Ausführlich hierzu: *Schmitz* et al. 1976.

8 Informative Beispiele hierfür finden sich bei *Schmitz* et al. 1976 und *Berger* 1978.

9 Bundesforschungsbericht VI, S. 78.
10 Eigene Berechnungen aus BMFT-DA VOR.
11 Vgl. hierzu die empirischen Angaben im nächsten Abschnitt.
12 Symptomatisch für die politisch gegensätzliche Problemsicht in diesem Bereich sind die unterschiedlichen Voten der von der Bundesregierung eingesetzten Kommission für wirtschaftlichen und sozialen Wandel. Vgl. hierzu: Kommission 1976, S. 275.
13 Ähnlich: Kommission 1976, S. 270; ausführlich: *Ellwein* et al., S. 113 ff.
14 Ausführlich hierzu Abschnitt 4.1.
15 Vgl. BMFT (1978), S. 20.
16 Hierzu: Bundesforschungsbericht VI, S. 9.
17 Vgl. hierzu die Angaben in Abschnitt 4.2.
18 Bundesforschungsbericht VI, S. 82.
19 Bundesforschungsbericht V/1975, Faktenbericht (1977) zum Bundesbericht Forschung, Regionalkatalog des BMFT sowie Bundesforschungsbericht VI (1979); die folgenden Erörterungen basieren dabei mit geringen Abweichungen auf unseren Ausführungen in: *Ellwein* et al. 1979, S. 121 ff.
20 Zu danken habe ich in diesem Zusammenhang *Peter Hofelich* für seine Hilfe bei der Aufbereitung und Auswertung der Daten.
21 Bundesforschungsbericht VI, S. 151.
22 Dies sind: Stark verdichtete Regionen (A 1); Regionen mit Verdichtungsansätzen (A 2); Regionen mit Großstadtzentren (B 1) und ländliche Regionen (B 2).

Literatur

Berger, R., Zum Verhältnis von Aufgabe, Struktur und Interessen in der Forschungspolitik; in: PVS-Sonderheft 9/1978, S. 169 ff.

Bräunling, G. / Harmsen, D., Die Förderungsprinzipien und Instrumente der Forschungs- und Technologiepolitik; Göttingen 1975.

Bundesminister für Forschung und Technologie, Forschungs- und technologiepolitisches Gesamtkonzept der Bundesregierung für kleinere und mittlere Unternehmen; Bonn 1978.

dew., Bundesbericht Forschung VI; Bonn 1979.

Duphe, S. / Ganser, K., Behördenstandorte als Instrument der Raumordnung; in: Informationen zur Raumentwicklung, 1/1975, S. 15 ff.

Ellwein, Th. / Bruder, W. / Väth, W., Expertise über die raumstrukturellen Wirkungen der Forschungs- und Technologiepolitik des Bundes; vervielf. Gutachten für den Bundesminister für Raumordnung, Bauwesen und Städtebau, Konstanz 1979.

Faktenbericht 1978

Kommission für wirtschaftlichen und sozialen Wandel, Gutachten; Bonn 1976.

Mensch, G., Gemischtwirtschaftliche Innovationspraxis; Göttingen 1976.

Rudzinsky, K., Der Forschungshaushalt ist überfüttert; in: FAZ vom 25.1.1979.

Schmitz, K. et al., Der Staat und die Steuerung der Wissenschaft; Göttingen 1976.

Funktionale Disparitäten der regionalen Wirtschaftsstruktur als regionalpolitisches Problem

Von Reinhart W. Wettmann / Hans-Jürgen Ewers

1. Problemstellung

Die großräumigen Unterschiede in den Lebensbedingungen der Bundesrepublik bieten zum Ende der siebzsiger Jahre ein differenziertes Bild. Die jüngste, 1978 vorgenommene Überprüfung von Gesamtsituation und Entwicklungstendenzen[1] zeigt, daß die räumlichen Gefälle in den einzelnen Lebensbereichen durchaus nicht parallel und immer zugunsten oder zuungunsten der gleichen Regionen verlaufen. Auch scheint in einzelnen Lebensbereichen ein deutlicher Abbau großräumiger Disparitäten gelungen zu sein (z.B. Infrastrukturversorgung). Großräumige Ungleichgewichte der Wirtschaftstruktur und Erwerbsmöglichkeiten haben sich jedoch über die lange Periode ungünstiger gesamtwirtschaftlicher Entwicklung seit der ersten Hälfte der siebziger Jahre erhalten und z.T. verstärkt[2]. Die Bundesregierung sieht diese Ungleichgewichte immerhin als so gravierend an, daß sie in der Verbesserung der besonders ungünstigen Erwerbsmöglichkeiten in den strukturschwachen Räumen einen der beiden Schwerpunkte oder sogar das „Schlüsselproblem" der künftigen raumordnungspolitischen Einflußnahme sieht[3]. Instrumentell stand bislang die Gemeinschaftsaufgabe zur „Verbesserung der regionalen Wirtschaftsstruktur" (GRW) ganz im Vordergrund der strukturpolitischen Einflußnahme auf die Bevölkerungs- und Arbeitsplatzverteilung im Raum. Entsprechend hat dieses Politiksystem in der Wirtschafts- wie in der Politik- und Verwaltungswissenschaft eine außerordentlich eingehende und differenzierte Betrachtung gefunden[4]. Es ist insoweit nicht unmittelbarer Gegenstand dieses Beitrages.

Hier geht es vielmehr um Vorschläge zur Ergänzung bzw. Veränderung der GRW und anderer regional wirksamer Strukturpolitiken, die sich aus der Veränderung der gesamtwirtschaftlichen Rahmenbedingungen und den daraus für die (räumliche) Wirtschaftspolitik erwachsenden Problemen ergeben[5]. Unsere These ist dabei, daß der Wandel der gesamtwirtschaftlichen Situation, auf den auch der Achte Rahmenplan der GRW rekurriert[6], zu einer Verschiebung regionaler Entwicklungsengpässe führt und damit eine Anpassung der Förderstrategie erforderlich macht.

2. Die veränderten ökonomischen Bedingungen

Äußere Zeichen eines veränderten Wachstumsmusters in der Bundesrepublik Deutschland sind die seit Ende der sechziger Jahre zu beobachtende Gewinnerosion und der drastische Rückgang des industriellen Investitionsvolumens zu Beginn der siebziger Jahre. Die tatsächliche Bedeutung dieses Wandels erschließt sich freilich erst, wenn man die Veränderung der Struktur des Investitionsvolumens mit in die Betrachtung einbezieht. Danach ist praktisch der gesamte Investitionsrückgang zu Lasten der Erweiterungsinvestitionen gegangen, deren Anteil am Investitionsvolumen etwa im Zeitraum 1970–1976 auf ein Drittel schrumpfte (von 55% auf 18%), während der Anteil der Rationalisierungsinvestitionen im gleichen Zeitraum von 33% auf 57% und der Anteil der Ersatzinvestitionen von 12% auf 25% stieg[7].

Die Gründe für diesen Rückgang des Volumens der Erweitungsinvestitionen sind vielfältig, jedoch deuten sie zumeist auf ein Schrumpfen der in der Bundesrepublik Deutschland vorhandenen Marktpotentiale hin, ob man nun den verstärkten internationalen Wettbewerbsdruck, dem die deutsche Industrie wegen veränderter Währungsparitäten, gestiegener Rohstoff- und Lohnkosten bzw. verstärkter Umweltrestiktionen ausgesetzt ist, das Stagnieren der inländischen Konsumnachfrage oder die „Innovationslücke"[8] für den Wachstumsknick verantwortlich macht. Das Schrumpfen der Marktpotentiale ist dabei durchaus nicht auf einzelne Branchen beschränkt, auch wenn man bestimmte Hauptbetroffene ausmachen kann[9].

Auf diese Schrumpfung traditioneller Marktpotentiale, von der mehr oder weniger alle westeuropäischen Industriestaaten betroffen werden, sind zwei Reaktionen wahrscheinlich, und beide zeichnen sich bereits ab:

- Zum einen wird ein Teil der traditionellen Industriebereiche durch einen dualen Prozeß des technischen Wandels und der Steigerung der Kapitalintensität an internationaler Wettbewerbsfähigkeit gewinnen und überleben[10]. Die in den fünfziger und sechziger Jahren beobachtbare technische Revolution in der Textilindustrie (Open-end-spinning, schützenloses Weben, Großrundstrickmaschinen, Tuftingverfahren, synthetische Faser, neue Ausrüstungstechniken etc.) ist ein Beispiel für diesen Prozeß, der – mehr oder weniger stark – in den meisten Industriebereichen Platz greifen wird.
- Zum anderen wird dem Breitenwachstum der vornehmlich standardisierte Produkte herstellenden Industriebereiche ein einschneidender Wandel des Industriemix in Richtung auf einen stärkeren Anteil jener Produktionsbereiche folgen, die eher sog. intelligente Produkte oder neue Technologien produzieren und exportieren[11]. Die deutsche Industrie wird sich stärker in Richtung auf eine „headquarter-economy" entwickeln (müssen), um den Verlust angestammter Märkte wettzumachen.

Die Entwicklung zur „headquarter-enonomy" und der verstärkte technische Wandel in der Produktion entziehen der bislang verfolgten Förderstrategie für unterentwickelte Gebiete praktisch den Boden, insofern das den Fördererfolg im wesentlichen tragende Breitenwachstum der standardisierten Produktion und das aus ihm resultierende Potential mobiler Investitionen mehr und mehr entfällt[12]. In dem Maße, in welchem sich die komparativen Wettbewerbsvorteile Westeuropas auf qualitative Gesichtspunkte und damit auf solche Produktions- und Dienstleistungsbereiche verlagert, die besonders humankapitalintensiv sind[13], geraten die überwiegend auf der Basis von Kostenvorteilen konkurrierenden peripheren Regionen Westeuropas zunehmend unter den Druck eines für sie verhängnisvollen doppelten Wettbewerbs. Denn einerseits sind die (im Vergleich zu den Hauptverdichtungsgebieten) bestehenden Differenzen bei den Lohn-, Boden- und Umweltkosten zu gering, um in der Konkurrenz gegenüber den Niedriglohnländern zu zählen, andererseits haben die peripheren Regionen – wie noch im einzelnen zu begründen sein wird – in der wichtiger werdenden Qualitätskonkurrenz und im technologischen Wandel nur eine geringe Chance gegenüber den Hauptverdichtungsgebieten.

Diese Entwicklung scheint keineswegs auf die Bundesrepublik beschränkt zu sein, sondern die Mehrzahl der europäischen Industrieländer in den siebziger Jahren erfaßt zu haben. So zeigen Leo und Philippe[14] für Frankreich, daß die bis 1973 erfolgten Positionsgewinne der wirtschaftsstrukturell benachteiligten Regionen seither durch den in diesen Regionen besonders starken Abbau von Arbeitsplätzen wieder verlorengegangen sind. Waren die Jahre bis 1973 durch eine allmähliche Angleichung der regionalen Wirtschaftsstrukturen gekennzeichnet, so setzt seither in Frankreich wieder eine Spezialisierung unter Ausnutzung der Standortgunst einiger Regionen ein, während in anderen Regionen die Krisenanfälligkeit steigt. Dies führt, wie Valeyre[15] zeigt, zu einer zunehmenden Hierarchisierung innerhalb der französischen Raumstruktur, die sich an einer räumlichen Konzentration der Kapitalgüterproduktion, der qualifizierten Arbeitskräfte und der höherwertigen Wirtschaftsfunktionen wie zentrale Unternehmensplanung, Forschung und Entwicklung, Finanzierung etc. ablesen läßt. In Italien tritt ebenfalls Mitte der siebziger Jahre ein Trendbruch in der Entwicklung des Nordsüdgefälles ein, der sich u.a. an dem seit diesem Zeitpunkt wieder einsetzenden Auseinanderstreben der regionalen Produktivitätsentwicklung ablesen läßt[16].

Dieser in den westeuropäischen Industrieländer zu verzeichnende Trendbruch und die damit verbundenen Konsequenzen für die räumliche Entwicklung der Binnenwirtschaften verändern die Bedingungen, die der regionalen Wirtschaftspolitik in der Wachstumsphase der sechziger und beginnenden siebziger Jahre Erfolge erlaubten. So wurde die Effektivität der in den meisten westeuropäischen Ländern praktizierten regionalpolitischen Förderung privater Sachkapitalinvestitionen nicht nur vom generellen Rückgang der gesamtwirtschaftlichen Investitionsraten, sondern zusätzlich vom Rückgang der Kapitalmobilität getroffen, da die regionalpolitisch induzierten Investitionen dem Umfang nach überwiegend – für die Bundesrepublik etwa zu 60%[17] – aus den Nichtfördergebieten stammen. Parallele Entwicklungen lassen sich in den meisten westeuropäischen Ländern zeigen[18].

3. *Regionalpolitische Reaktionsmöglichkeiten*

Will man unter diesen Umständen ein erneutes Zurückfallen der unterentwickelten Gebieten und damit ein Ansteigen der regionalen Disparitäten verhindern, so eröffnen sich prinzipiell zwei Wege: Die *erste Strategie* setzt weiterhin auf generelle Investitionsanreize, und damit hauptsächlich auf die Mobilität standardisierter Produktion in Richtung auf kostengünstigere Standorte; ein Weg, der im Hinblick auf die Kostenvorteile der Niedriglohnländer der Dritten Welt ständig größer werdende Fördersätze und Protektionsraten erfordern würde und damit den von der Bundesrepublik vertretenen außenhandelpolitischen Grundsätzen zuwiderläuft. Dieser Weg wird von der staatlichen

Förderpraxis im Grunde bisher weiterverfolgt. Von der Wirtschaftswissenschaft wird er mit der Forderung nach mehr Zielkonformität durch eine sektorale Differenzierung der regionalen Wirtschaftsförderung weiterentwickelt[19], ein Ansatz, der einer noch immer vorherrschenden sektoralen und branchenmäßigen Erklärung regionalwirtschaftlicher Entwicklungsprobleme entspricht[20].

Diese sektorale Betrachtung ist jedoch durch eine wachsende Zahl von Untersuchungen relativiert worden, die regionale Entwicklungsunterschiede nur zum Teil auf sektorale und branchenmäßige Unterschiede zurückführen konnten[21] und gerade für den außenhandelsinduzierten Strukturwandel starke intrasektorale Entwicklungsunterschiede feststellten. Zwar trifft der aus der Integration der Entwicklungsländer in den Prozess der internationalen Arbeitsteilung entstehende Konkurrenzdruck Verbrauchsgüterindustrien stärker als die Hersteller von Kapitalgütern. Innerhalb der einzelnen Branchen gibt es jedoch erhebliche Unterschiede je nach Produktprogramm – und damit verbunden – den in der Produktion vornehmlich verwendeten Inputs. So scheinen sich heute in allen Industriestaaten insbesondere Betriebe und Produktionen behaupten zu können, bei denen Faktoren wie Humankapital, Forschung, Technologie etc. besonders ausgeprägt zum Einsatz kommen.

Wenn das Potential, auf das die traditionelle regionale Förderstrategie zurückgreift, schrumpft, weil weniger Verlagerungen und Zweigstellengründungen in der Zukunft erwartet werden können, und wenn zudem ein Teil der geförderten Investitionen langfristig kaum wettbewerbsfähig sein dürfte, so liegt es nahe, nicht mehr nur auf die bisherige Kapitalförderung zu setzen, sondern eine *zweite Strategie* in Betracht zu ziehen. Diese Strategie versucht, die heutigen Problemgebiete durch Entwicklung ihres endogenen Potentials stärker auf den technologischen Wandel und die neue Qualitätskonkurrenz hin zu rüsten, eine Strategie, die wir verkürzt als innovationsorientierte Regionalpolitik bezeichnen. Ansatzpunkte einer solchen Strategie sind diejenigen Faktoren, die über die Fähigkeit einer Region zur Hervorbringung bzw. zur schnellen Adaption von Innovationen (neue Produkte, neue Produktionsverfahren) entscheiden. Denn diejenigen Regionen werden die Gewinner des Strukturwandels sein, die den Verlust alter Märkte entweder durch den Aufbau neuer Marktpotentiale kompensieren oder durch technologischen Wandel in der Produktion verhindern können. Das regionale Innovations- und Anpassungspotential wird also auf dem Hintergrund der gewandelten wirtschaftlichen Situation zu einem entscheidenden Engpaßfaktor der Entwicklung in den Problemgebieten.

Verschiebt man, wie hier getan, die der regionalen Wirtschaftspolitik zugrundeliegende Situationshypothese von der Investitionslücke zur Innovations- und Diffusionslücke, so muß man den Begriff des Innovations- und Anpassungspotentials etwas genauer bestimmen. Diejenigen wirtschaftlichen Tätigkeiten oder Funktionen, welche die Anpassungs- und Innovationsfähigkeit einer Region ausmachen, sind nicht der Produktionssphäre oder den Produktionstätigkeiten im engeren Sinne zuzuordnen, die bislang den wichtigsten Gegenstand der klassischen Wirtschafts- und Regionaltheorie und den Ansatzpunkt der traditionellen regionalen Wirtschaftspolitik darstellen.

Das funktionale Defizit ist vielmehr in den der Produktionssphäre vor- bzw. nachgelagerten Bedingungen und Tätigkeiten der Entscheidungs- und Kommunikationssphäre zu vermuten, d.h. in den Tätigkeiten der Informationsverarbeitung, des Planes und Entscheidens bei der Markt- und Produktsuche, der technischen Entwicklung, der Unternehmens- und Vertriebsorganisation und der Finanzierung.

Ein Teil des funktionalen Defizits regionaler Problemgebiete – so unsere These – ist nun darin zu sehen, daß die auf Entscheidung und Planung gerichteten unternehmerischen Tätigkeitsbereiche (etwa: Forschung und Entwicklung, Marketing, Unternehmensplanung) in den Betrieben regionaler Problemgebiete relativ schwächer ausgeprägt sind, als es im Durchschnitt der Betriebe agglomerierter Gebiete der Fall ist. Diese Tätigkeiten lassen sich verkürzt im Begriff „*zentrale Unternehmensfunktionen*" entsprechend dem geläufigeren angelsächsischen Begriff der Headquarterfunktionen zusammenfassen. Der andere Teil der Funktionsschwäche regionaler Problemgebiete wird von uns darin gesehen, daß die für eine hohe Effektivität der zentralen Unternehmensfunktionen erforderlichen Umweltbedingungen (im Hinblick etwa auf den Diversifikationsgrad des Arbeitsmarktes, die Informationsdichte, das Serviceangebot) in solchen Gebieten – im Vergleich zu Agglomerationsgebieten – nicht bzw. in zu geringem Maße vorhanden sind. Beide Arten funktionaler Defizite tauchen als Entwicklungsdeterminanten und -engpässe in der neoklassischen und postkeynesianischen Wachstumstheorie und in den entsprechenden Wachstumsmodellen und Produktionsfunktionen nicht oder nur residual auf; ihre theoretische Berücksichtigung als wichtige „Produktionsfaktoren" steht noch aus. Bei der Identifizierung dieser Faktoren sind regionale Branchenanalysen, insbesondere detaillierte Untersuchungen des regionsinternen Strukturwandels, zur Offenlegung interessanter Problemlagen hilfreich[22]. Die eigentliche Aufgabe besteht jedoch darin, den Prozeß der Innovation und Adaption sowie seine Abhängigkeiten von den standortstrukturellen Gegebenheiten auf der Ebene der Unternehmenseinheiten nachzuzeichnen.

4. *Das funktionale Defizit regionaler Problemgebiete als zentraler Engpaßfaktor – eine Hypothese*

In der bisherigen empirischen Wirtschaftsforschung ist die hier zugrunde gelegte Hypothese des geringeren Innovations- und Anpassungspotentials der Problemgebiete nur vereinzelt aufgegriffen worden. Wir wollen die Ergebnisse im folgenden kurz zusammenfassen.

a) Unmittelbare empirische Evidenz

Unmittelbare empirische Evidenz für die Existenz interregionaler Unterschiede der Neuerungsleistung läßt sich nur aus wenigen Untersuchungen gewinnen. So zeigt eine Studie über die regionale Verteilung von ca. 300 Produktinnovationen in Großbritannien[23], daß bezogen auf Betriebe und auf Beschäftigte pro Region der südliche Landesteil mit der Region London als Kern eine weitaus höhere Anzahl an Innovationen hervorgebracht hat als die peripheren nördlichen Regionen Großbritanniens. Bei kleineren Unternehmen mit weniger als 100 Beschäftigten zeigen Betriebe der Region South East und West Midlands eine zweieinhalbmal höhere Innovationsneigung als Betriebe der britischen Förderregionen. Für Großbetriebe konnten solche regionalen Unterschiede zwar nicht festgestellt werden; innerhalb von Mehr-Betrieb-Unternehmen zeigte sich jedoch, daß – soweit die Produktinnovation in einem anderen als dem „Erfinderbetrieb" ihre erste kommerzielle Fertigung fand – diese Fertigungsstätte des Mehr-Betrieb-Unternehmens in der großen Mehrzahl der Fälle in der gleichen Region lag wie der Erfinderbetrieb.

Für den räumlichen Diffusionsprozess zeigt eine Untersuchung der Verbreitung von sieben neuen Verfahren (z.B. Oxygenstahlverfahren, Spezialpressen für Papierfabriken, verschiedene IBM-Computer) in Kanada, daß für das zentral gelegene Ontario ein durchschnittlicher zeitlicher Diffusionsrückstand von ca. 1 1/2 Jahren, für die periphere Atlantikregion von ca. 8 Jahren und für die übrigen Regionen Verzögerungen zwischen 2 und 3 Jahren bestanden[24]. In der Bundesrepublik liegt bisher nur eine Untersuchung zur regionalen Diffusionsgeschwindigkeit vor[25]. Aus der im Rahmen dieser Studie untersuchten Verbreitung des Tufting-Verfahrens ergibt sich, daß von der erstmaligen Anwendung dieser Technologie 1954/5 in Deutschland bis zum Jahr 1961 bereits 60% der potentiellen Anwender in Nichtfördergebieten diese Verfahrensinnovation eingeführt hatten, während die Diffusionsrate in den Fördergebieten bis zum selben Zeitpunkt nur 11% betrug.

In der gleichen Untersuchung wurde ein zweiter Weg beschritten, um Evidenz für regionale Innovationsunterschiede zu schaffen. Aus der Patentstatistik wurden die in der Klasse F (Maschinenbau) der Patentklassifikation aufgeführten Patente regional zugeordnet. Bezogen auf die Anzahl der Firmen in den Förder- bzw. Nichtfördergebieten ergab sich für die Nichtfördergebiete eine viermal höhere Patentquote, auch wenn dabei die methodischen Schwierigkeiten und Verzerrungen, die sich aus einem oft behaupteten größenklassenspezifischen Patentanmeldeverfahren ergeben, nicht ausgeschaltet werden konnten. Ähnliche Ergebnisse erbrachten eine dänische Studie[27]. Nach ihr werden in der Copenhagen Metropolitan Region dreimal mehr Patente bezogen auf die Einwohner erteilt als in den ländlich-kleinstädtischen Regionen. Stimmt die Hypothese Goddards[28], daß technische Informationen wegen bestimmter „Absaugeffekte" rascher aus der Peripherie in die Kernregionen fließen als umgekehrt aus den zentralen Regionen in die Randgebiete, so würden die ökonomischen Implikationen der genannten patentstatistischen Untersuchungen eher verstärkt als geschwächt.

b) Indirekte empirische Evidenz

Unmittelbare Evidenz für regionale Unterschiede der Fähigkeit zur technologischen Innovation und Adoption ist bisher – wie die obige Darstellung zeigt – äußerst knapp und – soweit sie im Ausland geschaffen wurde – wegen der Größenunterschiede (im Falle Kanadas und Dänemarks) oder der raumstrukturellen Charakteristiken (mono- und polyzentrale Strukturen) nur beschränkt auf die Bundesrepublik übertragbar[29]. Der Rückgriff auf indirekte Evidenz erscheint deshalb solange notwendig, bis die empirische Wirtschaftsforschung größere Klarheit über die standörtlichen Bedingungen des Innovations- und Diffusionsprozesses und über regionale Determinanten der Anpassung an den Strukturwandel geschaffen hat.

Solche indirekte Evidenz läßt sich aus Analysen der räumlichen Verteilung derjenigen Faktoren ziehen, die als Determinanten des einzelunternehmerischen Innovationsverhaltens angesehen werden bzw. im weiteren Sinne als mit Innovations-, Diffusions- und Anpassungsvorgängen in Zusammenhang stehend betrachtet werden können.

Im Hinblick auf vermutete regionalspezifische Funktionsschwächen der Unternehmen haben erste Untersuchungen in der Bundesrepublik keine ganz eindeutigen Ergebnisse erbracht. Die Forschungsgruppe Ellwein-Zoll[30] kommt nach systematischen Interviews von Unternehmen in der Größenklasse von ca. 300 Beschäftigten in den Räumen Oberfranken, Nordhessen und Ostfriesland einerseits und Hannover, Köln, München andererseits zum Schluß, daß im Hinblick auf die Problembereiche Information, Personalgewinnung und Produktion sowie auf die Merkmale Management, Rechtsform, Kapitalausstattung und Art und Weise der Marktzuwendung über die Räume hinweg mehr Gemeinsamkeiten als Unterschiede bestehen und die gegebenen Unterschiede eher branchen- als raumbedingt sind. Typische Schwächen mittlerer Unternehmen der genannten Großenklasse werden in den peripheren Regionen nach dieser Untersuchung jedoch verstärkt.

Dagegen hat eine am WZB Berlin durchgeführte Befragung von privaten und öffentlichen oder im Kammerbereich tätigen Innovationsberatern deutliche Hinweise auf Defizite kleinerer Unternehmen in peripheren ländlichen Regionen bei den „Innovationsdeterminanten" hochqualifizierte Arbeitskräfte, innovationsrelevante Informationen, innovationsfördernde Managementstile und Risikokapital erbracht[31]. Interessanterweise erscheinen zumindest bei den beiden ersten Faktoren die Defizite angebots- wie nachfrageinduziert, d.h. sie liegen nicht nur im fehlenden Angebot von qualifizierten Arbeitskräften und Informationen, sondern auch in der zu geringen Fähigkeit bzw. Bereitschaft der Unternehmen begründet, solche Angebote zu nutzen. Dies legt die Vermutung nahe, daß eine regionale oder standörtliche Umwelt, welche nur unzureichende Informations- und Humankapitalangebote zur Verfügung stellt, auf die innere Struktur der Unternehmen und deren Nachfrageverhalten mit der Zeit zurückschlägt und dabei zu regionalspezifischen, innovationshemmenden Strukturen in den Unternehmen führt. Dieser Effekt tritt umso stärker ein, je kleiner das Unternehmen ist, was eine mögliche Erklärung des Widerspruchs der WZB-Untersuchung mit den Ergebnissen der in der Größenklasse um 300 Mitarbeiter durchgeführten Untersuchung der Arbeitsgruppe Ellwein-Zoll bedeutet. Britische Untersuchungen zeigen darüber hinaus, daß zwischen dem Kommunikationsverhalten abhängiger Filialen von Mehr-Betrieb-Unternehmen und autonomen Kleinunternehmen – beide mit Standorten in den britischen Fördergebieten – ein signifikanter Unterschied besteht[32]. Während im ersten Betriebstyp Management- und technisches Personal bis zu den unteren Ebenen Kontakte in den Konzernzentralen des englischen Südostens wahrnimmt, beschränken sich bei Kleinunternehmen die Kontakte mit Unternehmens- und Technologieberatern im Londoner Raum auf eine sehr kleine Anzahl von Mitgliedern der Unternehmensleitung oder sogar auf den Unternehmer selbst. Diese Verhaltenscharakteristiken kleiner und mittlerer

Unternehmen beschränken natürlich den Input innovationsauslösender oder -fördernder Markt-, Technologie- und Managementinformationen solcher Unternehmen gerade in denjenigen Regionen, in denen sowohl ein breites wie im Problemfall spezifiziert abrufbares Informationsangebot nicht „vor der Haustür" zu finden ist, sondern über größere Distanzen hinweg gezielt gesucht werden muß.

Weitere indirekte empirische Evidenz für Defizite im Innovations- und Anpassungspotential regionaler Problemgebiete läßt sich aus einem Zusammenhang herleiten, der in der Regionalwissenschaft neuerdings unter dem Aspekt der „funktionalen Arbeitsteilung" zwischen Regionen diskutiert wird und der einen zumindest plausiblen Bezug zum Problem der Innovationsfähigkeit und Strukturanpassung besitzt, ohne daß dieser bislang belegt wäre.

Als wichtigste Einflußgröße wird dabei das moderne Großunternehmen vermutet. Dieser Unternehmenstyp hat in hohem Maße von der Möglichkeit Gebrauch gemacht, arbeitsteilig ausdifferenzierbare Unternehmensfunktionen zunehmend in den Regionen zu konzentrieren, welche funktionsspezifische Standortvorteile aufweisen[33]. Mit der Trennung von Produktions- und Verwaltungsfunktionen beginnend, hat sich eine weitere organisatorische und räumliche Ausdifferenzierung auch innerhalb der Management- und Verwaltungstätigkeiten entwickelt. Zwar folgen die Großunternehmen in der Regel nur der Logik der bereits bestehenden funktionalen räumlichen Arbeitsteilung, sie tragen damit aber ihrerseits wiederum zur Zementierung oder gar Verstärkung einer hierarchischen Raumstruktur bei.

Für fast alle westeuropäischen Industrieländer existiert heute Datenmaterial, welches die hohe Konzentration von zentralen Unternehmensfunktionen, d.h. von Konzernhauptsitzen an wenigen Orten zeigt. So befanden sich 1977 in Großbritannien 52% aller Unternehmenssitze der 1000 größten Unternehmen in London und 62% in der Region South East, und dies zwischen 1972–1977 mit ansteigendem Konzentrationsgrad[34]. Für die Bundesrepublik geben die Karten 1–4 einen guten Eindruck der Konzentration von Konzernzentralen. Konzentrationstendenzen lassen sich nicht nur für die meisten westeuropäischen Länder, sondern auch für Westeuropa insgesamt mit zunehmender Konzentration in wenigen großen Agglomerationsräumen zeigen[35]. Die Kehrseite der Medaille besteht in einer Konzentration von einfacheren Produktionstätigkeiten in den Zweigbetrieben der peripheren Regionen, so daß das Paradigma einer hierarchischen Organisation des Raumes entlang den Phasen des „Produktlebenszyklus"[36] an Plausibilität gewinnt, ohne daß es für die binnenwirtschaftliche Struktur der westeuropäischen Industriestaaten bislang systematisch belegt wäre.

Aus dem räumlich arbeitsteiligen Verhalten moderner Mehr-Betrieb-Unternehmen läßt sich nun – zumindest teilweise – die räumliche Ungleichverteilung von hoch qualifizierten Arbeitskräften, Forschungs- und Entwicklungstätigkeiten oder unternehmensbezogenen Dienstleistungen erklären, die sich der Zweigbetrieb häufiger aus seiner Unternehmenszentrale als an seinem Standort beschafft[37]. Diese in aller Regel zuungunsten der peripheren Regionen wirkende räumlich-funktionale Arbeitsteilung, die sich aus den Wachstumsmustern von Großunternehmen ergibt, bleibt nicht ohne Folgen für den Bestand an ansässigen kleinen und mittleren Unternehmen. Dies geschieht nach vorliegenden empirischen Untersuchungen[38] z.T. auf sehr direkte Weise

Karte 1 *Industrie*

Regionale Verteilung der Hauptsitze der 100 größten Unternehmen (1976)

Auf der Basis von:
Die großen 500 Nr. 9
Neuwied: Luchterhand
Verlag 1977

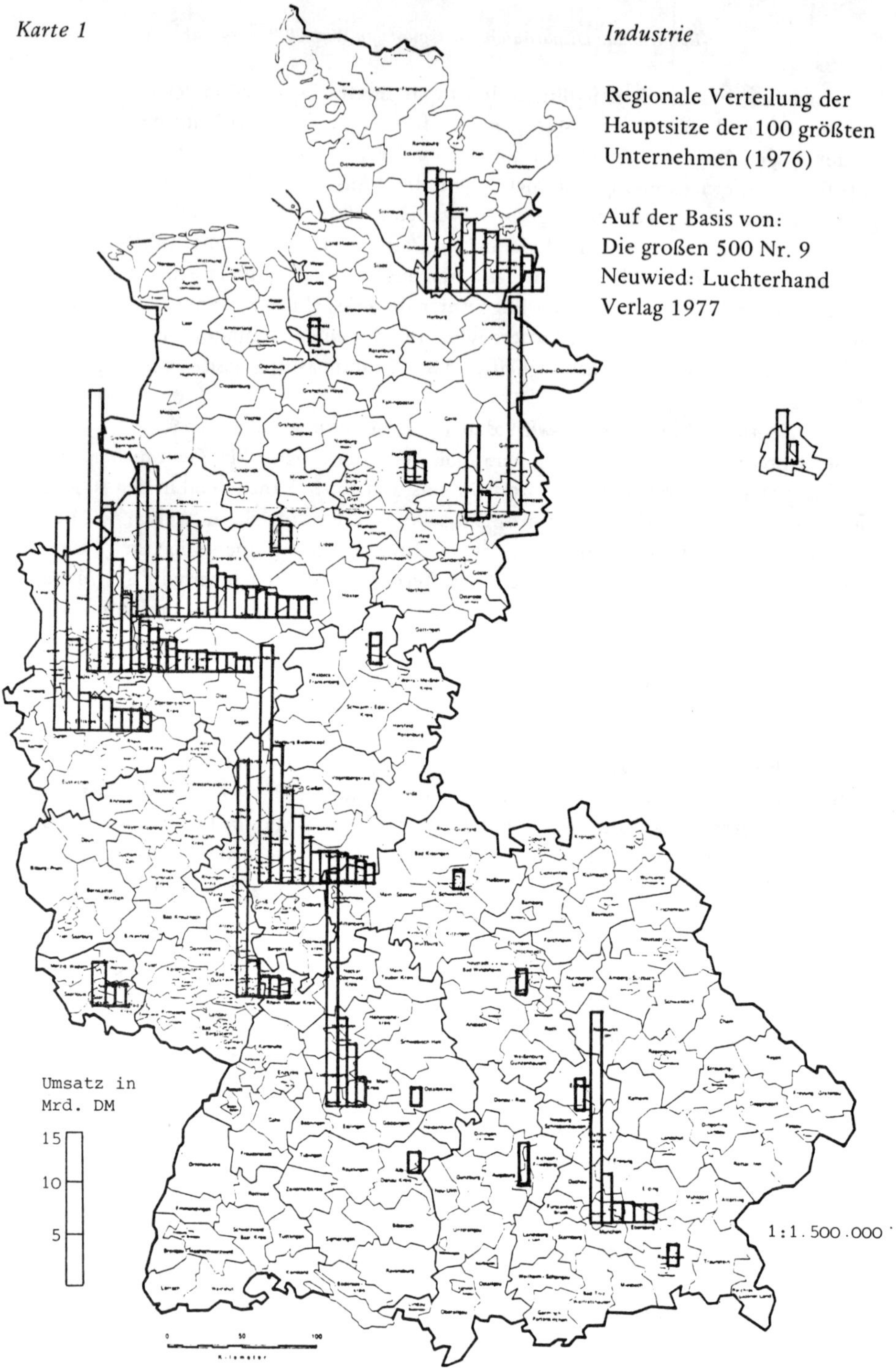

Bearbeiter: H. Krist, R. Wettmann
Wissenschaftszentrum Berlin

Stand der Grenzen: 1.1.1975
Bundesanstalt für Landeskunde und Raumordnung

Karte 2

Banken und Geldinstitute

Regionale Verteilung der Hauptsitze der 50 größten Unternehmen (1976)

Auf der Basis von:
Die großen 500 Nr. 9
Neuwied: Luchterhand Verlag 1977

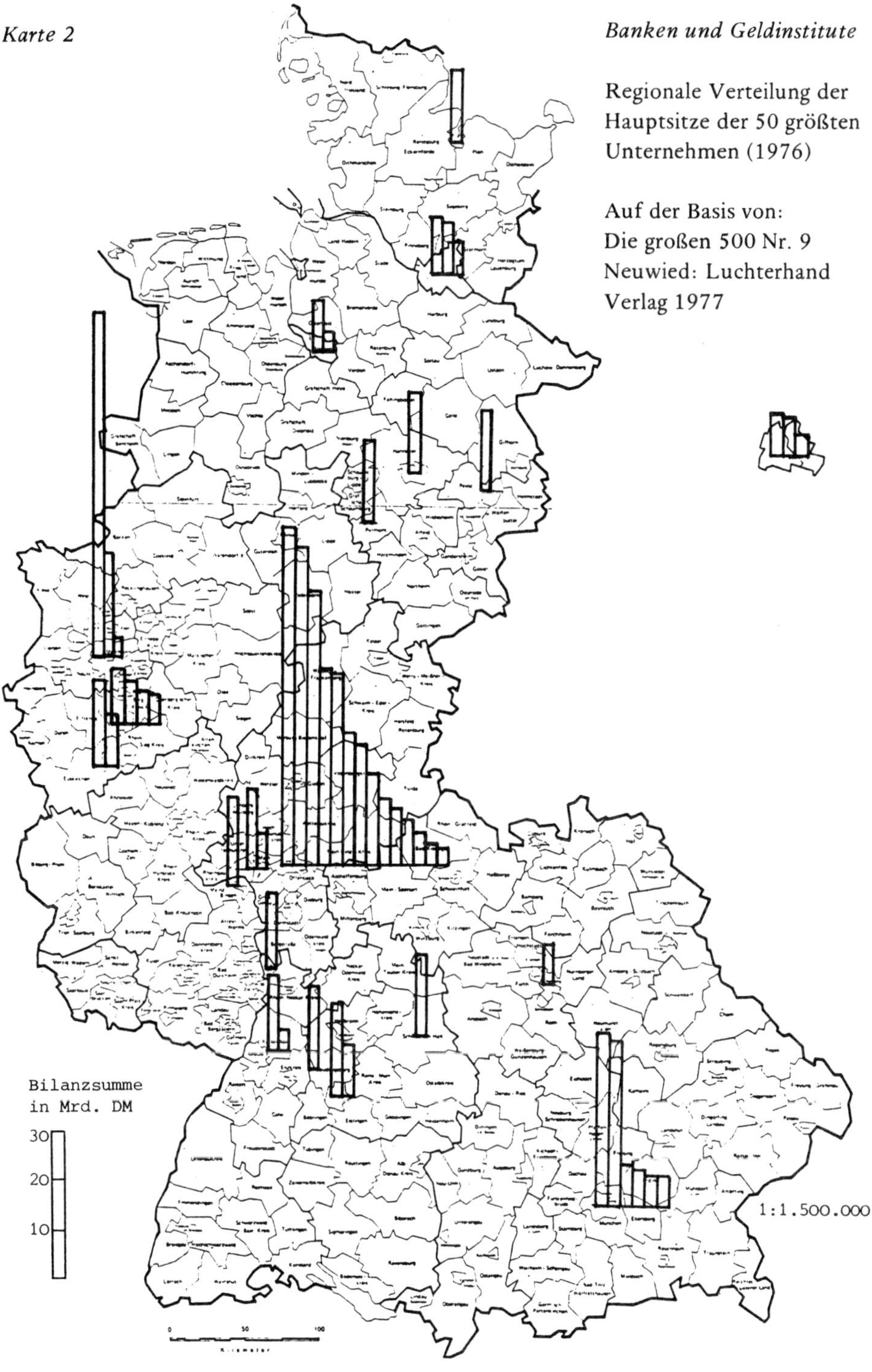

Bearbeiter: H. Krist, R. Wettmann
Wissenschaftszentrum Berlin

Stand der Grenzen: 1.1.1975
Bundesanstalt für Landeskunde und Raumordnung

Karte 3

Versicherungen

Regionale Verteilung der Hauptsitze der 50 größten Unternehmen (1976)

Auf der Basis von:
Die großen 500 Nr. 10
Neuwied: Luchterhand Verlag 1978

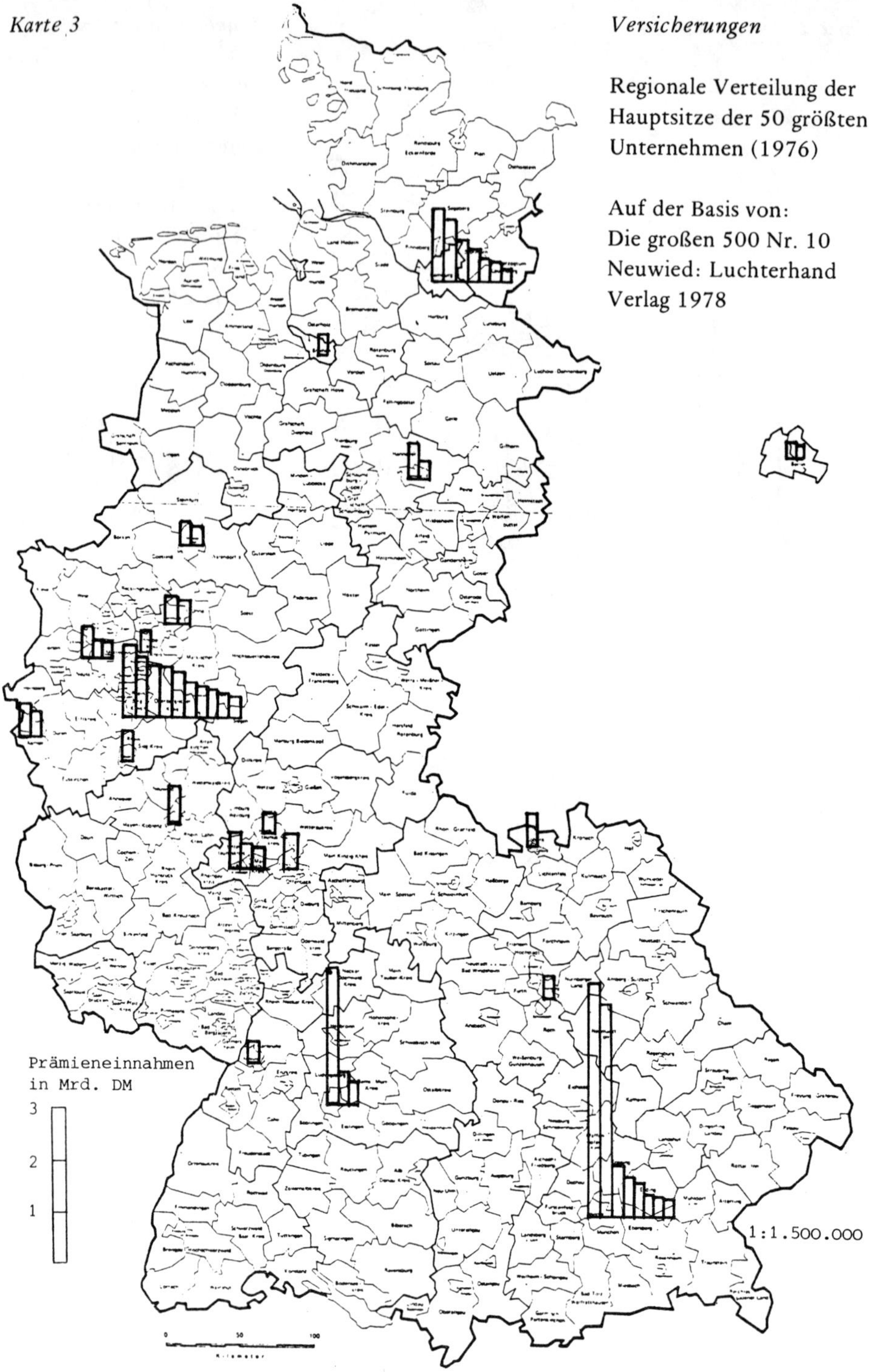

Bearbeiter: H. Krist, R. Wettmann
Wissenschaftszentrum Berlin

Stand der Grenzen: 1.1.1975
Bundesanstalt für Landeskunde und Raumordnung

Karte 4

Handel und Verkehr

Regionale Verteilung der Hauptsitze der 50 größten Unternehmen (1976)

Auf der Basis von:
Die großen 500 Nr. 9
Neuwied: Luchterhand Verlag 1977

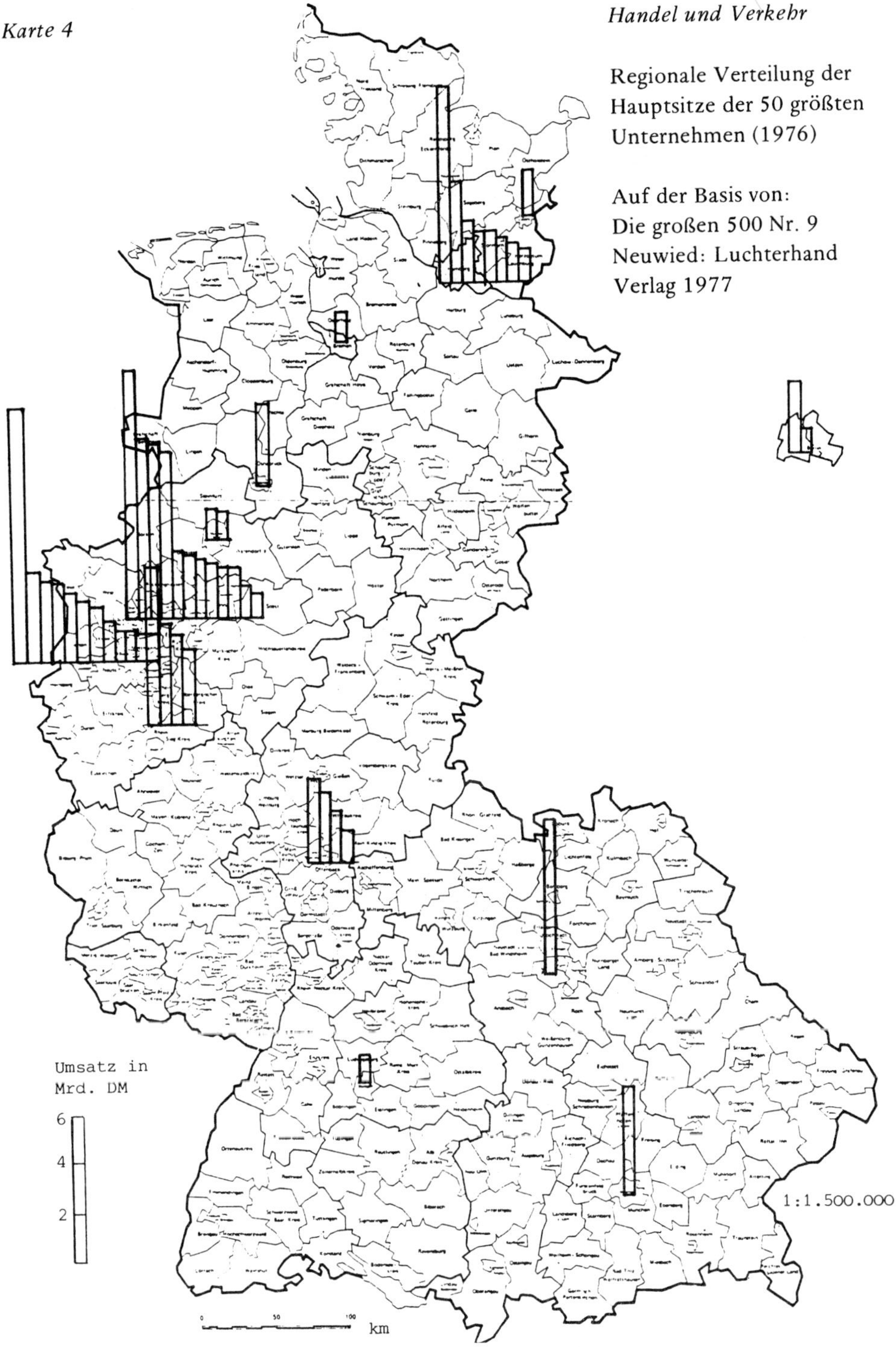

Bearbeiter: H. Krist, R. Wettmann
Wissenschaftszentrum

Stand der Grenzen: 1.1.1975
Bundesanstalt für Landeskunde und Raumordnung

bei Übernahmen kleiner Unternehmen durch große Konzerne, die in zahlreichen Fällen zu einer Verlagerung zentraler Unternehmensfunktionen aus den Mittelstandsbetrieben peripherer Regionen in die Konzernzentralen der Hauptverdichtungsgebiete führen. Für Deutschland liegen bisher zwar keine entsprechenden Untersuchungen vor, die britischen Analysen weisen jedoch auf einen regionalpolitisch relevanten Tatbestand hin, der möglicherweise hohe Aufmerksamkeit verdient[39]. Er ist im hier diskutierten Kontext in zweifacher Weise interessant: zum einen kann die Verlagerung von Unternehmenstätigkeiten wie Marketing, Forschung und Entwicklung und Planung aus der Region heraus das Innovations- und Anpassungspotential dieser Region direkt vermindern, sofern der übernommene und vom Funktionsentzug betroffene Betrieb nun in geringerem Maße am Neuerungsprozeß teilhat als vorher, was nicht notwendig der Fall ist. Indirekt hat der Abzug von zentralen Unternehmensfunktionen aus der Region nicht nur Folgen für die übernommenen, sondern auch für die übrigen kleinen und mittleren Unternehmen der Region, soweit der Bestand an örtlichen unternehmensbezogenen Dienstleistungen, der regionale Arbeitsmarkt für qualifiziertes Personal und der Informations- und Kontaktreichtum durch das Wachstum der externen Kontrolle negativ betroffen werden.

5. *Regionalpolitische Anforderungen an die Gestaltung der Innovations- und Technologiepolitik*

Die enge empirische Basis zur beweiskräftigen Darstellung der Innovations- und Diffusionslücke und ihrer räumlichen Struktur ist sicher einer der Gründe, warum das damit verbundene regionalpolitische Problem bislang nicht in das Bewußtsein der politischen Entscheidungsinstanzen gerückt zu sein scheint. Es ist in der Tat eingetreten, was aufmerksame regionalpolitische Beobachter schon vor einigen Jahren befürchtet haben[40]: Die Innovationslücke ist lediglich als gesamtwirtschaftliches Problem erkannt und als solches „flächendeckend", d.h. für die dynamischen Hauptverdichtungsregionen wie für die Problemregionen mit gleichem Instrumentarium, behandelt worden. Dabei hat die Politik der Bundesministerien für Forschung und Technologie sowie für Wirtschaft durchaus inzwischen eine gewisse Breitenwirkung erreicht. Das Stadium der ausschließlichen Förderung von Groß- und Spitzentechnologien ist im Grundsatz überwunden, die kleinen und mittleren Unternehmen oft nur indirekt über Lizenzweitergabepflichten oder Zulieferantenbeziehungen zugute kam. So existieren neben den traditionellen Fachprogrammen des BMFT eine sich ständig vermehrende Zahl von Innovations- und Technologieförderungsinstrumenten des Bundes sowie Landesprogramme in fünf Bundesländern (Baden-Württemberg, Berlin, Hamburg, Nordrhein-Westfalen, Saarland). Drei Bundesländer bereiten entsprechende Programme vor (Bayern, Bremen, Rheinland-Pfalz), während Niedersachsen und Schleswig-Holstein Technologieförderung in allgemeiner strukturpolitische Programme integrieren. Diese in wichtigen Aspekten unterschiedlichen Programme sollen hier nicht im einzelnen evaluiert werden. Wegen der oft noch kurzen Laufzeit und der noch geringen Datenbasis ist dies zur Zeit auch kaum möglich. Hier sollen lediglich die aus den von uns vermuteten Unterschiede der regionalen Innovations- und Anpassungsfähigkeit resultierenden spezifischen regionalpolitischen Anforderungen an eine innovations- und diffusionsorientierte Strukturpolitik diskutiert werden.

(1) Es erscheint wenig plausibel, gerade von den Problemgebieten eines Wirtschaftsraumes zu erwarten, daß sich in ihnen in nennenswertem Maße gesamtwirtschaftlich bedeutsame Zentren der Neuerungsaktivität entwickeln. Eine regionalpolitische Orientierung der Innovationspolitik oder – wegen gänzlich unterschiedlicher institutioneller Konsequenzen hier zu nennen – eine innovationsorientierte Regionalpolitik muß deshalb schwerpunktmäßig beim *Diffusionsprozeß* ansetzen.

(2) Eine regionale Orientierung der Technologie- und Innovationspolitik wird nicht nur im Hinblick auf die besonderen Bedürfnisse der peripheren, mittelständisch geprägten Regionen erfolgen müssen, sondern eine weitere Problemlage zu berücksichtigen haben, die von der klassischen Regionalpolitik bislang nur unzureichend oder gar nicht erfaßt wurde. Im Zuge des Strukturwandels sind in einigen westeuropäischen Ländern, so u.a. auch in der Bundesrepublik *großstädtische Problemregionen* entstanden, die sich in wichtigen Strukturmerkmalen von den bislang im Vordergrund des regionalpolitischen Interesses stehenden Problemgebieten unterscheiden. Dies gilt in Deutschland insbesondere für das Ruhrgebiet, in Großbritannien etwa für West-Central-Scottland und South Wales. Das Regionalproblem ergibt sich hier sicher nicht aus der peripheren Lage oder dem Mangel an Fühlungsvorteilen, Humankapital etc. Man wird die Ursachen der mangelnden Anpassungsfähigkeit vielmehr in der Verfestigung von tradierten sozialökonomischen Strukturen, der Dominanz von Großorganisationen im Bereich der Unternehmen, Banken, Kommunen, Gewerkschaften und dem Fehlen eines auf die Bedürfnisse kleiner, flexibler und innovativer Unternehmen ausgerichteten Dienstleistungs- und Arbeitsmarktangebots im weitesten Sinne suchen. Die Auflockerung dieser Verfestigungen muß mit einer Förderung des Neuerungsprozesses zumindest gleichzeitig eingeleitet werden. Wegen der kaum erforschten Sonderbedingungen der altindustriell-großstädtischen Problemregionen beschränken wir die Erörterung im folgenden auf die peripheren, mittelstädtisch geprägten Gebiete.

(3) Die besondere Problemlage, die sich aus der externen Kontrolle eines Teils der in den klassischen Fördergebieten ansässigen Betriebe durch Unternehmen außerhalb dieser Regionen im Hinblick auf die Neuerungsaktivität solcher abhängigen Betriebe ergibt und die bislang weitestgehend unerforscht ist, läßt es angezeigt erscheinen, unsere Betrachtung weiter auf einen Politikansatz zu beschränken, der auf die Anpassungsleistung autonomer, *kleiner und mittlere Unternehmen* zielt. Für eine Strategie, welche die räumliche Dezentralisation von höherwertigen Unternehmensfunktionen im Mehr-Betrieb-Unternehmen über positive oder negative Anreize anstrebt, fehlt gegenwärtig das notwendige Grundlagenwissen, auch wenn eine solche Strategie ansatzweise bereits praktiziert wird[41]. Ebenso gering erscheint der Kenntnisstand im Hinblick auf die regionalen Folgen der Übernahme kleiner und mittlerer Unternehmen in peripheren Regionen durch Großunternehmen. Notwendigkeit und Wirksamkeit von „Regionalklauseln" im Fusionsrecht können deshalb hier ebenfalls nicht erörtert werden. Sie sind aber als flankierende Maßnahmen für eine auf kleine und mittlere Unternehmen zielende Regionalpolitik denkbar.

(4) Können die peripheren Regionen grundsätzlich aus der „Schicksalsgemeinschaft" einer Hochlohnwirtschaft[42] nicht herausgenommen werden, so läßt sich dem Wettbewerbsdruck der Niedriglohnländer nur durch einen breiten Vorstoß in neue Märkte bzw. in neue Technologien entgehen. Dies setzt für die peripheren Problemregionen voraus, daß eine Diffusionsförderung sich nicht auf die gerade in diesen Gebieten vermutlich kleine Gruppe der Erst-Innovatoren bzw. -Adoptoren beschränkt, sondern die frühe bis mittelschnelle Übernahme bereits marktgängiger Neuerungen fördert bzw. den großen Kreis der Spätanwender zu einer frühen Umsetzung befähigt[43].

(5) Das bislang vorliegende empirische Wissen über einzelwirtschaftliche Innovations- und Anpassungsprozesse ermöglicht zwar Aussagen über die grundsätzlichen Engpaßfaktoren des Innovations- und Anpassungspotentials. Jedoch ist es bislang unmöglich (und wird vermutlich auch nicht möglich sein), bestimmte Kombinationen von Engpaßfaktoren bestimmten Unternehmenstypen, Sektoren oder Regionen zuzuordnen. Insoweit scheint jeder Innovations- und Anpassungsprozeß vielmehr ein Fall sui generis zu sein. Dies hat Konsequenzen für die Art der wirtschaftspolitischen Strategie, mit der man das Innovations- und Anpassungspotential von Problemgebieten erhöhen will. Ihr Ansatzpunkt sollte nicht eine momentane Kostenentlastung oder punktuelle Kompensation eines zufällig festgestellten Innovationsengpasses sein. Das Instrumentarium einer innovationsorientierten Regionalpolitik muß vielmehr die wichtigsten Engpaßfaktoren gleichzeitig erfassen und verlangt deshalb eine gewisse *Komplexität*. Auf der anderen Seite muß der Einsatz des Instrumentariums jedoch örtlich *gebündelt* und im Einzelfall flexibel koordinierbar erfolgen können.

(6) Maßnahmen zur Milderung von Innovationsengpässen in den Unternehmen der peripheren Regionen sollten vorrangig auf die *Nachfragefähigkeit* der Unternehmen nach innovationsfördernden „Produktionsfaktoren" wie Information, Humankapital etc. zielen. Es ist sicher richtig, daß gerade kleinere und mittlere Unternehmen wegen der relativen Seltenheit von Innovationsvorgängen bestimmte Produktionsfaktoren nicht ständig vorhalten können. Der „Sprungcharakter" von Innovationen erfordert, daß entweder die entsprechenden Faktoren in erreichbarer Nähe marktmäßig bereitgestellt werden oder, wo sie wie in den peripheren Regionen fehlen, über eine öffentliche oder gemischtwirtschaftliche Infrastruktur verfügbar sind. Prinzipiell sollte aber die Fähigkeit der Unternehmen zur Suche und Nachfrage der entsprechenden Faktoren gestärkt werden. Fehlt diese Fähigkeit, so werden auch Angebotsstrategien – z.B. Informationszentren – nur in beschränktem Maße Nachfrage finden.

(7) Der Versuch, über eine regionalpolitische Strategie *strukturelle Verbesserungen* der Innovations- und Anpassungsfähigkeit der Unternehmen in regionalen Problemgebieten zu erreichen, verschiebt mit Sicherheit die bisherigen Gewichte zwischen Finanzierungs- und *Beratungsinstrumenten*. Zwar läßt sich etwa gerade bei innovationshemmenden Engpaßfaktoren wie Risiko- und Humankapitalmangel über finanzielle Anreize eine strukturelle Verbesserung der Innovationsfähigkeit erzielen. Jedoch ist davon nur ein Teil der vor allem in kleinen und mittleren Unternehmen bestehenden strukturellen Defizite betroffen. Organisatorische Defizite ebenso wie Mängel in der Markt- und Technologiekenntnis wird man direkter angehen müssen. Abgesehen davon sollte man die Erwartung, daß über Finanztransfers an Branchen, Unternehmen oder private Haus-

halte dauerhafte qualitative Verbesserungen im *Handlungspotential* der Empfänger eintreten, nach allen Erfahrungen über „Mitnehmereffekte" bei Subventionspolitiken eher gering ansetzen. Die wirtschafts- und sozialpolitische Staatspraxis hat denn auch – bislang relativ wenig beachtet – in immer zahlreicheren Fällen finanzielle Transfersysteme mit Beratungs- und Informationstransfersystemen gekoppelt oder solche Systeme abhängig von monetären Anreizinstrumenten eingesetzt. Arbeitsmarkt, Bildungs-, Rechts- oder Strukturpolitik bieten für dieses neue Instrumentarium politischer Steuerungssysteme ein immer breiteres Anschauungsmaterial.
(8) Aus den unter (5) bis (7) genannten Anforderungen läßt sich leicht folgern, daß nur eine *unternehmensnahe* Implementierung der entsprechenden Politikprogramme den gewünschten Zweck erreichen wird. „Unternehmensnah" bedeutet hier sowohl „dezentralisiert" wie auch „den Bedürfnissen kleiner und mittlerer Unternehmen angepaßt". Erfolgt die Implementierung stark zentralisiert, schematisch und im Hinblick auf die Bedingungen der Inanspruchnahme stark formalisiert, so ist nicht nur ein Bias zugunsten von größeren Unternehmen und Unternehmen aus den verkehrsgünstigen und bevorzugt mit Beratungsunternehmen ausgestatteten Verdichtungsgebieten zu erwarten, sondern auch eine mangelhafte Koordinierung der Innovationspolitik mit regionalspezifisch notwendigen, flankierenden Maßnahmen[44]. Gerade die Problemregionen hätten dann vermutlich den geringsten Nutzen, und die aus der funktionalen Arbeitsteilung stammenden Vorteile der dynamischen Verdichtungsgebiete würden tendenziell verstärkt. Des weiteren kann insbesondere bei Beratungsstrategien der Zugang zu den Unternehmen und eine hinreichend differenzierte Handhabung nur über Institutionen erfolgen, die mit ihrer jeweiligen Klientel gut vertraut sind und deren Vertrauen besitzen. Dies erfordert eine gewisse räumliche Nähe der Institutionen, die das komplexe Instrumentarium gerade im Einzelfall flexibel koordinieren (z.B. über Förderungsberatung und Beratungs- und Informationsvermittlung). Da in peripheren Regionen in aller Regel der Reichtum an Informations- und Beratungsdienstleistungen, der sich in den zentralen Verdichtungsregionen über den Markt bildet, fehlt, wird man unter regionalpolitischen Gesichtspunkten mit besonderer Sorgfalt den Aufbau eines multifunktionalen und flexiblen Netzwerkes von Unternehmensdienstleistungen über Kammern, Fachhochschulen, freie Berater und staatliche Koordinierungsstellen vornehmen müssen.

6. Schlußfolgerungen für die Technologie- und Innovationspolitik des Bundes

Auf eine genauere Darstellung der einzelnen Instrumente der im wesentlichen vom BMFT und BMWi getragenen Technologie- und Innovationspolitik für kleine und mittlere Unternehmen kann angesichts des vorbildlichen Informationsangebotes in den Förderfibeln der beiden Häuser verzichtet werden.

Historisch gesehen sind neben den Fachprogrammen des BMFT Schritt für Schritt neue Instrumente eingeführt worden, die nicht wie Fachprogramme technologiespezifisch, sondern im Hinblick auf einzelne Engpaßfaktoren, insbesondere in kleinen und mittleren Unternehmen formuliert worden sind. Dies betrifft etwa die potentiellen

Engpaßfaktoren Forschungs- und Entwicklungspersonal, Forschungs- und Entwicklungsinvestitionen, externe Forschungs- und Entwicklungskapazitäten (Vertragsforschung), Eigen- und Risikokapital, Technologieinformations-Vermittlung, Innovationsmanagement-Know-How etc.[45].

Die schrittweise Entstehung dieser Einzelprogramme mag der Logik des langsam wachsenden Problembewußtseins in Wissenschaft, Wirtschaft und Politik gefolgt sein. Aber das Gesamtinstrumentarium ist eben nicht nur inkremental entstanden, sondern trägt auch heute noch den Charakter seiner additiven Entstehung. Es ist noch kein integriertes Programm. Dies läßt sich rein äußerlich daran ablesen, daß die Ressortverantwortung wie die zentrale Abwicklung auf ganz unterschiedliche Institutionen (Projektträger) verteilt sind und bei dieser Verteilung offenbar Sach- wie Zufallslogik jeweils ihr Gewicht gehabt haben. Auffallend ist dabei die gänzlich unterschiedliche Dotierung, die von der F&E-Personalzulage oder dem Schwerpunktprogramm Produktions- und Fertigungstechniken mit jeweils 300 Mio. DM bis zum 20 Millionen-Programm der Erstinnovationsförderung reicht. Dieser Bandbreite scheinen Erfahrungs- und Schätzwerte zugrunde zu liegen, die sich eher ad hoc als aus einer integrierten Konzeption und auf der Basis genauerer Kenntnis der relativen Gewichte der geförderten Engpaßfaktoren im gesamt- und einzelwirtschaftlichen Neuerungsprozeß ergeben haben. Der Beitrag der Wissenschaft zu einer Problemaufhellung war bisher allerdings auch nicht gerade sehr hilfreich.

Regionalpolitisch gravierend erscheint erstens, daß die einzelnen Instrumente im Hinblick auf ihre räumlichen Wirkungen bisher „blind" implementiert wurden. Die Wettbewerbsfähigkeit einzelner Regionen beim Wettstreit um einen angemessenen Anteil an den staatlichen Leistungen war bisher kein Kriterium der staatlichen Lenkung dieser Instrumente. So betrug etwa beim Erstinnovationsförderungsprogramm (mit allerdings nur 186 Förderungsfällen von 1972–1978) der Anteil der Fördergebiete der GRW an der Gesamtzahl der Förderfälle von 1972–1977 nur 22%, stieg jedoch im Jahre 1978 auf 50%, so daß der Anteil der GRW-Gebiete an der Gesamtzahl der seit 1972 geförderten Vorhaben derzeit auf 28% angewachsen ist[46]. Ob die Gründe für dieses Anwachsen in Zufälligkeiten oder in einer regionalpolitisch verbesserten Implementierung (z.B. Werbung) durch die Antragsstellen bei den Wirtschaftsministerien der Länder zu suchen sind, ist bislang nicht untersucht. Für die hochdotierten Programme mit Breitenwirkung wie die F&E-Personalzulage ist wegen der noch kurzen Laufzeit die regionale Verteilung der Anträge und Bewilligungen bislang nicht zu ermitteln; dies wird jedoch in Zukunft eine vordringliche Aufgabe der regionalpolitisch verantwortlichen Instanzen sein. Sollte hier, bezogen auf Beschäftigte und Betriebe, ein übergroßer Anteil in die Hauptverdichtungsregionen fließen, so würden die komparativen Standortvorteile dieser Gebiete in einem Bereich vergrößert, der wegen der bestehenden funktionalen räumlichen Arbeitsteilung zu den wichtigsten Engpaßfaktoren der Problemgebiete zählt. Die Wettbewerbsnachteile der peripheren Regionen würden sich entsprechend vergrößern.

Ein zweiter regionalpolitisch relevanter Aspekt liegt in der Frage, in welchem Umfang die Technologie- und Innovationsförderung sich auf den kleinen Kreis der Erst-Innovatoren und -Adoptoren bezieht oder auch den aus der Sicht der Fördergebiete relevanten Bereich der frühen und mittelschnellen Anwender neuer Technologien erfaßt[47]. Damit verbunden ist die Frage, inwieweit die Förderung zum einen auch die Werkstattentwicklung (im Unterschied zur industriellen Laborforschung) und zum anderen die Phase der produktionsmäßigen und marktlichen Umsetzung mit umfaßt. Die Fachprogramme des BMFT haben sich bis vor kurzem auf die forschungsintensiven Erstinnovatoren in technologischen Schwerpunktbereichen beschränkt, in denen vorwiegend Großunternehmen mit arbeitsteilig ausgegliederten Forschungs- und Entwicklungslabors konkurrenz- und förderfähig waren. Über Lizenzweitervergabepflichten und die Aufnahme marktnäherer Technologiebereiche ist die indirekte Beteiigung der mittelständischen Unternehmen und die Erhöhung von ursprünglich 5% auf ca. 12% erreicht worden. Personalzulage und Förderung der externen Vertragsforschung sind bei allerdings extrem unterschiedlicher Dotierung (300 Mio: 10,5 Mio.) auch für den Unternehmenstyp des Werkstattentwicklers zwar geeignet, im Hinblick auf die besonderen Schwierigkeiten, die kleine und mittlere Unternehmen in peripherer Lage bei der Gewinnung qualifizierten Personals und der Anknüpfung von Kontakten zu Forschungseinrichtungen haben, erscheint eine regionalpolitisch bewußte Implementierung und Nutzung der Programme jedoch besonders wichtig. Die Förderung der Phasen Produktions- und Marktumsetzung, in denen für kleine und mittlere Unternehmen die eigentlichen Risikokapitalengpässe bestehen, geschieht bundespolitisch derzeit nicht. Regionalpolitisch erscheint sie im Hinblick darauf überlegenswert, in schwach strukturierten und peripheren Regionen der Zugang sowohl zu Risikokapitel wie zu Marktinformationen vermutlich besonders erschwert ist. Die Deutsche Wagnisfinanzierungs-Gesellschaft (WFG) fördert zwar die Produktions- und Markeinführung bereits technisch voll ausgereifter Innovationen; sie beschränkt sich jedoch auf den Bereich der Erst- und Frühinnovatoren und bezieht sich wohl eher auf den Fall der Prototypenumsetzung als auf den Typus der Werkstattentwicklung im laufenden Produktionsprozeß.

Ein dritter Schwerpunkt einer regionalpolitischen Infragestellung der Technologie- und Innovationspolitik des Bundes bezieht sich auf den Aspekt der unternehmensnahen Implementierung, der – wie oben gezeigt – gerade für die peripheren Regionen von besonderer Bedeutung ist. So sparen die in jüngerer Zeit vom BMFT geförderten Pilotprojekte „Innovationsberatung" große Bereiche der GRW-Fördergebiete aus. Damit bleibt kleinen und mittleren Unternehmen in Fördergebieten nicht nur der Zugang zu einem Teil der Informations- und Beratungsinstrumente, sondern auch zu vielen finanziellen Hilfen, deren Beantragung oft nicht ohne vorherige Beratung und Information möglich ist, praktisch verwehrt.

Einige der aus der Konzeption und Implementation der Technologie- und Innovationspolitik des Bundes im Hinblick auf regionalpolitische Belange feststellbare Schwächen werden zunehmend durch die Länder ausgefüllt. Zwar zeigt eine Analyse der klassischen Mittelstandspolitik der Länder[48], daß diese (ebenso wie die entsprechenden Instrumente des Bundes und die GRW) sehr stark auf einen Kreis von Unternehmen und auf Investitionen zielt, die nicht primär im Bereich neuer Technologien und neuer Märkte liegen. Einige Länder haben jedoch inzwischen diesem klassischen Teil der Mittelstandspolitik Innovationsförderprogramme hinzugefügt, welche die schwergewichtig immer noch auf Spitzen- und Großtechnologien sowie ihre forschungs- und entwicklungsintensive Diffusion ausgerichteten Politiken des Bundes in regionalpolitisch sinnvoller Weise ergänzen. So zeigt etwa ein Vergleich der Erstinnovationsprogramme des Bundes und des Landes Baden-Württemberg die spezifische Funktion des Landesprogrammes bei der Förderung von kleineren und sehr marktnahen Entwicklungsvorhaben. Die im Vergleich zum entsprechenden Bundesprogramm sehr hohen Fallzahlen schon zu Beginn der Laufzeit dieses Programmes[49] spiegeln nicht nur die größere Unternehmensnähe eines vom Land aus administrierten Programmes wider. Regionalpolitisch entscheidend erscheint daneben für dieses Programm, daß auf der Ebene der Landesregierungen die Verkoppelung von klassischen Anreizinstrumenten und Beratungs- und Informationsinstrumenten leichter koordinierbar ist als im Rahmen der Strukturpolitik des Bundes. Zumindest einige Bundeländer verfügen über ein regional gut verteiltes System von Fachhochschulen, wirtschaftsnahen Forschungsinstituten und Wirtschaftsförderungsgesellschaften, deren arbeitsteilige Verknüpfung mit Industrie- und Handelskammern, privaten Unternehmensberatungen etc. gerade für die peripheren Regionen jenes Netzwerk von Dienstleistungseinrichtungen zur Verfügung stellt, das in großen Verdichtungsgebieten bereits vorhanden ist.

Gerade das baden-württembergische Beispiel zeigt, daß die Technologie- und Innovationsförderung kleinerer Unternehmen in marktnahen Bereichen regionalpolitisch durchaus bemerkenswerte Wirkungen erzielen kann. Gewichtet nach Zahl der in der Region ansässigen verarbeitenden Gewerbebetrieben haben in Baden-Württemberg „periphere" Regionen wie Schwarzwald-Baar-Heuberg oder Ostwürttemberg von dem Innovationsprogramm des Landes stärker profitiert als der Stuttgarter Raum (Mittlerer Nickar) oder gar die Regionen Unterer Neckar mit dem Ballungsraum Mannheim, der dafür hohe Zuwendungen aus den BMFT-Schwerpunktprogrammen auf sich ziehen konnte. Auf der Landesebene ist das regionalpolitische Bewußtsein insgesamt sehr viel stärker ausgeprägt als auf Bundesebene. Regionalpolitische Ziele lassen sich institutionell im Rahmen der einzelnen Fachpolitiken leichter umsetzen. Eine genauere Durcharbeitung der Fragen der Arbeitsteilung zwischen Bund und Ländern im Bereich der Technologiepolitik erscheint deshalb eine Grundvoraussetzung für eine regionalpolitisch befriedigende Ausgestaltung dieses wichtigen Bereichs der Strukturpolitik zu sein.

Dabei erscheint die Schaffung einer modernen strukturpolitischen Infrastuktur für die besonderen Bedürfnisse der Problemregionen im organisatorischen Rahmen der „Gemeinschaftsaufgabe zur Verbesserung der regionalen Wirtschaftsstruktur" aus mehreren Gründen nicht empfehlenswert. Die GRW ist seit ihrer Gründung ein Koordinationsinstrument der regionalpolitischen *finanziellen* Förderung. Bereits diese Aufgabe belastet die Institutionen der Politikformulierung, -koordination und -implementierung in starkem Maße, zumal verfassungspolitisch die Gemeinschaftsaufgabe als rechtliches Organisationsprinzip (nicht die GRW als solche) zunehmend umstritten ist. Man könnte auch Bedenken haben, ob eine so innovative und experimentierbedürftige Aufgabe wie der Aufbau eines regionalen Beratungsverbundes in der durch einen hohen Konsensbedarf gekennzeichneten GRW gut aufgehoben wäre[50]. Man sollte drittens berücksichtigen, daß der administrative „Unterbau" der Gemeinschaftsaufgabe traditionell auf der Ebene der Landeswirtschaftsministerien endet. Dies schließt allerdings nicht aus, daß die Gemeinschaftsaufgabe die Anlauffinanzierung für entstehende

Beratungsinstitutionen übernimmt, allerdings mit einer – im Gegensatz zur Pilotförderung des BMFT eindeutigen Prioritätensetzung für Fördergebiete der GRW. Die Gemeinschaftsaufgabe könnte u.a. die Frage überprüfen, weshalb die seit mehreren Jahren mögliche GRW-Förderung von privaten unternehmensbezogenen Dienstleistungen bisher nicht angenommen worden ist. Der Beitrag des GRW-Instrumentariums zur Verbesserung des entsprechenden Dienstleistungsangebotes war bisher denkbar gering (gemessen an der Zahl der Förderfälle), obwohl dies ein ernster Engpaßfaktor der Förderregionen ist. Möglicherweise müssen Strategien einer Bedarfsweckung für diesen Dienstleistungsbereich einer Förderung vorausgehen. Abhilfe erscheint vordringlich, soll der voraussehbare Rückstand der Problemregionen im technologischen Diffusions- und gesamtwirtschaftlichen Anpassungsprozeß nicht schon jetzt vorprogrammiert sein.

Anmerkungen

1 Vgl. Raumordnungsbericht 1978 der Bundesregierung, Informationen zur Raumentwicklung; Heft 1. 1979, Anhang, S. 1 ff.

2 Vgl. ebenda, S. 8 sowie noch akzentuierter: H. Feußner und P. Schulze von Hauxleden, Gezielter Infrastrukturausbau in peripheren ländlichen Räumen weiterhin erforderlich. Informationen zur Raumentwicklung, Heft 1. 1979, S. 31 ff., S. 34 und 35.

3 Raumordnungsbericht 1978, S. Anmerkung 1, S. 10, 11.

4 Zusammenfassend: „Raumordnung und Gemeinschaftsaufgabe Regionale Wirtschaftssstruktur", in: Informationen zur Raumentwicklung, Heft 12. 1976. Vgl. auch: U. Freund und G. Zabel Regionale Wirkungen der Wirtschaftsstrukturförderung, Schriftenreihe „Raumordnung" des Bundesministers für Raumordnung, Bauwesen und Städtebau. Bonn 1978.

5 Vgl. z.B. C. Flore, Regionale Wirtschaftspolitik unter veränderten Rahmenbedingungen, Informationen zur Raumentwicklung Heft 12, 1979 ff. R. Wettmann, A. Farhi, Veränderungen der internationalen Arbeitsteilung und ihre regionalpolitischen Konsequenzen. Ein Szenario. Proj. 06.021. Schriftenreihe des Bundesministers für Raumordnung, Bauwesen und Städtebau Bonn 1977.

6 Vgl. Ziff. 1.4 und 1.5 des Achten Rahmenplanes, Deutscher Bundestag, 8. Wahlperiode, Drucksache 8/2590, S. 6 f.

7 Vgl. G. Mensch, Indizien für eine Innovationslücke, in: Wirtschaftsdienst, 1977, S. 347–350, hier S. 347. Nach der Statistik des Bundesamtes für Gewerbliche Wirtschaft für die im Rahmen der GRW geförderten Vorhaben ergibt sich im Jahre 1978 im Vergleich zum Berichszeitraum 1972–78 eine Zunahme der Zahl der Neuerrichtungen von 23,1% auf 30,1% aller Förderfälle der Umstellungen und Rationalisierungen von 11,9% auf 13% sowie eine Abnahme der Erweiterungen von 65% auf 56,9%.

8 Vgl. ebenda, S. 347 ff.

9 Etwa Leder- und Schuhindustrie, Textil- und Bekleidungsindustrie. Vgl. im einzelnen: H. Dicke, H.H. Gliesmann, E.-J. Horn, A.D. Neu, Beschäftigungswirkungen einer verstärkten Arbeitsteilung zwischen der Bundesrepublik und den Entwicklungsländern. Tübingen 1976 = Kieler Stud. 137.

10 Vgl. C. Freeman, Technical Change and Employment, Paper presented at a Wirkshop on the Relationship between Technical Development and Employment, Six Countries Programme on Aspects of Government Policies towards Technogical Innovations in Industry, Paris, November 1978.

11 Vgl. E.-J. Horn, Technologische Neuerungen und internationale Arbeitsteilung. Tübingen 1976 = Kieler Stud. 139, S. 297 ff.

12 Vgl. auch F.-J. Bade, Die Mobilität von Industriebetrieben. Schriftenreihe des Wissenschaftszentrum Berlin (IIMV), Bd. 6, Meisenheim am Glan: Verlag Anton Hain 1979.

13 Vgl. G. Fels, E.-J. Horn, Analyse der Erfordernisse und Konsequenzen einer Aussparungsstrategie im Vergleich zu einer Universalstrategie. Forschungsauftrag des Bundesministers für Forschung und Technologie, Hrsg.: Institut für Weltwirtschaft, Univ. Kiel, Kiel 1976, insbes. S. 45 ff.

14 P.Y. Leo et J. Philippe, Redeploiment industriel et developpement regional, zitiert nach P. Hanappe, The Mobilisation of the Indigenous Potential, A Regional Policy Strategy, National Report for France, p. 3, Berlin: WZB 1979 (Manuskript).

15 A. Valeyre, Emplois et Regions, La polarisation de l'emploi dans l'espace francais, Travaux et Recherches de Prospectives No. 75, Paris: La Documentation Francaise, 1978.

16 Vgl. E. Ciciotti, The Mobilisation of the Indigenous Potential in Italy: A Regional Policy Strategy. S. 13 ff., Berlin: WZB 1979.

17 Vgl. E. Recker, Investitions- und Arbeitserfolge der Regionalpolitik, in: Informationen zur Raumentwicklung. Heft 12. 1976, S. 822.

18 Z.B. für Großbritannien B. Moore, I. Rhodes and P. Tyler, The Impact of Regional Policy in the 1970, in: C.E.S. Review No. 1, Center for Environmental Studies, London 1977.

19 Vgl. G. Strassert, Mehr Zielkonformität durch eine sektorale Differenzierung der regionalen Wirtschaftsförderung, in: Informationen zur Raumentwicklung, Heft 12. 1976, S. 793 ff. Eine Sektoralisierung der Regionalpolitik schlägt z.B. auch das Institut für Weltwirtschaft an der Universität Kiel vor. Z.B. in: Die Auswirkungen vermehrter Einfuhren aus den Entwicklungsländern auf ausgewählte Branchen in der Bundesrepublik Deutschland, Kiel 1975, S. 169/170 (Ziff. 205).

20 Vgl. z.B. RWI, Wirtschaftsstrukturelle Bestandsaufnahme für das Ruhrgebiet – 1. Fortschreibung, Essen: 1978.

21 Vgl. dazu F.-J. Bade, Funktionale Aspekte der regionalen Wirtschaftsstruktur, Berlin, WZB: IIM/dp 79–91, 1979. S. 2 f. Das Institut für Weltwirtschaft geht in aus der Mitte der 70er Jahre stammenden Arbeiten zwar noch davon aus, daß im Handel zwischen den Industrie- und Entwicklungsländern eine vorwiegend intersektorale (-industrielle) Arbeitsteilung stattfindet, während der Industrieländerwettbewerb eher zu einer intra-industriellen, substitutiven Arbeitsteilung führt (vgl. z.B. Institut für Weltwirtschaft, Die Auswirkungen vermehrter Einfuhren aus Entwicklungsländern auf ausgewählte Branchen in der Bundesrepublik Deutschland, Kiel 1975, S. 166). Gerade die Entwicklung im Textil- und Bekleidungssektor zeigt jedoch die zunehmend intrasektorale Natur des durch Entwicklungsländerimporte induzierten Strukturwandels.

22 Vgl. hierzu H.-J. Ewers, H.St. Seidenfus, J. Müller, H. Sparding, Regionale Entwicklungsunterschiede des sektoralen Strukturwandels in der Bundesrepublik Deutschland, Sonderforschungsbereich 26 Raumordnung und Raumwirtschaft Münster, Arbeitspapier Nr. 19, Münster-Berlin 1979.

23 Vgl. A.T. Thwaites, R.P. Oakey, P.A. Nash, An Analysis of the Spatial Distribution of Significant British Industrial Innovations. A Research Report. Centre for Urban and Regional Development Studies, University Newcastle upon Tyne, 1979.

24 Vgl. F. Martin u.a., The Interregional Diffusion of Innovations in Canada, A Study prepared for the Economic Council of Canada, Quebec 1979.

25 H.-J. Ewers, R. Wettmann, F.-J. Bade, J. Kleine, H. Krist, Innovationsorientierte Regionalpolitik, vorläufiger Endbericht zum Forschungsprojekt des BMBau, MFPRS 77/19, Berlin: WZB 1979, S. 50 ff., unveröffentlichtes Manuskript.

26 Vgl. ebenda, S. 42 ff.

27 P.H. Matthiesen, The Mobilisation of the Indigenous Potential, A Regional Policy Strategy, Denmark-Report, Berlin: WZB: 1979.

28 J. Goddard, The Mobilisation of the Indigenous Potential in the U.K., University of Newcastle, October 1979, Chapter 7, Ziff. 5.1.

29 Vgl. R. Wettmann, B. Nicol et al., Deglomeration Policy in the European Community. Berlin, Wissenschaftszentrum 1977, Section 1.

30 T. Ellwein u.a.: Expertise über die raumstrukturellen Wirkungen der Forschungs- und Technologiepolitik des Bundes. Vorläufiger Endbericht, BMBau, MFPRS 77/05, unveröffentlicht, Fischbachau 1979.

31 Vgl. H.-J. Ewers u.a., a.a.O., S. 67 ff.

32 J. Goddard, The Mobilisation . . ., a.a.O., Chapter 3, para. 5.5. V.Z. James, J.N. Marschall, N.S. Waters, Telecommunications and Office Location. Final Report of D.O.E. funded Project, C.U.R.D.S., Newcastle 1979.

33 Vgl. H.-J. Ewers, R. Wettmann, Innovationsorientierte Regionalpolitik, in: Informationen zur Raumentwicklung, Heft 7, 1978, S. 467, 475. F.-J. Bade, Funktionale Aspekte der regionalen Wirtschaftsstruktur, a. a. O.

34 Vgl. J.B. Goddard, I.J. Smith, Changes in Corporate Control in the British Urban System, 1972–1977, Environment and Planning A, 10, pp. 1073–1084.

35 Vgl. H.-J. Ewers u.a., Innovationsorientierte Regionalpolitik, a.a.O., Fußnote 9 zu Kap. 2, S. 226. Weitere Quellen bei F.-J. Bade, Funktionale Aspekte . . ., a.a.O., S. 12, 13.

36 Vgl. R. Wettmann, A. Fahri, Internationale Arbeitsteilung und Raumentwicklung, Schriftenreihe des Bundesministers für Raumordnung, Bauwesen und Städtebau, Proj. 06.021, Bonn 1978, S. 44. E.M. Hoover u. R. Vernon, Anatomy of Metropolis, New York 1962.

37 Vgl. J.B. Goddard, The Mobilisation . . ., a.a.O., Chapter 3, para. 5.1.
B.M. Burrows and S. Town, Office Services in the East Midlands, East Midland Economic Planning Council, 1971.

38 Vgl. A. Pred, City Systems in Advanced Economies, London: Hutchinson 1977 p. 105. J.B. Goddard, The Mobilisation . . ., Chapter 4. J.B. Goddard, I.J. Smith, Changes in Corporate Control, a.a.O. (1978). I.J. Smith, The effect of external takeovers on manufacturing employment change in the Northern Region, 1963–1973, Regional Studies (forthcoming). R. Leigh u. D. North, Regional Aspects of Acquisition Activity in British Manufacturing Industrie, in: Regional Studies, Vol. 12, 1978, S. 227–245.

39 Vgl. F.-J. Bade, Funktionale Aspekte, a.a.O. S. 16.

40 Vgl. C. Flore, Regionale Wirtschaftspolitik unter veränderten Rahmenbedingungen, in: Informationen zur Raumentwicklung Heft 12. 1976, S. 787.

41 Die französische Regionalpolitik verfügt neben einer Ballungsgebietssteuer über ein zweites negatives Anreizinstrument in Form eines Genehmigungsverfahrens für Investitionen in der Region Paris. Die für dieses Instrumentarium zuständige DATAR hat eine Praxis entwickelt, nach der solche Investitionsgenehmigungen im Raum Paris für Unternehmenszentralen im Austausch für die Ansiedlung von Zweigbetrieben in peripheren Regionen oder neuerdings auch für die Dezentralisierung höherwertiger Unternehmensfunktionen in die Provinzen erteilt werden. Vgl. R. Wettmann, Regionale Disincentives als Instrumente der Deglomerationspolitik, Informationen zur Raumordnungspolitik, H. 11/12. 1978, S. 989.

42 R. Wettmann, A. Farhi, Internationale Arbeitsteilung und Raumentwicklung, a. a. O., S. 43.

43 Nach Schätzungen von R. Rothwell and N. Zegveld, Small and Medium Size of Firms: Their Role in Innovation, Six Countries Programme on Government Policies Towards Technological Innovation in Industry. T.N.O. Holland, machen die Erst- und Frühinnovatoren ca. 5–10% der kleinen und mittleren Unternehmen aus, während 50% als Spätadoptoren nur zögernd auf innovationspolitische Anreize reagieren. Dazwischen liegt eine Gruppe von 40–45% früh- bis mittelschneller Adoptoren.

44 Eine solche Koordination könnte in den peripheren Regionen insbesondere für
- Infrastukturmaßnahmen (z.B. im Bereich der Telekommunikation),
- pauschale (d.h. nicht sektoral-spezifische) Investitionsanreize wie in der GRW und für
- arbeitsmarktpolitische Anreizinstrumente der Ausbildung und Umschulung für zukunftsweisende Berufsgruppen

erforderlich sein. Für die großbetrieblich und großstädtisch geprägten Montanregionen müßte die Technologie- und Innovationspolitik mit all den Politikinstrumenten koordiniert werden, die die physische und sozioökonomische Folgewirkung verfestigter, großorganisatorischer Strukturen abbauen, z.B.
- Programme zur Abräumung abgewirtschafteter Gewerbeflächen,
- Maßnahmen zur Ausrichtung der Infrastruktur auf die Sonderbedürfnisse kleiner und mittlerer Unternehmen,
- Umweltschutz- und Stadtneuerungs- bzw. siedlungsstrukturelle Maßnahmen.

45 Vgl. für eine zusammenfassende Darstellung und Typisierung H.-J. Ewers et al., Innovationsorientierte Regionalpolitik, a.a.O., S. 132–202 ff.

46 Vgl. ebenda, S. 170.

47 Vgl. H.-J. Ewers, H. Krist, Institutionelle Formen der Innovationsförderung in der Bundesrepublik Deutschland. Berlin: WZB. IIMV/dp 79–100, 1979.

48 Vgl. H.-J. Ewers u. a., Innovationsorientierte Regionalpolitik, a.a.O., S. 135 ff.

49 Vgl. im einzelnen ebenda.

50 Vgl. im einzelnen F.W. Scharpf, B. Reissert, F. Schnabel, Politikverflechtung. Theorie und Empirie des kooperativen Föderalismus in der Bundesrepublik, Kronberg 1976.

Zur Bedeutung von kleinen und mittleren Unternehmen als Adressaten einer Forschungs- und Technologiepolitik für strukturschwache und periphere Räume

Von Wolfgang Bruder / Thomas Ellwein

1. Veränderte Rahmenbedingungen der Raumordnungs- und Regionalpolitik

1.1 Ausgangslage

Trotz unbestreitbarer Erfolge in der Vergangenheit gelangt die Raumordnungs- und Regionalpolitik in jüngster Zeit wieder verstärkt in den Mittelpunkt öffentlicher wie auch wissenschaftlicher Diskussionen. Durch die Schwächung bisheriger raumordnungspolitischer Ressourcen (z.B. verringerte gesamtwirtschaftliche Wachstumsraten; abnehmendes Potential von räumlich mobilen Betrieben; veränderte demographische Strukturen)[1] werden konzeptionelle Defekte von bisher praktizierten mobilitätsorientierten räumlichen Strategien[2] mit dem Ziel des Abbaus regionaler Disparitäten verstärkt sichtbar.

Der sich intensivierende Prozess des technischen Wandels und der durch weltwirtschaftliche Einflüsse hervorgerufene Strukturwandel in der internationalen Arbeitsteilung (Trend zu intelligenteren Produkten in hochindustrialisierten Ländern) brachten für periphere Regionen mit einem gegenüber den Verdichtungsgebieten ohnehin geringeren Industriemix große Anpassungs- und damit Entwicklungsschwierigkeiten. Der sich für die Zukunft noch verstärkende Wandel hin zu dienstleistungsintensiven Bereichen mit wiederum stark räumlicher Verdichtung und der andauernde Prozeß einer Konzentration von höherwertigen Unternehmensfunktionen (Planung, Marketing, Forschung und Entwicklung) in den schon bestehenden Verdichtungsgebieten bergen die Gefahr von weiter zunehmenden Disparitäten zwischen diesen Gebieten und peripheren Räumen in sich.

Im Rahmen dieser Entwicklung traten an die Stelle der bisherigen räumlichen Engpässe – u.a. allgemeine Wachstums-, Kosten- und Infrastrukturnachteile – immer mehr neue Engpaßfaktoren. Sie betreffen eher höherwertige Funktionen: Die regionale Ausstattung mit Humankapital, das regionale Kommunikations- und Informationspotential oder die qualitative Struktur der regional verfügbaren betrieblichen FuE-Kapazitäten[3]. Die materielle Grundlage dieser Veränderung bietet der Konkurrenzdruck seitens der Entwicklungs- und der Schwellenländer auf jene Betriebe und Branchen in peripheren Regionen, die bisher überwiegend standardisierte Produkte herstellten und dabei regionale Kostenvorteile einbringen konnten. Insgesamt reduzieren sich die wenigen komparativen Wettbewerbsvorteile der strukturschwachen Regionen und qualitative Engpässe gewinnen Gewicht, die sich bisher kaum beseitigen ließen. Weil es kaum mehr räumlich mobile Unternehmen gibt,[4] kann zur qualitativen Verbesserung des Industriemix in strukturschwachen und peripheren Regionen wohl nur eine politische Strategie beitragen, welche über eine Förderung und Entwicklung des endogenen Potentials dieser Gebiete versucht, die dort ansässigen Unternehmen den veränderten weltwirtschaftlichen Wettbewerbsbedingungen anzupassen. Dabei muß eine Steigerung des jeweiligen personellen und technischen Potentials im Vordergrund stehen.

Auf eine solche Strategie zielt unsere Annahme, daß nicht die Produktionskostennachteile und daraus folgend, mangelnde Investitionsbereitschaft in peripheren Gebieten ausgeglichen, sondern zunehmend Innovations- und Anpassungspotentiale stimuliert werden müssen.[5] Die herkömmliche, mobilitätsorientierte Raumordnungs- und Regionalpolitik konnte und kann diesen Wandel von regionalen Engpaßfaktoren nicht angemessen berücksichtigen.

1.2 Raumordnung und technisch-organisatorischer Fortschritt

Folgt man der hier aus Platzgründen nur verkürzt vorgetragenen Argumentationslinie[6], ergibt sich folgender möglicher Problemzusammenhang: Die Fähigkeit von Unternehmen, bei zunehmendem technologischem Wandel und wachsender Qualitätskonkurrenz erfolgreich bestehen können, hängt in steigendem Maße von dem Vorhandensein höherwertiger Unternehmensfunktionen ab, zugleich also von einem qualitativ hochwertigen betrieblichen Innovationspotential. Gleichzeitig werden, so unsere Annahme, zukünftige teilräumliche Entwicklungsprozesse zunehmend durch das jeweilige regionale Innovations- und Anpassungsvermögen beeinflußt. Sie sind mithin abhängig davon, in welchem Umfang die in der Region ansässigen Unternehmen am technisch-organisatorischen Fortschritt teilhaben können.

Technisch-organisatorischer Fortschritt wird in seiner regionalen Ausbreitung vom gegebenen Infrastruktur- und Ressourcenbestand der einzelnen Räume mitbestimmt. Das begünstigt prinzipiell jene Räume, die bereits eine entsprechend entwickelte Struktur aufweisen.[7] Technisch-organisatorischer Fortschritt führt bisher tendenziell zu einer räumlichen und betrieblichen Konzentration industrieller Ressourcen. Er bewirkt eine Auseinanderentwicklung von Ballungsgebieten und Peripherie und verschlechtert in der Peripherie zunehmend die Voraussetzungen für eine umfassende, nach Branchen und Technologien gemischte, qualitativ hochwertige Industrieproduktion. Im Ergebnis birgt dieser Prozeß die Gefahr in sich, daß in den konjunkturellen Zyklen wie im langfristigen Trend die Gebiete der Peripherie immer stärkere Strukturschwächen und -defekte aufweisen.

Die Auseinanderentwicklung unterschiedlicher Räume muß also bei Beibehaltung ihrer Grundmuster zunehmen. Im Ergebnis verstärkt damit technisch-organisatorischer Fortschritt ohnehin ablaufende betriebliche Konzentrations- und räumliche Verdichtungsprozesse, indem er vor allem[8]

- Konzentration und Zentralisation im Produktionsbereich verstärkt;
- einen Betriebsgrößeneffekt ausübt, also größere Betriebe begünstigt;

- die regional unterschiedliche Kapitalausstattung in ihren Wirkungen vermehrt und zugleich den Unterschied zwischen Betrieben mit und ohne eigenen Zugang zum Kapitalmarkt vergrößert;
- einen Betriebsstruktureffekt insofern erzielt, als unterkapitalisierte Betriebe eher mittlerer und kleinerer Größenordnung regional ungleich, d.h. zugunsten der (ohnehin) strukturschwachen Regionen verteilt sind;
- Wachstumsbranchen begünstigt, die notorisch in den Ballungsgebieten überrepräsentiert sind;
- Wirkungen des Defizits an höherwertigen Unternehmensfunktionen in strukturschwachen Gebieten verschärft;
- Wirkungen der konjunkturellen Schwankungen in den strukturschwachen Gebieten vergrößert.

In der Realität vollzieht sich die hier umrissene Entwicklung selbstverständlich nicht linear und konsequent. Die Benachteiligung strukturschwacher Gebiete auch und gerade durch technisch-organisatorischen Fortschritt findet nicht durchgängig, sondern einerseits in Sprüngen, andererseits mit Aussparung erheblicher Nischen statt. Tendenzielle Benachteiligung peripherer Regionen erweist sich also nicht als permanent wirkende Erschwernis; ein Tatbestand, auf den wir später noch zurückkommen werden.

1.3 Zur weiteren Vorgehensweise

Vor dem skizzierten Problemhintergrund einer Gefahr zunehmender regionaler Disparitäten interessiert, ob und wie andere Politikbereiche in verstärktem Maße als Ressourcenlieferant einer qualitativ veränderten Raumordnungspolitik fungieren könnten; d.h. inwieweit mit dem zur Verfügung stehenden Potential unterschiedlicher Fachpolitiken eine Unterstützung raumordnungspolitischer Ziele denkbar wäre. In diesem Zusammenhang forderte der Bundesminister für Raumordnung, Bauwesen und Städtebau von einer Konstanzer Forschungsgruppe eine ‚Expertise über die raumstrukturellen Wirkungen der Forschungs- und Technologiepolitik des Bundes' an.[9] Der Auftragserteilung lag die Annahme zugrunde,[10] der Forschungs- und Technologiepolitik (FuTP) komme bei der Schaffung zukunftsträchtiger Arbeitsplätze zunehmende Bedeutung zu. Die Bundesraumordnungspolitik bedürfe daher der Klärung, welche Modelle, Instrumente und Programme der FuTP geeignet seien, positive Effekte für die Verbesserung der Erwerbsstruktur, insbesondere der peripheren und strukturschwachen Gebiete in der Bundesrepublik zu erreichen. Ausgehend von dem Ziel, Konzepte für eine auch raumbezogene Wirkungen berücksichtigende Förderung von Forschung, Technologieentwicklung und Innovationsfähigkeit zu erarbeiten, galt es

- den Erkenntnisstand über die Rolle von FuT in der ökonomischen Entwicklung und den über die räumliche Entwicklung aufeinander zu beziehen und dazu
- eine konzeptionelle Präzisierung und empirische Auffüllung einer raumbezogenen Wirkungsanalyse eines speziellen Politikfeldes zu leisten.

Zur Zielerreichung wurde ein makroanalytischer mit einem mikroanalytischen Ansatz verbunden und

- makroanalytisch die Raumordnungspolitik und die FuTP nach ihren jeweiligen Voraussetzungen, Zielen und Instrumenten soweit dargestellt und analysiert, daß sich die unterschiedlichen Ziele und Instrumente konfrontieren ließen und man diese Konfrontation bewerten konnte, sowie
- mikroanalytisch vor dem Hintergrund einer Regionalanalyse ein Betriebsvergleich unternommen wurde, der die Bildung von Erklärungsansätzen und Hypothesen zum Thema Innovationsfähigkeit oder -defizite auf betrieblicher oder regionaler Ebene erlauben sollte.

Die Analyse betrieblicher und regionaler Innovations- und Anpassungspotentiale sollte Aufschluß darüber geben, ob mit Hilfe der FuTP eine verstärkte Unterstützung raumordnungspolitischer Ziele des Bundes möglich und sinnvoll wäre. Zugleich war im Anschluß hieran zu prüfen, unter welchen Reformperspektiven eine verstärkte Aufnahme und Umsetzung von Leistungen aus dem Bereich der FuTP in den peripheren und strukturschwachen Gebieten denkbar wäre.

Die folgenden Ausführungen stellen einen Auszug aus der Expertise dar. In seinem Mittelpunkt stehen die Ergebnisse eines Betriebsvergleichs von mittleren Unternehmen in unterschiedlichen Regionen der Bundesrepublik. Befragt wurden (Frühjahr bis Herbst 1978) 135 mittelständische Unternehmen (mit einer Mitarbeiterzahl von ca. 300 Personen) in drei strukturschwachen/peripheren Regionen (Ostfriesland, Nordhessen und Oberfranken; im folgenden Untersuchungesgebiete: UG genannt) und Komplementärbetriebe ähnlicher Struktur und Größe mit Sitz in Verdichtungsgebieten (Hannover, Köln, München; im folgenden Vergleichsgebiete: VG genannt).[11]

2. *Forschungsförderung in strukturschwachen Gebieten*

Diskutiert man den Stellenwert der FuTP bei der Entwicklung strukturschwacher Räume, muß man zuerst die bisherigen betriebs- und raumstrukturellen Ansatzpunkte im Politikbereich ermitteln. Hierzu sei auf den Beitrag von Bruder in diesem Schwerpunktheft verwiesen, der folgendes Ergebnis unserer Untersuchung zusammenfaßt: Im Gegensatz zur Raumordnungspolitik, die durch ein klares Zielsystem, aber ausgeprägte Steuerungsschwächen gekennzeichnet ist, operiert die FuTP aufgrund einer eher einseitigen ökonomischen Zielorientierung mit einem beachtlichen Instrumentarium. Dabei handelt es sich meist um den Einsatz großer Mittel zugunsten kleiner Adressatengruppen, wenn auch in den vergangenen zwei Jahren starke Anstrengungen seitens der Forschungsadministration unternommen wurden, verstärkt kleine und mittlere Unternehmen in den Förderungsprozeß mit einzubeziehen.[12] Nennenswerter Widerstand dagegen, daß die Mittel der FuTP aus betriebsstrukturellen Gründen vorwiegend in die zentralen Verdichtungsgebiete der Bundesrepublik fließen, läßt sich bisher nicht feststellen. Die FuTP unterstützt und verstärkt damit – durch eine politikfeldimmanent durchaus rationale Schwerpunktbildung – ohnehin ablaufende wirtschaftliche Konzentrations- und räumliche Entwicklungsprozesse. Sie steht im Dienst des technisch-organisatorischen Fortschritts, da und soweit sie in ihm die besondere Rolle organisierter Forschung nur verstärkt, ihren Zielen gemäß aber zur Änderung dieser Rolle nicht beitragen kann. Zwangsläufig verhält sie sich damit gegenüber den raumordnungspolitischen Zielen dysfunktional.[13] Zu fragen war nun, ob eine „andere" Forschungspolitik mit positiven Wirkungen in strukturschwachen Räumen überhaupt möglich wäre. Die potentiellen Adressaten dieser Politik müßten in den peripheren Regionen überwiegend kleine und mittlere Betriebe sein, welche wiederum als Adressatengruppe der FuTP zumindest bisher nur eine marginale Rollen spielen.[14]

Angesichts der bisherigen Adressatenorientierung war demzufolge zu klären, ob die FuTP des Bundes, abgesehen von ihrer eigenen konzeptionellen Schwerpunktbildung mitsamt deren mittelbaren regionalen Wirkungen auf regionale Barrieren stößt, welche keine Forschungsförderung zu überwinden vermag, oder ob spezifische Probleme mittlerer Industriebetriebe Forschung und damit Forschungsförderung behindern. Fast nur solche mittleren Betriebe finden sich aber in strukturschwachen Gebieten.

Vereinfacht läßt sich der angesprochene Problemkomplex auf zwei, sich partiell widersprechende Hypothesen reduzieren.[15] Die erste Hypothese lautet: Die regionalen Gegebenheiten in strukturschwachen Gebieten behindern mittelständische Industriebetriebe in der Forschung. Zu diesen Gegebenheiten zählen dabei sowohl Bedingungen im betrieblichen Umfeld als auch solche in den Betrieben selbst. Die letzteren können sich auf die Kapitalausstattung, die Managementorganisation, die Vertriebsstruktur, die Produktfächerung, die Stellung auf dem Markt, die Abhängigkeit von preisbestimmenden Kunden und/oder Lieferanten oder ähnliches mehr beziehen. Die Hypothese wäre zunächst bestätigt, wenn es in dieser Hinsicht signifikante Unterschiede zwischen mittelständischen Industriebetrieben in strukturschwachen und solchen in strukturstarken Regionen gäbe und wenn die letzteren wenigstens in etwas größerem Umfange an der Forschungsförderung partizipieren würden.

Demgegenüber lautet die zweite, eher gegenläufige Hypothese: Forschungsförderung im Rahmen der FuTP des Bundes erreicht mittlere und kleinere Unternehmen deshalb nicht, weil in diesen die Möglichkeit (und/oder die Bereitschaft) zu Forschung zu gering sind. Hierzu gehört als ergänzende Hypothese: In der mittelgroßen Industrie finden zwar Forschung und Entwicklung statt. Dies geschieht jedoch in Formen, welche von der Forschungsförderung nicht erfaßt werden. Was es tatsächlich gibt, ist mit der vorherrschenden Begrifflichkeit und Intention der Forschungspolitik weitgehend nicht anzusprechen.

Während also Vertreter der ersten Hypothese[16] die bisherige Benachteiligung strukturschwacher Regionen durch die staatliche Forschungsförderung primär auf regionale Faktoren zurückführen, deutet das Begründungsschwergewicht bei der zweiten Hypothese eher auf größenspezifische Ursachen. Würde diese Hypothese zutreffen, bieten sich in den mittleren und kleineren Betrieben Ansatzpunkte einer Förderung, welche auch die weniger begünstigten Räume erreicht. Träfe dagegen die erste Hypothese zu und ließen sich durch die FuTP mittlere Unternehmen, aber eher nicht solche in strukturschwachen Gebieten „erreichen", dann stünde eine entsprechende Politik zwar im Dienste der Mittelstandsförderung, räumlich wäre aber nichts gewonnen. Die Förderung mittlerer und kleinerer Betriebe in den Verdichtungsräumen könnte sogar zur weiteren Auseinanderentwicklung zwischen Ballung und Peripherie beitragen. Beide Hypothesen wurden von uns im Rahmen einer Betriebsuntersuchung überprüft, die zum einen etwaige Unterschiede zwischen Betrieben in strukturschwachen peripheren und in Verdichtungsgebieten ermitteln und zum anderen klären sollte, in welcher Form Forschung und Entwicklung in mittleren und kleinen Betrieben überhaupt vorkommen und damit gegebenenfalls Anknüpfungspunkte einer FuTP sein können, die sich weniger räumlich und ökonomisch konzentrationsfördernd verhalten will als die bisherige.

3. *Ausgewählte Ergebnisse der vergleichenden Betriebsbefragung*

3.1 Allgemeine Ergebnisse

Vergleicht man die von uns untersuchten mittleren Unternehmen – differenziert nach ihrer Branchenherkunft – sowohl hinsichtlich quantitativer (z.B. Zahl der Ingenieure, Frauenanteil, Kapitalausstattung etc.), wie auch qualitativer Kriterien (z.B. Managementorganisation, Rechtsform, Informationsverhalten, u.v.m.) zeigt sich, daß die befragten Betriebe über die Räume hinweg mehr Gemeinsamkeit als Unterschiede aufweisen. Die gegebenen Unterschiede erscheinen in der Regel eher als branchen- denn als raumbedingt.

Dies gilt im Gebietsvergleich insgesamt z.B. im Blick auf:[17]

- eine relativ geringe Ausstattung mit Ingenieuren;
- eine gewichtige Position der Techniker und Meister in der Betriebshierarchie;
- eine selbständige Geschäftsführung;
- den Zeitpunkt der Betriebsgründung;
- Die Rechtsform des Betriebs;
- die Beteiligung vom Familienmitgliedern an der Geschäftsführung von Familienbetrieben;
- die berufliche Qualifikation der in der Geschäftsführung Tätigen;
- das Alter der in der Geschäftsführung tätigen Inhaber;
- die vertikale wie horizontale Aufgliederung des Managements in allen Betrieben wie auch in denen, die hinsichtlich ihres zahlenmäßigen Anteils des Führungspersonals über dem Durchschnitt liegen;
- die Bereitschaft, höher qualifiziertes Personal einzustellen oder dies – in offenkundigem Zusammenhang mit mangelnder beruflicher Qualifikation auf der Leitungsebene – nicht zu tun.

Ist hierbei von Gemeinsam- und Vergleichbarkeit die Rede, so handelt es sich um tendenzielle Übereinstimmungen. Ihnen stehen einige eindeutige Unterschiede vor allem im Personalbereich gegenüber. Im Vergleich zu den befragten Betrieben im VG weisen die Betriebe im UG folgende Besonderheiten auf:

- zwischen 1976 und 1978 nahm die Zahl der Arbeitsplätze eher ab;
- der Anteil weiblicher Arbeitskräfte ist wegen branchenbedingter Besonderheiten (höherer Konsumgüterindustrieanteil) im Sample höher, in den voll vergleichbaren Betrieben aber geringer;
- tendenziell ist der Anteil der in der Produktion Beschäftigten höher, die funktionale

Ausdifferenzierung im Management ist entsprechend geringer, was vor allem für die Investitionsgüterindustrie gilt;

- die Zahl der Facharbeiter ist erheblich größer;
- die Zahl der Ingenieure ist erheblich geringer;
- die Relation zwischen dem Führungspersonal im weitesten Sinne und den Beschäftigten verweist auf entweder einen geringeren Bedarf an Führungspersonal oder geringere Möglichkeiten, diesen Bedarf zu befriedigen.

Insgesamt gilt: Im Blick auf Beschäftigte, deren berufliche Qualifikation, Organisation und Management der Betriebe ergeben sich Unterschiede vor allem in der Personalstruktur. Diese Unterschiede erklären sich, so kann begründet geschlossen werden, aus den regionalen Bedingungen der Betriebe im UG. Probleme mittlerer Betriebe werden durch regionale Faktoren in den UG verstärkt. Sie haben nichts oder jedenfalls nicht anders als im VG mit dem Mangel an Bereitschaft zu tun, qualifiziertes Personal anzustellen und die höheren Unternehmensfunktionen entsprechend zu differenzieren, um auch auf diesem Wege das Betriebsergebnis zu verbessern.

3.2 Größentypische Engpaßfaktoren

Die Bestätigung einer eher betriebsgrößenorientierten Erklärungsvariante (Hypothese 2), welche hier nur fragmentarisch dargestellt wurde, wiederholt sich im zentralen Teil unserer Betriebsbefragung. In ihm versuchen wir eine vergleichende Analyse von Problemen der Information, der Personalgewinnung und der Produktion, wobei Informationsprobleme eng mit der im nächsten Abschnitt dargestellten Situation von Forschung und Entwicklung stehen.

Unternehmen der von uns analysierten Größenklasse zeichnen sich durch eine Besonderheit des Informationsverhaltens aus. Größenbedingt können sie Informationen nicht professionell beschaffen und verarbeiten. Sie informieren sich fast nur im Zusammenhang mit anderen betrieblichen Funktionen. Im Gegensatz zu größeren Unternehmen, in denen eine längerfristig orientierte Informationspolitik samt den dafür relevanten organisatorischen Voraussetzungen längst zum unverzichtbaren Betriebsbestandteil geworden sind, bestimmt der kleine und mittlere Betrieb seinen Informationsbedarf nicht aufgrund eigener, autonomer und längerfristiger Planung. Er trifft auch normalerweiser keine Vorkehrungen zur planmäßigen Informationsbeschaffung und wäre organisatorisch dafür auch nicht zureichend ausdifferenziert, um über die detaillierte Funktionszuweisung an Mitarbeiter im Management eine abstrakte, jeweils aktualisierbare Informationsbeschaffungs- und Verarbeitungskapazität bereitzustellen. Man kann in ihm kaum zwischen Management-, Stabs- und Informationsfunktionen unterscheiden, was bei einer Besetzung der Leitungsebene mit durchschnittlich nur wenigen Personen auch schwer denkbar scheint.

Insgesamt ergibt sich größenspezifisch, daß das Management von kleinen und mittleren Unternehmen entscheidungsrelevante Informationen überwiegend im persönlichen Kontakt erhält, während eine systematischere Organisation der Informationsbeschaffung unterbleibt. Neben allgemeinen Gründen – wie fehlende Ausdifferenzierung,

Überlastung mit der Tagesarbeit – läßt sich außerdem wohl eine verbreitete Hemmschwelle ermitteln, welche die Kommunikation mit jenen, welche über wissenschaftliche, technische und soziale Entwicklungen Auskunft geben können, erschwert. Die immer noch mangelnde Akzeptanz einschlägiger Informationssyteme durch mittlere Unternehmen weist zumindest in diese Richtung.[18]

Unsere Befragung zeigt jedenfalls, daß unabhängig vom Standort der untersuchten Betriebe die Bereitschaft, sich über die gängigen Möglichkeiten der Marktbeobachtung, des Messebesuches, der Konkurrenzbeobachtung, der Lektüre von Fachzeitschriften oder Patentschriften hinaus auch organisierter Verfahren der Informationsbeschaffung (z.B. auf Verbandsebene) zu bedienen, deshalb denkbar gering bleibt, weil dies oftmals nur in Kooperation mit anderen möglich wäre. Gerade aber in ihr wie in der vermeintlichen Preisgabe von Betriebsgeheimnissen und -absichten im Falle einer Nutzung von externen Informationsquellen liegt die genannte Hemmschwelle. Sie schafft letztendlich bei zahlreichen mittleren Betrieben eine Situation, in der die systematische Informationsbeschaffung zu einer betrieblichen Residualkategorie degeneriert und ein informationeller Circulus vitiosus zwischen Betrieb und gewachsenen Kommunikationspartnern nur in krisenhaften Situationen aufgebrochen wird.

Der mittlere Betrieb stellt somit zwar wie jede Organisation dieser Art ein Informationssystem dar und läßt sich entsprechend analysieren: Er ‚hat' aber im technischen Sinne kein solches System. Damit ist er weithin unfähig, Informationsangebote nach eigenen Regeln und Bedürfnissen zu verarbeiten und – vor allem – zu kontrollieren. Der von uns typisierte Betrieb vermag sich entsprechender Systeme überwiegend nicht zu bedienen oder jedenfalls nicht autonom zu bedienen: Er muß im Zweifel ohne größere Kontrollmöglichkeiten akzeptieren können, was man oder sich ihm anbietet. Die Akzeptanzproblematik erhält damit besonderes Gewicht; das einschlägige Informationsverhalten muß sich nicht immer, aber doch in der Hauptsache auf die Verläßlichkeit des Informierenden stützen, bedarf also der personalen Vermittlung. Nur die letztere gewährleistet aus der Sicht mittlerer Betriebe die Angepaßt- oder Adäquatheit der Informationen, läßt sie verläßlich, aktuell, komprimiert und adressatenspezifischer scheinen.

Ebenso wie beim Informationsverhalten ergibt sich auch beim Informationsbedarf der mittleren Betriebe eine besondere Situation. Informationsbedarf entsteht – wieder nicht immer, aber doch meist und idealtypisch – im Innovationsprozeß; genauer also dann und dort, wo es Problemlösungspotentiale mit Marktanforderungen zu verbinden gilt, oder wo sich mit Aussicht auf Erfolg Marktchancen mittels Anwendung von solchen Potentialen eröffnen lassen. Das erstere erscheint als die typische Situation für kleine und mittlere Unternehmen. Der Kunde benötigt eine Änderung an dem ihm zu liefernden Produkt; der Wunsch löst eine Problemlösungssuche aus, für die nur begrenzt Zeit zur Verfügung steht. Dies determiniert den Informationsbedarf. Es ist daher nicht primär von Interesse, welche Problemlösungsmöglichkeiten es überhaupt gibt. Vielmehr interessieren nur das Set der problemnächsten Lösungsmöglichkeiten oder Anregungen dazu und daraus wiederum nur diejenigen, welche verwertbar, z.B. nicht durch Patente geschützt oder über Lizenz kurzfristig greifbar, aber möglichst dem Konkurrenten nicht bekannt sind.

Dieser weitgehend reaktive Charakter des Informationsbedarfs mittlerer Betriebe verweist auf ihre zentrale Problematik.[19] Ohne aus größenspezifischen Gründen über ein ausreichend differenziertes betriebliches Informationsnetz mit der entsprechenden Anzahl von höherqualifizierten Mitarbeitern zu verfügen, müssen sie, um sich auf ihren Teilmärkten behaupten zu können, hinsichtlich der Variabilität ihrer Produktpalette eine Nischenstrategie verfolgen. Die Betriebsgröße läßt den Aufbau einer eigenständigen betrieblichen FuE-Aktivität überwiegend nicht zu. Damit entfallen wesentliche Möglichkeiten der Informationsbeschaffung. Mittlere Betriebe bilden wie andere in ihrem Management zwar ein Informationssystem, ‚haben' jedoch keines, verstehen Information vielmehr als eine Funktion, die im Zusammenhang mit allen anderen betrieblichen Leitungsfunktionen wahrzunehmen ist.[20]

Das größenspezifische Informationsproblem hängt eng mit der im Durchschnitt relativ geringen Besetzung der Betriebe mit qualitativem Personal zusammen. Ohne nennenswerte Unterschiede zwischen Untersuchungs- und Vergleichsgebiet hinsichtlich der Zusammensetzung, der Qualifikation und einiger Verhaltensweisen der Geschäftsleitung und bei offenkundigem Zusammenhang zwischen der beruflichen Qualifikation der Mitglieder der Geschäftsleitung und der Zahl der entsprechend qualifizierten Mitarbeiter, ohne Unterschied wohl auch in der Bereitschaft, qualifiziertes Personal einzustellen, erscheint der Anteil an Hoch- und Fachhochschulingenieuren insgesamt relativ gering. Demgegenüber erscheint der Anteil der Techniker, Meister und Facharbeiter eher hoch. Sofern sich Unterschiede zeigen, wirken sich im UG große Personalgewinnungsschwierigkeiten aus, die sich nur z.T. durch den Rückgriff auf den verläßlichen Stamm v.a. an Facharbeitern wettmachen lassen.

Das Fehlen einer ausdifferenzierten Betriebsfunktion ‚Information' und eine in der Regel geringe Besetzung mit höherqualifiziertem Personal spiegelt sich typischerweise auch in der Art der Produktion wieder. In ihr überwiegen Auftragsproduktionen und solche Serien, deren relative Marktgängigkeit als gesichert erscheint. Betriebe der hier gemeinten Größenordnung nehmen nur in wenigen Branchen und Sparten eine führende Marktposition ein. Sie haben damit wenig Chancen, sich durch Eigenwerbung unmittelbar an den Verbraucher zu wenden; ihr Aktionsfeld auf dem Markt ist vorwiegend auf Auftraggeber und auf Großhandel begrenzt. Dementsprechend gibt es nur selten eine ausgebaute Vertriebsorganisation. Damit fehlt es auch an einschlägigen Informationen. Das Zulieferer- und Liefererverhalten überwiegt. Es führt zu Marktabhängigkeit, die man vielfach nur durch gute Geschäftskontakte zu neutralisieren vermag und die vom Verhältnis zu den jeweiligen Großen der Branche mitgeprägt ist.

Unterschiede zwischen den Betrieben, die man auf räumliche Gegebenheiten zurückführen kann, ergeben sich demgegenüber in der Hauptsache im Zusammenhang mit allen Fracht- und Verkehrskosten, im Zusammenhang mit einem Mangel an Marktnähe und entsprechenden Führungsvorteilen sowie – und dies wohl in der Hauptsache – im Zusammenhang mit den schon erwähnten Personalgewinnungsschwierigkeiten im UG. Sie bestehen vorwiegend im Bereich des qualifizierten Führungspersonals und werden vielfach kompensiert durch einen besonders hohen Anteil an – im Betrieb meist selbst ausgebildeten und zu seinem praktisch nicht fluktuierenden Stamm zählenden – Facharbeiter. Dieser Unterschied zwischen dem UG und dem VG wirkt sich deutlich aus: Im VG gewinnt man eher qualifiziertes Personal, kann damit auch mehr in Forschung und Entwicklung einsetzen, etwas mehr für die eigene Information tun, von den Fortbildungsangeboten häufiger Gebrauch machen und im täglichen Geschäft mehr Mitarbeiter einsetzen, die Kontakte pflegen und nutzen und so die potentiellen örtlichen Führungsvorteile aktivieren.

Zusammenfassend läßt sich somit festhalten, daß, mit Ausnahme von gravierenden Personalgewinnungsschwierigkeiten bei qualifizierten Mitarbeitern im UG – und abgeleitet hiervon, auch starken informationellen Nachteilen (Verlust von Fühlungsvorteilen) die von uns analysierten Betriebe über die Räume hinweg mehr Gemeinsamkeiten als Unterschiede aufweisen.[20] Die Mehrzahl der von uns identifizierten wichtigen Problemfaktoren ist demgemäß primär größenspezifisch und tritt weitgehend identisch in den peripheren wie auch in den Verdichtungsgebieten auf.

4. *Forschung und Entwicklung als Problem der mittelständischen Industrie*[22]

4.1 Forschung

Diskutiert und analysiert man in Zusammenhang mit kleinen und mittleren Unternehmen den Begriff Forschung,[23] zeigt sich sehr schnell, wie vielfältig verwendbar er ist und wie schwer sich die damit verbundenen Inhalte und konkreten betrieblichen Vorgänge in der Praxis erfassen lassen. Verbindet man etwa mit dem Begriff ‚Forschung' allgemein die betriebliche Entwicklung von Neuerung, wie dies fälschlicherweise manchmal geschieht, müßte man davon ausgehen, daß die überwiegende Mehrheit von kleinen und mittleren Unternehmen ‚forscht' (in unserer Untersuchung: ca. 85% der befragten Betriebe). Versucht man dagegen, Forschung als spezifischen Teilschritt eines betrieblichen Neuerungsprozesses, nämlich als integralen Teil der Inventionsphase zu verstehen,[24] ergibt sich im Bereich von kleinen und mittleren Unternehmen ein viel differenzierteres Bild. Forschung (und Entwicklung) als wirklich eigenständig organisierten und mit eigenem Personal ausgestatteten Bereich innerhalb der Unternehmung weist nur eine Minderheit der von uns befragten Betriebe auf (ca. 20%), die dann durchschnittlich 15 Mitarbeiter in diesem Bereich einsetzt. Die genannte Minderheit erscheint naturgemäß überdurchschnittlich häufig in der Investitionsgüterindustrie. Die Mehrheit mittelgroßer Betriebe arbeitet demgegenüber eher ohne eigene Forschungs- und Entwicklungsabteilung und ohne ausschließlich oder überwiegend tätige Mitarbeiter.

Diese für kleine und mittlere Unternehmen wohl typische Situation ergibt sich vor allem daraus, daß Betriebe der von uns untersuchten Größenordnung im Gegensatz zu Großunternehmen nur selten die für eine funktionierende Forschungstätigkeit notwendige Mindestausstattung realisieren können (Problematik der Schwellengröße)[25]. Ausnahmen hiervon lassen sich überwiegend in der elektrotechnischen und Maschinenbauindustrie finden, in denen eine größere Anzahl mittelständischer Betriebe über ein eigenes FuE-Budget, bzw. eine längerfristig angelegte einschlägige Planung verfügt und damit FuE systematisch als Betriebsfunktion berücksichtigt.

Taucht dagegen Forschung nicht als Betriebsfunktion auf, kann – aufgrund größenspezifischer Gegebenheiten – auch kaum eine wissenschaftlich fundierte, technologische Vorausschätzung, die bei größeren Unternehmen längst die Regel ist, zur Grundlage einer längerfristig orientierten betrieblichen Investitions-, Produktions- und Absatzplanung werden. Mit der Forschung erscheinen vielmehr auch solche zentralen Führungsaufgaben den von uns befragten Betrieben zu kostspielig, zu personalintensiv und generell zu aufwendig.

Bevor wir anhand einiger Befragungsergebnisse die Besonderheiten der ‚Forschungs- und Entwicklungssituation' in mittleren Unternehmen darstellen, erscheint es notwendig, kurz den verbreiteten Begriff von Forschung näher zu untersuchen. Diesem zufolge erscheint Forschung durch die Merkmale: Zeitbedarf, planmäßiger (Forschungs-)Prozeß und (Forschungs-)Potential gekennzeichnet. Der Zeitbedarf ergibt sich aus der Notwendigkeit, zum einen den eigenen Forschungsansatz in die bisherige Forschung einzufügen, wozu letztere wenigstens bedingt aufzuarbeiten ist, und zum anderen die einzelnen Forschungsschritte in Ruhe tun zu können, um frühzeitige Festlegungen und mit ihnen Irrwege zu vermeiden. Die Planmäßigkeit des Forschungsprozesses ist unbeschadet aller Würdigung der guten Einfälle immer dort erforderlich, wo eine leitende Idee in sinnvollen Einzelschritten von mehreren Forschern als Ziel angestrebt werden soll, was neben individueller Freiheit die Einbindung in ein gemeinsames Vorgehen und Abstimmung mit der Grundlage dieses Vorgehens erforderlich macht. Das Forschungspotential schließlich benötigt man zur Realisierung des Planes; durch das Potential allein erscheint das Ziel erreichbar.

Aus den dargestellten Merkmalen ergeben sich die gängigen Voraussetzungen von (wirklicher) Forschung: Sie muß als Funktion aussonderbar und für sie müssen genügend vorhaltbare Ressourcen einsetzbar sein. Beides läßt sich erreichen, wenn man Forschung aus dem Marktgeschehen und seinem Druck herausnimmt, wie das z.B. in der Hochschulforschung oder dort geschieht, wo sich eine Firma oder ein Firmenverbund der Forschung zuwenden, die über genügend Eigenkomplexität verfügen, um autonome Forschungsprozesse zu installieren, die aber auch genügend wissenschaftsnahe arbeiten, um solche Prozesse im Griff zu behalten und die schließlich auf dem Markt mächtig genug sind, um etwaige Forschungsergebnisse auch unabhängig vom aktuellen Bedarf auf dem Markt unterzubringen – notfalls durch Bedürfnisweckung oder durch Ausschaltung von Konkurrenz. Effektive betriebliche Forschungstätigkeit, wie sie für Großunternehmen typisch ist, vollzieht sich also in einem Prozeß, der weithin unabhängig von der laufenden Produktion in einem längerfristigen, systematisch angelegten Verfahren das Lösen von Grundlagen- und anwendungsorientierten Problemen zum Ziel hat und funktional eigenständig organisiert ist.

Demgegenüber erscheint die Lage von kleineren und mittleren Betrieben von vornherein klar: An solcher Forschung vermögen sie in der Regel nicht zu partizipieren. Sie können mehrheitlich weder eine entsprechende Planung aufstellen, noch die benötigten Ressourcen vorhalten. Sie können Forschung nicht funktional aussondern. Merkmal dessen, was sich einschlägig in kleineren und mittleren Betrieben abspielt, erscheint damit vielmehr die Einbindung in den Betriebsalltag, also in den Produktionsprozeß.

Zwei Interviewauszüge aus unseren Betriebsgesprächen mögen diese spezifische Situation verdeutlichen: „Kleine Betriebe brauchen eine eigene Philosophie. Sie geht dahin, daß man im speziellen Bereich besser und flexibler sein muß als große Firmen. Ist man im Produkt nur gleich gut, ist man zum Untergang verurteilt, weil man gegen Vertrieb und Werbung der Großen nicht bestehen kann. Ist man nicht flexibler, gilt das Nämliche. Diese Flexibilität bezieht sich auf Betriebsorganisation, Produktionsablauf und auf das Verhältnis für die Kunden. Das ‚Bessersein' ergibt sich im täglichen Ablauf. Es läßt sich nicht auf den Plan bringen. Da Forschung eines solchen Plans bedarf, kann ein kleiner Betrieb nur schwer forschen. Er kann in der Regel auch nicht planmäßig entwickeln". Oder: „Forschung im eigentlichen Sinne kommt für uns nicht in Frage. Wir betreiben – jedes Produkt ist ‚neu' – eine besondere Art von FuE, die mit Automation, Elektronik usw. zwar den allgemeinen Tendenzen und Möglichkeiten folgt, aber darin ‚eigene Leistung' ist, daß wir Anwendungsbereiche ermitteln, verbilligen oder verbesseren, dieses teils mit dem Kunden eruieren, teils es auch ihnen schmackhaft machen."[26]

4.2 Entwicklung und Innovation

Mit der für kleine und mittlere Unternehmen wohl kennzeichnenden Verschiebung von einer eher forschungs- zu einer eher entwicklungs- und anwendungsorientierten Schwerpunktlegung verbinden sich aber nicht automatisch eine verringerte Innovationsfähigkeit oder ein geringeres Innovationspotential. Zur Klärung dieser Frage gilt es, weitgehend unabhängig vom gängigen Forschungsbegriff das spezifische Innovationsverhalten mittelständischer Betriebe zu analysieren. Dabei zeigen unsere Untersuchungsergebnisse, daß in etwa 85% aller befragten Betriebe Innovation stattfindet – jedenfalls im Verständnis unserer jeweiligen Gesprächspartner. Bei einem relevanten Teil von Betrieben, die überwiegend der Investitionsgüterbranche angehören, äußert sich diese betriebliche Innovationsfähigkeit in einer überraschend hohen Zahl von Patentanmeldungen (im Durchschnitt der Gesamtbefragung: 40 Patente).

Allerdings muß die Zahl der angemeldeten Patent- bzw. Gebrauchsmuster wiederum nur wenig über die effektive Innovativität aussagen, wenn die Unternehmen dem Konsumgüterbereich angehören. Typisch für die von uns untersuchten Betriebe dürfte dagegen eher ein zurückhaltendes Selbstverständnis über die jeweils eigene betriebliche Innovationsfähigkeit und -tätigkeit sein. Dies kommt etwa in folgenden Äußerungen von Gesprächspartnern zum Ausdruck: „Forschung bedeutet für den Betrieb die planmäßige Erarbeitung einer neuen Möglichkeit, ohne Zusammenhang mit einem konkreten Auftrag. Dies kommt in den seltensten Fällen vor. Normalerweise erhält die Firma eine Zielvorgabe vom Auftraggeber. Ihre Konkretisierung muß dann mit ihm und mit dem Zulieferer vollbracht werden. Dies setzt intensive Kontakte in der Planungsphase mit Auftraggebern und Zulieferern voraus und bedeutet für den Betrieb konkrete Entwicklungsarbeit". Oder: „Entwicklung heißt bei uns, mit unserem bestehenden Wissen und technischem Vermögen individuell auf unsere Kunden einzugehen und nach ihren Wünschen in Zusammenarbeit mit ihnen etwas zu entwickeln; d.h. es geht für kleine Unternehmen wie uns um die Bereitschaft, flexibel auf die Kundenwünsche zu reagieren. Das schafft uns gegenüber den großen Maschinenbauherstellern einen Vorteil und damit auch eine Marktlücke".[27]

Solche und ähnliche Äußerungen von Gesprächspartnern machen deutlich, daß man in mittleren Betrieben möglichst nicht von Forschung und im Kern noch nicht einmal von Entwicklung spricht und sprechen möchte. Was an – hier noch undefiniert – ‚Innovation' anfällt, wird selten mit grundlegender Neuerung assoziiert. Man betrachtet es eher als selbstverständlich, im laufenden Produktionsprozeß, der praktisch in vielen Fällen einer Auftragserledigung gleichkommt, das betriebliche Know-how flexibel und kundenorientiert einzusetzen. Konstruktionsänderungen an einer Maschine für eine kleine Serie, entsprechend den Wünschen des Kunden; eine marktnahe Kreation neuer Muster nach Vorstellung des Abnehmers; die Entwicklung einer Schaltanlage oder eines elektro-technischen Geräts genau entsprechend den funktionalen Anforderungen des Auftraggebers: hierin äußert sich die spezifische innovatorische Fähigkeit vieler der von uns befragten Betriebe.

Geht man über die damit angedeutete Deskritpion analytisch etwas hinaus, muß man auch den Begriff Innovation problematisieren. Mensch definiert für seine Berliner Innovationsuntersuchung[28] ein ‚Innovationsprojekt' als „ein Vorhaben zur Durchführung einer Produktinnovation mit erheblichem Neuheitsgrad für die Unternehmung." Dies entspricht einem Gebrauch des Begriffs, wie er uns etwa bei Pfeiffer und Staudt begegnet: „Im Unterschied zur Innovation, die lediglich die Erfindung bzw. Entdeckung neuer Problemlösungspotentiale beschreibt, impliziert die Innovation auch neue Verwendungen und Anwendungen von Problemlösungspotentiale. Daraus wird deutlich, daß mit Innovation eigentlich das Ergebnis zweier Prozesse beschrieben wird. Auf der einen Seite steht der potentielle Wandel der Verfügbarkeit bzw. des Angebots von Problemlösungen durch neue Ideen, Erfindungen und Entdeckungen, auf der anderen Seite die Nachfrage nach Problemlösungen, die ebenfalls veränderlich ist. Werden beide Seiten zur Deckung gebracht, also eine Anwendung bzw. Verwendung erreicht bzw. durchgesetzt, wobei auf mindestens einer Seite etwas ‚Neues' auftritt, spricht man von Innovation."[29]

Innovation, orientiert an etwas ‚Neuem', meint damit einen innerbetrieblichen Vorgang, durch den Marktnachfragen mit neuen Problemlösungsmöglichkeiten verknüpft werden. Zur Innovation kommt es, wenn ein Betrieb auf die Nachfrage stößt – etwa durch konkrete Kundenwünsche – und seine Kenntnis von ‚neuen Problemlösungsmöglichkeiten' so bereithält, daß er eine davon auswählen kann. Unsere deskriptiven Hinweise zeigen demgegenüber, daß es sich in der von uns untersuchten mittelständischen Industrie tatsächlich vielfach nur darum handeln wird, auf Nachfragen weniger Kenntnisse über theoretisch vorhandene Problemlösungen zu offerieren, als vielmehr abstrakt vorhandene Fähigkeiten einzusezten, um eine neue Lösung zu finden. Dies geschieht typischerweise auch nicht in theoretischem Bemühen. Im Vordergrund stehen vielmehr praktische Vorgänge, stehen das Ausprobieren, das Basteln, das Experimentieren. Dabei entsteht vielfach etwas ‚Neues', eine neue Kombination eingebürgerter Komponenten, eine neue Materialzusammenstellung usw.; es kommt aber nicht zur Zusammenführung zweier ‚Seiten', nicht zur Konfrontation des Kundenwünsche eruierenden Auftragsbeschaffers mit dem Lösungen parathaltenden Techniker. Es kommt viel eher zu einer Auftragsübernahme im Vertrauen auf eigene Fähigkeiten, die man zusammen allenfalls mit Rahmeninformationen über die allgemeine Entwicklung einsetzt.

Typischerweise – d.h. zumindest in vielen Fällen, die zugleich die einschlägige Problemlage mittelgroßer Betriebe signalisieren – kommt es mithin zur konkreten Innovation einerseits durch das Bereitstellen von Potentialen im Sinne der Notwendigkeit, bei begrenzten betrieblichen Ressourcen einigermaßen auf der Höhe der technischen Entwicklung bleiben zu müssen, was Mindestanstrengungen in der Information und im Einsatz qualifizierter Leute voraussetzt. Andererseits ist mittelständisches Innovationsverhalten in der Hauptsache durch die Bereitschaft gekennzeichnet, auf Änderungswünsche von Kunden ebenso einzugehen, wie ständig über mögliche Verbesserungen des eigenen Produktes nachzudenken, sich also flexibel mit dem Ziel der Qualitätssteigerung zu verhalten. Innovation in diesem weiteren Sinne, mit dem Charakter der Weiterentwicklung erscheint damit bei kleinen und mittleren Unternehmen in ihrer typischen Verlaufform gekennzeichnet durch eine Zugehörigkeit zum Produktionsprozeß.

Unsere Überlegungen machen deutlich, daß bei einer Analyse der Innovationsfähigkeit von kleinen und mittleren Unternehmen von einem erweiterten Begriffsraster ausgegangen werden muß, welches gekennzeichnet ist durch das Element der Weiterentwicklung, durch die enge Zugehörigkeit zum Produktionsprozeß und durch die starke Bereitschaft zur Kooperation mit Kunden und Lieferanten. Nur ein solcher, auf mittelstandsspezifische Anliegen hin erweiterter Begriff von Innovativität eignet sich, um den konkreten Anteil und Beitrag mittelgroßer Betriebe wie der mittelständischen Industrie überhaupt am technisch organisatorischen Fortschritt zu bestimmen.

Folgt man dieser erweiterten Definition, zeigt sich, daß kleine und mittlere Unternehmen aufgrund ihrer markt- und produktionsnahen Entwicklungstätigkeit gerade dann, wenn sie im Bereich der Investitionsgüterindustrie angesiedelt sind, oft über ein qualitativ hochwertiges betriebliches Innovationspotential verfügen, das in der Vergangenheit weithin unterschätzt oder einfach negiert wurde, weil keine institutionalisierte Eigenforschung betrieben wird.

Aber auch mittlere Betriebe der Verbrauchsgüterindustrie, so zeigt unsere Befragung, verfügen, entgegen der landläufigen Meinung, oft über ein beachtliches Innovationspotential. Es bewirkt aber – darin zeigt sich wieder die generelle Problematik von Forschung und Entwicklung in der mittelständischen Industrie – nicht eine betriebliche Neuerungstätigkeit, wie man sie im allgemeinen mit betrieblicher FuE assoziiert und wie sie etwa innerhalb weiter Bereiche der staatlichen Förderpolitik als Kriterium für die Förderungsfähigkeit eines Vorhabens zur Geltung kommt.

5. *Förderungsbarrieren bei kleinen und mittleren Betrieben*

Die ‚FuE-Aktivitäten' und das Innovationsverhalten mittlerer Betriebe führen im Blick auf unsere Fragestellung zu folgendem Problemzusammenhang: Unseren Ausgangspunkt bildete die Frage, ob eine FuT-Politik verstärkt als Entwicklungsressource für strukturschwache und periphere Räume einsetzbar ist. Unter Berücksichtigung der größen- und branchenstrukturellen Betriebsmerkmale in diesen Regionen, vor allem einer Dominanz von kleinen und mittleren Unternehmen bei starkem Anteil im Bereich der Verbrauchsgüterindustrie, ergibt sich für die derzeitige FuT-Politik: Einerseits weicht das größenspezifische Innovationsverhalten – abgesehen von Ausnahmen – vor allem im Investitionsgüterbereich – meist von dem ab, was in den relevanten Bereichen der staatlichen Förderungspraxis als Kriterium für die Förderungswürdigkeit gilt und aus der Sicht der Forschungsadministration auch gelten muß. Einschlägige Aktivitäten sind gegen andere betriebliche Funktionen nicht genügend aussonderbar, um von einer gezielten Forschungsförderung erreicht zu werden.

Andererseits wird das größenspezifische Dilemma in weiten Teilen der Verbrauchsgüterindustrie noch verschärft, weil hier ein Innovationsverhalten vorherrscht, das überhaupt keine direkte betriebliche Neuerungstätigkeit und schon gar keine gezielte FuE-Aktivität voraussetzt, sondern – wenn überhaupt – als integraler Bestandteil des Produktionsprozesses auftritt. Forschungsförderung findet damit in diesem Bereich, folgt sie ihrem Selbstverständnis und ihren Rationalitätsansprüchen, keinerlei Anknüpfungspunkte.

Will man nun die Innovationsfähigkeit kleiner und mittlerer Unternehmen besser als in der Vergangenheit fördern und damit dieses Potential als relevanten Teil des gesellschaftlichen Neuerungsprozesses durch eine direkte staatliche Förderung aktivieren, scheint eine Modifizierung der vorherrschenden forschungspolitischen Praxis notwendig. Sie unterstützte bisher unverhältnismäßig stark konkrete betriebliche Forschungsanstrengungen, während betriebliche Entwicklungs- und Diffussionsaspekte innerhalb der Relevanzskala der staatlichen Förderpolitik eher einen minderen Rang einnahmen.

Allerdings muß in diesem Zusammenhang beachtet werden, daß die politische Option für einen bestimmten Forschungs- und auch für einen relativ bestimmten Entwicklungsbegriff eine Vielzahl von förderungspraktischen und administrativen Gründen hat, die man nicht ohne weiteres vernachlässigen kann. Forschungspolitik muß in weiten Bereichen, will sie ihrer zweifellos vorhandenen Rationalität und ihren Zielvorgaben entsprechen, durch eine gezielte Förderung des technisch-organisatorischen Fortschritts internationale Konkurrenzfähigkeit anstreben oder sichern und dazu notwendigerweise selektiv vorgehen. Dazu muß staatliche Forschungspolitik bei einem insgesamt beschränkten Ressourcenrahmen einerseits diskriminierungsfähig sein, um durch eine Konzentration ihrer Implementationsstrategien auf wenige Sektoren erfolgreich bleiben zu können. Andererseits muß sie vor allem aus Gründen administrativer Rationalität danach bestrebt sein, konkrete Förderungsmaßnahmen möglichst evaluierbar, zumindest aber nachprüfbar zu gestalten, um bestehenden Kontrollkriterien gerecht werden zu können.

Angesichts beschränkter ministerieller Programmplanungs- und -bearbeitungskapazitäten ergibt sich hieraus eine dominierende, aus administrativer Sicht durchaus rationale forschungspolitische Implementationspraxis, welche vorzugsweise versucht, durch Kontakte mit Adressaten, die schon über konkrete Antrags- und Interaktionserfahrungen mit der Administration verfügen, eine Reduzierung des Verwaltungsaufwands und eine Risikominimierung bei den zu fördernden betrieblichen Forschungsvorhaben zu erreichen.

Betrachtet man demgegenüber noch einmal die typischen Merkmale des Neuerungsverhaltens von kleinen und mittleren Unternehmen wie ‚kundennahe Weiterentwicklung', Einbindung in den Produktionsprozeß', etc. zeigen sich deutlich die Probleme einer auch mittleren Betriebsgrößen berücksichtigenden Förderung innerhalb der forschungspolitischen Praxis. Überwiegend handelt es sich bei der Neuerungstätigkeit dieser Betriebe um kaum isolierbare, d.h. etwa in bezug auf ihre Kosten oder ihre längerfristige Planbarkeit kaum konkret faßbare Vorgänge, deren unmittelbare Förderung nur schwer, keinesfalls aber in gleicher Weise möglich ist, wie die Förderung konkreter, betrieblich ausgesonderter Forschungsvorhaben.

Geschieht dies trotzdem, ist mit der Förderung solcher größenspezifischer Neuerungstätigkeit auf jeden Fall ein vermehrter Arbeits- und Kontrollaufwand seitens der Forschungsadministration verbunden. Einschlägige Förderungsprojekte umfassen meist ein vergleichsweise geringes finanzielles Volumen, während sich der Verwaltungsaufwand im Vergleich zu Großförderungsprojekten nicht in gleichem Maße reduzieren läßt. Verbunden damit ist ein im Vergleich zu herkömmlichen Großförderungsprojekten erhöhter Risikobedarf, da es sich bei mittleren Betrieben überproportional häufig um Erstantragsteller handelt, also eingespielte Interaktionsbeziehungen, wie sie zwischen Forschungsadministration und größeren Adressaten längst selbstverständlich sind, nicht bestehen und funktionieren.

Diese Problematik macht deutlich, daß es bei der Frage einer stärkeren Einbeziehung von kleinen und mittleren Unternehmen in staatliche Förderungsprogramme nicht darum gehen kann, die zweifellos vorhandene Rationalität der Forschungs- und Technologiepolitik pauschal durch einen qualitativ anderen Rationalitätsbegriff zu ersetzen, mit der Folge, daß sich die forschungspolitische Implementationspraxis grundlegend zu ändern hätte. Sehr wohl notwendig erscheint jedoch eine Ergänzung und Erweiterung des forschungspolitischen Selbstverständnisses hin auf eine Förderpolitik, welche auch die Neuerungsaktivitäten von kleinen und mittleren Unternehmen stärker als in der Vergangenheit als relevanten Beitrag zum technisch-organisatorischen Fortschritt thematisiert und entsprechend mehr als bisher gratifikatorisch behandelt. Dabei läßt sich in diesem Zusammenhang auf die relativ großen Erfolge verweisen, welche der Bund in den vergangenen Jahren mit seinen stark intensivierten mittelstandsorientierten Förderungsprogrammen erzielen konnte. Im Rahmen des ‚Forschungs- und technologischen Gesamtkonzeptes der Bundesregierung für kleine und mittlere Unternehmen' wurden so z.B. für das Jahr 1979 ca. 600 Mio DM an Fördermitteln bereitgestellt. In dem erst 1978 gestarteten mittelstandsorientierten Programm zur Förderung der externen Vertragsforschung wurden alleine bisher 300 Vorhaben mit einer Förderungssumme von 9 Mio DM bewilligt.[30]

Im Blick auf die Gesamtheit der innovationsträchtigen und damit potentiell förderungsrelevanten kleinen und mittleren Betriebe ist aber trotzdem zu befürchten, daß der weitgehend inkrementale Charakter der mittelstandsorientierten Forschungsförderung und die bestehende forschungspolitische Implementationspraxis wie in der Vergangenheit Betriebe aus dem Bereich der Investitionsgüterindustrie und wegen ihrer Informationsvorteile kleine und mittlere Betriebe in Verdichtungsgebieten überproportional häufig erreicht werden, während Unternehmen aus dem Verbrauchsgüterbereich oder mit Sitz in peripheren bzw. strukturschwachen Gebieten eher ausgeschlossen bleiben.

Es bleibt in diesem Zusammenhang abzuwarten, welche Ressonanz das von der Bundesregierung im Frühjahr 1978 beschlossene ‚Forschungs- und technologiepolitsche Gesamtkonzept für kleine und mittlere Unternehmen' bei den Adressaten finden wird.

Unsere Untersuchung verdeutlicht jedenfalls zweierlei: Zum einen läßt sich eine verstärkte Raumwirksamkeit der staatlichen FuTP nur erreichen, wenn man den letztlich an großer und organisierter Forschung orientierten Forschungsbegriff überprüft, die innovativen Prozesse auch in kleineren und mittleren Unternehmen dabei stärker einbezieht – was seit kurzem in verstärktem Maße geschieht – und darüberhinaus die ratio der gegenwärtigen Forschungspolitik noch einmal dem Grunde nach durchdenkt. Diese Überlegung kann hier nicht angestellt werden; wir verweisen dazu auf unsere Darlegungen an anderer Stelle.[31]

Zum anderen zeigen unsere Ergebnisse, daß heute eine stärkere Regionalisierung der FuTP des Bundes sehr schnell ihre Grenzen an der regionalen Branchenstruktur finden würde. Die strukturschwachen Gebiete, in denen der großräumige Disparitätenabbau, den Raumordnung erreichen soll, stattfinden müßte, weisen in aller Regel zunächst Defizite in der industriellen Mindestausstattung und im qualitativen Industriemix auf; es fehlen in ihnen vor allem genügend Betriebe mit höherwertigen Unternehmensfunktionen und unternehmensnahe Dienstleistungseinrichtungen. Damit funktioniert der Informationsmarkt nur eingeschränkt. Deshalb kann eine stärker innovationsorientierte regionale Förderpolitik die bisherige, überwiegend mobilitätsorientierte Regionalpolitik nicht ersetzen, sondern nur qualitativ ergänzen. Diese Ergänzung, zu verstehen als Förderung vorwiegend der endogenen Potentiale regionaler Problemgebiete kann allerdings einiges von dem ausgleichen, was an mobilen Ressourcen verloren geht.

Im Blick auf eine solche Ergänzung ergibt sich eine Reihe von Reformmöglichkeiten. Einige von ihnen sollen anschließend erwähnt werden, um noch einmal zu zeigen, wo die innovatorischen Schwächen der Betriebe in strukturschwachen Regionen liegen und wo kleinere und mittlere Unternehmen auf besondere Schwierigkeiten stoßen, was sich dann beides verstärkt und (bisher) größere Wirkungen des Konzeptes vom großräumigen Disparitätenabbau verhindert.

6. Reformmöglichkeiten und -perspektiven

Mögliche Folgerungen zur Verbesserung der Förderungssituation von kleinen und mittleren Unternehmen ergeben sich – klammert man, wie schon angedeutet, die Notwendigkeit einer generellen Problematisierung des gängigen FuE-Selbstverständnisses und der daraus resultierenden Förderungspraxis hier aus – vor allem auf zwei Ebenen:

Denkbar sind erstens Änderungen im Bereich der Raumordnung selbst. Im Mittelpunkt steht damit die Frage, wie eine verstärkte Mitwirkung der Raumordnungspolitik an der forschungspolitischen Programmformulierung erreicht werden kann (Zielrichtung: regionale Dimension). Ein zweites Bündel von Reformüberlegungen bezieht sich auf Vorschläge, inwieweit eine qualitative Verbesserung der derzeitigen FuTP mit dem Ziel einer stärkeren Berücksichtigung mittlerer Betriebe und damit auch strukturschwacher und peripherer Gebiete möglich scheint (Zielrichtung: mittelständische Dimension).

Beide Reformstränge wollen wir thematisch abschließend skizzieren.[32]
a) Unser Untersuchungsergebnis legt zunächst die Überlegung nahe, Raumordnungspolitik mehr als bisher an der Formulierung der Ziele und Programme der Forschungspolitik zu beteiligen. Weiter wäre daran zu denken, dies auch auf die Mittelgewährung auszudehnen. Die Raumordnungspolitik würde damit die Ebene einer ggf. fruchtlosen Zieldiskussion verlassen zugunsten einer pragmatischen Einwirkung auf tatsächlich raumgestaltende Maßnahmen der Fachplanungen. Das erscheint nur vorstellbar, wenn man es nicht flächendeckend versucht, sondern sich auf diejenigen Politikfelder und Fachplanungen konzentriert, deren Raumwirksamkeit besonders groß ist oder werden kann. Die Forschungspolitik gehört unstrittig in eine solche Gruppe.
b) Eine derartige Beteiligung könnte potentiell auch die forschungspolitischen Konzepte verbessern, wenn stärker als bisher der Beitrag mittlerer und kleinerer Unternehmen zur gesamtwirtschaftlichen Entwicklung thematisiert, wenn die regionalspezifischen Ausprägungen der Forschungs- und Entwicklungstätigkeiten – und ihre jeweiligen Bedingungen – noch stärker als schon geschehen[33] verdeutlicht und die regionalen Informationen über die Praxis von Forschung und Entwicklung aufbereitet würden. Daß der Beteiligung viele Hindernisse entgegenstehen, schon weil sie einen Eingriff in praktizierte Konzepte, Gewöhnungen, eingespielte Klientelbeziehungen usw. bedeutete, wird gesehen. Die Vorschläge zielen jedoch nicht darauf ab, den Zugriff der Raumordnungspolitik zu verbessern, sondern orientieren sich an einer qualitativen Verbesserung der Forschungspolitik. Als solche muß eine noch stärkere Einbeziehung des Neuerungspotentials auch der mittleren und kleineren Betriebe gelten; die in der jüngsten Vergangenheit getroffenen einschlägigen Maßnahmen des Bundes sind hierbei ein erster wichtiger Schritt; ihn gilt es zu einem integrierten und nicht wie bisher, weitgehend additiven Konzept einer mittelstandsorientierten Forschungsförderung auszubauen.
c) Neben der Frage nach der künftigen Politikformulierung und dem dafür vorgesehenen Vorbereitungs- und Entscheidungsprozeß stellt sich die nach Veränderungen in der derzeitigen Forschungspolitik, die den Anteil der geförderten mittleren und kleineren Betriebe vermehren und damit auch den strukturschwachen Gebieten zugute kommen können. Solche Veränderungen müssen in erster Linie in einem verbesserten Informationsangebot an die genannten Betriebe bestehen. Es kann durch den Ausbau und die verbesserte Zugänglichkeit von Datenbanken und Fachinformationssystemen erfolgen, durch die Einrichtung oder Unterstützung von Informationsmitteln, durch die Initiierung von allgemeiner Gemeinschaftsforschung und mehr noch von Gemeinschaftsforschungseinrichtungen jeweils kleinerer Firmengruppen, durch die Einrichtung von Forschungsparks, durch eine erweiterte Ermöglichung von Kooperation einzelner Firmen oder Firmengruppen mit Hochschuleinrichtungen oder schließlich durch den Ausbau von Innovationsberatungseinrichtungen dort, wo von vornherein klar ist, daß es nicht sinnvoll sein kann, eine firmeneigene oder -nahe Forschung zu stimulieren, weil ein allgemeiner Zugang zur Innovation völlig ausreicht. Alle Maßnahmen dieser Art, die in Teilen schon praktiziert werden, bedürfen einer Mischung von regionalen und nationalen Elementen, um dem in den angesprochenen Betrieben vorhandenen Mißtrauen frühzeitig zu begegnen und damit eine unternehmensnahe Implementation der Förderungsangebote erreichen zu können.

d) Informationsprobleme mittlerer und kleinerer Firmen sind vielfach Folge des personellen Engpasses. Seinetwegen gibt es zu wenig Firmenangehörige, die zur Information beitragen, und diese Mitarbeiter arbeiten oft in einer fachlichen Isolation, die ein innovatorisches Klima nicht begünstigt. Deshalb werden Maßnahmen vorgeschlagen, welche zum einen diese Isolation bedingt durchbrechen – etwa durch die Herausgabe eines Referateblattes – oder zu Forschungsmöglichkeiten führen, welche der betreffende Betrieb nicht einräumen kann oder will (Verbesserungen der Fort- und Weiterbildungsmöglichkeiten). Besonders in strukturschwachen Gebieten läßt sich daran denken, durch Einrichtungen wie Forschungsparks zum einen qualifiziertes Personal in den Raum zu holen, um damit das regional vorhandene Innovations- und Anpassungspotential zu steigern und zum andern durch ein weiteres Vertragsverhältnis die individuell notwendige berufliche Sicherheit zu gewährleisten, welche im einzelnen Betrieb, zumal wenn er mit einer dezidierten Forschungstätigkeit erst beginnt, (noch) nicht gewährleistet erscheint. Insgesamt zielen solche Vorschläge auf den Abbau von Risiken, die am Beginn der betrieblichen Institutionalisierung von Forschung stehen, und auf den Abbau einiger Schwierigkeiten, die es in strukturschwachen Gebieten eindeutig gibt.
e) Neben solchen inhaltlichen Maßnahmen gibt es offenkundig zahlreiche Möglichkeiten, die Administration der Forschungsförderung zu verbessern.[34] Hier stehen im Vordergrund Vereinfachungen des Antragsverfahrens, Reduktion der Anforderungen an Nachweisen aus den Betrieben, bessere Kontaktmöglichkeiten mit den mittelvergebenden Stellen und Staffung der üblichen Fristen. Weiter erscheint eine größere Transparenz der Förderprogramme ebenso möglich wie innerhalb der bestehenden Programmschwerpunkte eine stärkere Berücksichtigung von kleinen und mittleren Betrieben (Vergabe von Unteraufträgen). Hinsichtlich der Mittel wird eine größere Flexibilität (Bandbreite) verbunden mit einer Rückzahlungspflicht im Falle ökonomischer Erfolge vorgeschlagen. Schließlich muß überprüft werden, ob nicht neben dem Forschungsprozeß im engeren Sinne bestimmte Kosten der Diffusionsphase als förderungsfähig zu akzeptieren sind, nachdem diese Kosten sich vielfach als die entscheidende Hemmschwelle für eine betriebseigene Forschung in mittleren Betrieben erweisen.

Anmerkungen

1 Vgl. hierzu ausführlich den Beitrag von Väth in diesem Themenheft und Väth 1978.
2 Hierzu exemplarisch der Beitrag von Scharpf/Schnabel in diesem Themenheft; außerdem Ganser 1978, Naschold 1978, Wagener 1978.
3 Einen allgemeinen Überblick über die Thematik bietet der Band von Kaufer et al 1979.
4 Vgl. hierzu: Bade 1978 und Brede 1971.
5 Eine ausführliche Darstellung von theoretischer Herleitung und möglichen Implikationen dieser zunehmenden Bedeutung des technisch-organisatorischen Fortschritts für räumliche Entwicklungsprozesse muß im Rahmen dieses Beitrages aus Platzgründen unterbleiben; ausführlich hierzu: Ellwein et al. 1979, bes. S. 49–78 und Stroetmann 1977.
6 Ausführlich hierzu: Ellwein et al. 1979, S. 57 ff.
7 In ähnliche Argumentationsrichtung: Matthias 1974.
8 Hierzu Ellwein et al. 1979, S. 75 ff.
9 Die vollständige Studie und eine Kurzfassung, welche lediglich den empirischen Teil unserer Untersuchung umfaßt, erscheinen Anfang 1980 in der Schriftenreihe des Bundesministeriums für Raumordnung, Bauwesen und Städtebau; hierzu: Ellwein et al. 1980.

10 Ausführlich: Ellwein et al. 1979, S. 3 ff.
11 Ein ausführlicher Überblick über Auswahl und strukturelle Besonderheiten der unterschiedlichen Regionen sowie generelle Angaben über Voraussetzungen und Durchführung des Betriebsvergleichs finden sich bei Ellwein et al. 1979, S. 168–242.
12 Vgl. zu diesen Bemühungen das von der Bundesregierung entworfene forschungs- und technologiepolitische Gesamtkonzept für kleine und mittlere Unternehmen; BMFT 1978.
13 In ähnlicher Richtung: Flore 1978 und Monheim 1978.
14 Hierzu ausführlich: Ellwein et al. 1979, bes. S. 118 ff. und Assmann 1979.
15 Zum folgenden ausführlich: Ellwein et al. 1979, S. 165 ff. und Bruder/Ellwein 1978.
16 Beispielhaft hierfür der Beitrag von Wettmann/Ewers in diesem Themenheft und Ewers et al. 1979, welche diese Hypothesen in einem parallel zu unserer Untersuchung laufenden Projekt vertreten. Ein erster Überblick über die einschlägige Diskussion findet sich im Themenheft 7/1978 der „Informationen zur Raumentwicklung".
17 Vgl. zum folgenden ausführlich: Ellwein et al. 1979, S. 265 ff.
18 Gerade in jüngster Zeit sind auf diesem Bereich von seiten des BMFT erfolgreiche Anstrengungen unternommen worden, um kleine und mittlere Betriebe über Formen der ‚externen Vertragsforschung' wie über ‚Innovationsberatungsstellen' stärker als bisher bei der Analyse ihres Technologiebedarfes und beim Auffinden geeigneter know-how-Träger zu helfen; ein informativer Überblick über diese in den vergangenen zwei Jahren stark ausgebaute mittelständische Forschungsförderung findet sich bei: BMFT 1978 und BMFT 1979, bes. S. 29 ff.
19 In diesem Zusammenhang informtiv ist eine Untersuchung der IHK Koblenz 1975, welche zu vergleichbaren Ergebnissen kommt.
20 Hierzu einschlägig: Mensch 1976 und 1979.
21 Insoweit scheint die Argumentation von Wettmann/Ewers in ihrem Beitrag in diesem Themenheft irreführend, wenn sie in scheinbarem Gegensatz zu uns ‚typische' Defizite bei einigen Innovationsdeterminanten (u.a. hochqualifzierte Arbeitskräfte, innovationsrelevante Informationen) für mittlere Betriebe zu peripheren Gebieten konstatieren. Aufgrund der schmalen empirischen Basis ihrer Befragung (22 Interviews mit Innovationsberatern) dürfte sich sicherlich nicht methodisch einigermaßen einwandfrei klären lassen, ob mittelstandsspezifische oder regionale Einflußfaktoren als ursächliche Erklärungsmuster eine Rolle spielen. Vor allem zeigen unsere empirischen Ergebnisse z.B. für den Bereich von Oberfranken, daß mögliche Defizite von Innovationsdeterminanten sich nicht nur auf den Gegensatz Ballungsgebiete versus periphere Gebiete reduzieren lassen, sondern auf einer kleinräumlichen Analyseebene innerhalb peripher-ländlicher Gebiete ebenfalls existent sind.
22 Vgl. zum folgenden Kapitel ausführlich: Ellwein et al. 1979, S. 362–420.
23 Vgl. hierzu exemplarisch: Oppenländer 1976.
24 Der gesamte Neuerungsprozeß wird normalerweise unterteilt in einen Inventions- und einen Innovationsprozeß. Zur begrifflichen Unterscheidung ausführlich: Kommission 1976, S. 247 ff. und Ellwein et al. 1979, S. 113 ff.
25 Informativ zum Verhältnis Unternehmensgröße und Innovationsverhalten: Jüttner-Kramny 1970 und Tappert 1974.
26 Interviewauszug; vgl. hierzu: Ellwein et al. 1979, S. 364.
27 Ebd.
28 Mensch 1979, S. 1.
29 Pfeiffer/Staudt 1978, S. 198.
30 Vgl. hierzu die neuesten Zahlen in BMFT-Mitteilungen 10/1979.
31 Ausführlich hierzu: Ellwein et al. 1979, S. 456 ff.
32 Eine ausführliche Darstellung von möglichen Reformpotentialen findet sich ebd., S. 436 ff.
33 Im neuesten Bundesforschungsbericht VI (BMFT 1979) wurde hierzu zum ersten Mal der sinnvolle Versuch unternommen, regionale Aspekte der staatlichen Forschungsförderung aufzuzeigen.
34 Hierzu ausführlich: Ellwein et al. 1979, S. 388 ff.

Literatur

Assmann, L.: Mittelstand, Innovation und staatliche Forschungs- und Technologiepolitik; Göttingen 1979.

Bade, F.J.: Der Beitrag von Standortveränderungen zum Abbau regionaler Unterschiede in: Informationen zur Raumentwicklung, 7/1978.

Bundesminister für Forschung und Technologie (Hrsg.), Forschungs- und technologiepolitisches Gesamtkonzept der Bundesregierung für kleine und mittlere Unternehmen; Bonn 1978.

ders.: Bundesbericht Forschung VI; Bonn 1979.

Brede, H.: Bestimmungsfaktoren industrieller Standorte; Berlin 1971.

Bruder, W./Ellwein, Th.: Forschungs- und Entwicklungsförderung als Mittel zur Förderung der Invention und Innovation in Betrieben; in: Informationen zur Raumentwicklung 7/1978.

Ellwein, Th./Bruder, W./Väth, W.: Expertise über die raumstrukturellen Wirkungen der Forschungs- und Technologiepolitik des Bundes; Gutachten im Auftrag des Bundesministers für Raumordnung, Städtebau und Wohnungswesen; Konstanz 1979.

diess: Arbeitsbedingungen und Innovationspotential mittelgroßer Industriebetriebe in strukturell unterschiedlichen Regionen des Bundesgebietes; Bonn 1980, Schriftenreihe des Bundesministeriums für Raumordnung, Städtebau und Wohnungswesen (im Erscheinen).

Ewers, H.J./Wettmann, R. u.a.: Innovationsorientierte Regionalpolitik; Berlin 1979.

Flore, C.: Zur Raumbedeutsamkeit der Forschungs- und Technologiepolitik, in: Raumforschung und Raumordnung 3/1978.

Ganser, K.: Raumbedeutsame Instrumente für ein Bundesraumordnungsprogramm; in: Informationen zur Raumentwicklung I/1978.

IHK Koblenz: Kein Technischer Fortschritt ohne Mittelstand; Koblenz 1975.

Jüttner-Kramny, G.: Zur Bedeutung der Unternehmensgröße für den technischen Fortschritt; Köln 1970.

Kaufer/Hinz/Hoppmann: Innovationspolitik und Wirtschaftsordnung; Köln 1979.

Kommission für wirtschaftlichen und sozialen Wandel: Schlußbericht; Bonn 1976.

Matthias, M.: Die räumliche Diffusion des technischen Fortschritts in einer wachsenden Wissenschaft; Baden-Baden 1974.

Mensch, G.: Gemischtwirtschaftliche Innovationspraxis; Göttingen 1976.

Mensch, G.: Innovationsverhalten bei mittleren und kleinen Unternehmen; WZB-Papier; Berlin 1979.

Monheim, H.: Der Beitrag der staatlichen Forschungsförderung zur Regionalentwicklung; in: Raumforschung und Raumordnung 3/1978.

Naschold, F.: Alternative Raumpolitik; Kronberg 1978.

Oppenländer, K.H.: Das Verhalten kleiner und mittlerer Unternehmen im industriellen Innovationsprozeß; in: Ifo-Institut (Hrsg.): Die gesamtwirtschaftliche Funktion kleiner und mittlerer Unternehmen; München 1976.

Pfeiffer, W./Staudt, E.: Forschung und Entwicklung; in: Grochla, E. (Hrsg.): Betriebswirtschaftslehre, Bd. 1; Stuttgart 1978.

Stroetman, K.A. (Hrsg.): Innovation, Economic Change and Technology Policies; Basel 1977.

Tappert, J.: Unternehmensgröße, Marktstruktur und technischer Fortschritt; Göttingen 1974.

Väth, W.: Raumordnungspolitik: Programmverbund und Vollzugspartikularismus; in: Hesse, J.J. (Hrsg.): Politikverflechtung im föderativen Staat; Baden-Baden 1978.

Wagener, F.: Mehr horizontale Koordinierung bei Bund und Ländern; in: Informationen zur Raumentwicklung 1/1978.

V. Autorenverzeichnis

Afheldt, Heik Dr.; Vorsitzender der Gesellschaftsleitung der Prognos AG, Basel

Böhret, Carl, Prof. Dr.; Lehrstuhl für Politikwissenschaft an der Hochschule für Verwaltungswissenschaften, Speyer

Bruder, Wolfgang, Dr.; Wiss. Ass. am Fachbereich Politikwissenschaft/Verwaltungswissenschaft der Universität Konstanz

Bullinger, Dieter, Dipl.-Verwaltungswissenschaftler; Wiss. Mitarbeiter der Prognos AG, Basel

Ellwein, Thomas, Prof. Dr.: Lehrstuhl für Politikwissenschaft an der Universität Konstanz

Ewers, Hans-Jürgen, Privatdozent Dr.; Kommissarischer Direktor des ‚Internationalen Instituts für Management und Verwaltung' im Wissenschaftszentrum Berlin

Fürst, Dietrich, Dr.; Prof. für Regionalpolitik an der Universität Konstanz

Ganser, Karl, Prof. Dr.; Direktor der Bundesanstalt für Landeskunde und Raumordnung, Bonn

Hesse, Joachim Jens, Prof. Dr.; Lehrstuhl für Politik- und Verwaltungswissenschaft an der Universität Duisburg, Gesamthochschule

Jann, Werner; Dipl.-Politologe; Forschungsreferent am Forschungsinstitut für öffentliche Verwaltung an der Hochschule für Verwaltungswissenschaften, Speyer

Kronenwett, Eva, Dipl.-Verwaltungswissenschaftlerin; Bundesanstalt für Arbeit, Landesarbeitsamt Düsseldorf

Scharpf, Fritz W., Prof. Dr.; Direktor des ‚Internationalen Instituts für Management und Verwaltung' im Wissenschaftszentrum Berlin

Schnabel, Fritz, Dipl.-Verwaltungswissenschaftler; Innenministerium Baden-Württemberg

Väth, Werner, Dr.; Wiss. Ass. am Fachbereich Politikwissenschaft/Verwaltungswissenschaft der Universität Konstanz

Wettmann, Reinhart, LL.M.; Wiss. Mitarbeiter am Wissenschaftszentrum Berlin, Internationales Institut für Management und Verwaltung

Wolf, Folkwin, Dipl.-Volkswirt; Regierungsdirektor beim Hessischen Minister für Landesentwicklung, Umwelt, Landwirtschaft und Forsten

Politische Vierteljahresschrift

Zeitschrift der Deutschen Vereinigung für Politische Wissenschaft (Zitierweise PVS)

Gegründet	im Auftrag der Vereinigung von Karl Dietrich Bracher, Gert von Eynern, Otto Heinrich von Gablentz†, Gerhard Leibholz, Dolf Sternberger
Herausgegeben	vom Vorstand der Deutschen Vereinigung für Politische Wissenschaft
Redaktion	Ulrich von Alemann, Neuss; Martin Greiffenhagen, Stuttgart; Franz Nuscheler, Duisburg; Peter Reichel, Hamburg (PVS-Literatur)
Anschrift und Geschäftsführung der Redaktion	Prof. Dr. Ulrich von Alemann, PH Rheinland, Abt. Neuss, Humboldtstr. 2, D-4040 Neuss, Tel. 02101/197298 od. 197342
PVS-Literatur	Dr. Peter Reichel (verantw.)
Anschrift der Redaktion	Dipl. Pol. Bernd Andresen (Redaktionssekretär), Von-Melle-Park 15, D-2000 Hamburg 13, Tel. 040/41232425

Anschrift: Gustav-Stresemann-Ring 12–16
D-6200 Wiesbaden

Bezugsbedingungen: Jährlich erscheinen 4 Quartalshefte der PVS, 2 Hefte der PVS-Literatur und 1 Sonderheft. Jahresumfang ca. 580 S. Einzelheft DM 16 –, Jahresabonnement DM 78,–, ermäßigter Abonnementpreis für Studierende mit Studienbescheinigung DM 54,– (jeweils zuzüglich Versandkosten).

Das Sonderheft des laufenden Jahrgangs wird je nach Umfang berechnet und den Jahresabonnenten bei Bezug im Jahr des Erscheinens zu einem Vorzugspreis geliefert. Die Bezugsgebühren enthalten den gültigen Mehrwertsteuersatz.

Abbestellungen müssen spätestens 3 Monate vor Ende des Kalenderjahres schriftlich erfolgen.

Druck: Lengericher Handelsdruckerei, Lengerich/Westf.

Geschäftliche Zuschriften, Anzeigenaufträge an Westdeutscher Verlag, Gustav-Stresemann-Ring 12–16, D-6200 Wiesbaden, Tel. (06121) 534-1.

Redaktionelle Zuschriften werden an die PVS-Redaktion, Büchersendungen und Rezensionen an die Redaktion der PVS-Literatur erbeten.

Es gilt die Anzeigen-Preisliste Nr. 7 vom 1. Januar 1976.

Die mit dem Verfassernamen gekennzeichneten Beiträge geben nicht in jedem Fall die Meinung der Redaktion oder der Herausgeber wieder.

Die Verfasser sind verantwortlich für die Richtigkeit der in ihren Beiträgen mitgeteilten Tatbestände.

Für unverlangt eingesandte Manuskripte übernehmen Redaktion und Verlag keinerlei Haftung.

ISBN 3 531 11510 3